海事行政与实务

（实务部分）

主　编　乔文明　周兆欣
副主编　李明基　张树豪　郑　妍
主　审　贾建伟　王　刚

大连海事大学出版社

图书在版编目(CIP)数据

海事行政与实务. 实务部分 / 乔文明, 周兆欣主编
. — 大连 : 大连海事大学出版社, 2016. 6
ISBN 978-7-5632-3343-4

Ⅰ. ①海…　Ⅱ. ①乔… ②周…　Ⅲ. ①海事处理—行政法—研究生—教材　Ⅳ. ①D993. 5

中国版本图书馆 CIP 数据核字(2016)第 147531 号

大连海事大学出版社出版

地址:大连市凌海路1号　邮编:116026　电话:0411-84728394　传真:0411-84727996

http://www.dmupress.com　E-mail:cbs@dmupress.com

大连华伟印刷有限公司印装　　大连海事大学出版社发行

2016 年 7 月第 1 版　　2016 年 7 月第 1 次印刷

幅面尺寸:185 mm × 260 mm　　印张:21

字数:519 千　　印数:1 ~ 1000 册

出版人:徐华东

责任编辑:王桂云　　责任校对:宋彩霞　张　华

封面设计:解瑶瑶　　版式设计:解瑶瑶

ISBN 978-7-5632-3343-4　　定价:60.00 元

前　言

党的十八大报告提出建设海洋强国战略，海洋经济发展面临着新的格局。航运业是海洋强国战略重要的组成部分，强国梦正呼唤着中国航运业的崛起。近年来，中国的航运业受国际经济环境的影响，发展形势可谓严峻，航运业的未来发展之路必将是在坎坷中迎接曙光。在这种形势下，如何进一步加强航运公司安全管理，是航运界和海事管理部门越来越关注的热点问题。

在依法治国、依法行政的大背景下，中国海事行政管理工作也可以说是机遇与挑战并存。多年来，中国海事局致力于海事法律法规研究工作的同时，也致力于依法行政原则的实施，使海事行政执法能力和水平得到了全面提高。

海事管理承担着水上安全监督、航行安全保障和船舶污染监督的重要任务。海事管理作为相对独立学科起步较晚、定位模糊，从理论上进行系统阐述的著作和教材较少。有鉴于此，山东交通学院组织教师编写了《海事行政与实务》教材，这套教材系海事管理专业研究生特色教材，也可供海事管理专业本、专科学生使用，还可供海事行政执法人员参考。

本书为《海事行政与实务》之“实务部分”，全书共分五章，介绍了海事行政许可、海事行政检查、海事行政强制、海事行政处罚和海事巡航等内容。

本书由乔文明副教授和周兆新副教授担任主编，负责全书的统稿、定稿；李明基、张树豪、郑妍担任副主编。参加本书编写的人员还有姜国友、王波、马建文、魏恩平。

限于编者的时间和水平，书中难免有些不足和不当之处，敬请读者批评指正。

编　者

2016 年 1 月

目　录

第一章 海事行政许可

行政许可的表述形式多种多样,包括行政审批、登记、审核、检验、批准、同意、认可等等,分散在各个部门法中,关于在海事行政管理法中,关于行政许可有着大量的规定。

在立法的理念上,可将行政许可与审批等同起来。但在实施的很多条款中,有条款关于审批的性质存在争议,审批不一定就是行政许可。国务院和各地方的行政审批改革中对具体的事项有不同的理解。某些事项,有些地方认为是行政审批,有些地方认为不是行政审批。

第一节 海事行政许可的概念

一、海事法具有行政管理的性质

海事法既有行政法的概念,也有经济法的内容。经济法就是国家行政调整法,海事法也应具备大量的行政法的调整。近代的海事法作为各国国内法的组成部分,似乎阻断了其国际化的趋势,国内的许多学者在谈及这一阶段时,往往侧重于批评海事立法与国际航运业发展的不协调。正是在这一时期,海事法完成了它的理论构架的建立,由于国家意志的充分介入,海事法体系中添加了有关海事司法及国家对海岸、港湾和渔业的管理等具有行政色彩的内容。这一时期的海事法首先完成了成为法的任务,因为国际性法律规则的存在不是空中的楼阁,而是基于国家立法之上的,没有国内立法的基础,海事法将永远都只是习惯法,从而无法约束各国政府,以至于影响海商活动的进一步发展。这一时期的海事法完成了构建法律体系的任务,因为海事法的特殊性质决定了它必然要带有行政管理的色彩,维护国家的利益是海事法的立法目的之一,这一点不仅体现在海事法这一环节,还体现在国际经济贸易交往的其他所有领域。

大量的有关海运行政管理方面的法规的出现,强调海洋环境的保护,维护港口国的利益,对船舶和船员要求的提高以保证航海安全等立法理念已经在海事法的发展中占据了重要的地位。

从上述分析可以看出,海事法应该是一个调整与船舶和海上运输有关的各种行政的、民商事的关系的法律规范的总称。海事行政许可是海事行政管理行为的一个重要组成部分,是海事行政管理的重要手段之一,在海事管理中经常运用。

二、行政许可的概念

在经济学里,一般将行政许可称为政府规制或者政府的行政规制,其经济学定义为:由行政机关制定并执行的直接干预市场配置机制或者间接改变企业和消费者的供需决策的一般规则或者特殊行为。

《行政许可法》条文的定义给予行政许可一个大概念,是指行政机关根据公民、法人或者其他组织的申请,经依法审查,准予其从事特定活动的行为。其特征和要求,要结合许可法的其他条款才能确定,该条文未尽精确地表述行政许可的含义。根据行政许可法的精神,一般认为行政许可有 4 个方面的特征:①行政许可是依申请的行为。行政许可属于依申请的行政行为,没有申请就没有许可。没有申请,行政机关不能单方面做出许可决定,其做出的决定起于公民、法人或者其他组织的申请。②行政许可是管理性行为。管理性主要体现为行政机关做出许可的单方面性。行政许可具有管理性的特征,区别于其他机关做出的批准或者行政机关做出的非行政管理性的批准。有关行政机关对其他机关或者对其直接管理的事业单位的人事、财务、外事等事项的审批,不适用行政许可法。③行政许可是外部行为。行政许可是行政机关针对行政相对人的一种管理行为,是行政机关管理经济和社会事务的行为。④行政许可是准予相对人从事特定活动的行为。实施行政许可的结果是,相对人获得了从事特定活动的权利或者资格。

三、行政许可的学说

我国法学界对行政许可的含义的理解,主要有以下几方面的观点:①行政许可是指行政主体依据行政相对人的申请,依法赋予特定的行政相对人拥有可以从事为法律禁止的权利的资格的法律行为。这种观点认为行政许可是一种行政赋权行为,其存在以"禁止义务"的存在为前提,其内容是直接赋予相对人从事某种活动的权利和资格。这一观点是主流观点,但它将行政权视为行政相对方权利来源,有源流倒置之嫌。②解禁说,行政机关根据当事人的申请,在一定条件下解除禁止,准许个人或者组织从事某种活动的一种行政行为。行政许可是行政机关根据相对人的申请,以书面证照或者其他方式,允许相对人从事某种行为、确认某种权利、授予某种资格和能力的行为。行政许可的主体是行政机关,行政许可的目的是实施行政管理,内容是国家一般限制或者禁止的活动,许可的事项必须有法律的明确规定。③验证说,行政许可是对权利人行使权利的资格与条件加以验证,并给予合法性证明,而非权利的赋予。④复权说,从本质看,许可不是行政机关赋予或者设定权利的行为,而是解除禁令,恢复权利及自由的行为,并且认为这种被恢复的权利也不是什么特权,仅是每个公民原来应有的权利。⑤核准说,行政许可是行政机关根据行政相对人的申请,准予符合条件的行政管理相对人从事某种活动的行为。⑥行政许可属于确认与核准的统一,认为许可是权利,"享有"权利不同于"行使"权利,行政许可不是建立在法律禁止的基础上来解除赋予行政相对人权利或者资格。它应建立在权利行使具备一定条件这一基础上。从某种意义上讲,行政许可对一定事项的控制不是对公民权利的剥夺,而只是对公民行使权利的一种控制。

通常认为,行政许可的实质实际上是许可权的设定,而非行政许可实施的程序规范,原来属于公民自由的行为,为了行政管理的需要,通过设定行政许可给予限制,即对某种行为加以控制,只有当行政相对人具备了实施该行为的法定条件,才由法律授权的行政机关做出准予符合条件的当事人可以从事某种活动的行为。从行政相对人的角度看,应该是以法律、法规规定了行政许可的事项为前提,只有某种规定的事项对行政相对人提出从事某种活动的要求后,才存在管理相对人需要申请之说。前述的一些理论有脱离整体行政许可本质之嫌,他们单独将行政机关许可行为的过程作为理论探讨的出发点，并不能全面地反映出行政许可的实质，同时，对具体行政许可的设定和判断也难有较大的指导作用。行政许可的参考理论的价值首先在于设定阶段，不是只在于实施阶段，行政许可法规定的行政许可的事项中，首先是法律依据。如果没有解决行政许可权理论的设定，就直接探讨实施阶段，有本末倒置之嫌。行政许可实施阶段主要规定的是该行政许可程序方面的问题。如船舶经营管理市场准入条件的规定，还要求国务院交通主管部门审核国际船舶运输业务申请时，应当考虑国家关于国际海上运输业发展的政策和国际海上运输市场竞争状况。

四、海事行政许可的概念

行政许可设定与管理相对人的权利密切相关，建立在管理相对人权利观念的基础上设置行政许可，单纯考虑行政管理需要，脱离了社会管理相对人的权利，也就脱离了行政许可的设定原则。权利是公民、法人和其他组织在社会生活中独立自主地做出选择或者决定的资格，是社会和国家承认并有责任保障其实现利益和行为的尺度，是公民、法人或者其他组织可以用来对抗他人和政府干涉的凭证和理由。因此，权利是对一定利益和行为方式的肯定性的确认。这种确认可以是道德，也可以是法律，还可以是习俗。国家设定行政许可有几种形式，不能一概而论。在法律规定中，有禁止性的规定，如：不允许公民、法人和其他组织从事某种行为，但是法律、法规另有规定的除外。也有限制性的规定，如：不允许公民、法人和其他组织从事某种行为，但是经过具体行政机关批准的除外。《中华人民共和国海上交通安全法》第十一条规定："外国籍非军用船舶，未经主管机关批准，不得进入中华人民共和国的内水和港口。但是，因人员病急、机件故障、遇难、避风等意外情况，未及获得批准，可以在进入的同时向主管机关紧急报告，并听从指挥。"不同的理论，其出发点也不一样。在设定行政许可的指导思想上也有所区别，会影响许可事项的设定。我国的许多行政立法就是站在国家行政管理的角度上设定，往往摆脱不了部门立法的痕迹，存在许多部门利益，这也和国家的立法体制有关。行政许可法通过法律的规定，将行政许可的设定原则给予法定化，力图摆脱原来立法体制的弊端，突破原来行政立法行政机关的本位思想。

根据上述的分析，行政许可规范的是设定机关的设定行政许可行为、行政机关审核批准和监督管理行为、当事人的申请和根据批准的内容从事活动的行为。因此，海事行政许可，是指有权机关通过法律、法规、规章，根据行政许可法规定的原则和海事管理的需要设立许可条件事项，海事机构根据船舶、船员、船舶所有人或经营人等海事管理相对人提出的申请，通过依法审查，准予其从事特定活动、认可其资格资质、确立其特定主体资格或特定身份的行为，包括设定行为和许可行为。海事机构内部人事、财务、外事等事项的审批，不属于海事行政许可的范畴。

五、海事行政许可的特点

海事行政许可和一般行政许可有相同的特点，也有所区别。海事行政许可的设定主体是全国人大及其常委会、国务院、省、自治区、直辖市人大及其常委会，省级人民政府根据规定可以依据管理需要设定临时性的行政许可。从目前的实践上来看，地方设定海事行政许可的权限很小，海事行政管理具有全国性、广泛性的特点，宜由国家统一规定。海事行政许可的管理相对人有特定性，一般是和海事活动有关的公民、法人和其他组织，如水上拖带大型设施和移动式平台许可，申请人为船舶及其所有人、经营人或其代理人；禁航区、航道(路)、交通管制区、锚地和安全作业区划定审批，申请人为建设、作业、活动单位或其代理人等。海事行政许可有一个突出的特点是涉外性，海事运输活动频繁，特别是国际船舶频繁进出我国港口。国际船舶买卖、船舶承租、外商设立国际海上运输业务等，涉及多方面的行政管理，因此海事行政许可涉外性较其他的行业更显著。

第二节 海事行政许可的种类

一、海事普通许可

海事普通许可的功能主要是防止危险、保障安全。海事普通许可的性质是确认海事活动行为人具备行使既有权利的条件。包括以下几个特征：

(1)对海事管理相对人行使法定权利或者从事法律没有禁止但附有条件的活动。

(2)一般没有数量控制。

(3)行政机关实施普通许可一般没有自由裁量权。

海事普通许可是指海事机构准予符合法定条件的船舶、船员、船舶所有人或经营人等海事管理相对人从事特定活动的行为。它是运用最广泛的一种行政许可。例如船舶签证、特殊船舶进港、载运危险货物船舶进出港口等。船舶进出港口，应当向海事管理机构办理船舶进出港签证手续。船舶装卸、过驳危险货物或者载运危险货物进出港口，应当将危险货物的名称、特性、包装、装卸或者过驳的时间、地点以及进出港时间等事项，事先报告海事管理机构和港口管理机构，经同意后，方可进行装卸、过驳作业或者进出港口。在我国港口和沿海水域航行的外国籍船舶应遵守我国一切相关的法律、法规和规章的规定。船舶进入我国港口，船长或船舶所有人应在船舶预定到达港口一星期之前，通过外轮代理公司填具规定的报表，即外国籍船舶进口申请书，向海事机构办理进口申请审批手续。海事普通许可适用于直接关系国家安全、经济安全、公共利益、人身健康、生命财产安全的事项。

二、海事特许

海事特许的功能是分配稀缺资源，海事特许是由海事机构代表国家向被许可人转让某种特定权利的行为，主要适用于有限自然资源的开发利用、有限公共资源的配置等。其特征是：

(1)管理相对人取得特许权一般应当支付一定的费用，所取得的特许依法可以转让、继承。

(2)特许一般有数量控制。

(3)海事机构实施特许一般有自由裁量权。

经营国际船舶运输业务，应当向国务院交通主管部门提出申请，并附送符合规定条件的相关材料。国务院交通主管部门应当自受理申请之日起 30 日内审核完毕，做出许可或者不予许可的决定。予以许可的，向申请人颁发《国际船舶运输经营许可证》；不予许可的，应当书面通知申请人并告知理由。这种许可结合其他的条件，带有海事机构的主观性，和一般登记不一样，登记是只要材料符合就给予办理，特许还需考虑市场保护。国务院交通主管部门审核国际船舶运输业务申请时,应当考虑国家关于国际海上运输业发展的政策和国际海上运输市场竞争状况。因此有人认为,交通部在其政府网站和其他适当媒体上公布国际海运市场竞争状况和国家关于国际海上运输业发展的政策是一种海运资源的控制和利用,应属于海事特许范畴。

三、认可

认可是由海事机构对申请人是否具备特定技能的认定。主要适用于为公众提供服务、直接关系公共利益并且要求具备特殊条件或者特殊技能的资格、资质。其特征是:

(1)一般都要通过考试方式并根据考试结果决定是否认可。

(2)资格资质证的认可是对相对人的许可,与身份相联系,不能继承、转让。

(3)没有数量限制。

(4)海事机构实施许可一般没有自由裁量权。

例如,客船和载运危险货物船舶船员的资格认定。船员经水上交通安全专业培训,其中客船和载运危险货物船舶的船员还应当经相应的特殊培训,经海事管理机构考试合格,取得相应的适任证书或者其他适任证件,方可担任船员职务。行政法意义上的船员概念是,经法定程序取得船员资格,并经船舶所有人聘任或雇佣,在特定船舶上连续从事船舶航行业务的人。经过法定程序取得船员证书是船员从事船上活动的资格。国际航运技术性强,配备合格的船员是保证船舶安全航行的必要条件。2011 年交通部发布第 12 号令《中华人民共和国海船船员适任考试、评估和发证规则》规定:"本规则适用于为取得中华人民共和国海船船员适任证书(以下简称适任证书)而进行的考试以及适任证书、适任证书特免证明和外国适任证书承认签证的签发与管理。"

四、核准

核准是指海事机构对某些事项是否达到特定的技术标准和经济技术规范的判断、确定。其特征是:

(1)依据主要是技术性、专业性。

(2)一般要根据实地验收、检测决定。

(3)没有数量控制。

(4)海事机构实施核准没有自由裁量权。

船舶进出港一般有联合检查制度。联合检查是我国对进出我国港口的外国籍船舶的一项管理制度,目的是保证航行安全,维护国境治安,查禁走私,防止疫病传染,便利船舶进出港口和对外贸易。船舶检验,是由国家授权的或国际上认可的船舶检验机构,根据国际公约和船舶规范的要求,对于海上航行的船舶或其他海上设施的设计、建造和技术性能进行审核、测试和鉴定。从行政许可的角度讲,船舶检验是法律、法规规定的海事机构,为了使船舶具备安全航行能力,按照法律法规规定的船舶规范,对船舶总的技术状况所进行的检查和鉴定。船舶和船上有关安全航行的重要设备未经检验合格,不具有船舶检验证书,船舶不得航行。检验只是核准的一个调查程序,经过检验,并不代表通过检验,其许可的特征是做出许可决定或者发给许可证,如船舶检验证书,该证书应区别于检验不通过的文书。从行政许可的角度理解,船舶检验的重心不在于检验,检验是实施行政许可的一个审查步骤,船舶检验的形式意义在于发给船舶检验证书。

五、登记

登记是指海事机构确立相对人的特定主体资格的行为。登记的功能主要是通过使相对人获得某种能力向公众提供证明或者信誉、信息。主要特征有：

(1)未经合法登记取得特定主体资格或者特定身份，从事涉及公众关系的经济社会活动是非法的。

(2)没有数量控制。

(3)对申请登记的材料一般只进行形式审查，通常可以当场做出是否准予登记的决定。

(4)海事机构实施登记没有自由裁量权。

船舶登记是由海事机构确立船舶拥有中华人民共和国国籍。船舶经依法登记，取得中华人民共和国国籍，方可悬挂中华人民共和国国旗航行，中华人民共和国海事局为船舶登记机关。在行政法上的意义是，悬挂一国国旗方可以在公海上航行。

第三节　海事行政许可的基本原则

一、合法原则

由于许可制度直接关系公民、法人和其他组织的权利，因此，海事行政许可的设定、实施行政的各级海事机构的权限和义务、获得许可的条件和程序等都必须由法律规定。设定海事行政许可，与设定行政处罚不同，其要求和条件都高于行政处罚。

1. 设定海事行政许可应当依照法定权限、范围、条件和程序

(1)应当严格按照《行政许可法》规定的权限范围设定海事行政许可。根据我国《行政许可法》第十四条、第十五条、第十六条的规定，《海商法》可以设定行政许可，不属于《海商法》等法律调整范围且没有其他法律设定行政许可的，国务院可以设定海事行政许可；同样的道理，不属于《海商法》等法律、行政法规调整范围且没有其他法律、行政法规设定行政许可的，地方性法规可以设定海事行政许可；尚未制定法律、行政法规和地方性法规的，因海事行政管理需要，确需立即实施海事行政许可的，省级人民政府的规章可以设定临时性的海事行政许可；除此之外，其他规范性文件一律不得设定海事行政许可。违反这些规定，超越权限设定的海事行政许可一律无效。原先海事机关为了方便管理而设定一系列的许可，比如为了更好地管理小型港口建材运输船舶而设立的《沙石料船舶许可证》，为了对小型液货船实施管理而制订的《小型液货船许可证》等，这些措施虽然方便了管理，但实际上已超出了权限范围。

(2)应当按照行政许可法规定的设定行政许可的范围设立海事行政许可。设定海事行政许可，不是有权设立的机关对任何事项都可以设立海事行政许可。行政许可法对设定的行政许可有范围限制。根据《行政许可法》第十二条、第十三条的规定，设定海事行政许可的范围是：直接涉及国家安全、公共安全、经济宏观调控、生态环境保护以及直接关系人身健康、生命财产安全等特定活动需要按照法定条件予以批准的事项；有限自然资源的开发利用和有限公共资源的有效配置以及直接关系公共利益的特定行业的市场准入等需要赋予特定权利的事项；提供公共服务并且直接关系公共利益的职业、行业，需要确定具备特殊信誉、特殊条件或者

特殊技能等资格、资质的事项;直接关系公共安全、人身安全、生命财产安全的重要设备、设施、产品、物品,需要按照技术标准、技术规范通过检验、检测、检疫等方式进行审定的事项;企业或者其他组织的设立等需要确定主体资格的事项;法律、行政法规规定可以设定行政许可的其他事项。

(3)应当按照行政许可法确定的条件设定海事行政许可。按照行政许可法的规定,不少设定行政许可的行为都是附条件的,地方性法规和省级人民政府规章不得设定有关资格、资质的行政许可,不得设定企业登记及其前置性行政许可等。

(4)应当按照行政许可法和其他有关法律、行政法规的程序设定海事行政许可。行政许可法规定的设定行政许可法程序有:起草法律草案、法规草案和规章草案,拟设定海事行政许可,起草单位应当通过听证会、论证会等形式广泛听取意见,并向制定机关说明设定该行政许可的必要性,对经济和社会可能产生的影响以及听取和采纳意见的情况。海事行政许可的设定机关应当定期对其设定的行政许可进行评价。

2. 实施海事行政许可,应当按照法定权限、范围、条件和程序

(1)实施海事行政许可的主体及权限应当合法。《行政许可法》第二十二条、第二十三条规定,行政许可由有行政许可权的行政机关在其法定职权范围内实施;法律、法规授权的具有管理公共事务职能的组织,在其法定授权范围内,以自己的名义实施行政许可。

(2)实施海事行政许可应当依照行政许可法和其他法律、法规和规章规定的条件。行政许可的本质主要表现为对公民、法人和其他组织是否符合法定权利资格和具体取得权利的条件进行审查核实后的一种结论。因此,行政许可都是对符合法定条件的活动所给予的一种准许。

从实践来看,实施海事行政许可是由《海商法》、《海运条例》等法律法规的规定,对行政许可实施的条件做了原则性规定。2015 年 5 月 29 日交通部发布第 7 号令《中华人民共和国海事行政许可条件规定》,其中第二条规定:“申请及受理、审查、决定海事行政许可所依照的海事行政许可条件,应当遵守本规定。”严格按照这些条件实施行政许可,是确保行政许可合法高效的关键。

二、公开、透明原则

海事行政许可的设定过程是开放的,从设定海事行政许可的必要性、可行性,到海事行政许可可能产生效果的评估,都要广泛听取意见,允许并鼓励公众评论。海事行政许可的规定必须公布,未公布的不能作为实施海事行政许可的依据。海事行政许可的法律文件,许可的条件、程序,必须公开、透明。实施海事行政许可公开包括主体公开,谁有权实施行政许可,实施哪些许可,应当让公众知晓;海事行政许可的实施条件规范、明确,让公众知晓;实施的程序包括申请、受理、审查、听证、决定、检查等程序都应当是具体、明确和公开的;实施期限也是公开的;做出的准予行政许可的决定,应当予以公开,公众有权查阅。海事行政管理透明原则主要涉及以下措施的公布:

(1)国家管理和规范海运业的法律法规和规章等。

(2)有关海运业(包括外资企业)的立法税收、费收规则及其变动的立法。

(3)扶持、辅助本国海运业的措施(如补贴)。

(4)航运技术和安全标准等。

(5)船舶登记规则。

政策透明度是指国家有关海运业的法律法规、措施及所缔结的条约的公布,它关系到国家海运政策的宣传与实施,也会影响市场准入和国民待遇的实际效果。透明度作为一般性义务之一,对各国海运政策和立法的公开提出了要求。

三、公正、公平原则

海事行政许可设定和实施,必须平等对待同等条件的个人和组织,不得歧视。具体地讲,要求平等地对待所有的个人和组织,禁止搞身份上的不平等。在设定海事行政许可时,不能对个人和组织因为地位、规模、经济条件、来自地区不同而规定不同的条件。在实施海事行政许可时,不能对符合法定条件或者标准的个人和组织实行歧视待遇,应做到一视同仁。

(1)海事行政机关在对行政许可申请进行审查时,发现许可事项直接关系到他人重大利益的,应当告知利害关系人。申请人、利害关系人进行陈述和申辩,海事行政机关应当告知申请人、利害关系人享有要求听证的权利,申请人、利害关系人依法提出听证申请的,海事行政机关应当组织听证。

(2)有数量限制的海事行政许可,两个或者两个以上的申请人的申请均符合法定条件、标准的,海事行政机关应当根据受理行政许可申请的先后顺序做出准予行政许可的决定。

(3)公民特定资格的许可依法需要通过考试的,海事行政机关应当依据国家考试的结果和其他法定条件做出行政许可决定;赋予法人或者其他组织特定资格、资质的,海事行政机关应当根据申请人的专业人员构成、技术条件、经营业绩和管理水平的考核结果做出行政许可决定;对核准事项上,海事行政机关应当根据检验、检测、检疫的结果做出行政许可决定。

四、便民、效率原则

便民是我国法律制度的价值取向,也是海事行政机关履行行政职责、行使行政权力应当恪守的基本准则。海事行政许可在程序设置上必须体现方便申请人、提高行政效率的要求。该原则不仅明确规定为实施海事行政许可应当遵循的原则,而且贯穿在行政许可的全过程,包括设定海事行政许可和实施海事行政许可的各个环节。

(1)海事行政许可依法需要海事行政机关内设的多个机构办理的,该行政机关应当确立一个机构统一受理行政许可申请,统一送达行政许可决定;行政许可依法由地方人民政府两个以上的部门分别实施的,本级人民政府可以确定一个部门受理行政许可申请并转告有关部门分别提出意见后统一办理,或者组织有关部门联合办理、集中办理。

(2)公民、法人或者其他组织申请海事行政许可时,尽量提供方便,如提供符合法定要求的申请书格式文本,允许并鼓励申请人通过信函、传真、电子数据交换等方式提出申请,将海事行政许可的事项、依据、条件、数量、程序、期限及需要提交的全部材料的目录等在办公场所公示,当场更正申请材料中的错误,应当创造条件在网站上公布行政许可事项等。

(3)对符合法定形式、材料齐全的申请,应当尽量当场受理。

(4)严格在法定期限内做出行政许可决定或者办完有关事项。

(5)提供优质服务。

五、救济原则

救济就是指公民、法人或者其他组织认为海事机构实施海事行政许可，使其合法权益受到损害时，可以请求国家予以补救的制度。海事机构在实施许可时，申请人有权陈述、申辩、依法请求听证、依法申请行政复议和提起行政诉讼等救济权，是对行政许可权效力优先和单方性的一种平衡，这种平衡是法制的集体主义价值取向与个人主义价值取向的统一，是公共利益和个人利益的统一。规定公民、法人和其他组织享有陈述权、申辩权和救济权，有利于海事机构与公民、法人和其他组织在行政许可实施过程中处于平等地位，从而更有效、更全面地实现行政许可的目的。

法律在赋予海事机构行政许可的权力的同时，也意味着海事机构应当承担的责任。公民、法人和其他组织在海事机构实施行政许可的过程中享有陈述权、申辩权和救济权，实际上是一种以权利制约权力的监督权。不同的管理手段，其救济方式不同，程序要求也不同，特别在陈述、申辩和请求听证等方面。

六、诚实信用原则

诚实信用是民事行为中最重要的原则，是市场经济活动的基础，它要求对待别人的利益像对待自己的利益一样。这一原则也是海事机构行政活动的基本原则，它要求海事机构信守自己的诺言，要求行政活动具有真实性、稳定性和善良性。在诚信的基础上产生信赖保护原则，即海事管理相对人基于对海事机构信赖所作的行为，应得到海事机构的保护，这一原则尤其适用于海事机构的“授益行为”。海事机构不得随意变更或撤销许可。因公共利益的需要，必须撤销或变更许可的，海事机构应负责补偿损失。

七、信赖保护原则

二战后，信赖保护原则在德国首先得到发展，现已成为许多国家行政法的一项重要原则。行政管理相对人对行政权力的正当合理信赖应当予以保护，行政机关不得擅自改变已生效的行政行为，确需改变行政行为的，对于由此给相对人造成损失的应当给予补偿。公民、法人和其他组织依法取得的行政许可，是正当的合理信赖，受到法律保护，除非法律法规有明确规定外，海事机构不得撤销或者变更已经生效的行政许可。否则，海事机构撤销、变更已生效的行政许可行为就是违法。海事机构和申请人、被许可人都没有过错，而是因客观原因，海事机构为了公共利益的需要，可以依法变更或者撤回已经生效的行政许可。海事机构依法变更或者撤回已经生效的行政许可造成公民、法人和其他组织财产损失的，应当依法给予补偿。

八、监督与责任原则

谁许可，谁监督，谁负责。海事行政许可要与海事机构的利益脱钩，与责任挂钩。海事机构不履行监督责任或监督不力，甚至滥用职权、以权谋私的，都必须承担法律责任。

第四节 海事行政许可的实施主体

一、行政许可主体的法律概念

从法律上讲,海事行政机关是指依法成立、能以自己的名义独立从事海事行政管理活动,并承担相应法律后果的行政组织。海事行政机关应当是依法成立的,如直接依据宪法、组织法的规定成立的行政机关,如国务院,也包括按照法律规定程序成立的行政机关,如交通运输部、港口局等。能以自己的名义独立地从事行政活动,并承担相应法律后果,指海事行政机关在行政法领域享有独立的主体资格,能以自己的名义独立地对外发布决定和命令以及独立地采取措施以保障这些决定和命令的实施,并能独立承担由此而带来的法律后果,能够独立地作为行政复议、行政诉讼或者国家赔偿的主体。相反,海事行政机关的内部机构、临时机构等虽经海事行政机关内部权力再分配而享有一定的行政权,可以具体从事部分行政管理活动,但其不能以自己的名义对外做出任何决定,当然也不能成为实施行政许可的主体。一般来说,作为行使国家行政许可权的海事行政机关,可以在海事行政许可的权限范围内行使许可权,国务院交通主管部门可以根据法律、行政法规规定的行政许可,对行政许可事项做出具体规定,并且可以根据法律、行政法规的规定,对管理相对人的申请进行审核,符合法律、法规规定的,做出准予从事某种海事特殊活动的行为。经营海上国际集装箱班轮运输,由国务院交通主管部门批准。经营国际船舶代理业务,应当向国务院交通主管部门提出申请。

二、海事行政机关

据此,海事行政机关取得行政许可权,应具备一定的条件,包括:

(1)依法享有外部行政管理职能,可与公民、法人或者其他组织发生行政法律关系。海事行政机关可以分为外部行政机关和内部行政机关。外部行政机关有权对社会上的企业、个人或者其他组织实施管理,被称为有外部行政管理职能的行政机关。在海事行政管理方面,外部行政机关是行政机关的主要部分,是海事行政权力的主要实施者,凡是与公民、法人等相对人发生行政管理关系的,必须由外部行政机关来行使有关行政权。

(2)依法得到法定明确的授权,在授权权限范围内实施行政许可。交通部具有海事行政管理职能,随着交通部的设立而产生,由组织法或者组织规则规定,而行政许可权是一项单行法授予的职权。如果交通部没有经过明确授权,不能当然地成为行政许可的实施主体。

(3)法定授权应当与外部管理职能及范围相一致,包括实施许可的行政机关应当与其管理权相一致。经营国际船舶运输业务,应当向国务院交通主管部门提出申请,并附送符合规定条件的相关材料。经营国际船舶管理业务,应当向拟经营业务所在地的省、自治区、直辖市人民政府交通主管部门提出申请。不同级别的海事行政机关,根据职责权限审核不同的内容。

三、海事管理机构

另外,海事行政许可的实施主体还可以是具有管理公共事务职能的组织。传统观念认为,对社会公共事务进行管理的职能仅属于国家所有,“公共管理”局限于“国家行政”,国家机关是唯一的公共管理主体。现代社会公共事务量多面大,特别是社会性、专业性较强的公共事务,一般由非政府的公共组织管理或者参与管理。因此,公共行政包含国家行政和行使某种公共职能的社会组织(如非营利性的行业、专业协会组织)的行政部门。在船舶检验等方面,由行政机关以外的具有某种公共事务管理职能的组织实施许可,更易于达到行政许可设定的目标和任务。行政许可法第 28 条对直接关系到公共安全、人身健康、生命财产安全的设备、设施、产品、物品需要通过检验、检测、检疫等方式确认其是否符合技术标准或者技术规范的行政许可逐步授权专业组织实施作了指导性、方向性的规定,即专业性比较强、技术性要求比较高的行政许可事项,可以逐步授权给专业技术组织实施。具体说,对直接关系公共安全、人身健康、生命财产安全的设备、设施、产品、物品的检验、检测、检疫,除法律、行政法规规定由行政机关实施的外,应当逐步由符合法定条件的专业技术组织实施。

但是,作为非行政机关的组织,没有法律法规的授权,不具有行政管理职能。没有法律法规的规定,不具有行政许可权。海事局行使审批权就是行政法规授权的。《关于对海事局工作人员如何使用法律问题的答复》(最高人民检察院〔2003〕高检研发第 1 号),从反面说明了同样的问题。《中华人民共和国内河交通安全管理条例》规定,国务院交通主管部门在中央管理水域设立的海事管理机构和省、自治区、直辖市人民政府在中央管理水域以外的其他水域设立的海事管理机构(以下统称“海事管理机构”)依据各自的职责权限,对所辖内河通航水域实施水上交通安全监督管理。海事管理机构在性质上不应属于国家行政机关,作为目前国情,属于事业单位,是行政事务执行单位,工作人员按公务员的要求进行管理,但其性质还是属于非行政机关的组织。

四、船级社

法定服务是船级社按照船旗国政府有关法令及船旗国政府缔结的国际公约的规定,由政府主管部门或政府授权的、有资格的组织所指派的验船师进行的强制性的检验或审核。从船级社的产生及其发展的历史背景来看,船级社参与社会法律关系的主体资格是民间自发形成的,并经政府部门登记的民间社团组织。由于船级社有着较其他机构领先的船舶技术知识、专业人员及遍布世界的网点,船级社往往得到政府的授权和支持。船级社不但受到本国政府的授权行使法定检验,而且可以接受其他国家政府授权,按照其政府的规定进行法定检验。目前,船级社进行的法定服务包括法定检验和 ISM 规则认证。

五、委托实施海事行政许可主体

在行政许可管理中,委托实施行政许可是指海事行政机关在其法定职权范围内,依照法律、法规、规章的规定,委托其他行政机关实施海事行政许可。委托实施海事行政许可有下面几个特点:

第一,受委托实施海事行政许可的只限于行政机关,海事行政机关不能委托其他组织和个人实施行政许可。

第二,受委托的行政机关的海事行政许可权来自于做出委托的海事行政机关的委托行为。实施海事行政许可是海事行政机关的权利,海事行政机关根据行政管理工作的实际需要,依照法律、法规、规章的规定,将部分行政许可实施权委托给其他行政机关。

第三,海事行政机关的委托行为并不引起行政职权和职责的转移,被委托的行政机关职能在受委托的范围内以委托行政机关的名义行使行政许可权。

第四,受委托行政机关在具体实施受委托的海事行政许可时,并不具有行政主体资格,其实施的法律后果由委托行政机关承担。

第五节　海事机构在行政许可中的主要职责

一、许可事项和许可要件必须依法设定

1. 许可事项法定

行政许可法为了从源头上治理许可过多过滥的情况,减少了行政许可的设定主体,特别是取消了国务院各部委的行政许可设定权,对地方政府的行政许可设定权,也做了严格的限制,且明确规定了可以设定许可的具体方面。对于海事管理机构而言,不具有《立法法》赋予的立法机关的资格,也当然不符合许可设定机关的层次要求,但作为执行机关,也需要受到行政许可设定法定这一条件的约束,从执行角度而言,海事管理机构在执行许可权力时,应关注许可权力的来源,即赋予海事许可的立法机关是否具有许可设定权。

2. 许可要件法定

《行政许可法》第十六条明确了对许可要件的规定权,即行政法规可以在法律设定的行政许可事项范围内,对实施该许可做出具体规定;地方性法规可以在法律、行政法规设定的行政许可事项范围内,对实施该行政许可做出具体规定;规章可以在上位法设定的行政许可事项范围内,对实施该行政许可做出具体规定。由此可见,具体的许可要件也是由有相应立法权的机关制定实施的,作为海事管理机构,不具有这方面的权力,因此,海事管理机构在实施许可时,必须遵守按照法定的要件进行审核的义务,不得随意增加或减少许可的要件。

二、许可受理和审查必须依法进行

《行政许可法》第四章和《交通行政许可程序规定》、《海事行政许可条件规定》等规定对许可的程序、要件以及许可机关的义务进行了详细规定。主要有:

1. 依法公示与告知的义务

公示义务主要是将许可的依据、条件、程序、结果等通过一定的方式公开,告知主要是要求许可机关在受理、审查中应及时告知申请人办理结果、期限、救济途径等的义务。需要指出的是,在告知方面,比较容易忽略的是对利害关系人的告知义务。

2. 依法为相对人提供便利的义务

如受理中一次性告知的义务、允许当事人当场补正的义务、提供便利的许可途径的义务等,特别要指出的是根据《行政许可法》第五十八条的规定,行政机关实施行政许可和对行政许可事项进行监督检查,不得收取任何费用,这对许可机关来说,也是禁止地带,是不得为的强制义务。

3. 依法审查的义务

《海事行政许可条件规定》对海事的各项许可要件进行了详细规定,许可人员在进行审查

时,有依据要件进行审查的义务,不能随意减少或增加许可条件。

三、许可监督管理必须依法实施

为改变行政许可中重审批、轻监管的不良现象,行政许可法第六章专门对监督检查进行了规定,交通部也配套出台了《交通行政许可监督检查及责任追究规定》。在监督检查方面可以分为两大类:一是行政机关的内部监督,主要体现为上级行政机关对下级行政机关的许可监督;二是行政实施机关的外部监督,许可法明确行政机关应当建立健全对被许可人的监督管理制度,将对被许可人从事许可事项活动的监督管理制度化、规范化。

四、对相关方的权利必须依法保障

在法律设计中会明确相对弱势方的权利保障,从法律规范的角度尽可能为相对人提供监督行政机关权力行使的途径。因此,在各项活动中,对相对人权益的保障都是行政机关必须要履行的义务。海事机构在实施许可时,要履行保护相对人或利害关系人陈述权、申辩权等权利。

第六节 海事机构在行政许可中可能出现的不合规情形

一、许可设定方面

《行政许可法》明确规定除法律、法规、省级人民政府规章外,"其他规范性文件一律不得设定行政许可。"海事管理机构不具有设定行政许可的资格,但是各级海事管理机构发布的一些红头文件和出台的各种管理规定,在某些方面涉及有关行政许可,或者是增加了新的许可事项,或者是对既有许可事项设定了前置条件。这些规定虽然在一定程度上对加强管理起到了促进作用,但是却增加了行政相对人的义务,提高了许可申请的成本,一些非法出台的规定甚至威胁到船舶和港口的安全生产。

二、许可受理方面

1. 延误受理时间或应受理而不受理

《行政许可法》第三十条规定:"行政机关应当将法律、法规、规章规定的有关行政许可的事项、依据、条件、数量、程序、期限以及需要提交的全部材料的目录和申请书示范文本等在办公场所公示。"海事管理机构在公示方面往往做不到,比较常见的是在单位网站上的公示比较详细,而在办公场所不公示或只公示海事行政许可的事项,有关许可的依据、条件、程序以及需提交的材料等则不能完全公示,申请人对有关许可事项进行咨询时,海事执法人员有时解释不清或不全面,造成申请人就一个许可事项多次补正申请材料而延误受理的情况。

2. 不应受理而受理

海事执法模式改革后,许多海事管理机构将许可受理部门与审批部门分开,许可人员不对申请材料进行形式审查就予以受理,将材料流转到审批部门,审核人员在进行实质审查时发现材料不齐全或不符合法定形式,在已签发《许可受理通知书》的情况下要求申请人重新申请或补正有关申请材料,既耽误了申请人的时间,又损害了海事执法权威。更严重的情况是有些海事管理机构为了小团体的利益争夺管辖范围,对不属于本机构管辖权限的许可事项进行受理。

3. 强制规定申请方式

许可申请一般都是以书面方式提出,随着科技的发展和现代通信手段的普及,《行政许可法》规定:"行政许可申请可以通过信函、电报、电传、传真、电子数据交换和电子邮件等方式提出。"行政许可法这一规定的目的本来是在于鼓励行政机关和申请人利用现代科技,提高行政效能,同时也体现了行政许可的便民原则。但有些海事管理机构却要求相对人必须通过电子平台提出申请,这对于一些适合到窗口申请的事项并不方便,对申请事项较少的一些代理等单位也是负担,便民变成了劳民。

4. 违规收取格式文本费用

海事管理机构对一些行政许可申请书设定了格式文本,这本是为了规范许可行为,并便于相对人提出申请,但一些海事管理机构却通过向相对人出售申请书格式文本谋利,甚至为了能够谋取更多利益而自行设计各种许可事项的申请书格式文本,要求相对人购买,提高了许可申请成本,侵犯了相对人的合法权益。

5. 要求相对人购买指定商品

《行政许可法》第二十七条规定:"行政机关实施行政许可,不得向申请人提出购买指定商品、接受有偿服务等不正当要求。"有的海事执法人员在受理许可申请时,往往借助手中的权力,要求相对人购买一些商品,如国旗、救生圈、航道图等,并且价格远高于正常购买的价格,有时海事执法人员会强迫相对人接受一些有偿服务,如进行垃圾处理、海巡艇维护等,其主要目的还是收费,有时甚至光收费不服务。

三、许可审查方面

1. 审查标准不统一

《行政许可法》第五条规定:"符合法定条件、标准的,申请人有依法取得行政许可的平等权利,行政机关不得歧视。"在实际审批过程中,审批人员往往做不到公平、公正,对比较熟悉的相对人或一些大单位减少审查时间,优先办理,有时甚至根据个人的好恶或心情故意刁难或拖延许可时间,或者厚此薄彼,对同一许可申请事项批准一方而不批准另一方。目前很多海事管理机构在某些方面实行诚信管理,评出一些"诚信船舶""诚信代理"等,在管理上给予一定的优惠措施,但即使是对诚信相对人,也应侧重于管理方面,而不应减少办理时间,在同类申请中优先办理。

2. 拖延审查时间

《行政许可法》规定了许可的决定期限,并规定能够当场做出决定的应当场做出行政许可决定。海事执法人员在对许可事项审查时故意拖延时间,对能够当场做出决定的不做出许可决定,在法定的最后期限才做出许可决定。对一些较大事项的许可,有时可能涉及海事机构内部多个部门的流转和协作,因为配合不协调而耽误审查的时间,甚至超期限做出许可决定,延误相对人的时间,影响港口和企业的快速发展。

3. 做出错误许可决定

海事执法人员或者由于对许可决定的事实根据和法律依据考虑不充分，或者应该征求其他相关部门意见或经集体研究决定而盲目自大、草率专断独自决定，或者不遵循科学发展观，做出了错误的海事行政许可决定，而造成了危害性后果。某些海事管理机构在审批船舶进港时，不考虑码头负荷，对超过码头核定船型的船舶盲目审批，造成船舶撞损码头的事故时有发生。

四、许可监督管理方面

1. 只许可不监管

《行政许可法》第十条第二款规定："行政机关应当对公民、法人或者其他组织从事行政许可事项的活动实施有效监督。"在海事行政许可中，重审批轻监管是一个比较普遍的现象。以船舶签证为例，《船舶签证管理规则》规定："海事管理机构应当加强对船舶签证的监督检查。"虽然不要求对每一艘签证的船舶进行现场检查，但应进行一定比例的抽查，并对监督检查情况做好记录，但在实际中，海事管理机构对已办理出港签证的船舶往往不进行现场检查，造成船舶超载、配员不足航行的情况，对船舶自身和水上交通安全带来隐患。

2. 发现未经许可而擅自作业的情况不予制止

海事管理机构不应只是对已许可的事项进行监督检查，对发现未经许可擅自作业的情况应及时制止，要求其按规定申请并经许可后方可进行作业。但一些海事执法人员对违法从事许可事项的活动不予制止，对接到的有关举报也不进行核实、处理，认为不是自己做出的许可决定就不需要管，即使出事也是因为相对人未申请许可擅自作业，自己没许可就没责任，增加了事故发生的概率。

五、相关方权利保障方面

1. 不依法告知

《行政许可法》第三十八条规定："行政机关依法做出不予行政许可的书面决定的，应当说明理由，并告知申请人享有依法申请行政复议或者提起行政诉讼的权利。"海事管理机构做出不予行政许可的决定对海事行政相对人来说是一个不利的结果，往往不说明不予许可的理由或理由不充分，使相对人不能真正了解申请事项未获许可的原因，无法确定是否提起和如何提起行政复议或行政诉讼，损害了相对人的权益保护。

2. 忽略第三方的利益

海事管理机构在对许可事项进行审查过程中，当发现许可事项直接关系第三人重大利益，行政许可决定的做出会对第三人的利益产生影响时，应在合理的期限内及时告知利害关系人，给予申请人、利害关系人充分发表自己意见并为自己辩解的机会，行使其知情权和陈述权。但海事管理机构在此方面往往做得不够，不听取利害关系人的意见，单方做出许可决定，可能对第三方构成安全威胁或造成财产损失。

第七节　海事行政许可工作流程

为规范海事执法行为，提高执法效能，保证海事执法的统一性、稳定性和连续性，自 2011 年 5 月 1 日起，中华人民共和国海事局开始在全国海事系统统一推行《海事执法业务工作流程》。

《海事执法业务工作流程》是指海事管理机构和行政执法人员在从事海事行政执法活动中必须遵循的形式、方式、顺序和时限等各项要求的内部规范性文件，是对法律、法规及海事执法程序的细化，是基本的执法标准或要求，对执法人员执法具有操作层面的指导、规范作用。本书节选其中的一部分以供参考。

第一部分　通航管理类

Ⅰ. 通航水域岸线安全使用许可业务流程

一、执法依据

（一）《中华人民共和国海上交通安全法》第二十条；

（二）《中华人民共和国内河交通安全管理条例》第二十五条；

（三）《中华人民共和国水上水下活动通航安全管理规定》；

（四）《中华人民共和国海事行政许可条件规定》第六条；

（五）《中华人民共和国海洋环境保护法》；

（六）《中华人民共和国水污染防治法》；

（七）《中华人民共和国海事局通航安全评估管理办法》。

二、岗位职责

（一）受理人负责通航水域岸线安全使用许可申请的受理和决定文书的发放等；

（二）初审人负责审核、制作决定文书、有关材料归档和台账登记工作等；

（三）复审人负责复审；

（四）审批人负责审批。

三、工作流程

（一）受理

1. 受理人收到通航水域岸线安全使用许可申请后，应对申请是否属本机构管辖范围、申请人是否符合申请条件、申请材料是否齐全等进行审查，申请材料应包括：

（1）《通航水域岸线安全使用申请书》；

（2）已通过评审的通航安全影响论证报告及审查意见；

（3）设计单位资质认证文书及其复印件；

（4）有关技术资料和图纸及有关审查会议纪要等有关资料及复印件；

（5）相关部门关于使用岸线的项目的批准文书及复印件（规定必要时）；

（6）委托证明及委托人和被委托人身份证明及其复印件（委托时）。

2. 对资料齐全、文书填写完整的，受理人予以受理，向申请人出具加盖受理专用章的《海事业务受理通知书》，受理情况要进行登记。对资料完备性等情况有疑义的，向申请人出具加盖受理专用章的《海事业务申请材料收存单》，收存情况要进行登记并及时处理，5 个工作日内未做答复的，视为受理。

3. 申请事项依法不需要取得行政许可的，申请事项依法不属于本机构职权范围的，受理人应当及时做出不予受理的决定，告知申请人向有关行政机关申请，并向申请人出具加盖受理专用章的《海事业务不予受理通知书》。

4. 申请材料存在可以当场更正的错误的，受理人应当告知并允许申请人当场更正。

5. 申请材料不齐全或者不符合法定形式的，受理人应当当场或 5 个工作日（收存材料的）内一次性告知申请人需要补正的全部内容，并向申请人出具加盖受理专用章的《海事业务补正通知书》。

6. 申请人应在复印件上署名及签注日期，受理人经审查与原件一致，将原件退回申请人。

7. 受理人受理后，填写《海事业务审批表》并相关申请材料送初审人。

（二）初审

1. 初审人对相关材料进行审核，审核后在《海事业务审批表》签注审核意见，将相关材料提交复审人。

2. 需要现场进行核查的，由初审人或核查部门组织核查。

（三）复审

复审人对相关材料及初审人的意见进行审核，审核后在《海事业务审批表》签注审核意见，将相关材料提交审批人。

（四）审批

审批人对相关材料进行审核，审核后在《海事业务审批表》上签注审批意见，并将相关材料退还初审人。

（五）办理与告知

1. 审批人审批同意的，由初审人制作加盖通航安全管理专用章的《海事行政许可决定书》。

2. 审批人审批不同意的，由初审人制作加盖通航安全管理专用章的《不予海事行政许可决定书》。

3. 办理完毕后，由初审人在《通航许可（审批）登记台账》中登记。

4. 初审人将《海事行政许可决定书》或《不予海事行政许可决定书》转受理人通知申请人领取或送达申请人，受理人进行登记。

5. 审批同意的，初审人应及时将相关信息发给现场监管部门/人员。

（六）归档

办理完毕后，初审人应及时将《通航水域岸线安全使用申请书》、申请材料、《海事业务审批表》、现场核查书面材料或记录、《海事行政许可决定书》或《不予海事行政许可决定书》附本或复印件等材料进行归档。

四、参考执法标准

（一）《通航水域岸线安全使用申请书》内容填写完整、规范。

（二）审查要点：

1. 对修建码头、修建桥梁等对通航安全及通航环境产生重大或永久性影响的使用岸线项目要重点审核;应要求建设单位就通航安全问题进行专题论证,并提供论证报告。

2. 涉及使用岸线的工程、作业、活动已完成可行性研究。

3. 对航行安全及防污染的影响程度。

4. 符合水上交通安全的技术规范和要求。

5. 对存在的影响通航安全及环境保护等问题采取的对策及通航保障措施的有效性。

(三)申请的作业项目涉及防污内容的,初审人必要时应通知危防管理部门人员参与审查防污措施,并在《海事业务审批表》初审栏中签署意见。

(四)审查发现行政许可事项直接关系他人重大利益的,应当告知项目建设申请人。在海事管理机构组织通航安全论证或安全问题协调会时,应当邀请该利害关系人参加会议,充分听取利害关系人陈述和申辩。

(五)需要报上一级海事管理机构审查的,上一级海事管理机构审查意见下达后,再制作决定文书。

(六)自受理之日起20个工作日内办结。

(七)受理的材料齐全合格,许可的程序符合规范,受理情况登记清楚。

(八)印章使用正确、规范,台账记录、档案收集完整。

(九)各单位根据实际情况,可以简化审批流程,按照"受理 - 审核 - 审批"(二级审批)执行,合并初审和复审环节,审批权下放部门负责人。

五、执法文书和台账

(一)《通航水域岸线安全使用申请书》;

(二)《海事业务受理通知书》;

(三)《海事业务不予受理通知书》;

(四)《海事业务补正通知书》;

(五)《海事业务申请材料收存单》;

(六)《海事行政许可决定书》;

(七)《不予海事行政许可决定书》;

(八)《海事业务审批表》;

(九)《通航许可(审批)登记台账》(略)。

通航水域岸线安全使用许可申请书

申请人	（印章）	
申请时间		
项目名称		
岸线用途		
岸线范围		
提交材料	已通过评审的通航安全影响论证报告及审查意见	□
	设计单位资质认证文书及其复印件	□
	有关技术资料和图纸及有关审查会议纪要等有关资料及复印件	□
	相关部门关于使用岸线项目的批准文书及复印件（需要时）	□
	委托证明及委托人和被委托人身份证明及其复印件（委托时）	□
其他需要说明的情况		
联系人 联系方式		

海事业务受理通知书

编号__________

____________________：

你于________年____月____日，提交的关于__________________的申请，经审查符合受理规定，现予以受理，并收存下列材料。本机构将自即日起________工作日内依法做出决定。

□1. 请于__________到__________领取__________。

□2. 我局(处)将于__________将__________直接__________。

□3. ____。

(受理专用章)

联系方式：　　　　　　　　　　________年________月________日

申报材料清单

序号	材料名称	份数	备注
1			
2			
3			
4			
5			
6			
7			
8			
9			
10			

申请人确认以上材料与提交的一致。　　　　申请人签字__________________

日期：______年______月______日

注：不适用者划去，领取决定文书时请出示本通知书和领取人身份证明。

海事业务不予受理通知书

编号____________

____________________：

你于________年____月____日，提交的关于____________________的申请，经审查：因____，现不予受理，并退回下列材料。

特此通知。

（受理专用章）

联系方式：　　　　　　　　　　　　________年________月________日

申报材料清单

序号	材料名称	份数	备注
1			
2			
3			
4			
5			
6			
7			
8			
9			
10			

申请人确认以上材料与提交的一致。　　　　申请人签字____________________

日期：______年______月______日

联系方式：

海事业务补正通知书

编号____________

____________________：

你于________年____月____日，提交的关于____________________的申请，经审查，缺少下列材料或下列材料不合规，请予以补正。

序号	材料名称	份数	备注
1			
2			
3			
4			
5			

已收材料：

序号	材料名称	份数	备注
1			
2			
3			
4			
5			

特此通知

（受理专用章）

________年________月________日

联系方式：

海事业务申请材料收存单

编号____________

____________________：

你于________年____月____日，提交的关于______________________________的申请，先收存下列材料。

本机构将自即日起5个工作日内依法做出决定。

1. 补正通知。

2. 受理通知。

3. 逾期未通知的，视为受理。

（受理专用章）

联系方式：　　　　________年________月________日

申报材料清单

序号	材料名称	份数	备注
1			
2			
3			
4			
5			
6			
7			
8			
9			
10			

申请人确认以上材料与提交的一致。　　申请人签字____________________

日期：______年______月______日

注：不适用者划去，视为受理的领取决定文书时请出示本收存单和领取人身份证明。

海事行政许可决定书

编号＿＿＿＿＿＿

(申请人)＿＿＿＿＿＿：

你于(时间)＿＿＿＿＿向我局(处)提出(海事行政许可事项)＿＿＿＿＿＿申请。

经审查,你的申请符合(海事管理法律、法规、规章、技术规范)＿＿＿的规定,(决定给予海事行政许可的具体事项及要求)＿＿。

(海事局、处印章)

＿＿＿＿年＿＿＿月＿＿＿日

不予海事行政许可决定书

编号＿＿＿＿＿＿

(申请人)＿＿＿＿＿＿:

你于 (时间)向我局(处)提出＿＿＿＿(海事行政许可事项)＿＿＿＿ 申请,

＿＿＿＿＿＿＿＿＿＿＿＿＿＿＿＿＿＿＿＿＿＿＿＿＿＿

＿＿＿＿＿＿＿＿＿＿＿＿＿＿＿＿＿＿＿＿＿＿＿＿＿＿

＿＿＿＿＿＿＿＿＿＿＿＿＿＿＿＿＿＿,不符合＿＿＿＿＿＿＿＿

＿＿＿＿＿＿＿＿＿＿＿＿＿＿＿＿＿＿＿＿＿＿＿＿＿＿

＿＿＿＿＿＿＿＿＿＿＿＿＿＿＿＿＿＿＿＿＿＿＿＿＿＿

(海事管理法律、法规、规章、技术规范)的规定,决定不予海事行政许可。

申请人如果对本决定不服,可以在收到本决定书之日起60 日内向(上级海事管理机构)申请复议,也可以在收到本决定之日起三个月内直接向＿＿＿＿(法院)提起行政诉讼。

(海事局、处印章)

＿＿＿＿年＿＿＿月＿＿＿日

注:本决定书所提的期限,包括法定节假日,期限最后一日是法定节假日的,顺延至第一个工作日。

海事业务审批表

<table>
<tr><td colspan="2">申 请 人</td><td colspan="4"></td></tr>
<tr><td colspan="2">申请项目</td><td colspan="4"></td></tr>
<tr><td colspan="2">具体内容</td><td colspan="4"></td></tr>
<tr><td colspan="2">受理情况</td><td>受理人</td><td></td><td>受理时间</td><td></td></tr>
<tr><td rowspan="3">核
审
批
意
见</td><td colspan="5">初审人：　　　______年____月____日</td></tr>
<tr><td colspan="5">复审人：　　　______年____月____日</td></tr>
<tr><td colspan="5">审批人：　　　______年____月____日</td></tr>
<tr><td rowspan="3">证
书</td><td colspan="5">制作证书名称：</td></tr>
<tr><td colspan="5">制证流水号(登记号)：</td></tr>
<tr><td colspan="3">制证人：　　______年____月____日</td><td colspan="2">校核人：　　______年____月____日</td></tr>
<tr><td rowspan="2">文
书</td><td colspan="5">文书名称：制作文书人：　　______年____月____日</td></tr>
<tr><td colspan="5"></td></tr>
<tr><td>备
注</td><td colspan="5"></td></tr>
</table>

Ⅱ.通航水域禁航区、航道(路)、交通管制区、锚地和安全作业区划定审批业务流程

一、执法依据

(一)《中华人民共和国海上交通安全法》第二十条、第二十一条、第二十二条

(二)《中华人民共和国内河交通安全管理条例》第二十条、第四十五条

(三)《中华人民共和国水上水下施工作业通航安全管理规定》第二十一条

(四)《中华人民共和国海上航行警告和航行通告管理规定》第五条

(五)《中华人民共和国海事行政许可条件规定》第十条

二、岗位职责

(一)受理人负责通航水域禁航区、航道(路)、交通管制区、锚地和安全作业区划定审批的申请受理和决定文书的发放等;

(二)初审人负责审核、制作决定文书、有关材料归档和台账登记工作等;

(三)复审人负责复审;

(四)审批人负责审批。

三、工作流程

(一)受理

1.受理人收到通航水域禁航区、航道(路)、交通管制区、锚地和安全作业区划定审批申请后,应对申请是否属本机构管辖范围、申请人是否符合申请条件、申请材料是否齐全等进行审查,申请材料应包括:

禁航区划定:

(1)《禁航区、航道(路)、交通管制区、锚地和安全作业区划定申请书》;

(2)有关主管部门关于作业或活动的批准文件及其复印件(规定必要时);

(3)禁航事实理由、时间、水域、活动内容;

(4)已制定安全及防污染措施的证明材料;

(5)已通过评审的通航安全评估报告(规定必要时);

(6)航行通(警)告发布申请(规定必要时);

(7)委托证明及委托人和被委托人身份证明及其复印件(委托时)。

航道(路)划定:委托书和代理人身份证明材料(代理人申请时)。

(1)《禁航区、航道(路)、交通管制区、锚地和安全作业区划定申请书》;

(2)有关部门关于航道(路)海域使用的批准文件或具有同等法律效力的其他文件及其复印件;

(3)设置航道(路)的有关技术资料、图纸和相关部门的意见及其复印件;

(4)已通过评审的通航安全评估报告(规定必要时);

(5)航行通(警)告发布申请(规定必要时);

(6)委托证明及委托人和被委托人身份证明及其复印件(委托时)。

交通管制区划定：

(1)《禁航区、航道(路)、交通管制区、锚地和安全作业区划定申请书》；

(2)有关主管部门关于作业或活动的批准文件及其复印件(规定必要时)；

(3)作业或活动方案(进行作业或活动的)；

(4)已制定安全、防污染措施和应急预案的证明材料；

(5)已通过评审的通航安全评估报告(规定必要时)；

(6)航行通(警)告发布申请(规定必要时)；

(7)专项维护申请(规定必要时)；

(8)委托证明及委托人和被委托人身份证明及其复印件(委托时)。

锚地划定：

(1)《禁航区、航道(路)、交通管制区、锚地和安全作业区划定申请书》；

(2)有关部门关于锚地海域使用的批准文件或具有同等法律效力的其他文件及其复印件；

(3)锚地选址有关的技术资料(水文、气象、底质等)、图纸和相关部门的意见及其复印件；

(4)已通过评审的通航安全评估报告；

(5)航行通(警)告发布申请(规定必要时)；

(6)委托证明及委托人和被委托人身份证明及其复印件(委托时)。

安全作业区划定：

(1)《禁航区、航道(路)、交通管制区、锚地和安全作业区划定申请书》；

(2)有关主管部门关于作业或活动的批准文件或具有同等法律效力的其他文件及其复印件(规定必要时)；

(3)已制定作业方案、安全防污染措施和应急预案的证明材料；

(4)与通航安全有关的技术资料和图纸及其复印件(规定必要时)；

(5)已通过评审的通航安全评估报告(规定必要时)；

(6)航行通(警)告发布申请(规定必要时)；

(7)专项维护申请(规定必要时)；

(8)委托证明及委托人和被委托人身份证明及其复印件(委托时)。

2. 对资料齐全、文书填写完整的，受理人予以受理，向申请人出具加盖受理专用章的《海事业务受理通知书》，受理情况要进行登记。对资料完备性等情况有疑义的，向申请人出具加盖受理专用章的《海事业务申请材料收存单》，收存情况要进行登记并及时处理，5 个工作日内未做答复的，视为受理。

3. 申请事项依法不需要取得行政许可的，申请事项依法不属于本机构职权范围的，受理人应当及时做出不予受理的决定，告知申请人向有关行政机关申请，并向申请人出具加盖受理专用章的《海事业务不予受理通知书》。

4. 申请材料存在可以当场更正的错误的，受理人应当告知并允许申请人当场更正。

5. 申请材料不齐全或者不符合法定形式的，受理人应当当场或 5 个工作日(收存材料的)内一次性告知申请人需要补正的全部内容，并向申请人出具加盖受理专用章的《海事业务补正通知书》。

6. 申请人应在复印件上署名及签注日期，受理人经审查与原件一致，将原件退回申请人。

7. 受理人受理后，填写《海事业务审批表》并将相关申请材料送初审人。

(二)初审

1. 初审人对相关材料进行审核，审核后在《海事业务审批表》签注审核意见，将相关材料提交复审人。

2. 需要现场进行核查的，由初审人或核查部门组织核查。

(三)复审

复审人对相关材料及初审人的意见进行审核，审核后在《海事业务审批表》签注审核意见，将相关材料提交审批人。

(四)审批

审批人对相关材料进行审核，审核后在《海事业务审批表》上签注审批意见，并将相关材料退还初审人。

(五)办理与告知

1. 审批人审批同意的，由初审人制作加盖通航安全管理专用章的《海事行政许可决定书》。

2. 审批人审批不同意的，由初审人制作加盖通航安全管理专用章的《不予海事行政许可决定书》。

3. 办理完毕后，由初审人在《通航许可(审批)登记台账》中登记。

4. 初审人将《海事行政许可决定书》或《不予海事行政许可决定书》转受理人通知申请人领取或送达申请人，受理人进行登记。

5. 审批同意的，初审人应及时将相关信息发给现场监管部门/人员。

(六)归档

办理完毕后，初审人应及时将《禁航区、航道(路)、交通管制区、锚地和安全作业区划定申请书》、申请材料、《海事业务审批表》、现场核查书面材料或记录、《海事行政许可决定书》或《不予海事行政许可决定书》附本或复印件等材料进行归档。

四、参考执法标准

(一)《通航水域禁航区、航道(路)、交通管制区、锚地和安全作业区划定申请书》内容填写完整、规范。

(二)审查要点：

1. 禁航区划定

(1)就划定水域的需求，有明确的事实和必要的理由；

(2)符合附近军用或者重要民用目标的保护要求或已征得军队、政府相关部门的意见(规定必要时)；

(3)对水上交通安全和防污染有重大影响的，已通过通航安全评估；

(4)符合水上交通安全与防污染要求，并已制定安全、防污染措施；

(5)禁航区范围设置的合理性、禁航区边界控制点坐标的准确性、禁航区的设置与周围重要目标的保护关系及是否妨碍附近航行船舶安全、采取的措施能否保证禁航区的设置有效实施。

2. 航道(路)划定

(1)就划定水域的需求,有明确的事实和必要的理由;

(2)符合附近军用或者重要民用目标的保护要求或已征得军队、政府相关部门的意见(规定必要时);

(3)对水上交通安全和防污染有重大影响的,已通过通航安全评估;

(4)用于设置航道(路)的水域已进行勘测或者测量,水域的底质、水文、气象等要素满足通航安全的要求;

(5)符合水上交通安全与防污染要求,并已制定安全、防污染措施;

(6)航道(路)设置的必要性和可行性,航道(路)设置的通航标准包括设计水位(或潮位)、设计代表船型、设计航道尺度等,船舶通行的方式(单向通航或双向通航),有关助航标志、安全警示标志等设施的设置情况,规定的船舶通行方式、交通流方向、航路及相应采取的保障措施等与该水域通航条件、水上交通繁忙、复杂程度等情况的适应性,拟划定航道(路)水域通航环境和通航秩序条件等与设计通航代表船舶之间符合性。

3. 交通管制区划定

(1)就划定水域的需求,有明确的事实和必要的理由;

(2)符合附近军用或者重要民用目标的保护要求或已征得军队、政府相关部门的意见(规定必要时);

(3)对水上交通安全和防污染有重大影响的,已通过通航安全评估;

(4)符合水上交通安全与防污染要求,并已制定安全、防污染措施;

(5)交通管制区水域范围、设置时限的合理性,采取限时航行、单航等临时性限制、疏导交通措施的有效性,船舶报告地点、待航或停泊区水域设置的合理性,统一指挥、现场调度船舶组织的可行性,作业或活动期间救生、防污措施的有效性。

4. 锚地划定

(1)就划定水域的需求,有明确的事实和必要的理由;

(2)符合附近军用或者重要民用目标的保护要求或已征得军队、政府相关部门的意见(规定必要时);

(3)对水上交通安全和防污染有重大影响的,已通过通航安全评估;

(4)用于设置锚地的水域已进行勘测或者测量,水域的底质、水文、气象等要素满足通航安全的要求;

(5)符合水上交通安全与防污染要求,并已制定安全、防污染措施;

(6)锚地设置的必要性和可行性,锚地位置、占用水域范围、设计水位(或潮位)、设计水深、设计代表船型、泊船种类、系泊方式、泊船容量等,拟划定锚地水域条件与设计锚泊代表船舶的符合性,设置锚地的水域已进行勘测或者测量,水域的底质、水文、气象等要素,锚地系泊、界限标志、监控等设施建设情况,拟选址水域是否存在淤积、浅滩、水下障碍物、遗留物的情况及其处理措施,拟建锚地占用水域范围及船舶进出锚地与船舶进出港口航道和主航道(路)船舶航行、避让的关系等,是否对船舶进出港口、在主航道(路)航行的船舶构成妨碍。

5. 安全作业区划定

(1)就划定水域的需求,有明确的事实和必要的理由。

(2)符合附近军用或者重要民用目标的保护要求或已征得军队、政府相关部门的意见(规定必要时)。

(3)对水上交通安全和防污染有重大影响的,已通过通航安全评估。

(4)符合水上交通安全与防污染要求,并已制定安全、防污染措施。

对申请材料进行审核的过程中,发现申报的实质性内容不清楚或存在疑问的,可根据实际情况进行现场核查,核查情况反馈审核人。

(5)安全作业区性质、占用水域范围、设置时限的合理性,安全作业区界限控制点坐标的准确性,安全作业区内作业船舶、设施数量、作业船舶种类及其待泊水域设置的合理性,作业区统一指挥、现场调度船舶组织的可行性,作业区的设置与周围通航环境条件的协调性,作业或活动期间安全、防污措施的有效性。

(三)决定书的主要内容:

1. 禁航区划定决定书内容应包括:同意划定××水域为禁航区,规定该禁航区范围、边界、禁航时段和禁航的船舶种类等内容和警戒标志的设置,具体实施禁航区监管的机构等。

2. 航道(路)划定决定书内容应包括:同意划定××水域为航道(路),规定该划定航道(路)的通航标准、船舶通行方式、船流或航路走向以及航标配布要求、特别管理规定或通航保障措施等。

3. 交通管制区划定决定书内容应包括:同意划定××水域为交通管制区,规定该交通管制区界限范围、船舶报告线、报告地点、报告方式、通航通行方式、限时通航、单向或限制船舶种类或通航船舶尺度大小限制等以及警戒标志的设置、船舶待航地点或临时停泊位置和现场指挥、监督机构和监管船艇等通航保障措施。

4. 锚地划定决定书内容应包括:同意××水域设置锚地,划定锚地实际水域范围(边界控制点经纬度坐标或北京坐标),确认该锚地用途、性质、底质,锚地维护水深、泊船方式、代表船型泊船容量,相关标志设置,规定船舶报告、进出航路的特别管理规定或通航保障措施等。

5. 安全作业区划定决定书内容应包括:同意划定××水域为安全作业区,规定该安全作业区界限范围、作业性质、作业船舶种类和数量、船舶进出作业区通行方式等以及界限标志的设置、船舶待泊位置和现场指挥、监督机构和监管船艇等通航保障措施。

(四)申请的项目涉及防污内容的,初审人必要时应通知危防主管部门参与审查其防污措施,在《海事业务审批表》初审栏中签署意见。

(五)审查发现行政许可事项直接关系他人重大利益的,应当告知项目建设申请人。在海事管理机构组织通航安全论证或安全问题协调会时,应当邀请该利害关系人参加会议,充分听取利害关系人陈述和申辩。

(六)需要报上一级海事管理机构审查的,经上一级海事管理机构审查意见下达后,再制作决定文书。

(七)需要发布航行通(警)告的作业或活动,可以一并办理,按航行通(警)告发布相关工作程序执行。

(八)水上体育比赛与大型活动,涉及禁航区或交通管制区设置的,按本流程办理。

(九)自受理之日起20个工作日内办结。

(十)受理的材料齐全合格,许可的程序符合规范,受理情况登记清楚。

(十一)印章使用正确、规范,台账记录、档案收集完整。

(十二)各单位根据实际情况,可以简化审批流程,按照“受理－审核－审批”(二级审批)执行,合并初审和复审环节,审批权下放部门负责人。

五、执法文书和台账

(一)《通航水域禁航区、航道(路)、交通管制区、锚地和安全作业区划定申请书》;
(二)《海事业务受理通知书》(略);
(三)《海事业务不予受理通知书》(略);
(四)《海事业务补正通知书》(略);
(五)《海事业务申请材料收存单》(略);
(六)《海事行政许可决定书》(略);
(七)《不予海事行政许可决定书》(略);
(八)《海事业务审批表》(略);
(九)《通航许可(审批)登记台账》(略)。

通航水域禁航区、航道（路）、交通管制区、锚地和安全作业区划定申请书

申请人	（印章）
申请时间	
申请事项	
划定范围	
划定期限	
建设单位	
附送材料	1. 禁航区划定： （1）有关主管部门关于作业或活动的批准文件及其复印件（规定必要时） □ （2）禁航事实理由、时间、水域、活动内容 □ （3）已制定安全及防污染措施的证明材料 □ （4）已通过评审的通航安全评估报告（规定必要时） □ （5）航行通（警）告发布申请（规定必要时） □ （6）委托证明及委托人和被委托人身份证明及其复印件（委托时） □ 2. 航道（路）划定： （1）有关部门关于航道（路）海域使用的批准文件或具有同等法律效力的其他文件及其复印件 □ （2）设置航道（路）的有关技术资料、图纸和相关部门的意见及其复印件 □ （3）已通过评审的通航安全评估报告（规定必要时） □ （4）航行通（警）告发布申请（规定必要时） □ （5）委托证明及委托人和被委托人身份证明及其复印件（委托时） □ 3. 交通管制区划定： （1）有关主管部门关于作业或活动的批准文件及其复印件（规定必要时） □ （2）作业或活动方案（进行作业或活动的） □ （3）已制定安全、防污染措施和应急预案的证明材料 □ （4）已通过评审的通航安全评估报告（规定必要时） □ （5）航行通（警）告发布申请（规定必要时） □ （6）专项维护申请（规定必要时） □ （7）委托证明及委托人和被委托人身份证明及其复印件（委托时） □ 4. 锚地划定： （1）有关部门关于锚地海域使用的批准文件或具有同等法律效力的其他文件及其复印件 □ （2）锚地选址有关的技术资料（水文、气象、底质等）、图纸和相关部门的意见及其复印件 □ （3）已通过评审的通航安全评估报告 □ （4）航行通（警）告发布申请（规定必要时） □ （5）委托证明及委托人和被委托人身份证明及其复印件（委托时） □ 5. 安全作业区划定： （1）有关主管部门关于作业或活动的批准文件或具有同等法律效力的其他文件及其复印件（规定必要时） □ （2）已制定作业方案、安全防污染措施和应急预案的证明材料 □ （3）与通航安全有关的技术资料和图纸及其复印件（规定必要时） □ （4）已通过评审的通航安全评估报告（规定必要时） □ （5）航行通（警）告发布申请（规定必要时） □ （6）专项维护申请（规定必要时） □ （7）委托证明及委托人和被委托人身份证明及其复印件（委托时） □
联系人	
联系电话	

第二部分　船舶管理类

Ⅰ.国际航行船舶进口岸审批业务流程

一、执法依据

(一)《中华人民共和国海上交通安全法》第十一条;

(二)《中华人民共和国内河安全管理条例》;

(三)《中华人民共和国对外国籍船舶监督管理规则》第五条;

(四)《国际航行船舶进出中华人民共和国口岸检查办法》;

(五)《中华人民共和国船舶最低安全配员规则》第二十条;

(六)《中华人民共和国国际船舶保安规则》第四十八条、第四十九条;

(七)《中华人民共和国海事行政许可条件规定》第十六条;

(八)《中华人民共和国外国籍船舶航行长江水域管理规定》第五条;

(九)《关于实施<国际航行船舶进出中华人民共和国口岸检查办法>有关问题的通知》;

(十)《关于启用国际航行船舶进出港检查单证新格式的通知》;

(十一)《国际船舶和港口设施保安规则》第十九条;

(十二)《2001 年燃油污染损害民事责任国际公约》。

二、岗位职责

受理人负责国际航行船舶进口岸审批和进口岸手续的受理、审核,负责有关材料的归档、台账登记等工作,负责有关信息的传递。

三、工作流程

(一)船舶进口岸审批

1.受理

(1)受理人收到国际航行船舶进口岸审批申请后,应对申请是否属本机构管辖范围、申请人是否符合申请条件、申请材料是否齐全等进行审查,申请材料应包括:

①《国际航行船舶进口岸申请书》(一式五份);

②代理公司代理经营资格证书(一次性查验并备案);

③有效的《国际船舶保安证书》或《临时国际船舶保安证书》或船舶保安信息材料复印件[适用客船(包括高速客船)及总吨位 500 及以上的货船](必要时);

④国际防止油污证书(IOPP 证书)及其附件(格式 B)的复印件、CAS 检验报告的复印件、所载运油品名称以及 15℃时密度、50℃时流动黏度(燃油)的说明文书(必要时);

⑤《油污损害民事责任保险或其他财务保证证书》或《燃油污染损害民事责任保险或其他财务保证证书》复印件(适用时);

⑥专项护航申请(需要时);

⑦经批准的危险货物进港申报单复印件(必要时)。

(2)对资料齐全、文书填写完整的,受理人予以受理并审核;无法当场办结的,应向申请人出具加盖受理专用章的《海事业务受理通知书》;受理情况要进行登记。

(3)申请事项依法不需要取得行政许可的,申请事项依法不属于本机构职权范围的,受理人应当及时做出不予受理的决定,告知申请人向有关行政机关申请,并向申请人出具加盖受理专用章的《海事业务不予受理通知书》。

(4)申请材料存在可以当场更正的错误的,受理人应当告知并允许申请人当场更正。

(5)申请材料不齐全或者不符合法定形式的,受理人应当当场一次性告知申请人需要补正的全部内容,并向申请人出具加盖受理专用章的《海事业务补正通知书》。

2. 审核

(1)受理人审核同意后,在《国际航行船舶进口岸申请书》中签署意见,加盖船舶进出口岸核准专用章;签署意见的《国际航行船舶进口岸申请书》留存一份。

(2)受理人审核不同意,制作加盖船舶进出口岸核准专用章的《不予海事行政许可决定书》。

3. 办理与告知

(1)由受理人将签署意见的《国际航行船舶进口岸申请书》(四份)或《不予海事行政许可决定书》送达申请人或通知申请人领取,由申请人送达其他检查检验单位。

(2)审核同意的,受理人应并及时将相关信息发给现场监管部门/人员。

(3)办理完毕后,受理人应登记。

4. 归档

受理人应及时将《国际航行船舶进口岸申请书》、申请材料、《不予海事行政许可决定书》附本或复印件等材料进行归档。

(二)船舶进口岸手续

1. 受理

(1)受理人收到国际航行船舶进口岸手续申请后,应对申请是否属本机构管辖范围、申请人是否符合申请条件、申请材料是否齐全等进行审查,申请材料应包括:

①船舶概况单;

②总申报单;

③货物申报单;

④船员名单;

⑤旅客名单(无旅客者免);

⑥危险货物舱单(无危险货物者免);

⑦船舶适航、检验相关证书及其复印件;

⑧船员证书及其复印件(复印件必要时提供);

⑨有效的《国际船舶保安证书》或《临时国际船舶保安证书》或船舶保安信息材料及复印件[适用客船(包括高速客船)及总吨位500及以上的货船](必要时);

⑩《国际防止油污证书》及复印件(适用时);

⑪《油污损害民事责任保险或其他财务保证证书》或《燃油污染损害民事责任保险或其他财务保证证书》及复印件(适用时);

⑫上一港出口许可证;

⑬船舶落实护航措施的证明(需要护航时)。

(2)对资料齐全、文书填写完整的,受理人予以受理并审核;无法当场办结的,应向申请人出具加盖受理专用章的《海事业务受理通知书》;受理情况要进行登记。

(3)申请事项依法不需要取得行政许可的,申请事项依法不属于本机构职权范围的,受理人应当及时做出不予受理的决定,告知申请人向有关行政机关申请,并向申请人出具加盖受理专用章的《海事业务不予受理通知书》。

(4)申请材料存在可以当场更正的错误的,受理人应当告知并允许申请人当场更正。

(5)申请材料不齐全或者不符合法定形式的,受理人应当当场一次性告知申请人需要补正的全部内容,并向申请人出具加盖受理专用章的《海事业务补正通知书》。

2. 审核

(1)受理人审核同意后,制作加盖船舶进出口岸核准专用章的《船舶进口岸手续办妥通知书》;

(2)受理人审核不同意,制作加盖船舶进出口岸核准专用章的《不予海事行政许可决定书》。

3. 办理与告知

(1)由受理人将《船舶进口岸手续办妥通知书》或《不予海事行政许可决定书》送达申请人或通知申请人领取。

(2)审核同意的,受理人应并及时将相关信息发给现场监管部门/人员。

(3)办理完毕后,受理人应登记。

4. 归档

受理人应及时将申请材料、《船舶进口岸手续办妥通知书》或《不予海事行政许可决定书》复印件等材料进行归档。

四、参考执法标准

(一)相关申请材料内容填写完整、规范。

(二)船舶进口岸审批审核要点:

1. 拟进入、通过的水域为开放水域;拟停靠的码头、泊位为开放的码头泊位;

2. 船舶的尺度和载运的货物满足拟停靠的码头、泊位、港外装卸点的相关要求;

3. 预计抵达口岸或抵达规定的申报点7日前(航程不足7日的,驶离上一口岸时)申报;

4. 船舶保安等级与拟进入港口、码头等级相适应;

5. 载运危险货物和核能船舶应符合我国相关的法规和对外通告的规定;

6. 需要护航的,已经向海事管理机构申请;

7. 代理具备相应的资质。

(三)进口岸手续审核要点:

1. 船舶已办理国际航行船舶进口岸审批手续,并准许进口岸;

2. 载运危险货物船舶按规定已办理船舶载运危险货物申报审批手续;

3. 具备合法、完整、准确、规范、有效的船舶文书与资料和船员证书;

4. 需要护航的,已落实护航措施;

5. 船舶在抵达口岸24小时内申办了进口岸手续;

6. 由于中途改港,船舶目的港发生变化,而与上一港《出口岸许可证》中的“驶往港”不一致的，申请人须做出书面解释；

7. 无违反我国法律、法规的行为。

(四)船舶进口岸审批及查验相关数据按规定及时录入相应的海事业务管理系统。

(五)对某一国或地区首次来我国口岸的船舶、临时进入我国非正式开放口岸或水域、核动力船舶以及其他应按规定报批的船舶，办理其进口岸审批需书面逐级上报中国海事局批准，根据批准决定在 1 个工作日内出具相关文书。

(六)受理人在接到船舶或其代理人进口岸确报后，应核对确报内容与《国际航行船舶进出口岸申请书》记载的船舶预计抵达的时间、停泊地点、靠泊移泊计划及船员、旅客等有关情况是否有变动，如有变动的应及时做好变更记录，并将情况及时发给现场监管部门/人员。

(七)船舶在港时间不超过 24 小时，可以同时办理船舶进出口岸手续。

(八)船舶进口岸审批、进口岸查验手续在 1 个工作日内办结。

(九)受理的材料齐全合格，许可的程序符合规范，受理情况登记清楚。

(十)印章使用正确、规范，台账记录、档案收集完整。

五、执法文书和台账

(一)《国际航行船舶进口岸申请书》；

(二)《总申报单》；

(三)《货物申报单》；

(四)《船员名单》；

(五)《旅客名单》(略)；

(六)《海事业务受理通知书》(略)；

(七)《海事业务不予受理通知书》(略)；

(八)《海事业务补正通知书》(略)；

(九)《不予海事行政许可决定书》(略)；

(十)《船舶进口岸手续办妥通知书》。

国际航行船舶进口岸申请书

船名	中文			国籍	
	英文				
船舶所有人	中文			呼号	
	英文			IMO 编号	
船舶尺度	全长	宽度		船速	
总 吨 位		净吨位		载重吨	
建造时间		水面以上 最大高度			
出 发 港		出发日期			
经过港口		预到日期		预靠泊位	
船舶类型		进口淡吃水	前 米、后 米		
预离日期		开往港口		出口最大淡吃水	
进口	旅客总数 名	其中	中国籍	男 名、女 名	
			外国籍	男 名、女 名	
	载货 名称 吨数 吨	其中	普通货物	吨	
			危险货物	吨	
出口	预计旅客总数 名	其中	中国籍	男 名、女 名	
			外国籍	男 名、女 名	
	预计载货 名称 吨数 吨	其中	普通货物	吨	
			危险货物	吨	
核准机关 盖 章 年 月 日	此 致 海 事 海 关 边防检查 检验检疫 代理人 年 月 日				

总申报单

□抵港 □离港

<table>
<tr><td colspan="2">1.1 船名及船舶种类</td><td rowspan="3">2. 抵/离港口</td><td rowspan="3">3. 抵/离日期及时间</td></tr>
<tr><td colspan="2">1.2 IMO 编号</td></tr>
<tr><td colspan="2">1.3 呼号</td></tr>
<tr><td>4. 船旗国</td><td>5. 船长姓名</td><td colspan="2">6. 上一港/下一港</td></tr>
<tr><td colspan="2">7. 国籍证书(船籍港,签发日期,编号)</td><td colspan="2" rowspan="3">8. 船舶代理名称和联系方式</td></tr>
<tr><td>9. 总吨</td><td>10. 净吨</td></tr>
<tr><td>11. 船舶在港位置(锚位或泊位)</td><td></td></tr>
<tr><td colspan="4">12. 航次摘要(先后挂靠港口,并在即将卸下留存货物的港名下划线标注)</td></tr>
<tr><td colspan="4">13. 货物简述</td></tr>
<tr><td>14. 船员人数(包括船长)</td><td>15. 旅客人数</td><td colspan="2" rowspan="3">16. 备注</td></tr>
<tr><td colspan="2">所附单证(标明份数)</td></tr>
<tr><td>17. 货物申报表</td><td>18. 船用物品申报单</td></tr>
<tr><td>19. 船员名单</td><td>20. 旅客名单</td><td colspan="2" rowspan="2">21. 船舶对废弃物和残余物接收设施的需求</td></tr>
<tr><td>22. 船员物品申报单</td><td>23. 航海健康申报书</td></tr>
<tr><td>船长或其授权代理人
签名及日期</td><td colspan="3"></td></tr>
</table>

货物申报单

□抵港 □离港 页数:

<table>
<tr><td colspan="2">1.1 船名</td><td rowspan="3">2. 申报港</td></tr>
<tr><td colspan="2">1.2 IMO 编号</td></tr>
<tr><td colspan="2">1.3 呼号</td></tr>
<tr><td>3. 船旗国</td><td>4. 船长姓名</td><td>5. 装货港/卸货港</td></tr>
</table>

标记和编号	包装种类和数量;货名或 HS 编码(如有)	毛重	尺寸
船长或其授权代理人签名及日期			

船员名单

□抵港 □离港 页数:

1.1 船名 1.2 IMO 编号 1.3 呼号	2. 抵/离港口	3. 抵/离日期
5. 上一港	4. 船旗国	

编号	姓名	性别	职务	国籍	出生日期	证件种类及号码

船长或其授权代理人签名及日期	

船舶进口岸手续办妥通知单

编号__________

__________轮船长先生

你轮已于______年______月______日______时办妥进口岸手续。

特此通知

签章:__________

______年______月______日

NOTICE ON COMPLETION OF FORMALITIES ON THE ARRIVAL OF THE SHIP

Captain of M/V:__________

This is to inform that the formalities on the arrival of required by Maritime Safety Administration of the People's Republic of China have been completed at ______ hours on the date ______.

Issued by __________

Date __________

Ⅱ.船舶最低安全配员证书签发业务流程

一、执法依据

(一)《中华人民共和国海上交通安全法》第六条、第八条;

(二)《中华人民共和国内河交通安全管理条例》第六条、第七条;

(三)《中华人民共和国最低安全配员规则》;

(四)《中华人民共和国高速客船安全管理规则》第十三条;

(五)《关于执行 < 船舶最低安全配员规则 > 有关问题的通知》;

(六)《关于修改船舶最低安全配员表的通知》。

二、岗位职责

(一)受理人负责《船舶最低安全配员证书》签发申请的受理、决定文书的发放等;

(二)初审人负责审核、制作决定文书、有关材料归档和台账登记工作等;

(三)复审人负责复审;

(四)审批人负责审批。

三、工作流程

(一)受理

1. 受理人收到《船舶最低安全配员证书》申请后,应对申请是否属本机构管辖范围、申请材料是否齐全等进行审查,申请材料应包括:

(1)《船舶最低安全配员证书》申请表;

(2)(临时)船舶国籍证书及其复印件;

(3)船舶技术证书其及复印件;

(4)申请人的合法身份证明文件及其复印件;

(5)委托证明及委托人身份证明及其复印件(委托时)。

与(临时)国籍证书同时申请时可以免相同的材料。

2. 对资料齐全、文书填写完整的,受理人予以受理,向申请人出具加盖受理专用章的《海事业务受理通知书》,受理情况要进行登记。对资料完备性等情况有疑义的,向申请人出具加盖受理专用章的《海事业务申请材料收存单》,收存情况要进行登记并及时处理,5 个工作日内未做答复的,视为受理。

3. 申请事项依法不需要取得行政审批的,申请事项依法不属于本机构职权范围,受理人应当及时做出不予受理的决定,告知申请人向有关行政机关申请,并向申请人出具加盖受理专用章的《海事业务不予受理通知书》。

4. 申请材料存在可以当场更正的错误的,受理人应当告知并允许申请人当场更正并签字。

5. 申请材料不齐全或者不符合法定形式的,受理人应当当场或 5 个工作日(收存材料的)内一次性告知申请人需要补正的全部内容,并向申请人出具加盖印章的《海事业务补正通知书》。

6. 申请人应在复印件上加盖公章(自然人签名)并注明与原件一致及签注日期,受理人经审查与原件一致并加盖"与原件核对无误章",将原件退回申请人。

7. 受理人填写《船舶最低安全配员证书审批单》并将相关申请材料送初审人。

(二)初审

初审人对相关材料进行审核,审核后在《船舶最低安全配员证书审批单》提出配员意见,初审栏签注审核意见,将相关材料提交复审人。

(三)复审

复审人对相关材料及初审人的意见进行审核,审核后在《船舶最低安全配员证书审批单》签注审核意见,将相关材料提交审批人。

(四)审批

审批人对相关材料及初审复审意见进行审核,审核后在《船舶最低安全配员证书审批单》上签注审批意见,并将相关材料退还初审人。

(五)办理与告知

1. 审批人同意签发的,初审人或交专门人员制作《船舶最低安全配员证书》,经校对后加盖船舶文书专用章。

2. 审批人不同意签发的,初审人制作《不予海事行政审批决定书》,加盖船舶管理专用章。

3. 初审人将《船舶最低安全配员证书》及副本(申请人申请时)或《不予海事行政审批决定书》转受理人通知申请人领取或送达申请人,受理人进行登记。

(六)归档

办理完毕后,初审人应及时将《船舶最低安全配员证书》申请书、申请材料、《船舶最低安全配员证书审批单》、《船舶最低安全配员证书》复印件等材料进行归档。《不予海事行政审批决定书》附本及相关材料交受理人归档。

四、参考执法标准

(一)申请书填写完整、规范,填写的内容与所附材料一致。

(二)属本海事管理机构登记管辖。

(三)材料齐全、有效。

(四)申请人身份符合规定。

(五)船舶已取得(临时)船舶国籍证书或与(临时)船舶国籍证书同时申请。

(六)按照规定确定船舶最低安全配员标准。申请减免的,应当按照规定予以减免,并在证书中注明减免情况和减免理由。

(七)《船舶最低安全配员证书》遗失,持证人应当向船舶登记机关申请补发。《船舶最低安全配员证书》污损不能使用的,持证人应当向船舶登记机关申请换发。换发、补发的《船舶最低安全配员证书》的有效期限应与原发相应证书的有效期限相同。

换发、补发申请按本流程三的程序及要求办理,提交如下材料:

1.《船舶最低安全配员证书申请书》。

2. 船舶所有人的身份证明及其复印件。

3. 委托书及受托人身份证明及其复印件(委托时)。

4. 原《船舶最低安全配员证书》(适用于换发)。

5. 原《船舶国籍证书》(适用于换发)。

6. 叙明理由的书面文件,以及有关的证明文件(适用于补发)。

(八)审批的程序符合规范。

（九）印章使用正确、规范，台账记录、档案收集完整。

（十）自受理申请之日起7个工作日办结。

（十一）主管人员负责初审，部门负责人负责复审，单位领导（分管领导）负责审批。各单位根据实际情况，可以设置证书制作人负责证书制作，证书校对人负责证书校核，印章管理人负责印章的保管和使用，空白证书管理人负责船舶空白证书管理，档案管理人负责档案接收、立卷、归档、保管、传递、销毁等档案管理工作。上述各岗位人员可以相互兼任，但不得违反如下原则：证书管理人与证书制作人不可由同一人兼任，印章管理人与证书制作人不可由同一人兼任；初审、复审和审批岗位的人员不可以相互兼任。

（十二）各单位根据实际情况，可以简化审批流程，按照“受理－审核－审批”（二级审批）执行，合并初审和复审环节，主管人员负责审核，审批权下放部门负责人。

五、执法文书和台账

（一）《船舶最低安全配员证书申请书》；

（二）《海事业务受理通知书》（略）；

（三）《海事业务不予受理通知书》（略）；

（四）《海事业务申请材料收存单》（略）；

（五）《海事业务补正通知书》（略）；

（六）《不予海事行政审批决定书》（略）；

（七）《船舶最低安全配员证书》（略）；

（八）《船舶最低安全配员证书审批单》；

（九）《船舶证书文书发放台账》（略）。

船舶最低安全配员证书申请书

______________海事局(处)

根据《中华人民共和国船舶最低安全配员规则》的规定,现申请办理船舶最低安全配员证书。

船舶经营人/使用人名称(盖章)____________________

申办人____________ 联系电话____________

______年______月______日

船名______	船舶识别号______	船舶登记号码______	船籍港______
呼号______	IMO 编号______	船舶种类______	
总吨______	主机功率______	航区______	
海区______	救生设备最大额定人数______	载客定额______	
机舱自动化程度______		GMDSS 设备配备情况:是 □ 否 □	
船舶所有人名称______			
船舶所有人地址______			
船舶经营人地址______			

船舶最低配员如何适用相应标准的陈述(包括船舶航程、连续航行时间。是否昼夜航行。GMDSS 通用操作员的配备及对要求减免配员的特殊说明,建议的配员方案):

申请人申明:保证所提交的所有材料真实、合法、材料反映的内容与实际情况一致。否则承担由此造成的损失。

申请人(签字): ______年______月______日

船舶最低安全配员申请附送材料	应交	已交
(1)(临时)船舶国籍证书及其复印件;	☒	☒
(2)船舶技术证书及其复印件;	☒	☒
(3)货船无线电证书或客船安全证书(适用国际航行船舶);	☒	☒
(4)申请人的合法身份证明及其复印件;	☑	☑
(5)委托书及被委托人身份证明及其复印件(委托时);	☑	☑
(6)船舶总布置图。	☒	☒
注:1. 在境外建造与购买的船舶,船舶所有人应提交船舶买卖合同或者建造合同及交接文件、船舶技术和其他相关资料的副本。		
2. 与国籍证书同时申请时可以免相同材料。		

船舶最低安全配员证书审批单

<table>
<tr><td colspan="3">船 舶 名 称</td><td></td><td>申请单位</td><td colspan="4"></td></tr>
<tr><td colspan="3">申办人</td><td></td><td>联系电话</td><td colspan="2"></td><td>受理日期</td><td></td></tr>
<tr><td colspan="3">总吨</td><td></td><td>航行区域</td><td colspan="2"></td><td>主机功率</td><td></td></tr>
<tr><td colspan="3">机舱自动化程度</td><td colspan="2"></td><td colspan="2">GMDSS设备情况</td><td colspan="2"></td></tr>
<tr><td rowspan="14">审批意见</td><td rowspan="10">配员要求</td><td>级别/职务</td><td>证书（STCW规定）</td><td>人数</td><td>级别/职务</td><td>证书（STCW规定）</td><td>人数</td><td></td></tr>
<tr><td>船长</td><td></td><td></td><td>轮机长</td><td></td><td></td><td></td></tr>
<tr><td>大副</td><td></td><td></td><td>大管轮</td><td></td><td></td><td></td></tr>
<tr><td>二副</td><td></td><td></td><td>二管轮</td><td></td><td></td><td></td></tr>
<tr><td>三副</td><td></td><td></td><td>三管轮</td><td></td><td></td><td></td></tr>
<tr><td>驾驶员/驾机员</td><td></td><td></td><td>轮机员</td><td></td><td></td><td></td></tr>
<tr><td>值班水手</td><td></td><td></td><td>值班机工</td><td></td><td></td><td></td></tr>
<tr><td>客运部人员</td><td></td><td></td><td></td><td></td><td></td><td></td></tr>
<tr><td>兼职GMDSS限用操作员</td><td></td><td></td><td>专职 GMDSS 无线电电子员</td><td></td><td></td><td></td></tr>
<tr><td>GMDSS 通用操作员</td><td></td><td colspan="5">一名专职或两名兼职操作员</td></tr>
<tr><td>有效期</td><td colspan="7">年 月 日至 年 月 日</td></tr>
<tr><td>备注</td><td colspan="7"></td></tr>
<tr><td colspan="8">初审人： 年 月 日</td></tr>
<tr><td colspan="8">复审人： 年 月 日</td></tr>
<tr><td colspan="8">审批人： 年 月 日</td></tr>
<tr><td rowspan="5">证书制作发放</td><td colspan="8">登记号码： 证书号码：</td></tr>
<tr><td colspan="8">制证人 年 月 日</td></tr>
<tr><td colspan="8">校核人 年 月 日</td></tr>
<tr><td colspan="8">发放人 年 月 日</td></tr>
<tr><td colspan="8">签收人 年 月 日</td></tr>
</table>

Ⅲ.船舶所有权登记业务流程

一、执法依据

(一)《中华人民共和国海上交通安全法》第五条;

(二)《中华人民共和国船舶登记条例》;

(三)《中华人民共和国内河交通安全管理条例》第六条;

(四)《中华人民共和国老旧运输船舶管理规定》第十二条、第十四条。

二、岗位职责

(一)受理人负责船舶所有权登记申请的受理、决定文书的发放等;

(二)初审人负责审核、制作决定文书、有关材料归档和台账登记工作等;

(三)复审人负责复审;

(四)审批人负责审批。

三、工作流程

(一)受理

1. 受理人收到船舶所有权登记申请后,应对申请是否属本机构管辖、是否符合申请条件、申请材料是否齐全等进行审查。申请船舶所有权登记应提交以下材料:

(1)经核准的船舶名称核定申请书;

(2)《船舶所有权/国籍登记申请书》;

(3)所有权共有情况证明文书及其复印件(适用于共有情况);

(4)船舶所有权取得合法证明文书及其复印件(船舶买卖合同和交接文件或购船发票和交接文件或船舶拍卖文书和交接文件等),建造中的船舶需提供船舶建造合同及船舶所有权归属证明文书及其复印件;

(5)海关完税单和旧船舶技术评定书及其复印件(适用于购入外国籍船舶);

(6)合资公司出资额的证明文书及其复印件(适用于中外合资公司所有的船舶);

(7)原船舶登记机关出具的船舶所有权注销登记证明书(适用于原已登记过的船舶);

(8)未进行抵押的证明文书或抵押权人同意被抵押船舶转让他人的文书及其复印件;

(9)船舶技术资料及其复印件;

(10)4 吋或 5 吋船舶照片 5 张(正横 2 张、侧艏 1 张、正艉 1 张、烟囱 1 张);

(11)对于进口船舶在渔监登记后转为运输船舶到海事管理机构登记的船舶,适用交通部《老旧运输船舶管理规定》中有关进口船舶船龄限制的规定,还应提交在渔监登记时的原始材料(包括建成日期、进口日期、进口用途的证明文书等)及其复印件;

(12)船舶所有人的身份证明及其复印件;

(13)委托证明及被委托人身份证明及其复印件(委托时)。

2. 对资料齐全、文书填写完整的,受理人予以受理,向申请人出具加盖受理专用章的《海事业务受理通知书》,受理情况要进行登记。对资料完备性等情况有疑义的,向申请人出具加盖受理专用章的《海事业务申请材料收存单》,收存情况要进行登记并及时处理,5 个工作日内未做答复的,视为受理。

3. 申请事项依法不需要取得行政审批的，申请事项依法不属于本机构职权范围的，受理人应当及时做出不予受理的决定，告知申请人向有关行政机关申请，并向申请人出具加盖受理专用章的《海事业务不予受理通知书》。

4. 申请材料存在可以当场更正的错误的，受理人应当告知并允许申请人当场更正并签字。

5. 申请材料不齐全或者不符合法定形式的，受理人应当当场或5个工作日（收存材料的）内一次性告知申请人需要补正的全部内容，并向申请人出具加盖受理专用章的《海事业务补正通知书》。

6. 申请人应在复印件上加盖公章（自然人签名）并注明与原件一致及签注日期，受理人经审查与原件一致并加盖"与原件核对无误章"，将原件退回申请人。

7. 受理人受理后，填写《船舶登记审批单》并将相关申请材料送初审人。

（二）初审

初审人对相关材料进行审核，审核后在《船舶登记审批单》签注审核意见，将相关材料提交复审人。

（三）复审

复审人对相关材料及初审人的意见进行审核，审核后在《船舶登记审批单》签注审核意见，将相关材料提交审批人。

（四）审批

审批人对相关材料及初审复审意见进行审核，审核后在《船舶登记审批单》上签注审批意见，并将相关材料退还初审人。

（五）办理与告知

1. 审批人同意登记的，初审人制作或交专门人员制作《船舶所有权登记证书》，经校对后加盖船舶登记专用章。

2. 审批人不同意登记的，初审人制作《不予海事行政审批决定书》，加盖船舶管理专用章。

3. 初审人将《船舶所有权登记证书》或《不予海事行政审批决定书》转受理人通知申请人领取或送达申请人，受理人进行登记。

（六）归档

办理完毕后，初审人应及时将《船舶所有权/国籍登记申请书》、申请材料、《船舶登记审批单》、《船舶所有权证书》复印件等材料进行归档。《不予海事行政审批决定书》附本及相关材料交受理人归档。

四、参考执法标准

（一）申请书填写完整、规范，填写的内容与所附材料一致。

（二）属本海事管理机构登记管辖。

（三）材料齐全、有效。

（四）申请人身份符合规定。

（五）办理船舶所有权登记还应审查：

1. 依法取得船舶所有权的证明文件齐全。

2. 船舶名称经过核准。

3. 对需移交档案的船舶，其船舶登记档案符合相关要求。

4. 进口船舶符合国家有关进口船舶船龄限制规定并且进口手续合法、完备。

(六)船舶所有权登记证书遗失，持证人申请补发时，应当由船舶登记机关在发行覆盖范围与该船航行范围相适应的官方报纸上连续3天刊登公告(费用由申请人承担)声明原发证书作废，最后一次公告之日起3个月予以补发，补发日期为实际签发日期。船舶所有权登记证书污损不能使用的，持证人应当向船舶登记机关申请换发。

换发、补发申请按本流程三的程序及要求办理，提交如下材料：

1.《船舶所有权/国籍登记申请书》；

2. 船舶所有人的身份证明及其复印件；

3. 委托书及受托人身份证明及其复印件(委托时)；

4. 原船舶所有权登记证书(适用于换发)；

5、叙明理由的书面文件，以及有关的证明文件(适用于补发)；

6、声明原证书作废的公告(适用于补发)。

(七)自受理申请之日起7个工作日办结。

(八)审批的程序符合规范。

(九)印章使用正确、规范，台账记录、档案收集完整。

(十)主管人员负责初审，部门负责人负责复审，单位领导(分管领导)负责审批。各单位根据实际情况，可以设置证书制作人负责证书制作，证书校对人负责证书校核，印章管理人负责印章的保管和使用，空白证书管理人负责船舶空白证书管理，档案管理人负责档案接收、立卷、归档、保管、传递、销毁等档案管理工作。上述各岗位人员可以相互兼任，但不得违反如下原则：证书管理人与证书制作人不可由同一人兼任，印章管理人与证书制作人不可由同一人兼任；初审、复审和审批岗位的人员不可以相互兼任。

五、执法文书与台账

(一)《船舶所有权/国籍登记申请书》(略)；

(二)《海事业务受理通知书》(略)；

(三)《海事业务不予受理通知书》(略)；

(四)《海事业务补正通知书》(略)；

(五)《海事业务申请材料收存单》(略)；

(六)《船舶所有权证书》(略)；

(七)《不予海事行政审批决定书》(略)；

(八)《船舶登记审批单》(略)。

第三部分 危防管理类

Ⅰ.船舶在港区水域排放压载水、洗舱水、残油、含油污水许可业务流程

一、执法依据

(一)《中华人民共和国海洋环境保护法》第七十条(二)项;

(二)《中华人民共和国水污染防治法》;

(三)《中华人民共和国防治船舶污染海洋环境管理条例》;

(四)《防止拆船污染环境管理条例》;

(五)《中华人民共和国水污染防治法实施细则》第二十八条第一款和(二)项;

(六)《中华人民共和国对外国籍船舶管理规则》;

(七)《中华人民共和国防治船舶污染内河水域环境管理规定》;

(八)《中华人民共和国海事行政许可条件规定》第二十条第四款。

二、岗位职责

(一)受理人负责船舶在港区水域排放压载水、洗舱水、残油、含油污水许可申请的受理、决定文书的发放、有关信息的传递等;

(二)审核人负责审核、制作决定文书、有关材料归档和台账登记工作等;

(三)审批人负责审批。

三、工作流程

(一)受理

1. 受理人收到船舶在港区水域排放压载水、洗舱水、残油、含油污水许可申请后,应对申请是否属本机构管辖范围、申请人是否符合申请条件、申请材料是否齐全等进行审查,申请材料应包括:

(1)《防污作业申请书》(一式两份);

(2)安全作业方案、保障措施和应急预案;

(3)接收作业单位的资质证明;

(4)来自疫区的,提交经检验检疫部门处理的证明材料;

(5)污染物种类、数量、接收设施、方式、设备和地点;

(6)委托证明及委托人和被委托人身份证明及其复印件(委托时)。

2. 对资料齐全、文书填写完整的,受理人予以受理,向申请人出具加盖受理专用章的《海事业务受理通知书》(能当场办结的可以不出具),受理情况要进行登记。

3. 申请事项依法不需要取得行政许可及申请事项依法不属于本机构职权范围的,受理人应当及时做出不予受理的决定,告知申请人向有关行政机关申请,并向申请人出具加盖受理专用章的《海事业务不予受理通知书》。

4. 申请材料存在可以当场更正的错误的,受理人应当告知并允许申请人当场更正。

5. 申请材料不齐全或者不符合法定形式的,受理人应当当场一次性告知申请人需要补正的全部内容,并向申请人出具加盖受理专用章的《海事业务补正通知书》。

6. 申请人应在复印件上署名及签注日期,受理人经审查与原件一致,将原件退回申请人。

7. 受理人受理后,填写《海事业务审批表》并将相关申请材料送审核人。

(二)审核

1. 审核人对相关材料进行审核,审核后在《海事业务审批表》签注审核意见,将相关材料提交审批人。

2. 需要现场进行核查的,由审核人或核查部门组织核查。

(三)审批

审批人对相关材料进行审核,审核后在《海事业务审批表》上签注审批意见,并将相关材料退还审核人。

(四)办理与告知

1. 审批人审批同意的,由审核人制作加盖防污管理专用章的《海事行政许可决定书》。

2. 审批人审批不同意的,由审核人制作加盖防污管理专用章的《不予海事行政许可决定书》。

3. 办理完毕后,由审核人在《船舶防污作业审批台账》中登记。

4. 审核人将《海事行政许可决定书》或《不予海事行政许可决定书》转受理人通知申请人领取或送达申请人,受理人进行登记。

5. 审批同意的,受理人应并及时将相关信息发给现场监管部门/人员。

(五)归档

办理完毕后,审核人应及时将《防污作业申请书》、申请材料、《海事业务审批表》、现场核查书面材料或记录、《海事行政许可决定书》或《不予海事行政许可决定书》附本或复印件等材料进行归档。

四、参考执法标准

(一)《防污作业申请书》内容填写完整、规范。

(二)办理船舶在港区水域排放压载水时,审查要点:

1. 核实船舶压载水是否为专用压载舱的压载水;

2. 核实油轮或化学品船的压载水是否为清洁压载水,清洁压载水系指上次被用来装载含有 X、Y 或 Z 类物质或油类货物后,已予彻底清洗,所产生的残余物已按要求全部排空后的货舱内的压载水;

3. 来自疫区的压载水已经过检验检疫部门的处理,不造成水域污染;

4. 油轮申请排放货舱压载水,应按排放含油污水处理;

5. 化学品船舶申请排放货舱压载水,应按申请排放化学品船舶洗舱水处理。

(三)办理船舶在港区水域排放洗舱水时,审查要点:

1. 有粉尘的散装货物船舶的舱室洗舱水在港区水域排放:

(1)有毒有害物质已进行充分回收处理,不含汞、铬、镉、砷、黄磷及其他有毒物质等物质;

(2)排放入水的冲洗物符合排放标准;

(3)排放的水域不属于敏感水域。

2. 载运散装有毒液体物质船舶在港区水域排放含散装有毒液体物质洗舱水:

(1)接收船舶或接收设施具有相应的接收处理能力,并已向海事管理机构备案;

(2)从事污染危害物接收作业的人员已经过相应培训;

(3)作业方案中详细而明确地说明了洗舱水所含有毒液体物质的名称、数量和危险性质、作业的时间、地点、作业方式、压力、流量；

(4)作业双方制定的作业方案对安全、防污染要求的符合性，对作业过程中可能出现的意外事故(包括人员防护和洗舱水泄漏)采取的预防措施和对策；

(5)检验检疫部门的证明材料证明来自疫区的洗舱水已经过处理，不造成水域污染；

(6)洗舱水中的清洁添加剂不含X类物质；

(7)在本港接收的强制预洗的洗舱水量符合MARPOL 73/78附则Ⅱ“附录6 预洗程序”的规定；

(8)对洗舱水的处理方案符合防治水域污染的有关规定。

(四)办理船舶在港区水域排放残油、含油污水时，审查要点。

1. 接收船舶或接收设施具有相应的接收处理能力，并已向海事管理机构备案；

2. 从事污染危害物接收作业的人员已经过相应培训；

3. 作业方案中详细而明确地说明了残油、含油污水的数量、作业的时间、地点、作业方式、压力、流量；

4. 作业双方制定的作业方案对安全、防污染要求的符合性，对作业过程中可能出现的意外泄漏采取的预防措施和对策。

(五)受理之日起1个工作日内办结。

(六)受理的材料齐全合格，许可的程序符合规范，受理情况登记清楚。

(七)印章使用正确、规范，台账记录、档案收集完整。

(八)各单位根据实际情况，可以简化审批流程，按照“受理－审核”(一级审批)执行，由审核人负责审批。

五、执法文书及台账

(一)《防污作业申请书》(略)；

(二)《船舶防污作业审批台账》(略)；

(三)《海事业务审批表》(略)；

(四)《海事业务补正通知书》(略)；

(五)《海事业务不予受理通知书》(略)；

(六)《海事业务受理通知书》(略)；

(七)《海事行政许可决定书》(略)；

(八)《不予海事行政许可决定书》(略)。

Ⅱ.《船上油污应急计划》审批业务流程

一、执法依据

(一)《中华人民共和国海洋环境保护法》第六十九条;

(二)《中华人民共和国防治船舶污染海洋环境管理条例》第十条;

(三)《中华人民共和国内河交通安全管理条例》;

(四)《中华人民共和国水污染防治法实施细则》第二十五条、第二十六条;

(五)《中华人民共和国防治船舶污染内河水域环境管理规定》;

(六)《经1978年议定书修订的1973年国际防止船舶造成污染公约》;

(七)《1990年国际油污防备、响应和合作公约》。

二、岗位职责

(一)受理人负责《船上油污应急计划》审批申请受理、审批文书的送达等;

(二)审核人负责审核、制作审批文书、有关材料归档和台账登记工作等;

(三)审批人负责审批。

三、工作流程

(一)受理

1. 受理人收到《船上油污应急计划》审批申请后,应对申请是否属本机构管辖范围、申请人是否符合申请条件、申请材料是否齐全等进行审查,申请材料应包括:

(1)《船舶防污文书申请书》;

(2)船舶国籍证书及其复印件;

(3)《船上油污应急计划》文本(一式三份);

(4)(国际)防止油污证书及其复印件(新建船舶可后补);

(5)委托证明及委托人和被委托人身份证明及其复印件(委托时)。

2. 对资料齐全、文书填写完整的,受理人予以受理,应向申请人出具加盖受理专用章的《海事业务受理通知书》,受理情况进行登记。

3. 申请事项依法不需要取得行政审批的,申请事项依法不属于本机构职权范围的,受理人应当及时做出不予受理的决定,告知申请人向有关行政机关申请,并向申请人出具加盖受理专用章的《海事业务不予受理通知书》。

4. 申请材料存在可以当场更正的错误的,受理人应当告知并允许申请人当场更正。

5. 申请材料不齐全或者不符合法定形式的,受理人应当当场一次性告知申请人需要补正的全部内容,并向申请人出具加盖受理专用章的《海事业务补正通知书》。

6. 申请人应在复印件上署名及签注日期,受理人经审查与原件一致,将原件退回申请人。

7. 受理人受理后,填写《海事业务审批表》并将相关申请材料送审核人。

(二)审核

1. 审核人对相关材料进行审核,审核后在《海事业务审批表》签注审核意见,将相关材料提交审批人。

2. 对设备等需要现场进行核查的,由审核人或核查部门组织核查。

（三）审批

审批人对相关材料进行审核，审核后在《海事业务审批表》上签注审批意见，并将相关材料退还审核人。

（四）办理与告知

1. 审批人审批同意的，由审核人在《船上油污应急计划》上加盖海事管理机构公章，留存一份。

2. 审批人审批不同意的，由审核人制作加盖受理专用章的《不予海事行政审批决定书》。

3. 办理完毕后，由审核人在《船舶防污证书文书发放台账》中登记。

4. 审核人将签注意见的《船上油污应急计划》或《不予海事行政审批决定书》转受理人通知申请人领取或送达申请人，受理人进行登记。

（五）归档

办理完毕后，审核人应及时将《船舶防污文书申请书》、申请材料、《海事业务审批表》、现场核查书面材料或记录、《船上油污应急计划》留存本或《不予海事行政审批决定书》复印件等材料进行归档。

四、参考执法标准

（一）《船舶防污文书申请书》内容填写完整、规范。

（二）证书、文书审查要点：

1. 国籍证书是否由船籍港签发；证书是否合法有效，证书有效期最长不超过五年，临时国籍证书有效期最长不超过一年。

2. 船舶《国际防止油污证书》或《防止油污证书》是否合法有效，证书有效期最长不超过五年。

3. 国内航行船舶应急计划的内容分为：序言；报告要求；控制排放措施；国家和地方协作；非强制性规定和附件资料六个部分。

4. 国际航行船舶油污应急计划的编制应符合 IMO《海洋污染应急计划编制指南》的要求。

（三）审核要点：

1. 本船籍港船舶。

2. 总吨位 150 及以上的油船和总吨位 400 以上的非油船（适用于固定或浮动钻井平台或其他近海设施）。

3. 拖带总吨位 150 及以上油驳的拖轮，拖轮配备《船上油污应急计划》，油驳配备《船上油污应急计划》副本。总吨位 400 及以上的非油驳，其辅机功率在 400 千瓦及以上的，配备《船上油污应急计划》副本。

4. 申报中提供的图、表、资料符合该船的航线、船舶的实际情况；对国际航线 5 000 载重吨以上的油船，需增加岸基的破损稳性和剩余结构强度计算程序的计算机化提示程序。附件资料审核时应要求船东配齐有关船舶图、表资料，联系一览表信息应保持最新有效。

5. 船员在应急反应中的职责分工明确、胜任；审核油污应急计划职责分工的合理性时应将计划应变部署职责分工与船舶最低配员情况结合。

6. 各项措施密切结合该船实际情况，并可操作。

（四）受理之日起 20 个工作日内办结。

（五）受理的材料齐全合格，审批的程序规范，受理情况登记清楚。

(六)印章使用正确、规范,台账记录、档案收集完整。

五、执法文书及台账

(一)《船舶防污文书申请书》(略);
(二)《船舶防污证书文书发放台账》(略);
(三)《海事业务受理通知书》(略);
(四)《海事业务不予受理通知书》(略);
(五)《海事业务补正通知书》(略);
(六)《不予海事行政审批决定书》(略);
(七)《海事业务审批单》(略)。

Ⅲ.《船舶垃圾管理计划》审批业务流程

一、执法依据

(一)《中华人民共和国海洋环境保护法》第六十三条、第六十九条;

(二)《中华人民共和国防治船舶污染海洋环境管理条例》第十条;

(三)《中华人民共和国防治船舶污染内河水域环境管理规定》;

(四)《中华人民共和国水污染防治法实施细则》第二十六条第二十七条;

(五)《经1978年议定书修订的1973年国际防止船舶造成污染公约》。

二、岗位职责

(一)受理人负责《船舶垃圾管理计划》审批申请受理、审批文书的送达等;

(二)审核人负责审核、制作审批文书、有关材料归档和台账登记工作等;

(三)审批人负责审批。

三、工作流程

(一)受理

1. 受理人收到《船舶垃圾管理计划》审批申请后,应对申请是否属本机构管辖范围、申请人是否符合申请条件、申请材料是否齐全等进行审查,申请材料应包括:

(1)《船舶防污文书申请书》;

(2)《船舶垃圾管理计划》(一式三份);

(3)船舶国籍证书及其复印件;

(4)委托证明及委托人和被委托人身份证明及其复印件(委托时)。

2. 对资料齐全、文书填写完整的,受理人予以受理,应向申请人出具加盖受理专用章的《海事业务受理通知书》,受理情况进行登记。

3. 申请事项依法不需要取得行政审批的,申请事项依法不属于本机构职权范围的,受理人应当及时做出不予受理的决定,告知申请人向有关行政机关申请,并向申请人出具加盖受理专用章的《海事业务不予受理通知书》。

4. 申请材料存在可以当场更正的错误的,受理人应当告知并允许申请人当场更正。

5. 申请材料不齐全或者不符合法定形式的,受理人应当当场一次性告知申请人需要补正的全部内容,并向申请人出具加盖受理专用章的《海事业务补正通知书》。

6. 申请人应在复印件上署名及签注日期,受理人经审查与原件一致,将原件退回申请人。

7. 受理人受理后,填写《海事业务审批表》并将相关申请材料送审核人。

(二)审核

审核人对相关材料进行审核,审核后在《海事业务审批表》签注审核意见,将相关材料提交审批人。

(三)审批

审批人对相关材料进行审核,审核后在《海事业务审批表》上签注审批意见,并将相关材料退还审核人。

(四)办理与告知

1. 审批人审批同意的,由审核人在《船舶垃圾管理计划》上加盖海事管理机构公章,留存一份。

2. 审批人审批不同意的,由审核人制作加盖受理专用章的《不予海事行政审批决定书》。

3. 办理完毕后,由审核人在《船舶防污证书文书发放台账》中登记。

4. 审核人将签注意见的《船舶垃圾管理计划》或《不予海事行政审批决定书》转受理人通知申请人领取或送达申请人,受理人进行登记。

(五)归档

办理完毕后,审核人应及时将《船舶防污文书申请书》、申请材料、《海事业务审批表》、《船舶垃圾管理计划》留存本或《不予海事行政审批决定书》复印件等材料进行归档。

四、参考执法标准

(一)《船舶防污文书申请书》内容填写完整、规范。

(二)审核要点:

1. 总吨位 400 及以上和经核定可载运 15 人及以上的本船籍港船舶;对内河船舶,为总吨位 400 及以上和经核定可载运 15 人及以上且单次航程超过 2 千米或航行时间超过 15 分钟的本船籍港船舶;

2. 船舶垃圾管理计划内容符合船舶实际状况;

3. 船舶垃圾管理计划规定了船上垃圾收集、存放、加工和自理的程序。

(三)受理之日起 10 个工作日内办结。

(四)受理的材料齐全合格,审批的程序规范,受理情况登记清楚。

(五)印章使用正确、规范,台账记录、档案收集完整。

五、执法文书及台账

(一)《船舶防污文书申请书》(略);

(二)《船舶防污证书文书发放台账》(略);

(三)《海事业务受理通知书》(略);

(四)《海事业务不予受理通知书》(略);

(五)《海事业务补正通知书》(略);

(六)《不予海事行政审批决定书》(略);

(七)《海事业务审批单》(略)。

第四部分 船员管理类
Ⅰ.船员注册业务流程

一、执法依据

(一)《中华人民共和国船员条例》第六条;
(二)《中华人民共和国海事行政许可条件规定》第二十三条;
(三)《中华人民共和国船员注册管理办法》;
(四)《海船船员技术档案管理办法》;
(五)《内河船员技术档案(暂行)管理办法》;
(六)《关于执行交通行业标准〈海船船员体检要求〉的通知》;
(七)《关于调整有关船员健康检查要求的通知》。

二、岗位职责

(一)受理人负责船员注册申请的受理、决定文书的发放等;
(二)审核人负责审核、制作决定文书、有关材料归档和台账登记工作等;
(三)审批人负责审批。

三、工作流程

(一)受理

1. 受理人收到船员注册申请后,应对申请是否属本机构管辖范围、申请人是否符合申请条件、申请材料是否齐全等进行审查,申请材料应包括:

(1)《船员注册申请表》;
(2)有效身份证件及其复印件;
(3)近期直边正面5厘米免冠白底彩色照片2张;
(4)海船船员或内河船舶船员的基本安全培训合格证及其复印件;
(5)《海员体格检查表》或《内河船舶船员体检证明》;
(6)其他有关材料及其复印件(如培训证明、遗失公告等);
(7)申请注册国际航行船舶船员的,还应当提供船员专业外语考试合格证明及其复印件(按规定可免除的,提供其他相关材料);
(8)委托证明及委托人和被委托人身份证明及其复印件(委托时)。

2. 对资料齐全、文书填写完整的,受理人予以受理,向申请人出具加盖受理专用章的《海事业务受理通知书》,受理情况要进行登记。对资料完备性等情况有疑义的,向申请人出具加盖受理专用章的《海事业务申请材料收存单》,收存情况要进行登记并及时处理,5个工作日内不做答复的,视为受理。

3. 申请事项依法不需要取得行政许可的,申请事项依法不属于本机构职权范围的,受理人应当及时做出不予受理的决定,告知申请人向有关行政机关申请,并向申请人出具加盖受理专用章的《海事业务不予受理通知书》。

4. 申请材料存在可以当场更正的错误的,受理人应当告知并允许申请人当场更正。

5. 申请材料不齐全或者不符合法定形式的,受理人应当当场或5个工作日(收存材料的)

内一次性告知申请人需要补正的全部内容,并向申请人出具加盖受理专用章的《海事业务补正通知书》。

6. 申请人应在复印件上署名及签注日期,受理人经审查与原件一致,将原件退回申请人。

7. 受理人受理后,填写《海事业务审批表》(2 人及以上同时申请的,应附《船员名单》),并将相关材料移交给审核人。

(二)审核

审核人审核相关材料,在《海事业务审批表》初审人栏签署审核意见,并将相关材料移交给审批人。

(三)审批

审批人审核相关材料,在《海事业务审批表》审批人栏签署审批意见,并将相关材料退还审核人。

(四)办理与告知

1. 审批人审批同意的,证件制证人制作《船员服务簿》,证件核对人校对后加盖船员证书专用章。

2. 审批人审批不同意的,审核人制作加盖船员管理专用章的《不予海事行政许可决定书》。

3. 审核人将《船员服务簿》或《不予海事行政许可决定书》转受理人通知申请人领取或送达申请人,受理人进行登记。

(五)归档

办理完毕后,审核人应及时将《船员注册申请表》、申请材料、《海事业务审批表》、《不予海事行政许可决定书》复印件等材料进行归档。

四、参考执法标准

(一)《船员注册申请表》内容填写完整、规范。

(二)审查要点:

1. 满足规定的年龄要求;

2. 符合公布的船员体检标准;

3. 已完成规定的海船船员或内河船舶船员的基本安全培训,且通过海事管理机构的考试;

4. 符合其他要求的条件。

(三)自受理申请之日起 10 个工作日办结。

(四)受理的材料齐全合格,许可的程序符合规范,受理情况登记清楚。

(五)印章使用正确、规范,台账记录、档案收集完整。

(六)申请《船员服务簿》的补办、换发及船员注册的变更、注销等工作,按照上述业务流程办理。

(七)主管人员负责审核、档案整理,单位领导(分管领导)或其授权部门负责人负责审批。各单位根据实际情况,可设证件制作人、证件核对人、空白证件管理人、专用印章保管人及档案管理人等岗位。上述各岗位人员可以相互兼任,但不得违反如下原则:空白证件管理人、证件制作人、证件核对人相互之间不得兼职;审核和审批岗位的人员不可以相互兼任。

五、执法文书和台账

(一)《船员注册申请表》;

(二)《海员体格检查表》;
(三)《内河船舶船员体检证明》(略);
(四)《海事业务受理通知书》(略);
(五)《海事业务不予受理通知书》(略);
(六)《海事业务补正通知书》(略);
(七)《海事业务申请材料收存单》(略);
(八)《海事业务审批表》(略);
(九)《不予海事行政许可决定书》(略);
(十)《船员服务簿》(略)。

船员注册申请表

申请时间：　　年　　月　　日　　申请形式：　　No.：________

<table>
<tr><td>姓　　名</td><td></td><td>汉语拼音</td><td></td><td>性别</td><td></td><td rowspan="5">近期直边正面5厘米免冠白底彩色照片</td></tr>
<tr><td>身份证号码</td><td colspan="5"></td></tr>
<tr><td>出生日期</td><td>年　月　日</td><td>国籍</td><td>出生地点</td><td>文化程度</td><td></td></tr>
<tr><td>申请单位</td><td colspan="2"></td><td>单位电话</td><td colspan="2"></td></tr>
<tr><td>住　　所</td><td colspan="5"></td></tr>
<tr><td>联 系 人</td><td></td><td>联系电话</td><td></td><td>初次注册日期</td><td colspan="2"></td></tr>
<tr><td>注册类别</td><td colspan="2">□内河　□国内海船　□国际海船</td><td>注册形式</td><td colspan="3">□初次注册　□注册变更　□注销注册</td></tr>
<tr><td>服务簿签发形式</td><td colspan="3">□注册签发　□正常换发　□损坏换发　□遗失补办</td><td>原服务簿印刷号</td><td colspan="2"></td></tr>
<tr><td>船员信息变更情况</td><td colspan="3">□住所　□联系人　□联系电话</td><td>旧版服务簿号码</td><td colspan="2"></td></tr>
</table>

<table>
<tr><td colspan="8">服　务　资　历</td></tr>
<tr><td>船　名</td><td>职　务</td><td>船舶或主机种类</td><td>航区</td><td>总吨和主机功率</td><td>上船任职日期</td><td>解职离船日期</td><td>船舶所有人</td></tr>
<tr><td></td><td></td><td></td><td></td><td></td><td></td><td></td><td></td></tr>
<tr><td></td><td></td><td></td><td></td><td></td><td></td><td></td><td></td></tr>
<tr><td></td><td></td><td></td><td></td><td></td><td></td><td></td><td></td></tr>
<tr><td></td><td></td><td></td><td></td><td></td><td></td><td></td><td></td></tr>
<tr><td></td><td></td><td></td><td></td><td></td><td></td><td></td><td></td></tr>
</table>

<table>
<tr><td colspan="6">培　训　考　试　情　况</td></tr>
<tr><td>海船船员熟悉和基本安全培训合格证印刷号</td><td></td><td>签发机关</td><td></td><td>签发日期</td><td></td></tr>
<tr><td>内河基本安全培训合格证印刷号</td><td></td><td>签发机关</td><td></td><td>签发日期</td><td></td></tr>
<tr><td>船员专业外语考试合格证明编号</td><td></td><td>签发机关</td><td></td><td>签发日期</td><td></td></tr>
</table>

附送材料：

1. 有效身份证件及其复印件；□
2. 近期直边正面5厘米免冠白底彩色照片2张；□
3. 海船船员或内河船舶船员的基本安全培训合格证及其复印件；□
4. 海员体格检查表或《内河船舶船员体检证明》；□
5. 其他有关材料及其复印件（培训证明、遗失公告等）；□
6. 申请注册国际航行船舶船员的，还应当提供船员专业外语考试合格证明及其复印件；□
7. 委托证明及委托人和被委托人身份证明及其复印件(委托时)。□

声明对以上填写内容的真实性负责。如有不实，愿意承担相应的责任。

申请人（个人）：____________（签名）　　单位经办人：______________（盖章）

年　　月　　日

海员体格检查表
MEDICAL EXAMINATION BILL FOR SEAFARERS

检 查 日 期:　　　年　　月　　日　　　　体检医院盖章:

<table>
<tr><td colspan="3">姓名
Name</td><td colspan="2">性别
Sex</td><td rowspan="4">近期直边
正面 5 厘米
免冠白底
彩色照片</td></tr>
<tr><td colspan="3">出生日期
Date of birth</td><td colspan="2">出生地点
Place of birth</td></tr>
<tr><td colspan="3">工作单位
Name of shipowner</td><td colspan="2">职务
Post</td></tr>
<tr><td colspan="5">以下均由检查医师填写，涂改无效
The following items to be filled by doctors,no alternation.</td></tr>
<tr><td colspan="3">1.五官系统（eyes,ears ability of speech）</td><td colspan="3">医师签名(Signature of doctor)</td></tr>
<tr><td colspan="2">电测听力：左　　右</td><td colspan="2">裸眼视力：左　　右</td><td colspan="2">辨色力</td></tr>
<tr><td colspan="2">自然听力：左　　右</td><td colspan="2">矫正视力：左　　右</td><td colspan="2">暗适应</td></tr>
<tr><td colspan="2">视野:水平　　度/垂直　度</td><td>立体视觉</td><td colspan="2">其他眼疾</td><td>语言能力：</td></tr>
<tr><td colspan="3">2.外科（Surgical department）</td><td colspan="3">医师签名（Signature of doctor）</td></tr>
<tr><td>身高</td><td>体重</td><td>皮肤</td><td>脊柱</td><td>四肢</td><td>其他：</td></tr>
<tr><td colspan="3">3.呼吸系统（respiratory system）</td><td colspan="3">医师签名（Signature of doctor）</td></tr>
<tr><td colspan="2">呼吸音</td><td colspan="2">胸部 X 透视</td><td colspan="2">职业禁忌症：</td></tr>
<tr><td colspan="3">4.消化系统(digestive system)</td><td colspan="3">医师签名（Signature of doctor）</td></tr>
<tr><td>肝脏</td><td>脾脏</td><td>淋巴</td><td>甲状腺</td><td colspan="2">B 型超声波检查：</td></tr>
<tr><td colspan="6">职业禁忌症：</td></tr>
<tr><td colspan="3">5.心血管系统（heart and blood system）</td><td colspan="3">医师签名（Signature of doctor）</td></tr>
<tr><td colspan="3">血压：　/　　kPa（　/　　mmHg）</td><td colspan="2">心率　　次/分钟</td><td>心电图</td></tr>
<tr><td colspan="6">职业禁忌症：</td></tr>
<tr><td colspan="3">6.泌尿生殖系统（urinary & genital system）</td><td colspan="3">医师签名（Signature of doctor）</td></tr>
<tr><td colspan="6">职业禁忌症：</td></tr>
<tr><td colspan="3">7.神经、精神系统（nervous & mental system）</td><td colspan="3">医师签名（Signature of doctor）</td></tr>
<tr><td colspan="6">职业禁忌症：</td></tr>
<tr><td>化验检查</td><td>肝功能
表面抗原
尿常规
血常规
大便细菌培养</td><td colspan="3">既往病史（各科医师均可询问并签名）：</td><td>血型</td></tr>
<tr><td colspan="4">医师结论：</td><td colspan="2">医生签名：</td></tr>
</table>

注：1.应附肝功、表面抗原、尿常规、血常规、X 射线胸透检验报告。
2.从事船上厨工、服务员、管事、木匠工作者，还应附大便细菌培养检验报告。
3.心电、B 超检查仅限于有症状或病史，或者年龄满 40 岁的男性和满 35 岁的女性。
4.“医师签名”栏内必须经相应的医师签名，体检医院必须盖公章，否则无效。

Ⅱ船员任职资格证书签发业务流程

一、执法依据

(一)经修正的《1978 年海员培训、发证和值班标准国际公约》;

(二)《中华人民共和国海上交通安全法》第七条;

(三)《中华人民共和国船员条例》第九条、第十条;

(四)《中华人民共和国内河交通安全管理条例》第九条;

(五)《中华人民共和国海事行政许可条件规定》第二十三条;

(六)《中华人民共和国海船船员适任考试、评估和发证规则》;

(七)《中华人民共和国内河船舶船员适任考试发证规则》;

(八)《内河船舶船员申请海船船员适任考试、评估和发证管理办法》;

(九)《海洋渔业船舶船员申请海船船员适任考试、评估和发证管理办法》;

(十)《军事船舶复转军人参加海船船员适任考试、评估和发证办法》;

(十一)《中华人民共和国海上非自航船船员考试、发证管理办法》;

(十二)《关于渔船船员申请 GMDSS 普通操作员培训、考试和发证有关事宜的通知》;

(十三)《中华人民共和国海船水手、机工适任培训、考试和发证管理办法》;

(十四)《关于全球海上遇险和安全系统船舶无线电人员考试发证工作若干事项的通知》;

(十五)《海船船员技术档案管理办法》;

(十六)《内河船员技术档案(暂行)管理办法》;

(十七)《关于执行交通行业标准〈海船船员体检要求〉的通知》;

(十八)《关于调整有关船员健康检查要求的通知》。

二、岗位职责

(一)受理人负责船员任职资格证书签发申请的受理、决定文书的发放等;

(二)初审人负责审核、制作决定文书、有关材料归档和台账登记工作等;

(三)复审人负责复审;

(四)审批人负责审批。

三、工作流程

(一)受理

1. 受理人收到船员任职资格证书签发的申请后,应对申请是否属本机构管辖范围、申请人是否符合申请条件、申请材料是否齐全等进行审查,申请材料应包括:

(1)《海船船员任职资格证书申请表》或《内河船舶船员适任证书申请表》;

(2)《海员体格检查表》或《内河船舶船员体检证明》;

(3)近期直边正面 5 厘米免冠白底彩色照片 2 张;

(4)《船员服务簿》及其复印件;

(5)《海船船员适任证书》或《内河船舶船员适任证书》及其复印件(规定必要时);

(6)完成规定的船上培训或见习后填妥的《船上培训记录簿》或《船上见习记录簿》(规定必要时);

(7)航海类教育的毕业证书或结业证明或学籍证明及其复印件(规定必要时);

(8)其他有关材料及其复印件(如培训证明、考试评估合格证明、技能考试合格证明、遗失公告等);

(9)有效身份证明文件及其复印件;

(10)委托证明及委托人和被委托人身份证明及其复印件(委托时)。

2. 对资料齐全、文书填写完整的,受理人予以受理,向申请人出具加盖受理专用章的《海事业务受理通知书》,受理情况要进行登记。对资料完备性等情况有疑义的,向申请人出具加盖受理专用章的《海事业务申请材料收存单》,收存情况要进行登记并及时处理,5 个工作日内不做答复的,视为受理。

3. 申请事项依法不需要取得行政许可的,申请事项依法不属于本机构职权范围的,受理人应当及时做出不予受理的决定,告知申请人向有关行政机关申请,并向申请人出具加盖受理专用章的《海事业务不予受理通知书》。

4. 申请材料存在可以当场更正的错误的,受理人应当告知并允许申请人当场更正。

5. 申请材料不齐全或者不符合法定形式的,受理人应当当场或 5 个工作日(收存材料的)内一次性告知申请人需要补正的全部内容,并向申请人出具加盖受理专用章的《海事业务补正通知书》。

6. 申请人应在复印件上署名及签注日期,受理人经审查与原件一致,将原件退回申请人。

7. 受理人受理后,填写《海事业务审批表》(2 人及以上同时申请的,应附《船员名单》),并相关材料移交给初审人。

(二)初审

初审人审核相关材料,在《海事业务审批表》初审人栏签署审核意见,并相关材料移交给复审人。

(三)复审

复审人对相关材料及初审人的意见进行审核,审核后在《海事业务审批表》复审人栏签署审核意见,将相关材料提交审批人。

(四)审批

审批人审核相关材料,在《海事业务审批表》审批人栏签署审批意见,并相关材料退还初审人。

(五)办理与告知

1. 审批人审批同意的,证件制作人制作证书、证件核对人校对后加盖船员证书专用章。

2. 审批人审批不同意的,初审人制作加盖船员管理专用章的《不予海事行政许可决定书》。

3. 初审人将《海船船员适任证书》、《内河船舶船员适任证书》或《不予海事行政许可决定书》转受理人通知申请人领取或送达申请人,受理人进行登记。

(六)归档

办理完毕后,初审人应及时将《海船船员任职资格证书申请表》或《内河船舶船员适任证书申请表》、申请材料、《海事业务审批表》、《不予海事行政许可决定书》复印件等材料进行归档。

四、参考执法标准

(一)《海船船员任职资格证书申请表》或《内河船舶船员适任证书申请表》内容填写完整、规范。

(二)审查要点:

1. 已按规定取得《船员服务簿》。
2. 满足规定的年龄要求。
3. 符合公布的船员体检标准。
4. 具备规定的专业学历或按规定经过相应的船员适任培训。
5. 已完成相应的专业、特殊培训,并通过海事管理机构的考试。
6. 满足规定的服务资历,适任状况和安全记录良好。
7. 已通过规定的适任考试和评估,并已完成规定的船上培训或见(实)习。
8. 符合其他要求的条件。

(三)申请适任证书的补发、换发、再有效签发、取消限制和内河航线(区)延伸等工作,可按照"受理-审核-审批"(二级审批)的业务流程办理。

(四)自受理之日起15个工作日内办结。

(五)受理的材料齐全合格,许可的程序符合规范,受理情况登记清楚。

(六)印章使用正确、规范,台账记录、档案收集完整。

(七)按照"受理-初审-复审-审批"(三级审批)办理的,主管人员负责初审、档案整理,部门负责人负责复审,单位领导(分管领导)负责审批。按照"受理-审核-审批"(二级审批)办理的,主管人员负责审核、档案整理,单位领导(分管领导)或其授权的部门负责人负责审批。各单位根据实际情况,可设证件制作人、证件核对人、空白证件管理人、专用印章保管人及档案管理人等岗位。上述各岗位人员可以相互兼任,但不得违反如下原则:空白证件管理人、证件制作人、证件核对人相互之间不得兼职;初审、复审和审批岗位的人员不可以相互兼任。

(八)各单位根据实际情况,可以简化审批流程,按照"受理-审核-审批"(二级审批)执行,合并初审和复审环节,主管人员负责审核,单位领导(分管领导)或其授权部门负责人负责审批。

五、执法文书和台账

(一)《海船船员任职资格证书申请表》和《内河船舶船员适任证书申请表》(略);
(二)《海员体格检查表》(略);
(三)《内河船舶船员体检证明》(略);
(四)《海事业务受理通知书》(略);
(五)《海事业务不予受理通知书》(略);
(六)《海事业务补正通知书》(略);
(七)《海事业务申请材料收存单》(略);
(八)《海事业务审批表》(略);
(九)《海船船员适任证书》或《内河船舶船员适任证书》(略);
(十)《不予海事行政许可决定书》(略)。

海船船员任职资格证书申请表

申请时间：　　　年　　月　　日　　　　申请形式：　　　　No.：____________

姓　名		汉语拼音		性别		
身份证号码				出生日期	年　月　日	近期直边正面 5 厘米免冠白底彩色照片
服务簿号码				出生地点		
申请单位				文化程度		
专业学历/适任培训	院校名称：　　；专业：　　；					
	毕业证编号：　　；毕业日期：					
现　持适任证书	类别：　　；等级：　　；职务：　　；号码：　　：签发日期：					
	（GMDSS 适任证书）职务：　　；号码：　　；签发日期：					
申　请适任证书	类别：　　；等级：　　；职务：　　；					
	取消限制项目：					

专业、特殊培训情况（合格证号）								
	合格证	B01	B02	B03	B04	B05	B06	B07	B08
	合格证	A01	A02	A03	A04	A05	A06	A07	A08
	A09	A10	A11	A12	A13				

最近五年主要海上服务资历	职　务	船　名	船舶种类	航区/机种	总吨和主机功率	上船任职日期	解职离船日期

附送材料：

1.《海员体检检查表》； ☐
2. 近期直边正面 5 厘米免冠白底彩色照片 2 张； ☐
3.《船员服务簿》及其复印件； ☐
4.《海船船员适任证书》及其复印件； ☐
5.完成规定的船上培训或见习后填妥的《船上培训记录簿》或《船上见习记录簿》； ☐
6.航海类教育的毕业证书或结业证明或学籍证明及其复印件； ☐
7.其他有关材料及其复印件（如培训证明、考试评估合格证明、技能考试合格证明、遗失公告等）； ☐
8.有效身份证明文件及其复印件； ☐
9.委托证明及委托人和被委托人身份证明及其复印件。 ☐

确认上述填写内容属实，任职资历真实有效，在上述船舶任职期间无任何海损、机损责任事故，若申请材料内容存在虚假，愿承担法律责任。

申请人（个人）：____________（签名）　　单位经办人：______________（盖章）

年　　月　　日

联系人		联系电话	

第五部分　公司管理类

Ⅰ.公司《符合证明》有效性维持(适用于附加审核)业务流程

一、执法依据

(一)SOLAS公约第Ⅸ章;

(二)《中华人民共和国航运公司安全与防污染管理规定》;

(三)《中华人民共和国船舶安全营运和防止污染管理规则》;

(四)《关于重新发布〈航运公司安全管理体系审核发证规则〉和〈航运公司安全管理体系审核发证程序〉的通知》;

(五)《关于〈国内安全管理规则〉对第二批船舶生效的通知》;

(六)《关于中华人民共和国船舶安全营运和防止污染管理规则对第三批船舶生效的通知》;

(七)《防治船舶污染海洋环境管理条例》;

(八)《船舶审核管理补充规定》(海安全〔2003〕213号)。

二、岗位职责

(一)初审人(直属海事管理机构/省级地方海事管理机构)负责公司《符合证明》有效性维持(适用于附加审核)的审核制定、审查、台账登记、有关材料归档等工作;

(二)复审人(国内公司的为直属海事管理机构/省级地方海事管理机构,国际公司和国内双体系公司的为中国海事局)负责复审;

(三)审批人(国内公司的为直属海事管理机构/省级地方海事管理机构,国际公司和国内双体系公司的为中国海事局)负责审批。

三、工作流程

(一)决定

1. 发证机构根据公司的安全管理体系运行情况,决定是否对公司开展附加审核。当发生下列情况时,应对公司开展附加审核。

(1)公司发生重大事故;

(2)公司连续发生事故;

(3)公司所管理的船舶在船旗国或港口国监督检查中连续被滞留;

(4)公司发生其他可能影响其安全管理体系运行有效性的重大事件。

2. 被实施附加审核公司不需提出审核申请。

(二)审核、审批

1. 决定对公司实施附加审核时,初审人填写《海事业务审批表》并将有关材料和意见提交复审人审核后,提交审批人进行审批,审批意见在《海事业务审批表》内签署。

2. 审批人同意后,审核机构向公司发出实施附加审核通知,按《审核发证规则》和《审核发证程序》的要求对公司实施安全管理体系审核,派出审核组评估公司的安全营运与防污染能力。

3. 初审人接收审核组递交的《安全管理体系审核报告》后进行审查,根据报告意见拟定初审意见，在《海事业务审批表》内签署，将全部材料一起提交复审人复审。

4. 复审人对《安全管理体系审核报告》进行复审，提出复审意见，在《海事业务审批表》内签署，提交审批人。

5. 审批人对《安全管理体系审核报告》进行审批，提出审批意见，在《海事业务审批表》内签署。

（三）办理与告知

1. 审批同意的，由有相应发证权的海事管理机构制作加盖本机构印章的《〈符合证明〉有效性维持证明》，转初审人。

2. 审批不同意的，由有相应发证权的海事管理机构制作加盖本机构印章的《〈符合证明〉有效性不予维持决定书》，转初审人。

3. 初审人将《〈符合证明〉有效性维持证明》或《〈符合证明〉有效性不予维持决定书》通知申请人领取或送达申请人，初审人进行登记。

（四）归档

办理完毕后，审核、发证机构应及时将《安全管理体系审核报告》、《海事业务审批表》、《〈符合证明〉有效性维持证明》或《〈符合证明〉有效性不予维持决定书》附本或复印件等材料进行归档。

四、参考执法标准

（一）拒不接受附加审核的公司，有相应发证权的海事管理机构将对其下达《〈符合证明〉有效性不予维持决定书》。

（二）初审人在审查审核组递交的《安全管理体系审核报告》时，着重审查：

1. 报告对公司安全营运与防污染管理能力所做出的评价。

2. 审核中所发现的问题反映出公司安全管理体系存在的缺陷，特别是引发审核的原因及可能影响公司安全管理体系与《国际安全管理规则》或《国内安全管理规则》符合性及其运行有效性的所有相关方面。

3. 公司安全管理体系在船岸是否保持有效运行。

（三）对审核报告审定并告知公司审核结果的时限为10个工作日。

五、执法文书和台账

（一）《海事业务审批表》（略）；

（二）《安全管理体系审核报告》（略）；

（三）《〈符合证明〉有效性维持证明》（略）；

（四）《〈符合证明〉有效性不予维持决定书》（略）。

Ⅱ.船舶《安全管理证书》中间签注业务流程

一、执法依据

(一)SOLAS 公约第Ⅸ章;

(二)《国务院对确需保留的行政审批项目设定行政许可的决定》第一百三十三项;

(三)《中华人民共和国海事行政许可条件规定》第二十六条;

(四)《中华人民共和国航运公司安全与防污染管理规定》;

(五)《中华人民共和国船舶安全营运和防止污染管理规则》;

(六)《关于重新发布〈航运公司安全管理体系审核发证规则〉和〈航运公司安全管理体系审核发证程序〉的通知》;

(七)《关于〈国内安全管理规则〉对第二批船舶生效的通知》;

(八)《关于中华人民共和国船舶安全营运和防止污染管理规则对第三批船舶生效的通知》;

(九)《防治船舶污染海洋环境管理条例》;

(十)《船舶审核管理补充规定》(海安全〔2003〕213 号)。

二、岗位职责

(一)受理人负责船舶《安全管理证书》中间签注申请的受理、文书发放、台账登记、有关材料归档等工作;

(二)审核人负责审核;

(三)审批人负责审批。

三、工作流程

(一)受理

1. 受理人收到船舶《安全管理证书》中间签注申请后,应对申请是否属本机构管辖范围、申请人是否符合申请条件、申请材料是否齐全等进行审查,申请材料应包括:

(1)安全管理体系发证申请;

(2)上次审核以来公司为该船所做的安全管理体系文件修改的情况说明(如有修改);

(3)安全管理体系在船上运行的有效性评价或管理复查报告;

(4)委托证明及委托人和被委托人身份证明及其复印件(委托时)。

2. 对资料齐全、文书填写完整的,受理人予以受理,向申请人出具加盖受理专用章的《海事业务受理通知书》,受理情况要进行登记。对资料完备性等情况有疑义的,向申请人出具加盖受理专用章的《海事业务申请材料收存单》,收存情况要进行登记并及时处理,5 个工作日内未做答复的,视为受理。

3. 申请事项依法不需要取得行政许可的,申请事项依法不属于本机构职权范围的,受理人应当及时做出不予受理的决定,告知申请人向有关行政机关申请,并向申请人出具加盖受理专用章的《海事业务不予受理通知书》。

4. 申请材料存在可以当场更正的错误的,受理人应当告知并允许申请人当场更正。

5. 申请材料不齐全或者不符合法定形式的,受理人应在当场或 5 个工作日(收存材料的)

内一次性告知申请人需要补正的全部内容，并向申请人出具加盖受理专用章的《海事业务补正通知书》。

6. 申请人应在复印件上署名及签注日期，受理人经审查与原件一致，将原件退回申请人。

7. 受理人受理后，填写《申请材料审查报告》并将相关申请材料送审核人。

（二）申请材料审核

1. 审核人对相关材料进行审核，审核后在《申请材料审查报告》上签注审查意见，将相关材料提交审批人。

2. 需要现场核查的，由审核人或核查部门组织核查。

（三）申请材料审批

1. 审批人审核同意组织船舶审核的，审核机构按《审核发证规则》和《审核发证程序》的要求对船舶实施安全管理体系审核，派出审核组评估船舶安全营运与防污染能力。

2. 审批人审核不同意组织船舶审核的，由有相应发证权的海事管理机构制作加盖本机构印章的《不予海事行政许可决定书》，转受理人。

（四）现场审核

1. 审核组审核通过的，审核组长当场对船舶《船舶安全管理证书》予以签注。

2. 审核组审核未通过的，审核组长不对船舶《船舶安全管理证书》予以签注。

3. 审核组向审核人提交《船舶审核报告》。

（五）办理与告知

1. 未通过审核组的审核，由有相应发证权的海事管理机构制作加盖本机构印章的《不予海事行政许可决定书》，转受理人。

2. 通过审核组的审核，由有相应发证权的海事管理机构制作加盖本机构印章的《〈船舶安全管理证书〉有效性维持证明》，转受理人。

3. 受理人将《〈船舶安全管理证书〉有效性维持证明》或《不予海事行政许可决定书》通知申请人领取或送达申请人，受理人进行登记。

（六）归档

办理完毕后，审核、发证机构应及时将申请材料、《申请材料审查报告》、现场核查记录、《船舶审核报告》、《〈船舶安全管理证书〉有效性维持证明》或《不予海事行政许可决定书》附本或复印件等材料进行归档。

审核业务软件产生的相关内容由业务软件自行归档。

四、参考执法标准

（一）审查要点：

1. 公司提出审核申请的时间应在船舶《安全管理证书》签发后第 24 个月至第 36 个月之间。

2. 公司已取得适用于该船种的有效的《符合证明》，该船持续运行公司的安全管理体系；船舶已配备经公司修改且适用于该船的安全管理体系文件。

3. 安全管理体系在船上运行的有效性评价或管理复查报告应能反映公司对安全管理体系在船运行情况的评价。

（二）《船舶审核报告》审查要点：

1. 报告对“船上安全营运与防污染管理能力”所做出的评价。

2. 审核中所发现的问题反映出公司安全管理体系在船运行时存在的缺陷。

3. 公司安全管理体系在船运行的有效性。

4. 审核中所发现的不符合规定情况的性质、数量、分布及其对公司安全管理体系在船有效运行的综合影响。

(三)自受理之日起材料审查、审批为5个工作日内办结,证书制作发放的时限为10个工作日。

(四)受理的材料齐全合格,许可的程序符合规范,受理情况登记清楚。

(五)印章使用正确、规范,台账记录、档案收集完整。

五、执法文书和台账

(一)《海事业务受理通知书》(略);

(二)《海事业务不予受理通知书》(略);

(三)《海事业务补正通知书》(略);

(四)《海事业务申请材料收存单》(略);

(五)《(船舶安全管理证书)有效性维持证明》(略);

(六)《不予海事行政许可决定书》(略);

(七)《申请材料审查报告》(略);

(八)《船舶审核报告》(略)。

第六部分 船舶检验类

Ⅰ.中国籍船舶(含海上设施、集装箱)法定检验业务流程

一、执法依据

(一)《中华人民共和国海上交通安全法》第四条;

(二)《中华人民共和国船舶和海上设施检验条例》;

(三)《中华人民共和国船舶与海上设施法定检验技术规则》;

(四)《海上移动平台安全规则》(如果适用);

(五)《船舶和船用产品监督检验条例》;

(六)《船舶检验工作管理暂行办法》;

(七)《船舶建造检验规程》《海上营运船舶检验规程》等;

(八)中国政府承认或加入的国际公约和规则(适用于国际航行船舶);

(九)《国内航行船舶船体建造检验暂行规定》《国内航行船舶变更船舶检验机构管理规定》等。

二、岗位职责

(一)受理人负责中国籍船舶(含海上设施、集装箱)法定检验申请的受理、检验证书的发放等工作。

(二)现场验船人负责具体船舶法定检验工作的实施、编写检验文件、制作证书等工作。

(三)审核人负责检验申请的评审、检验任务的安排、对现场检验过程关键节点的验证管理和检验报告的审核以及证书的签署工作。

(四)审批人负责证书报告的审批工作。

(五)资料员负责资料立卷、归档工作。

三、工作流程

(一)受理

1.船舶建造(含重大改建)法定检验的申请,由承建厂建造地的船检机构负责受理;其他中国籍船舶(含海上设施、集装箱)法定检验的申请由船舶检验登记机构负责受理。

2.受理人收到中国籍船舶(含海上设施、集装箱)法定检验的申请后,及时对申请是否属于本机构管辖范围、申请书填写是否规范、是否备齐下列申请文书进行审查:

(1)新船的建造检验

A.《检验申请表》;

B.经船检部门审批的船舶图纸和技术文件及图纸批准书;

C.船舶建造厂的工商执照复印件;

D.船舶所有权证明(须在检验发证前提交);

E.其他有关涉及检验申请的资料(必要时)。

(2)营运船舶的检验

A.《检验申请表》;

B.船舶所有权证明(所有人变更或船舶登记机构变更时);

C. 其他有关涉及检验申请的资料(必要时)。

3. 对文书填写完整、申请材料符合法定形式的,受理人向申请人出具《法定检验受理通知书》,或《法定检验申请材料收存单》并在5个工作日内做出补正通知或受理通知,逾期未做出决定,材料接收之日视为受理之日。同时,受理人在《法定检验办理登记簿》中登记。

4. 申请事项依法不需要取得检验证书的,应当及时告知申请人不予受理;申请事项依法不属于本机构职权范围的,应当及时做出不予受理的决定,并告知申请人向有关机构申请。对于申请不予受理的,向申请人出具附有原因说明的《法定检验不予受理通知书》。

5. 申请材料存在可以当场更正的错误的,应当告知并允许申请人当场更正。

6. 受理人应及时将申请材料送交审核人进行评审,审核人如同意受理申请的,指派现场验船人员后由受理人向申请人出具《法定检验受理通知书》;如认为材料不齐全或不符合法定形式的,由受理人向申请人出具《法定检验补正通知书》。

7. 受理人将申请材料交给指定的现场验船人员。

8. 船舶跨省变更船舶检验机构的检验参照《国内航行船舶变更船舶检验机构管理规定》。

(二)现场检验

1. 现场验船人员收到受理人移交的申请材料后,对申请人提交材料的实质要件进行审查,审查其是否满足下列法定条件:

(1)已取得船舶所有权证明(适用于现有船舶的初次检验),船舶设计图纸已经船检机构审查批准(适用于建造检验、现有船舶的初次检验);

(2)申请人经自检认为船舶或报验项目符合《中华人民共和国船舶与海上设施法定检验技术规则》的有关要求;

(3)船舶建造、修理机构符合有关适检条件的规定。

2. 现场验船人员按照船检规范、规则、规定实施现场和实船检验。

3. 现场验船人员检验完成后,编制《吨位计算书》(如需要时),制作并签署《船舶检验证书》底稿、检验报告、检验记录,并与全部申请材料一起报审核人。

(三)审核

1. 审核人对现场验船人员提交的资料进行审核,重点是审核所有规定的验证包括文件的验证(如有时)和过程验证均已完成,其结果及检验报告的完整性和准确性均满足规则、规定的要求。

2. 审核人审核合格后,在《船舶检验证书》底稿、检验报告和检验计费单上签署。技术审核不合格时,审核人应要求执行实船检验的现场验船人员进行纠正直至通过审核;无法进行纠正的,应在《船舶检验证书》底稿上签注不予发证的意见。

3. 审查后,审核人将《船舶检验证书》底稿、检验报告和检验计费单等相应材料提交审批人审批。

(四)审批

审批人对中国籍船舶(含海上设施、集装箱)法定检验的结论性意见进行审查,审查符合条件的,在《船舶检验证书》底稿、检验报告上签署意见,并将有关材料退还现场验船人员。

(五)办理结果

1. 审批人审批合格的,现场验船人员制作《船舶检验证书》,审核人核对并签署,加盖印章,由受理人将《船舶检验证书》和《检验报告》送达申请人。

2. 审批人审批不予发证的,现场验船人员制作《不予法定检验发证决定书》,加盖印章后,由受理人送达申请人。

3. 受理人送达相关证书、文书后,在《法定检验办理登记簿》中登记。

(六)归档

1. 检验办理完毕后,现场验船人员将所有资料移交资料员按一事一档原则进行立卷与归档留存,建立每份档案材料目录。

2. 对于受委托检验,应将上述立卷的资料复制一份寄送委托检验机构。

四、参考执法标准

(一)《检验申请书》的内容填写完整、规范。

(二)检验要点:

1. 现有船舶的初次检验船舶已取得船舶所有权证明,建造检验、现有船舶的初次检验前船舶设计图纸已经船检机构审查批准;船舶的设计图纸、施工图纸和技术文件以及其他有关技术文件资料完整。

2. 船舶建造、修理机构已经过技术认可且符合有关适检条件的规定。

3. 申请的检验服务项目符合规范、规则等法定要求。

4. 对于船舶建造(含重大改建)检验,应进行开工前检查,《船舶开工前检查备忘录》应经审核人批准后进行下一步的检验工作。

5. 根据有关公约、规则、规范和规程的要求确定检验项目和检验实施阶段,必要时还应召开多方会议予以确定。

6. 应与申请方商定具体检验事宜包括联系方式和约定的检验开始时间,并充分了解其他必要的检验准备条件情况。

7. 应严格依照《船舶与海上设施法定检验规则》、《船舶建造检验规程》、《海上营运船舶检验规程》等有关规则、规程、规范的规定进行船舶法定检验。

8. 对于检验过程中发现的质量问题,应及时填写并将意见反馈申请方并做好相应记录;对于审批图纸上存在的问题还应及时反馈给图纸审批机构。

9. 在检验过程中遇到自身无法解决的技术难题,应及时逐级向上请示处理,直至问题得以解决。

10. 对船舶建造检验,在船舶下水、系泊试验、航行试验、建造完工等各个相应或相当的检验节点,审核人视情形组织过程验证;各关键节点经验证合格后方可进行下一步的检验工作。

11. 最后一次登轮离开检验现场前,应确认所有检验范围已实施、所有检验项目已完成并满足国家有关船检法规的要求(允许遗留项目的除外),不会发生错检、漏检情况。

12. 对于建造(含重大改建)检验,在确认船舶建造完工后,执行实船检验的现场验船人员进行船舶吨位丈量,并对《船舶建造检验规程》所要求提交的完工图纸进行确认。

(三)船检机构对法定检验内容负有保密责任,不得向外借出,须查阅,按相关规定执行。

(四)经检验具备发证条件后计算 15 个工作日内办结。

(五)归档及时,资料齐全,台账记录完整、准确。

(六)各单位根据实际情况,对经审核人技术审核合格的,可以在审批前由现场验船人员先行制作《船舶检验证书》,审核人核对并签署。

五、执法文书和台账

(一)《船舶建造检验申请表》;

(二)《船舶营运检验申请表》;

(三)《船舶变更船舶检验机构申请表》;

(四)《法定检验受理通知书》(略);

(五)《法定检验不予受理通知书》(略);

(六)《法定检验补正通知书》(略);

(七)《法定检验申请材料收存单》(略);

(八)《法定检验办理登记簿》(略);

(九)《船舶检验证书》和《检验报告》(略)。

船舶建造检验申请表

兹向贵局申请对以下船舶按法规要求进行检验

船 名		船 籍 港	
船舶建造厂		船舶类型	
船舶所有人		设计总吨位	
船舶经营人		主机总功率	
图纸设计单位		船体材料	
图 号		航 区	
图纸批准号		建造类型	□新建 □改建

申请人承诺:

我们保证提交的资料真实可靠,并按批准图纸建造船舶。

我们保证按规定支付检验费用:包括检验费和验船师为执行检验工作所必需的差旅费和其他开支。即使此项检验未能由你局完成,我们也同意根据已进行的工作按比例向你局支付相应的费用。

其他说明:

申请单位盖章(或签名)

日期: 年 月 日

联 系 人		电 话	
联系地址		邮 编	
证书领取人		领取日期	

船舶营运检验申请表

兹向贵局申请对以下船舶按法规要求进行检验			
船 名		船检登记号	
船 籍 港		船舶类型	
船舶所有人		总吨位	
船舶经营人		主机总功率	
船舶修造厂		船体材料	
检验地点		预约检验时间	
检验种类：	□现有船舶初次检验 □定期检验 □换证检验 □中间检验 □年度检验 □附加检验 □船底外部检查□其他		
申请人承诺： 我们保证提交的资料真实可靠，并没有私自改变船舶主尺度、结构布置和设备等船舶状态。 我们保证按规定支付检验费用：包括检验费和验船师为执行检验工作所必需的差旅费和其他开支。即使此项检验未能由你局完成，我们也同意根据已进行的工作按比例向你局支付相应的费用。 其他说明： 申请单位盖章(或签名) 日期：　　年　　月　　日			
联 系 人		电 话	
联系地址		邮 编	
证书领取人		领取日期	

船舶变更船舶检验机构申请表

<table>
<tr><td colspan="6">兹向贵局申请对以下船舶按法规要求进行检验</td></tr>
<tr><td>船名</td><td></td><td>船检登记号</td><td></td><td>总吨位</td><td></td></tr>
<tr><td>船舶所有人</td><td></td><td>船舶类型</td><td></td><td>总功率</td><td></td></tr>
<tr><td colspan="6">申请事项：
1. 申请办理船舶变更的船舶检验机构：□转入　原船检机构名称________
□转出　拟转往船检机构名称________
2. 申请办理船舶变更的船舶检验机构相关检验：□附加检验　□其他营运检验　□现有船船初次检验</td></tr>
<tr><td colspan="3">转 入 提 交 以 下 内 容</td><td colspan="3">转 出 提 交 以 下 内 容</td></tr>
<tr><td colspan="3">一、跨省变更船舶检验机构：
□《船舶变更船舶检验机构申请表》
□船舶所有权登记证明书原件及复印件
□有效的检验证书簿、检验报告原件
□船舶正侧面 4R－5R 彩色相片 2 张
□其他资料：
二、省内变更船舶检验机构：
□《船舶变更船舶检验机构申请表》
□船舶所有权登记证明书原件及复印件
□有效的检验证书簿、检验报告原件
□船舶正侧面 4R－5R 彩色相片 2 张
□其他资料：
注：凡提交的资料在该资料前□内打“×”的标记，未提交的资料在该资料前□内打“—”的标记。</td><td colspan="3">一、省内变更船舶检验机构：
□《船舶变更船舶检验机构申请表》
□转入船舶检验机构《船舶检验技术档案调档函》
□船舶检验证书簿正本</td></tr>
<tr><td colspan="6">申请人承诺：
我们保证提交的资料真实可靠，并没有私自改变船舶主尺度、结构布置和设备等船舶状态。
我们保证按规定支付检验费用：包括检验费和验船师为执行检验工作所必需的差旅费和其他开支。即使此项检验未能由你局完成，我们也同意根据已进行的工作按比例向你局支付相应的费用。
其他说明：

申请单位盖章（或签名）
日期：　　年　　月　　日</td></tr>
<tr><td>联 系 人</td><td colspan="2"></td><td>电 话</td><td colspan="2"></td></tr>
<tr><td>联系地址</td><td colspan="2"></td><td>邮 编</td><td colspan="2"></td></tr>
<tr><td>证书领取人</td><td colspan="2"></td><td>领取日期</td><td colspan="2"></td></tr>
</table>

第二章 海事行政检查

行政检查是行政执法的重要形式,在行政机关的执法实践中起着不可或缺的作用,是我国行政执法实践部门最常用的行政执法方式之一。但由于缺少专门立法的规定,造成理论界和实践部门对于行政检查的称谓、概念、性质等都存在着一定的争议。海事行政检查作为海事行政执法的一项重要手段和表现形式,其基本理论的清晰与否直接影响到实践中的执行,也是具体海事行政行为研究的重点之一。

第一节　海事行政检查的概念与特征

一、海事行政检查的概念

海事行政检查是一项重要的具体海事行政行为,同时也是海事行政执法实践中最常用的一种行政执法方式,但这一概念在海事行政法学界和实务界尚未得到广泛的认同。在少有的几部海事行政法著作中,有的对"海事行政监督检查"进行了简要的阐述,有的干脆就没有论及这一内容,这与海事行政检查在海事行政管理领域的重要地位极不相称。海事行政检查遭遇这样的尴尬,也反映了我国总体上对行政检查的认知现状。但无论如何,将海事行政检查排除在海事行政法研究领域之外,或者没有给予足够的重视,都是欠妥当的。因为,理论的研究是为了实践发展的需要,海事行政行为如果缺少了行政检查,就像失去了半壁江山而变得残缺不全。

毋庸讳言,海事行政检查的概念和理论尚处于如此薄弱的地步,已远远不能适应海事行政法治现实之需。在我国四级海事管理机构中,海事行政检查还是一个十分陌生的概念,这一问题越到基层越突出。在海事执法实践中,海事行政检查往往被"现场巡查""现场监督""船舶安全检查""防污染检查""开箱检查"等一系列习惯性称谓所替代。在实践中失去了立足之地的海事行政检查,其理论研究的乏善可陈也就不足为奇了。正基于此,中国海事局在《海事系统"十二五"规划》(海计建〔2011〕915 号)中提及存在的问题时指出:"对海事法律制度研究还需加强。对海事法律制定的系统性研究能力还不足,对海事相关法律制度的研究还不够深入——缺乏适应海事工作需要的理论体系支持,一定程度上影响了对海事业务特征和规律的把握。"

由于我国海事行政法学研究的极度落后,行政法学界对海事行政检查的关注也是寥若晨星。尽管实务界分别针对海事行政检查的不同类别给出了定义,但是,其对于海事行政检查的法律研究意义不大。为界定海事行政检查的概念,我们必须首先明确海事行政检查的主体、目的、实施依据以及法律属性等要素。海事行政检查的主体是海事机构,这一点不言自明,下面分别对海事行政检查的目的、实施依据以及法律性质进行分析。

1. 海事行政检查的目的

“目的”是形成某一法律概念的本质要素,目的不明,必然导致概念界定的模糊不清。从哲学的角度看,目的是主体在认识客体的过程中,按照自己的需要和对象本身的固有属性预先设计,并以观念形态存在于主体头脑中的某种结果,它体现了主体自身需求与客观对象之间的内在联系。事实上,行政法学界对行政检查的称谓和界定存在根本差异,其根源就在于对行政检查目的的认识不同。正如行政处罚的目的在于惩戒,行政强制措施的目的在于制止违法行为、防止证据损毁、避免危害发生、控制危险扩大,那么行政检查的目的是什么呢?对此,学界有以下两种观点:

一种观点认为检查的目的在于获取信息,因为行政决定的做出必须以掌握信息为前提。此种观点的前提是将行政检查作为行政调查的下位概念,是作为行政调查的一种方式来论述的。例如,在美国,检查作为调查的方法之一,是行政机关通过直接观察取得信息的方法,是一种广泛应用的行政技术。很多时候通过检查可以确定事实的存在、性质和程度。检查的作用在于防止和矫正不符合法律规定的情况,查明是否违反法律和法规,以及提供情况作为采取决定的依据。在日本,“行政机关在具体行使法律授予的权限时,为了确认是否存在符合该权限行使要件的事实,判断能否行使该权限进行事实调查或资料收集的活动,定义为行政调查”。

另一种观点认为检查的目的是了解和督促相对人守法及履行行政决定。此种观点将行政检查视为一个独立于行政调查的概念。例如,有学者认为行政检查是指“具有行政监督检查职能的行政主体,依据法定的监督检查职权,对一定范围的行政相对人是否遵守法律、法规和规章,以及是否执行有关行政决定、命令等情况,进行能够影响相对人权益的检查了解的行为”。

虽然目前行政法学界对行政检查和行政调查虽仍有较大的争议,“但是细心的学者予以明确区分,少有混同使用二者的”。将域外(如美国、英国、日本和我国台湾地区)行政调查的概念移植到中国大陆,显然缺乏对国情的充分考虑。经历了几千年的管制性法律文化传统影响,以及长期处于计划经济体制的命令——服从模式下,行政检查这一独具中国特色的制度早已在我国生根发芽并迸发出勃勃生机。如果置我国几千年法律传统思维于不顾,一味地移植域外的行政调查制度,必然是无功而返。所以,笔者认为第二种观点所定义的行政检查的目的是较为合适的。也就是,海事行政检查的目的有两个:一是对相对人守法情况进行的了解和督促,二是对相对人履行海事行政决定的情况进行的了解和督促。

那么,守法中的法都包括哪些呢?除了海事法律、法规、规章之外,还应包括其他类海事规范性文件。这是因为,交通运输部海事局(中国海事局)作为我国最高海事主管机关,在尚不享有立法权的情况下,为了能够顺利实施海事法律、法规、规章以及公约的规定,必然要对一些海事管理事项或者具体实施程序予以进一步明确,由此也必然需要制定大量的海事规范性文件。据统计,截止到 2014 年底,有效的海事规范性文件共 379 件,这些规范性文件成为海事行政执法的重要依据。

海事行政决定又包括哪些呢?是否对所有的行政决定都可以实施行政检查呢?海事行政相对人可能履行的海事行政决定包括行政许可、行政报备、行政处罚、行政强制、行政确认、行政命令、行政征收等。但是,对于上述海事行政决定,应当从理论和实践两个层面来分析,一般认为只对相对人履行海事行政许可、行政报备、行政命令、行政征收的情况实施检查,其中最为必要的是对海事行政许可、行政报备、行政命令的履行情况进行检查。

2. 海事行政检查的法律依据

海事行政检查是否需要有明确的法律依据?这不但是海事行政法研究领域,也是行政法学界需要研究的重点之一,特别是“有关任意调查(日本学界将检查统称为调查)权的行使和公民权利保障的问题,已经成为现代行政法学的一个重要研究课题”。目前,行政法学界对行政检查是否需要法律授权这一问题存在不同的理解。有学者认为,基于法治主义,行政检查应当有法律的明确授权,认为“行政调查并不是任何行政机关的当然权力,它必须以有关法规的特别授权为依据”。也有学者认为只要在行政机关的事权范围内都可以实施行政检查,因为行政检查是实施部门行政管理的必要手段。而有些学者的观点显得更为谨慎,认为根据行政检查的类别不同,其法律依据也应当不同。该观点认为,行政监督检查有一般性检查与强制性检查之分,一般性检查因为基本不带有强制性,将一般性检查权理解为当然包含在行政执法权之中,并不是不可,但是强制性检查因为带有明显的强制性,不宜将强制性检查权理解为当然包含在行政执法权之中,强制性检查权需要法律的专门授予。基于此,在海事行政法研究领域,笔者认为海事行政检查必须有法律、法规和规章的明确授权。

3. 海事行政检查的法律性质

关于行政检查的法律性质问题,一直存在事实行为与行政行为之争。这种争论自然影响到对海事行政检查法律性质的界定。有学者认为,海事行政检查的性质分为两种类型,有的属于行政事实行为,有的属于准行政行为。但是,笔者认为,海事行政检查基于其自身的特征,应当将其定性为具体行政行为。

综上所述,笔者认为,所谓海事行政检查,是指我国海事管理机构依据海事法律、法规或者规章的授权,遵循既定的程序、步骤和方法,对船舶所有人、经营人、货物托运人以及船舶、船员等海事行政相对人所实施的具体行政行为,其目的在于督促、了解和掌握相对人是否遵守海事法律、法规、规章及其他规范性文件,以及是否履行海事行政命令、行政许可等海事行政决定所设定的义务。

在海事行政法的研究范畴内,我们将海事行政检查视为与海事行政监督检查等同的概念,海事行政检查只是海事行政监督检查的略称。虽然“海事行政监督检查”更能体现其“监督”与“检查”的内涵,但“海事行政检查”显然已被中国海事局法制部门所接受和认可。

从海事行政检查的定义来看,其目的在于了解相对人是否守法和是否履行行政法义务,由此区别于以调查特定事实为目的的行政调查行为,例如执法人员对某一违法行为的调查。根据理论研究和执法实践的需要,我们将海事行政检查的范围做如下界定:

(1)以纯粹地了解相对人守法情况为目的的检查行为,如海事现场巡视检查;

(2)以督促相对人履行行政法义务为主要目的的检查行为,如船舶安全检查、专项检查;

(3)以“合理怀疑”为前提,以确认相对人是否存在违法事实(是违法的客观事实,而不是违法的具体过程、情节等)为目的的检查行为,如开箱检查;

(4)为实施行政许可、行政审批、行政确认等行政行为,对相对人提交材料的检查行为(事先检查),因为被主行为所吸收,故不作为单独行政检查行为而存在。但是,对当事人在被许可后所实施的监督检查(事后检查),因为属于行政许可法所规定的监督检查,故列入海事行政检查的范畴。

二、海事行政检查的法律特征

海事行政检查具有以下法律特征：

1. 法定性

法定性包括四个方面：

第一，检查主体法定。海事行政检查的主体是依法享有某项检查职权的海事机构。对于一般性的海事行政检查，如海事现场监督检查，只要拥有海事执法权的海事机构及其持有执法证的人员即可成为检查主体。特定的海事行政检查，必须是经授权的海事机构及其持有特定检查资格证书的人员方可成为检查主体。例如港口国监督检查，要求实施检查的海事机构必须得到中国海事局的授权，并由持有相应资格证书的人员才能进行。

第二，检查对象法定。海事行政检查的对象是海事行政相对人，包括船舶、船公司、船员等。不同类别的海事行政检查，海事行政相对人亦不同。一般来讲，海事行政检查的对象主要是船舶及船员。例如，船舶安全检查主要针对船舶的适航性和船员的适任性进行检查。但是，有的海事行政检查也涉及货物所有人。例如，集装箱开箱检查主要针对货主的申报情况进行检查，其目的是查处危险货物集装箱的谎报、瞒报、漏报等违法行为。

第三，检查程序法定。行政程序作为规范行政权，体现行政法治形式合理性的行为过程，是实现法治行政的重要前提。海事行政检查作为海事行政管理的重要手段和方式，在某些情况下，其侵益性比行政处罚、行政强制更甚。为保护相对人的合法权益不受侵犯，应当通过预设的立法程序将海事行政检查程序法定化。在海事行政检查领域，中国海事局为规范船舶安全检查、集装箱开箱检查、开航前检查等检查行为，通过部委立法（如《船舶安全检查规则(2009)》）或者发布规范性文件（如《关于船舶载运危险货物集装箱开箱检查程序的指导意见》（海船舶〔2005〕234 号））的形式确立了相应的检查程序制度，对检查的方式、步骤、时间和顺序都进行了严格、细致的规定。

第四，检查内容法定。检查内容法定的核心是依法检查原则，也就是检查的内容不能超出法律、法规、规章以及技术规范的强制性规定。其基本逻辑是，行政检查作为一项执法行为，必须先有“法”才可以“执法”，如果法律没有要求，“执法”就无从谈起，自然也就没有“检查”可言。明确检查内容法定具有很强的实践意义。在海事行政检查实践中，特别是在船舶安全检查中，检查人员超出法定规定提出额外要求的情况普遍存在，由此侵害了船方的合法权益。所以，明确检查内容法定，就是要求执法人员对于法律有规定的，才可以实施检查；法律没有规定的，就不能实施检查。

2. 职权性

海事行政检查是海事机构依职权进行的检查行为，是依职权而非依申请的行政行为。所谓依职权的行政行为，是指海事机构依据自身的行政职权，不需经过海事行政相对人的意愿表示，如申请、要求等，就能做出并发生效力的行为。明确这一点具有重要的实践价值。在海事行政检查中，以最典型的船舶安全检查（包括船旗国监督检查与港口国监督检查）为例，很多情况下都是通过船方提交申请的形式来发动检查，是故，部分海事机构和检查人员认为船舶安全检查属于基于申请的行政行为，甚至产生如果相对人不申请就不能实施检查的错误认识。

事实上,由于海事行政检查的职权性特征,故船舶所提交的申请对于海事机构是否实施检查没有任何约束力,海事机构完全可以依据法定程序主动实施检查。

依照依法行政的权责统一原则,海事机构依法享有的检查职权,既是法律授予海事机构的一项权力,也是海事机构的一项法定职责。职责是不可以任意放弃的,否则会造成行政失职。海事机构违法或不当行使检查职权,造成相对人损失的,应当依法承担赔偿责任。

3. 独立性

行政检查是否属于单独的行政行为在理论界存在争议,例如,有学者认为属于行政行为,有的认为属于行政行为的一个阶段,还有的认为属于事实行为。但是,在海事行政部门法中,海事行政检查因其具备独特的方式和功能,不依附其他行政行为(如行政处罚或者行政奖励等)而独立存在,属于一项独立的具体行政行为。海事机构可依据法律的规定直接发动海事行政检查,也可以在某种条件成就时实施检查,其检查的发动、实施及结束构成了一套完整的行为过程。海事行政检查的目的是对相对人的守法情况进行了解、掌握,如果发现相对人不存在违法的情形,检查行为即宣告结束;如果发现违法行为,且这种违法行为可能导致行政处罚或行政强制等行政处理措施时,则开展进一步的行政调查。但无论发现违法行为与否,检查行为都以检查报告的形式宣告结束,由此显示了海事行政检查的独立性。

4. 海事行政检查的目的

海事行政检查是海事机构单方面实施的了解、督促相对人守法的行为,除法定事由外,海事行政相对人不能拒绝检查,并且负有配合与协助的义务。对于拒绝接受检查的,将会受到行政处罚的不利后果。例如,《船舶安全检查规则(2009)》第十一条规定:"检查人员实施详细检查时,船长应当指派人员陪同。陪同人员应当如实回答检查人员提出的问题,并按照检查人员的要求测试和操纵船舶设施、设备。"第 29 条规定,对于"拒绝或者阻挠检查人员实施船舶安全检查的","由海事机构对违法船舶或者其所有人、经营人、管理人处 1 000 元以上 1 万元以下的罚款;情节严重的,处 1 万元以上 3 万元以下的罚款"。

5. 专业性与技术性

海事行政检查与其他部门行政检查相比,具有很强的专业性与技术性。以船舶安全检查为例,检查的内容涉及船体、驾驶、轮机、电气、无线电等专业领域,这就要求检查人员具有很强的专业知识和技术能力。在检查的依据上,不但包括上百个国际海事公约,如《国际海上人命安全公约》(SOLAS)、《国际防止船舶污染公约》(MARPOL)等,还包括国内海事法律、法规、船检规范与技术标准,所以海事立法对检查机构及人员的资质都提出了明确的要求。例如,《船舶安全检查规则(2009)》第七条规定:"从事船舶安全检查的人员应当具备必要的船舶安全检查知识和技能,并取得相应等级的船舶安全检查资格证书。海事机构应当配备足够、合格的船舶安全检查人员和必要的装备、资料等,以满足船舶安全检查工作的需要。"

6. 涉外性

海事行政检查的对象主要是船舶,既包括中国籍船舶,也包括外国籍船舶。对于港口国检查来说,其检查的对象即是停靠于我国港口的外国籍船舶。海事行政检查的涉外性不但体现在检查的对象是外国籍船舶和船员,更主要的是体现在检查的后续处理措施上。例如,港口国海事主管当局对其他国家船舶采取行动后,要及时将相关信息通报其船旗国政府和其他相关组织。另外,船旗国为了保护本国船舶的权益,对于港口国在检查中提出的不合理缺陷会提起申诉或复议(如新加坡),还经常因此引起外交照会(如朝鲜)。依据国际法的相关规定,对于外国籍船舶不合理滞留的,船舶可以申请赔偿。如果穷尽港口国法律得不到救济的,还可能引发国际法律责任。

第二节 海事行政检查双方当事人的权利和义务

一、海事机构的权利与义务

海事机构是实施海事行政检查的主体,但并不是所有的海事机构都不受限制地享有各类海事行政检查权力。有的检查权是所有海事机构都享有,但有的却需要上级部门的专门授予。海事机构及其检查人员在检查过程中享有一定的权利,但同时也必须履行相应的义务。

(一)海事机构的权利

海事机构的权利也就是海事机构在检查过程中所享有的行政检查权,“这种权利构成行政职权的一部分,是行政职权在行政检查中的体现。”行政检查权并不是海事机构所自然拥有的权力,海事机构是否拥有某项检查权力,还要看此项检查的类型和特征。在当前我国尚无实行“任务法”与“作用法”之分的情况下,将行政检查分为一般性检查和强制性检查具有重要的法律意义。对于一般性检查来说,由于其基本不具有强制性,所以被认为自然包含于行政执法权之中,如海事巡视检查;而对于强制性检查;需要有专门法律、法规的授权方可实施。具体来讲,海事机构的行政检查权包含以下内容:

1. 一般性检查权

一般性检查权主要包括:对码头、船舶、水域进行巡视检查,对发现的违章行为或安全隐患进行现场纠正。

2. 强制性检查权

强制性检查权主要包括:

(1)船舶安全检查。被授权的海事机构根据选船标准以及国际公约、区域性合作组织的规定,合理选择适检船舶进行安全检查。在检查过程中,“检查员可以根据需要,采取以下方式对船舶进行检查:查阅证书、文书以及相关记录;现场核查;询问;要求船员测试或操纵船舶设施、设备;要求船方进行相关演习”。

(2)集装箱开箱检查。海事机构认为交付船舶载运的污染危害性货物应当申报而未申报,或者申报的内容不符合实际情况的,可以按照国务院交通运输主管部门的规定采取开箱等方式查验。海事机构认为必要的,可以径行查验、复验或者提取货样,有关单位和个人应当配合。

(3)专项检查。有权发动专项检查的海事机构可以根据海事管理的需要,针对特定事项开展专项检查。

海事行政相对人拒绝海事机构实施的合法检查的,可以对相对人施以行政处罚或其他强制性处置措施。

(二)海事机构的义务

海事机构的义务主要是指海事机构和检查人员在进行检查时应当遵守的条件和程序。海事机构的义务是研究海事行政检查双方当事人权利、义务的重点，是切实保障被检查对象权益的重要体现。主要包括：

1. 依法履行检查职责

海事机构的行政检查权既是海事机构的一项法定职权，又是一项法定职责，而职责是不可以放弃的。所以，海事机构必须依法行使检查权，也就是对符合检查的相对人必须进行检查，否则就是失职。这是海事机构的首要义务。

2. 符合权限

海事机构及其执法人员必须在法定权限内实施检查，而不能超越职权。对于一般性检查，不存在超越权限的问题。但是对于强制性检查，必须由被授权的海事机构方可实施。例如，港口国检查必须得到部海事局的授权，发动专项检查的海事机构层级要受到限制，船舶安全检查员应当依照自身所持证书的级别对相应船舶实施检查等。

3. 符合程序

海事机构及其执法人员在检查过程中应当根据法律、法规和规章规定的程序进行检查。这些程序主要有：(1)表明身份和说明理由，检查人员在实施检查前，必须向被检查对象出示检查证件并说明实施检查的依据；(2)按照规定的步骤进行检查，例如，在船舶安全检查中，先进行初步检查(对船舶进行巡视，核查船舶证书、文书和船员证书)，在法定条件成就时，才可实施详细检查，并告知船方进行详细检查的理由；(3)告知义务，执法人员在检查结束后，要及时告知相对人检查结果和享有的权利。

4. 信息公开义务

信息公开的价值和作用主要体现在两个方面：一是有利于公民参与行政管理，行使和实现自身的权利；二是有利于控制行政权力、防止行政腐败。由于海事行政检查涉及公民、法人或者其他组织切身利益，且检查结果需要相对人广泛知晓或者参与，根据《政府信息公开条例》的规定，海事机构应当依法履行信息公开义务。例如，对于船舶安全检查的结果，海事机构应当依法公开并接受社会公众和有关方面的咨询与监督。

5. 保密义务

在行政检查中如果涉及国家机密、商业秘密和个人隐私的，海事机构和执行检查的执法人员应当注意保护，防止泄露。例如，《船员条例》第五十条第二款规定："海事机构实施监督检查，可以询问当事人，向有关单位或者个人了解情况，查阅、复制有关资料，并保守被调查单位或者个人的商业秘密。"

二、海事行政相对人的权利与义务

海事行政检查中相对人的权利义务是与海事机构的权利义务相对应的。海事机构的权利就是相对人的义务，海事机构的义务也就是相对人的权利。为了充分维护相对人的合法利益不受侵害，海事机构应当积极履行自身的义务以保障相对人权利的实现。

(一)海事行政检查相对人的权利

海事行政检查中，海事机构的义务就是相对人的权利。主要体现为以下几个方面：一是要求合法检查的权利，包括要求检查部门和人员具有检查的法定授权和资格(要求出示检查证件),自身符合被检查的条件(要求说明检查理由),检查要符合法定的程序等。二是陈述和申辩的权利,例如,《船舶安全检查规则(2009)》第13条规定:“船舶有权对海事机构实施船舶安全检查时提出的缺陷以及处理意见当场进行陈述和申辩。海事机构应当充分听取船方意见。”三是提起行政复议和诉讼的权利,相对人对于海事机构的检查行为不服的,可以依法提起行政复议和行政诉讼。

(二)海事行政检查相对人的义务

海事行政检查中,海事机构的权利也就是相对人的义务。因为,海事机构的权利主要表现为行政检查权,所以相对人的义务也就表现为对行政检查的服从和协助两个方面。

首先,相对人应当服从海事机构依法实施的检查,这是行政行为的拘束力所决定的。对于合法的检查行为,相对人不得拒绝,对于拒绝检查的,海事机构可以施以行政处罚或其他强制措施。例如,《船舶安全检查规则(2009)》第29条规定,对于“拒绝或者阻挠检查人员实施船舶安全检查的”,依法进行处罚。

其次,为保证检查行为的正常实施,相对人还负有协助的义务,而这种义务往往是由法律明确规定的。例如,《船舶安全检查规则(2009)》第11条规定:“检查人员实施详细检查时,船长应当指派人员陪同。陪同人员应当如实回答检查人员提出的问题,并按照检查人员的要求测试和操纵船舶设施、设备。”对于开箱检查,根据《防治船舶污染海洋环境管理条例》(以下简称《防治船舶污染条例》)第25条规定:“海事机构查验污染危害性货物,货物所有人或者代理人应当到场,并负责搬移货物,开拆和重封货物的包装。海事机构认为必要的,可以径行查验、复验或者提取货样,有关单位和个人应当配合。”

第三节　海事行政检查的作用

一、海事行政检查的积极作用

海事行政检查在海事行政部门法中占据着重要的地位,发挥着巨大的作用,有着重大的理论意义和实践意义。

(1)海事行政检查居于海事行政管理工作的核心,是其他海事行政工作的基础和依据。海事行政检查实践证明,海事行政管理的过程,就是实施监督检查的过程。这种认识丝毫不过分。因为在海事行政管理的过程中,充斥着不同类别的检查行为。离开了海事行政检查,海事行政管理就成了无源之水、无本之木,也就失去了海事管理的根基和活力。海事机构为实施海事行政管理,通过法律、法规、规章及海事规范性文件创设和规定了大量的海事管理措施,相对人是否遵守上述规定或措施,主要依靠行政检查来了解和掌握,同时为做出后续行政处理决定提供基础和依据。

(2)海事行政检查是维护海上公共利益的重要手段,是纠正海事违法行为、消除安全隐患的重要方式。海事行政管理的目标是“航运更安全,海洋更清洁”。为实现这一目标,通过实施船舶现场监督检查,可以及时消除港口及作业船舶的安全隐患;通过船舶安全检查,可以掌握船舶的适航性及船员的适任性,对发现的缺陷及时进行整改,以保障船舶航行安全;通过集装箱开箱检查,可以及时查处危险货物谎报、瞒报、漏报等违法行为,减少由此引发的船舶事故。所以,海事行政检查是维护航运业安全发展的重要保障。

(3)海事行政检查能够促进航运业的优胜劣汰,维护市场公平竞争,发挥政府宏观调控的作用。在发挥宏观调控作用方面,海事行政检查似乎比其他部门的检查更能体现。而在众多海事行政检查类别中,船舶安全检查最能体现个中含义。长期以来,老旧船舶以其低廉的租金抢占了一部分航运市场,但是其存在的高风险性对海上人命、财产及海洋环境造成了极大的威胁。通过实施船舶安全检查,海事主管当局会将检查的结果对外界公布,从而使船公司的经营管理情况、船舶安全状况等信息被外界所掌握,进而会对船舶租价产生影响。在国内,如果检查结果连续两次属于"低标准",就会被列入船舶"黑名单",对于此类船舶每港必查,进而影响船舶的营运。对于国际航行船舶,检查结果直接公布于专门网站,并根据历次检查结果核算其风险指数。由于各国海事当局检查结果联网公布,使得低标准船舶无处遁形。通过打击低标准船舶,海事行政检查起到了促进航运企业优胜劣汰、维护市场公平竞争进而促进航运业健康发展的作用。

二、海事行政检查的消极作用

海事行政检查是海事行政执法中最常用的手段和方式,在实践中发挥了重要的作用。但是,也正因为最经常被使用,在实践中也显现出一系列的消极作用。一是检查行为缺少规制,检查程序得不到遵守,侵害当事人权益的情形时有发生。二是检查行为与执法部门或个人利益挂钩,于己有利者,不厌其烦地检查;于己无利者,纵然存在隐患也不去检查。近几年各级海事机构大力开展的治理"好处费"问题,大多是由执法人员在实施检查过程中产生的。所以,规制海事行政检查行为,积极发挥其积极作用,抑制其消极作用,对于海事行政法治建设意义重大。

第四节　海事行政检查的性质及分类

一、海事行政检查的性质界定

1. 研究现状及局限性

海事行政检查的性质问题,在海事行政法理论界和实务界都没有得到足够的重视,对这一问题的研究仍很薄弱。学者们在部门行政法研究中,在提及行政检查的性质时,一般都是浅尝辄止。例如,有学者认为交通行政检查在一般情况下并不直接决定、处置交通行政相对一方的权利或者义务,但它完全有可能直接或者间接妨碍交通行政相对一方权利的行使,限制交通行政相对一方的自由等,所以是产生交通行政法律效果的行为。海事行政检查与交通行政检查在内容上十分接近,两者具有很强的可比性。但上述学者对为什么把交通行政检查的性质界定为行政法律行为却缺少深入的阐释。也有的学者对海事行政检查的性质进行了一定的研究,认为海事行政检查的性质分为两种类型:有的属于行政事实行为,有的属于准行政行为。同样,虽有结论但缺少论证。

海事行政检查在海事执法中的重要地位和作用决定了对其性质研究的必要性,然而,目前我国行政检查理论整体研究的严重滞后阻碍了对海事行政检查法律性质的认知。究其原因,就是对海事行政检查性质的界定太过囿于行政检查理论的整体现状,而缺少对海事行政检查独立特征的思考。当然,海事行政检查不能脱离行政检查理论整体而独立存在,但是,部门行政法的特点和意义更在于以行政法理论结合部门实践来解决部门的实际问题。很大程度上,由于部门法具有更强的“实践理性”,反而能够引领行政法学整体“理论理性”的深入。

2. 海事行政检查的行政行为属性

基于国内学者对行政检查性质的观点及理由,我们认为海事行政检查的性质符合行政行为的理论和实践基础。首先,海事行政检查符合行政行为的构成要件理论;其次,现行海事立法及执法实践已将海事行政检查纳入行政行为的范畴。

行政行为的构成要件,是指构成一个行政行为所必须具备的条件,是从性质上区别具体行政行为与其他行为或非行政行为的标准。在行政法学上,对于行政行为的构成要件有各种不同的学说,其中基本得到共识的行政行为的构成要件有以下几个:(1)主体资格要件,即做出行政行为的主体必须合法;(2)职权要件,即行政行为必须是行政主体行使法定行政职权的行为;(3)法律要件,即行政行为必须是一种法律行为,即具有法律效果的行为;(4)程序要件,即行政主体做出行政行为的程序必须合法,符合法律规定的步骤、方式、方法、时限和顺序。

海事行政检查的主体资格要件、职权要件及程序要件不存在争议,关键在于法律要件是否符合。海事行政检查是否属于一种法律行为,主要看其是否具有法律效果,其行为结果是否可以产生、变更和消灭行政法律关系。笔者认为,海事行政检查不但在程序上,而且在实体上会对相对人产生影响并形成新的权利义务关系。这是因为:

第一,海事行政检查是一种独立的行为,有其独立的运行过程。海事机构可以依法直接发动行政检查,其检查的发动、实施、结束不需依托其他任何行政行为。海事行政检查与其他海事行政行为并不存在必然联系,并不是其他海事行政行为的前期行为。例如,海事行政检查中的船舶现场监督检查,完全是按照既定的检查频次、检查程序和检查内容进行,完全独立于其他海事行政行为而独立存在。即使在检查中发现了相对人存在违法行为,也不必然导致行政处罚、行政强制等处理决定的做出,是否应当予以处罚或者强制应当视法律有无具体规定。即使在检查中发现的违法行为依法应当予以处罚,这时应当转入行政处罚程序的调查取证(行政调查)环节,而此时行政检查行为已经结束。

第二,海事行政检查产生程序性法律效果。任何行政检查都会对相对人产生程序性的权利和义务关系,这一点不存在争议。因为行政检查作为一项行政主体实施的权力行为,其职权性、强制性特点决定了相对人只能有忍受的义务,其对相对人所产生的影响是相对人无法选择也无法避免的。根据海事法律法规的规定,在海事行政检查中,海事行政相对人负有如实陈述、提供证书、按照要求操作等义务,同时享有陈述和申辩、提起复议和诉讼等权利。例如,《船舶安全检查规则(2009)》第13条规定:“检查人员实施详细检查时,船长应当指派人员陪同。陪同人员应当如实回答检查人员提出的问题,并按照检查人员的要求测试和操纵船舶设施、设备。”“船舶有权对海事机构实施船舶安全检查时提出的缺陷以及处理意见当场进行陈述和申辩。海事机构应当充分听取船方意见。”同时规定,对于“拒绝或者阻挠检查人员实施船舶安全检查的”行为,由海事机构处以罚款。

第三,海事行政检查产生实体性法律效果。一般认为,行政检查只影响相对人的程序性权利与义务,并不直接创设、变更或者消灭相对人的实体权利。笔者认为,海事行政检查不但产生程序性法律效果,而且会对相对人的实体性权利义务产生影响,这也正是海事行政检查的独特之处。海事行政检查的目的在于确认相对人是否守法,其结果无非有两种:守法或者违法。对于违法者,海事机构往往提出处理措施,最终目的是使其恢复到守法的状态。在海事行政检查领域,此种措施往往是以行政命令的形式做出的(如要求船方在开航前纠正、一定期限内纠正等措施)。对于发现的违法行为,如果符合行政处罚构成要件,就应当立案予以行政处罚,而处罚前的调查取证行为已经不属于行政检查本身。反之,对于守法者,海事机构亦会填写无缺陷报告。此种无缺陷报告会对相对人的信誉评级、风险指数等实体权利产生直接影响。所以,海事行政检查会对相对人创设实体性权利义务。

第四,海事行政检查在海事行政立法中已经被视为具体行政行为。例如,《中华人民共和国海事局海事行政执法监督管理规定》(海法规〔2011〕186 号)第 15 条规定:“海事行政执法监督的主要内容:………海事行政许可、行政确认、行政报备、行政处罚、行政强制、行政检查、行政调查、行政征收等具体海事行政执法行为的实施情况。”

综上所述,海事行政检查应当属于典型的具体海事行政行为。

二、海事行政检查的理论分类

(一)一般性海事行政检查与强制性海事行政检查

根据检查的强制性不同,可以将海事行政检查分为一般性海事行政检查与强制性海事行政检查。

一般性海事行政检查是指海事机构依据海事法律法规或规章的授权,在自身职责范围内,对管理相对人的遵法守法情况进行的常规性检查行为,如船舶现场监督检查、海域巡查等。一般性海事行政检查相对于强制性检查来说,其对公众的私权影响小,常常被认为包含于日常行政执法权之中。

强制性海事行政检查是指海事机构依据海事法律法规或规章的授权,在法定授权范围内,对特定的、符合条件的管理相对人按照法定的程序所进行的检查行为,如船舶安全检查、开箱检查等。强制性检查对私权存在较强威胁,且社会影响大,故法治发达国家一般要求对此类检查应有法律的专门授权。

将行政检查分为一般性检查和强制性检查具有十分重要的法治意义。从检查的权限来讲,一般性检查由于强制性较弱,可以将一般性检查的权力认为包含于行政执法权之中;而强制性检查由于带有明显的强制性,所以不宜将强制性检查权理解为当然包含在行政执法权当中,强制性检查权需要法律的专门授予方可实施。

(二)经常性海事行政检查与临时性海事行政检查

根据检查是否常规,可以把海事行政检查分为经常性海事行政检查与临时性海事行政检查。经常性海事行政检查是指海事机构依照法定的程序、内容所进行的常规性的检查,其特点是既定性与常规性,如船舶安全检查、开箱检查等;临时性海事行政检查是指海事机构实施的突击性检查,其特点是突然性、非常规性。此类检查会对海事违法行为人会造成心理上的震慑,进而打消相对人从事违法行为的侥幸心理。根据行政合理性原则,临时性、突击性的检查应当受到适当的限制,检查的实施要严格遵守法定的程序,以避免对当事人权利的侵害。

(三)全面海事行政检查与专项海事行政检查

根据检查内容是否全面,可以将海事行政检查分为全面海事行政检查与专项海事行政检查。全面海事行政检查是指海事机构实施的检查内容较为全面的检查,如船舶安全检查、海事现场巡查等;专项海事行政检查是指海事机构为特定目的在一定时间内采取的针对特定内容的检查,如船舶配员专项检查、AIS 设备专项检查等。全面海事行政检查往往是海事机构的日常性工作;而专项行政检查一般是由较高层级的海事机构发起,并在全国范围内或某一管辖区域统一开展的检查行为。

需要注意的是,专项检查是海事机构在正常法定检查之外,对当事人额外进行的检查行为,所以必须受到严格的限制。发起专项检查的海事机构层级要受到严格限制,发起的理由也应当符合"正当理由"的标准。

三、海事行政检查的实务分类

(一)海事巡视检查

海事巡视检查是指海事机构以发现并纠正违法行为、消除安全隐患为目的,采取定期或不定期巡视的方式,对管辖区域内的船舶、码头、水域等进行检查的行为。海事巡视检查有时也被称为"现场监督检查""船舶现场监督"等。海事巡视检查是贯彻落实《安全生产法》确立的"安全第一、预防为主"的安全生产方针的重要海事管理手段。海事巡视检查通过加强对船舶经营人、船员的宣传、教育,以提高其遵纪守法的意识和自觉性。同时,通过加强对船舶、船员的现场监督管理,查处和纠正违章行为,达到督促船舶经营人、船员认真履行安全生产主体责任的目的。

巡视检查属于一般性海事行政检查,其强制性较低,检查的实施应当以不影响当事人正常生产生活为限。例如,巡视检查中除非发现并基于纠正违法行为之需要,一般采取不登轮检查的方式进行。但是,海事巡视检查也应当遵守法定的程序,按照既定的内容进行检查。根据法治原则,海事机构应当以规范性文件的形式明确巡视检查的范围、检查频率、检查项目、检查方式、检查记录等内容。

(二)船舶安全检查

船舶安全检查又称"船舶安检",顾名思义,其检查的目的是保障船舶安全。船舶安全检查是海事行政检查的重要组成部分,也是海事行政管理领域中最有技术含量的工作之一。根据《船舶安全检查规则(2009)》第 2 条第 3 款的规定,船舶安全检查是指"海事机构按照本规则规定的程序,对船舶技术状况、船员配备及适任状况等进行监督检查,以督促船舶、船员、船舶所有人、经营人、管理人以及船舶检验机构、发证机构、认可组织等有效执行我国法律、行政法规、规章、船舶法定检验技术规范,以及我国缔结、加入的有关国际公约的规定"。

船舶安全检查根据受检船舶的国籍不同分为船旗国监督检查(Flag State Control,简称 FSC)和港口国监督检查(Port State Control,简称 PSC)。船旗国监督检查是指对中国籍船舶实施的船舶安全检查;港口国监督检查是指对航行、停泊、作业于我国港口(包括海上系泊点)、内水和领海的外国籍船舶实施的船舶安全检查。

关于船舶安全检查的依据,对中国籍船舶的安全检查以我国有关法律、法规、规章、技术规范和我国认可的有关国际公约为依据;对外国籍船舶的安全检查,以我国有关法律、法规和我国加入的有关国际公约以及《亚太地区港口国监督谅解备忘录》为依据。在实践中,由于船舶安全检查依据繁多且易混淆,检查人员错误适用检查依据的问题时有发生,造成适法错误。

检查结束后,对发现的缺陷采取何种处理措施是整个检查行为的重要一环。根据《船舶安全检查规则(2009)》的规定,检查人员"应当运用专业知识对船舶存在的缺陷做出判断"并提出处理措施。由于检查人员良莠不齐,同类缺陷不同处理的情况多有发生,在实践中也出现多起因裁量不当而引起的争议。虽然法律规定船舶有权对检查人员提出的缺陷及处理意见当场进行陈述和申辩,检查人员也应当充分听取船方意见,但是由于船方及船员处于绝对的弱势地位,且处理措施本身也多属于检查人员的自由裁量权,故一旦相对人认为裁量不当,也很难维护自身的权利。为了从制度上限制检查人员的自由裁量权,中国海事局出台了船舶安全检查的裁量基准,在全国范围内首开行政检查领域的裁量基准之先河。实践证明,船舶安全检查裁量基准制度在规制海事行政检查方面取得了很大的成效,应当成为规制其他领域行政检查的典范。

(三)开航前检查

开航前检查即国际航行船舶开航前检查,是指为降低中国籍国际航行船舶在国外港口的滞留率,减少经济损失,维护中国籍船舶的声誉,由海事机构联合船舶检验部门对拟驶往特定国家的中国籍国际航行船舶,在驶离中国口岸之前所实施的有针对性的安全检查行为。开航前检查的根本目的就是通过自身检查,将存在的缺陷消除在国门之内,以降低中国籍船舶在国外检查中被滞留的风险。开航前检查属于强制性检查,其实施程序、检查内容与船舶安全检查基本相同。在实践中,开航前检查也是由船舶安全检查员具体实施的。

我国对中国籍国际航行船舶实施开航前检查也是不得已而为之。在 1992 年到 1996 年,我国船舶被滞留数急剧上升,巴黎备忘录(Paris MOU)、亚太备忘录(Tokyo MOU)和美国海岸警卫队(USCG)将中国籍船舶列入"特别注意"或"黑名单"范围。为了摆脱上述困境,我国决定实施开航前检查制度,即由我国检查官会同中国船级社(CCS)的验船师对中国籍国际航行船舶在离港前进行专门的安全检查,按照高标准的国际要求,确保有问题解决在国内,不能让中国籍船舶带"病"出去,确保经过检查的船舶在国外滞留率为零。经过几年的努力,到 2000 年"降滞脱黑"(降低"滞留率"、脱离"黑名单")工作取得了较大的成绩,中国籍船舶基本上脱离了几个地区的"黑名单"。

到 2011 年,船舶开航前检查由强制性检查改为船东自愿检查,体现了中国海事当局以人为本、服务行政的理念。

(四)开箱检查

1. 开箱检查的由来

开箱检查即集装箱开箱检查,是指海事机构以打击集装箱危险货物瞒报、谎报违法行为和对危险货物集装箱的装箱质量实施监督为目的,对拟装船的集装箱以开箱查验的形式核实其装载情况是否符合规定的一种检查方式。

传统管理中,集装箱开箱检查是专属海关的业务。但是,近年来随着集装箱危险货物的数量和种类的不断增多,由集装箱危险货物的装载不当而引发的事故多发;另一方面,出于经济利益的考虑,托运人将危险货物瞒报为普通货物,进一步加剧了事故发生的风险。2004 年 1 月 1 日,在《中华人民共和国船舶载运危险货物监督管理规定》生效后,为加强危险货物集装箱的管理,中国海事局下发了《贯彻<船舶载运危险货物安全监督管理规定>的指导意见》(海船舶〔2004〕94 号),首次提出了开箱检查这种监管方式。该指导意见指出:"为防止把安全隐患带上船舶,及瞒报、谎报危险货物,海事部门可以对拟装船的集装箱实施开箱检查。"为指导各海事部门开展开箱检查,中国海事局又于 2005 年 6 月 22 日下发了《关于船舶载运危险货物集装箱开箱检查程序的指导意见》(海船舶〔2005〕234 号),从此,开箱检查成了海事机构的一项日常性工作。

虽然海事机构规定了开箱检查的程序和操作流程，但是由于开箱检查涉及多方利益（比如港口、托运人、承运人等），还涉及其他行政管理部门（如海关、商检等），使开箱检查在具体操作中存在一定的困难。另一方面，由于开箱检查一般选择在集装箱拟装船前，如果实施开箱检查势必影响货物的正常承运，在实践中也存在执行的困境。例如，《辽宁海事局贯彻实施〈船舶载运危险货物安全监督管理规定〉的指导意见》（辽海危防〔2008〕115号）中指出："对于装载危险货物的集装箱，除非有明确的证据表明其存在违法行为，否则不能开箱检查。"在执行中，"明确的证据"很难把握，一旦开箱发现没有问题，由于开箱造成的损失谁来负责就成了海事机构最担心的问题。

2. 开箱检查依据的困窘

开箱检查作为一项重要的海事行政检查方式，其最初的依据只是中国海事局的规范性文件，法律层次比较低。用规范性文件的形式创设一项对相对人产生巨大影响的开箱检查制度，其合法性曾引起社会公众的质疑。针对这一问题，在对1983年《防止船舶污染海域管理条例》修订过程中，将海事机构的开箱检查权列入了其中。2010年生效实施的《防治船舶污染条例》第25条规定："海事管理机构认为交付船舶载运的污染危害性货物应当申报而未申报，或者申报的内容不符合实际情况的，可以按照国务院交通运输主管部门的规定采取开箱等方式查验。海事管理机构查验污染危害性货物，货物所有人或者代理人应当到场，并负责搬移货物，开拆和重封货物的包装。海事管理机构认为必要的，可以径行查验、复验或者提取货样，有关单位和个人应当配合。"由此，海事实务界认为，开箱检查从此有了明确的法律依据，其合法性问题已经圆满解决。

笔者认为，将开箱检查列入《防治船舶污染条例》有牵强附会之嫌，实属无奈之举。《防治船舶污染条例》的立法宗旨是防止船舶及其相关作业活动污染海洋环境，而开箱检查的目的是查处危险货物谎报、瞒报行为。《防治船舶污染条例》调整的对象是海洋污染物，开箱检查的对象是危险货物，海洋污染物和危险货物是两个不同领域的概念。虽然一部分危险货物具有海洋污染性，但大多危险货物并不具有海洋污染性，对于集装箱开箱检查来讲，检查的重点是不具有污染危害性的易燃易爆危险货物。按照《防治船舶污染条例》第25条的规定，只有污染危害性货物才可以实施开箱检查，其他货物则不能实施，这与创设开箱检查的目的相悖。虽然《防治船舶污染条例》授权海事部门公布污染危害性货物名录，海事部门将所有危险货物列入名录之中，但这与《防治船舶污染条例》的立法精神与调整范围并非一致。

（五）专项检查

专项检查是指海事机构为某一特定事项在一定的时期内所开展的统一检查活动。专项检查的目的是了解、掌握某一海事管理领域的整体情况，或者为了完成某一特定时期的特别任务。例如，2008年开展的奥运会船舶专项检查、2009年开展的运输船舶吨位丈量专项检查、2010年开展的船舶安全配员和船舶自动识别系统专项检查等。关于专项检查，有两个问题需要澄清，一是关于专项检查的发动主体，二是关于防污染专项检查的问题。

专项检查是在相对人承受法定检查之外的额外负担，基于保护相对人权益的考虑，其发起的主体应当受到严格的限制。我国海事管理体制改革后，国内大部分水域都纳入中央管理水域，在实行垂直管理的四级海事管理机构中，什么级别的海事机构才能发动专项检查呢？在实践中，存在着大量的分支海事机构甚至海事处发动专项检查的实例，使船舶频频遭受重复检查,严重地影响了船舶的正常营运秩序。针对此种现象,笔者认为海事行政专项检查只能由中国海事局在全国统一开展较为合适。

关于防污染专项检查。一些分支海事机构和海事处发起的专项检查多为防污染专项检查,例如"××海事处印发2011年暑期船舶防污染专项检查方案"等。对此问题需做一说明:所谓防污染专项检查,是指海事部门对船舶的防污染设备、文书及人员操作所进行的专门检查。防污染检查本身就是船舶安全检查的一个组成部分,之所以存在防污染检查是因为该项检查早于船舶安全检查而出现,在我国船舶安全检查制度形成后,防污染检查本就失去了存在的意义,这一点在"中华人民共和国港务监督局《关于海船安全检查若干事项的通知》(水监字〔1986〕38号)"中也已明确。该通知指出:"各港监要搞好内部协调,避免对船舶进行重复检查,船舶防污设备的正常检查应包括在船舶安全检查的范围内。因此,对已经全面检查的船舶,如无特殊情况,防污管理人员一般不应再对其防污设备进行检查。"

四、海事行政检查的方式

1. 现场巡视检查

巡视检查是海事现场监督检查的主要方式,也是船舶安全检查中的"初步检查"所采取的检查形式。通过巡视检查,可以对船舶及其作业行为产生整体的初步印象,进而为是否采取深入检查提供依据。例如,在现场监督检查中,依照规定应当先一般巡视检查、后登轮检查的原则,依据已掌握的有关信息和一般巡视检查过程中发现的相关问题,先形成总体印象进行综合分析判断,再决定是否登轮检查。如无明显缺陷,不得随意登轮检查。所以,现场巡视检查是详细检查的基础。

2. 查阅文件资料

海事行政检查除巡视检查外,都必须查阅相关的文件和资料。在船舶安全检查中,文件资料的检查是整体检查的前提和基础,只有在检查文件资料的基础上才能进行设备的检查,文件资料的缺陷也往往成为船舶设备缺陷的证据。对文件资料的检查内容包括船舶证书与文书、船员证书、船舶安全管理体系文件、船舶各种应急预案、航海日志、轮机日志等。

3. 询问

询问包括两个方面内容,一是检查人员对一些模糊问题进行的询问,通过相对人的回答使问题趋于清晰,为进一步检查提供借鉴,例如检查人员询问船舶油污水的处理过程;二是考核式提问,通过提问来考查船员对相关知识及自身职责的掌握情况,以此来达到检查的目的。对于检查人员的提问,相对人应当如实回答,不能隐瞒事实或做虚假陈述。

4. 人员及设备检查

船舶适航、船员适任是海事行政工作的目标,海事行政检查是实现这一目标的重要手段。人员(人)和设备(机)作为安全理论的两大要素,在海事安全管理领域中发挥着决定性作用。对人员的检查主要是核实是否持有有效证书,是否能够履行自身的职责等;对设备的检查主要是核实设备是否符合法定要求,运转是否正常等。

5. 操作性检查

操作性检查是船舶安全检查中使用的一种基本方式,其目的是检验船员的实际操作能力以及船舶主要设备的工作状况。作为一种动态的检查，操作性检查改变了以往只检查证书、设备的静态检查模式，在海事行政检查实践中发挥了很大的作用。

第五节 海事行政检查权的概念及法律依据

一、海事行政检查权的概念与特征

海事行政检查权，是海事行政职权的内容之一，是指海事机构依据相关海事法律、法规、规章的授予，对海事行政相对人实施监督检查的资格及其权能，包括行政检查归属权（行政权能）和行政检查实施权（行为权能）。

所谓行政检查的归属权，是指海事机构享有海事行政检查的资格并承受检查行为效果的权能，拥有了行政检查归属权，才享有检查主体的资格；海事行政检查的实施权，是指海事机构可以具体实现检查行为的权能。拥有海事行政检查归属权者，必然拥有检查行为的实施权；但拥有海事行政检查行为实施权者，未必就拥有行政检查的归属权。例如，《内河交通安全管理条例》第4条规定由“国家海事管理机构负责全国内河交通安全监督管理工作”，所以海事机构就拥有了对内河交通安全实施监督检查的归属权，当然拥有监督检查的实施权。对于拥有检查实施权而未拥有检查的归属权者，主要是指海事机构将检查职权授予或者委托其他社会组织的情况，目前这种情况很少发生。

海事行政检查权是我国各级海事管理机构的一项重要行政职权，其具有以下法律特征：

1. 法定性

海事行政检查权必须依法设定，而非自我设定。也就是说，海事机构拥有行政检查权必须通过合法途径，否则其行政检查权就不能成立。一般来说，行政主体取得行政职权有两种合法途径：一是通过国家法律、法规或规章的直接设定；二是通过法律、法规或规章的授予。在海事行政检查中，海事行政检查职权都是由海事法律、法规或规章直接设定的。例如，《船舶安全检查规则(2009)》第4条(3)对海事机构船舶安全检查职权的设定，《防治船舶污染条例》第2条(4)对海事机构开箱检查职权的设定等。

2. 不可处分性

作为一项海事行政职权，既是海事机构的权力，也是海事机构必须履行的一项职责，而职责是不可以放弃的。所以，海事行政检查权不能任意转让、放弃或者赠予，这与民事权利不同。例如，《内河交通安全管理条例》规定，“海事机构必须依法履行职责，加强对船舶、浮动设施、船员和通航安全环境的监督检查”，如果“对未经许可擅自从事旅客、危险货物运输的船舶不实施监督检查”，对负有责任的主管人员和其他直接责任人员根据不同情节予以行政处分或追究刑事责任。

3. 单方性

行政职权的行使是单方行为，而非双方行为。海事行政检查权的行使由海事机构依法单方决定实施，而不必征得相对方的同意。例如，根据《船舶安全检查规则(2009)》规定，海事机构发起检查应当根据“中华人民共和国海事局制定的选船标准以及国际公约、区域性合作组织的规定,结合辖区实际情况,按照公平对等、便利公开、重点突出的原则,合理选择船舶实施安全检查”,而不需要征求船方的同意。

4.优益性

行政职权的行使与平等的民事权利行使不同,双方处于不同等的地位。在海事行政检查中,海事机构作为实施行政检查的主体,处于明显的优益地位。正因为如此,法律法规规定在行政检查中,海事机构要充分尊重相对人的权利,尽量减少对其正常生产经营活动的影响。例如,《船舶安全检查规则(2009)》规定,船舶安全检查应当于船舶停泊或者作业期间实施,禁止对在航船舶进行安全检查;船舶有权对海事机构实施船舶安全检查时提出的缺陷以及处理意见当场进行陈述和申辩,海事机构应当充分听取船方意见等。上述规定都体现了对船舶、船员权益的尊重。

二、海事行政检查权的法依据探讨

立法的缺失以及理论的分歧使得行政检查的法依据问题在实践中造成了严重的弊端,也使得行政相对人的合法权益常常得不到保障。在海事行政执法实务界,普遍认为海事机构只要在海事事权范围内都可以实施行政检查,也就是海事行政检查权自然包含于执法权之中。此种认识将海事行政检查作为一项单纯的“手段”来使用,而非作为一种“行为”来对待,其结果必然是导致海事行政检查发起的任意性。缺少了实体和程序上的规制,海事行政检查对相对人的合法权益构成了严重的威胁。例如,作为海事行政检查重要组成部分的集装箱开箱检查,尽管《防治船舶污染条例》规定只能对有违法嫌疑的集装箱实施开箱检查,然而,在实践中,海事部门经常对集装箱实施任意抽查,而置“违法嫌疑”这一开箱检查的发动要件于不顾,其依据是认为维护集装箱运输安全属于海事部门的职责范围,从而认为开箱检查理所当然。

那么海事行政检查是否需要明确的法依据呢?我们认为,对这一问题的分析,既要借鉴国外行政检查的既有理论,又要考虑中国特定的法治背景以及海事行政检查的具体实践。一味地借鉴或者移植国外的行政检查理论而不考虑中国的具体国情,对于海事行政检查的研究有害无益。目前,我国正处于法治建设的关键期,行政机关有法不依、公民法治意识薄弱的问题仍然十分突出。这一特殊的法治背景都要求我们必须将严格执法放在法治建设的重要位置上。对于强制性的海事行政检查,如船舶安全检查、开箱检查等,由于涉及被检查对象的个人权益,所以应当有法律的明确授权,这一点得到了理论界的普遍认同。因为“在现代法治国家,无论是法定职权、法律授权还是行政委托权,原则上任何行政权的行使都应该有法律依据”。对于一般性(任意性)行政检查是否需要明确的法依据,学界在观点上存在着明显的分歧。日本行政法学者盐野宏认为“关于取得相对人的任意协力而进行的行政调查,无论依据侵害保留理论,还是依据权力保留理论,都不需要有具体的法律根据”。我国行政法学者应松年也认为一般性监督检查不需要法律的明确授权。但是,任意性行政检查也带有一定的威慑性,也会对相对人权益造成一定的影响,这一点中外学者都没有否认。

对于强制性的行政检查,因为具有强制性并要求相对人履行一定的程序义务,所以其应当有明确的法律授权,这一点是学界的共识不必多言;对于任意性(一般性)的行政检查,虽然它不为相对人设定义务或者设定十分轻微的协力义务,但是基于公权力的社会公益性及对行政机关的义务属性,如果缺少法律授权,那么此项检查将会步入恣意。这是因为,法律对行政机关的授权,可以从两个方面来看:一是对行政机关某项权力的授予,二是对行政机关必须行使该项权力的约束。因为对于权力来说,它同时意味着责任和义务,权利可以放弃,而权力则不能放弃。如果法律缺少对一般性检查权的授予,那么行政机关是否行使该项权力势必将缺少约束,进而威胁到公共利益。例如,巡警怠于行使治安巡查、海事执法人员不进行船舶现场监督检查等。

另一方面,从实践层面来看,我国当前法治建设的一个突出问题是执法不严,行政机关"选择性执法"的情况大量存在。十八大提出的"科学立法、严格执法、公正司法、全面守法"将严格执法置于十分重要的境地,这正是对当前执法不严问题的一个突出阐释。严格执法不仅要求行政机关严格依照法律的规定办事,也是要求行政机关的执法行为必须要严格限定在法律的明确授权范围内。虽然一般性行政检查强制性低,但是其对企业、公众的侵扰程度仍不容忽视,所以,基于我国特殊的国情考虑,将一般性行政检查权也纳入法律授权范围内是必要的。

三、海事行政检查权的设定依据

在本书第一章确立的海事行政检查的概念框架下,海事行政检查包括海事现场监督检查、船舶安全检查、开航前检查、开箱检查、行政许可与报备监督检查以及专项检查等。对于上述检查行为的基本概念和特征我们在第二章第三节中已有涉及,在此做一总结归纳,见表2-1。

表2-1 海事行政检查权的设定依据

海事行政检查权的类别		设定依据
一般性海事行政检查权	船舶现场监督检查	海事法律、法规及规章
	行政许可与报备监督检查	《行政许可法》及海事法律、法规、规章
强制性海事行政检查权	船舶安全检查	海事法律、法规没有船舶安全检查条款,只有交通运输部规章(如《船舶安全检查规则(2009)》等)
	开航前检查	海事立法中尚无开航前检查相关条款,只有中国海事局规范性文件(如《中国籍国际航行船舶开航前检查管理办法(2011)》等)
	开箱检查	《防治船舶污染条例(2010)》、《危险化学品安全管理条例(2011)》
	专项检查	海事立法中尚无专项检查相关条款,发动专项检查一般依据中国海事局相关通知。

1. 一般性海事行政检查权

一般性海事行政检查权包含于日常海事执法权之中,也就是说,只要在海事机构的职责范围内,都可以实施一般性检查。在海上执法方面,《海上交通安全法》授权海事机构对沿海水域交通安全实施监督管理,主要包括船舶检验和登记、船员考试发证、船舶航行停泊与作业管理、安全保障、危险货物运输、海难救助、打捞清除、海事调查等法定职责。《海洋环境保护法》授权海事机构对防治船舶污染进行管理,主要包括:所辖港区水域内非军事船舶和港区水域外非渔业、非军事船舶污染海洋环境的监督管理,负责污染事故的调查处理;对外国籍船舶污染事故的调查处理。在内河执法方面,《内河交通安全管理条例》授权海事机构对内河水域交通安全实施监督管理,其主要职责与海上相同;《水污染防治法》授权海事机构对船舶内河污染实施监督管理。

2. 强制性海事行政检查权

所有强制性海事行政检查都应当由专门立法或相应条款进行授权,但是由于我国对行政检查理论研究和实践认知不足,所以目前仍有一些强制性检查没有相应的专门立法授权。

(1)船舶安全检查。船舶安全检查作为一项典型的强制性海事行政检查,在海事行政管理中发挥着重要的作用,对于保障船舶航行安全具有重要意义。但是,该项检查行为没有被《海上交通安全法》或《内河交通安全管理条例》专门授权,而是由《船舶安全检查规则》进行授权并做出了具体规定。由部门规章授权不是不行,而是略显得层级不够,特别是在上位法没有规定的情况下,由下位法设定该项检查行为似有越权之嫌。如果说《海上交通安全法》因为存在制定较早的原因,那么《内河交通安全管理条例》没有对船舶安全检查做出专门规定就显得有些遗憾。虽然,《船舶安全检查规则(2009)》第1条规定,该规则"根据《中华人民共和国海上交通安全法》、《中华人民共和国海洋环境保护法》、《中华人民共和国内河交通安全管理条例》等法律法规"制定,但是由于上述法律法规中并没有设定船舶安全检查权,故此条规定显得很苍白。所以,建议在修订《海上交通安全法》时,对船舶安全检查进行专条授权。

(2)开箱检查。海事机构从2004年开始实施开箱检查时,由于其依据只是交通部海事局规范性文件,所以此项检查的合法性曾引起了相对人的质疑。在实践中,此项工作开展得并不顺利。其实,根据国务院《全面推进依法行政实施纲要》的规定,除非有法律、法规、规章的规定,行政机关不得做出影响公民、法人和其他组织合法权益或者增加公民、法人和其他组织义务的决定。开箱检查作为一项影响相对人权益或者增加相对人义务的行为,由部海事局以文件或通知的形式指令各海事机构实施,有越权之嫌。但是,随着2010年3月1日《防治船舶污染海域管理条例》的生效实施,关于开箱检查依据不足的问题得到了解决。该条例第25条的规定:"海事机构认为交付船舶载运的污染危害性货物应当申报而未申报,或者申报的内容不符合实际情况的,可以按照国务院交通运输主管部门的规定采取开箱等方式查验。"

(3)专项检查。关于专项检查,尚无相应的海事法律,法规或者规章的专门规定,甚至海事规范性文件亦未对此进行规定。基于海事专项检查的强制性特征,建议部海事局通过制定规章或者规范性文件的形式对专项检查进行规范。

第六节　海事行政检查的国际法和国内法依据

一、国际海事公约

国际海事公约主要是指国际海事组织、国际劳工组织、国际电信联盟等国际组织在《联合国海洋法公约》(UNCLOS)的框架下制定的一系列有关海事安全方面的公约。国际海事公约的制定主体主要是国际海事组织与国际劳工组织。

国际海事组织(International Maritime Organization,简称IMO)依据《联合国宪章》第63条规定,通过与联合国签订协定而成为联合国的一个专门机构。1982年5月22日由政府间海事协商组织改名为国际海事组织。IMO的宗旨是:在与从事国际贸易航运技术问题有关的政府规章和惯例方面,为各国政府提供合作机构;在海上安全航行效率和防止及控制船只对海上污染的问题上,鼓励各国普遍采用可行的最高标准;处理与本组织宗旨有关的行政与法律问题。IMO 作为全球性的海事方面的国际组织,其现有成员 170 个,几乎涵盖了所有的拥有港口的国家和地区。在 UNCLOS 的总体框架下,IMO 制定了大量的涉及船舶安全和防治污染管理的国际海事公约,比较典型的和具有重大影响的有《国际海上人命安全公约》(SOLAS),《防止船舶污染海洋公约》(MARPOL),《船员培训、发证和值班标准公约》(STCW)等。

国际劳工组织(International Labor Organization, 简称 ILO)成立于 1919 年,其总部设在瑞士的日内瓦,目前有 183 个成员国,联合国于 1945 年成立后,ILO 于 1946 年第一个成为其负责劳工事务的专门机构。作为联合国机构中历史最悠久、地位十分重要的一个专门机构,ILO 是联合国中唯一具有三方(政府、雇主和工人)代表组成的机构。ILO 以"通过劳工立法和开展合作,促进社会正义,维护世界持久和平"为宗旨,多年来一直致力于海员基本权利的保护、海员的工作和生活条件方面的改进,对海运业产生了深远的影响。ILO 关于国际海事的立法主要体现在船员劳动保护和船员生活条件方面,国际劳工局关于"海运业中的体面劳动"计划,有效地推动了各国对海员社会保护问题的重视和对海事劳工标准的实施。2005 年,ILO 联合 IMO 共同制定通过了《海事劳工公约》(MLC),被称为四大海事公约(SOLAS, MARPOL, STCW, MLC)之一,必将对世界航运业产生重大影响。

尽管 IMO 和 ILO 制定的大量国际海事公约在维护船舶航行安全、保护海洋环境方面起到了巨大的作用,但是关于海事公约的制定目的,也有不同的声音。如有人认为国际海事公约的制定往往被发达国家所掌控,其高标准的要求限制了发展中国家的船队进入国际航运市场,进而国际航运市场这块大蛋糕被发达国家所瓜分;也有人认为海事公约在某种程度上是牟利的工具,例如,在涉及某项技术新的修正案生效前,这项技术往往已经被利益集团所掌控。正因为如此,我国作为发展中的航运大国,要不断增强在国际海事立法中的话语权,以维护我国船东的权益,实现从航运大国向航运强国的转变。

图 2-1 是联合国的基本框架图,从中可以看出 ILO、IMO 在联合国中的地位。

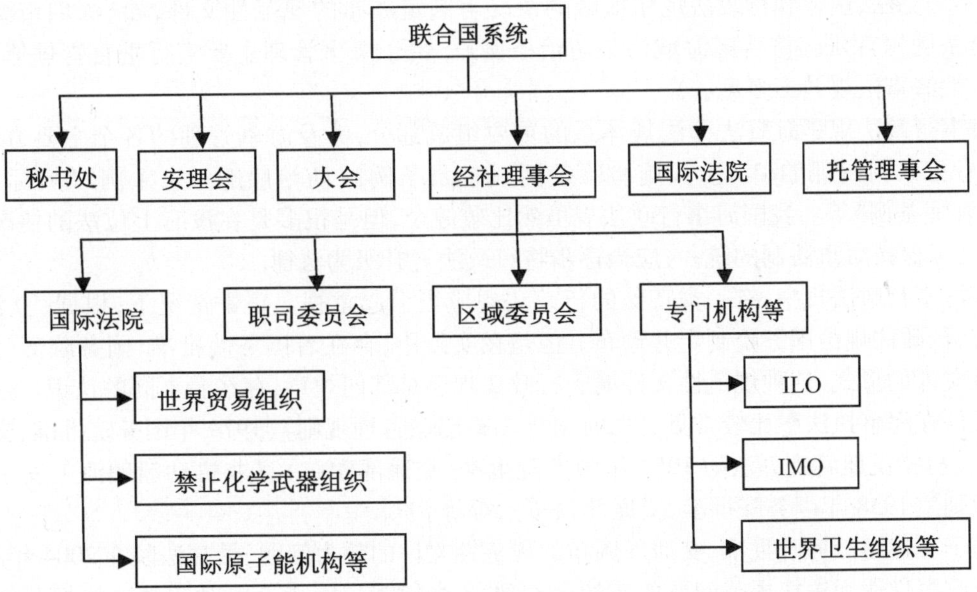

图 2-1 联合国基本框架图

二、海事法律及其问题

法律是由全国人大及全国人大常委会制定颁布的规范性文件。根据《宪法》规定,全国人大及其常委会行使国家立法权,制定法律。全国人大与其常委会在立法权限上的划分是:全国人大有权制定刑事、民事、国家机构的和其他的基本法律,其他法律由全国人大常委会制定。在全国人大闭会期间,全国人大常委会可以对全国人大制定的法律进行补充和修改,但是不得同该法的基本原则相抵触。

我国目前海事法律主要包括《海上交通安全法》《海洋环境保护法》《水污染防治法》等。其中,《海洋环境保护法》《水污染防治法》分别于1999年、2008年进行了修订。我国海事法律存在的主要问题是:其一,作为海事执法最重要的法律,《海上交通安全法》于1984年1月1日生效实施,至今已过去近30年,海事管理体制和海事管理形势都发生了巨大的变化,该法在很多方面都不能与目前的海事管理相适应;其二,《海上交通安全法》往往被认为是海事管理的母法,这种认识是否合适?是否应当像商检有《商检法》、海关有《海关法》、警察有《警察法》一样,海事应当有《海事法》?其三,航运发达国家普遍都有《航运法》《船员法》《船舶法》等,而这些法律在我国都属于空白。

三、海事法规及其界定

海事法规包括海事行政法规和海事地方性法规。行政法规是国务院根据宪法和组织法授权,在其职权范围内制定的具有普遍约束力的规范性文件。行政法规在法的形式中处于低于宪法、法律而高于地方性法规的地位,其效力及于全国;行政法规不仅使宪法和法律的原则和精神得以具体化,而且是连接地方性法规与宪法和法律的重要纽带。地方性法规是指省、自治区、直辖市以及省会市、国务院批准的较大的市的地方人民代表大会及常委会根据本地实际需要,在不与宪法、法律和行政法规相抵触的情况下制定颁布的规范性文件,如《深圳市海上交通安全条例》《深圳经济特区海域污染防治条例》。由于海事管理主要实行垂直管理体制,所以地方性海事法规并不多见。

海事行政法规是海事法律法规体系的重要组成部分,涉及海事管理的各个主要方面,如《船舶登记条例》《船舶和海上设施检验条例》《船员条例》《防治船舶污染条例》《航标条例》《航道管理条例》等。我国海事行政法规虽然比较健全,但是很多是在没有上位法的情况下制定的,为了保持海事法制的统一,应当逐步将行政法规升级为法律。

在海事行政法规中,有一类特殊的行政法规应当引起重视。正常情况下,根据《立法法》的规定,行政法规由国务院制定并颁布。但是在实践中,存在着国务院批准、国务院部门颁布规范性文件的形式,这种规范性文件属于行政法规还是部门规章,存在着不同的认识。这类规范性文件在海事执法中比较常见,例如《对外国籍船舶管理规则》(1979年国务院批准、交通部颁布)、《打捞沉船管理办法》(1957年国务院批准、交通部颁布)、《非机动船舶海上安全航行暂行规则》(1958年国务院批准、交通部颁布),等等。

关于上述由国务院批准、交通部颁布的规范性文件的效力问题,最高法院在2004年《关于审理行政案件适用法律规范问题的座谈会纪要》(法〔2004〕96号)中对该类法律规范给出了解释:“考虑建国后我国立法程序的沿革情况,现行有效的行政法规有以下三种类型:一是国务院制定并公布的行政法规;二是立法法施行以前,按照当时有效的行政法规制定程序,经国务院批准、由国务院部门公布的行政法规，但在立法法施行以后，经国务院批准、由国务院部门公布的规范性文件，不再属于行政法规；三是在清理行政法规时由国务院确认的其他行政法规。”据此，由于上述由国务院批准、交通部颁布的规范性文件都发生在我国《立法法》实施之前，所以应当界定为行政法规。

四、海事行政规章及其问题

海事行政规章包括部门规章和地方政府规章。根据《立法法》和《规章制定程序条例》的规定，国务院各部、委员会、中国人民银行、审计署和具有行政管理职能的直属机构，可以根据法律和国务院的行政法规、决定、命令，在本部门的权限范围内制定部门规章；省、自治区、直辖市和较大的市的人民政府，可以根据法律、行政法规和本省、自治区、直辖市的地方性法规，制定地方政府规章。对于行政规章的形式要求有：规章的名称一般称“规定”“办法”，但不得称“条例”；法律、法规已经明确规定的内容，规章原则上不做重复规定；除内容复杂的外，规章一般不分章节。

目前，在我国海事行政法律法规体系中，海事行政规章尤其是部门规章占据了绝大多数，成为海事行政执法的最主要依据。海事行政规章作为海事法律、法规的执行性规定，其在数量上占据多数也属正常，但是在执法过程中过多的依据规章与行政法治原则不相符合。因为，虽然我国《立法法》确立了规章的“法”的性质，但是又将规章在司法审判中定性为参照适用，所以规章的法律地位很低，只是一种“准立法”性质。另外，海事行政规章也存在一定程度的越权问题，主要表现为超越法律、法规的规定进行扩大规定。例如，《××省防治船舶污染水域管理办法》规定对违反该办法第9条(对应《海洋环境保护法》第70条)的行为进行罚款，超越了《海洋环境保护法》的规定。

五、海事规范性文件及其界定

海事规范性文件是一类文件的统称，而不是一个固定的概念。虽然部海事局在《海事规范性文件制定程序规定》(海法规〔2010〕187号)中将海事规范性文件定义为“海事机构为执行海事法律、法规、规章和国际海事公约的规定，以及履行法定职责，按照法定权限制定，涉及行政相对人权利和义务，具有普遍约束力并能够反复适用的规章以下的文件”，但这只是对海事机构所制定的规范性文件的特定解释。我们此处所称的海事规范性文件是指各级各类国家机关制定或发布的有关海事管理的决定和命令，具体包括国务院、交通运输部、中国海事局和各直属海事局为实施海事法律、法规、规章，或者执行海事管理政策，在法定权限内发布的决定、命令以及行政管理措施等。根据《海事规范性文件制定程序规定》的规定，直属海事局和省级地方海事局以下的海事机构无权发布海事规范性文件。

海事规范性文件按照内容分为三类：一是《海事规范性文件制定程序规定》中所定义的规范性文件，也就是海事机构制定的规范性文件，如《船舶港内安全作业监督管理办法》和《船舶载运散装油类安全与防污染监督管理办法》；二是中国海事局发布的船舶与海上设施法定检验规则；三是有关海事管理的国家标准、行业标准等，如《港口码头溢油应急设备配备要求》(JT/T 451－2009)。

海事规范性文件在海事管理中发挥着重要的作用。到2014年底，仅中国海事局制定并现行有效的规范性文件就达379件(共废止了110件)，是各级海事机构实施行政管理的重要补充依据。除此之外,中国海事局根据《船舶与海上设施检验条例》制定的船舶检验规范是船舶检验发证、实施船舶安全检查的主要依据。这些船舶检验规范包括《海船法定检验技术规则》(1992 年版)、《船舶与海上设施法定检验规则》(包括 1999 年、2004 年、2011 年版)等。

第七节　海事行政检查裁量基准概述

裁量基准作为源于我国基层执法部门的一种实践创造,在控制行政裁量权方面具有重要的实践价值。目前我国行政机关制定的裁量基准只限于行政处罚领域,人为地减少了此项制度的适用范围。中国海事局在“十二五”规划中提出要建立海事行政处罚的裁量基准。

一、海事行政检查的实务分类

海事行政检查裁量基准由“海事行政检查”与“裁量基准”两个概念组成,海事行政检查的概念在前文已经阐述,在此只对“裁量基准”的概念做一解释。

裁量基准,包括“裁量”(Discretion)与“基准”(Standard)两个词。“裁量”专门指行政裁量,又称行政裁量权。《布莱克法律辞典》对 discretion(裁量)一词的解释是:“公共事务管理者在某种情形下根据个人的判断或意识行使的权力或权利,通常是具有公务或代表的身份,也叫作裁量的权力(利)(A public official's power or right to act in certain circumstances according to personal judgment and conscience, often in an official or representative capacity, also termed discretionary power)。”“基准”即标准,亦即具体的执行标准或规则。所以,裁量基准又称行政裁量基准、行政裁量权基准等。

关于裁量基准的概念,我国官方给出了相应的定义。根据《湖南省行政程序规定》,所谓裁量权基准是指“行政机关依职权对法定裁量权具体化的控制规则”;根据国务院法制办《关于规范行政裁量权的指导意见》的征求意见稿,“行政裁量基准是指行政执法部门根据适用规则,确定实施的行政执法的具体标准”。

在行政法学界,学者也对裁量基准做出了概念解释。周佑勇教授对裁量基准的定义是:“所谓裁量基准,是指行政机关在法律规定的裁量空间内,依据立法者意图以及比例原则等的要求并结合执法经验的总结,按照裁量涉及的各种不同事实情节,将法律规范预先的裁量范围加以细化,并设以相对固定的具体判断标准。”余凌云教授对行政裁量基准的诠释是:“行政裁量基准是以规范行政裁量的行使为内容的建章立制,以规范性文件为载体,是较为程式化、结构性的相对统一的思量要求,而不是执法人员颇具个性化的、经验性的甚至是随机的算计。它是沟通抽象的法律与具体的事实之间的一种媒介和桥梁,更像是为贯彻执行法律而实施的‘二次立法’,其效力范围或许仅基于一个微观的行政执行领域,只限于在特定的行政区域与特定的行政部门之内的。”

由上述分析,所谓海事行政检查裁量基准,是指规定海事机构在行使行政检查职权过程中所应适用的规则和具体标准的法律制度。

二、海事行政检查裁量基准的现状、问题与对策

1. 海事行政检查的现状与问题

海事行政检查是我国海事行政执法的重要方式，在海事管理实践中发挥着重要的作用。一直以来，我国海事机构一方面充分发挥其在消除违章、降低事故风险方面的积极作用，同时着力于对检查行为的规制，以避免检查给相对人造成权益损害。例如，对于十分重要的船舶安全检查、开箱检查行为，海事机构通过相关立法对检查的主体资格、检查程序等都做了十分明确地规定。但是，对于一些检查行为，如现场监督检查、专项检查等都缺少立法的规制。综合而言，目前海事行政检查存在的主要问题表现为：

(1)非法定检查主体实施检查。海事行政检查是一项专业性与技术性很强的海事行政执法行为，与此相对应，检查主体也应具备一定的资格要件。对于一般性海事行政检查，如船舶现场监督检查，要求检查人员必须经过海事执法资格考试，取得海事行政执法证后方可独立开展检查；对于船舶安全检查等强制性检查，检查人员不但要取得海事行政执法证，还要求必须参加培训并取得相应船舶安全检查员证。例如，根据《船舶安全检查规则(2009)》以及《船舶安全检查员管理规定》的规定，船舶安全检查员证分为A，B，C三级，分别对应不同船舶类型的检查资格。

在海事行政检查实践中，由于种种原因，未具备相应检查资格的人员进行检查的情况时常发生。例如，无执法证进行现场监督检查，持低等级的船舶安全检查员证书(如C级)从事外轮检查(应当A级)等。

(2)随意发起专项检查。当前，社会上行政检查恣意现象的发生原因，主要在于对检查的发起缺少规制，从而造成对相对人权利的侵害。依照法治主义原则，检查的发起应当符合法定的事由，否则不能随意实施检查。在海事行政检查实践中，随意发起行政检查的现象常有发生，这一点在海事专项检查方面表现更甚。例如，某分支海事部门发起了"防污染专项检查"，要求所有靠泊该海事部门辖区的船舶都要接受防污检查。然而，如果一艘船从上一港驶离时刚接受了船舶安全检查，此种情况再对其实施防污专项检查实在没有必要，既浪费行政成本又增加船方负担。因为专项检查往往要求对所有在港船舶都要实施，势必造成重复检查，相对人必然会产生不满或抵触情绪。更有甚者，有的海事处还在本辖区开展某一类的专项检查活动，要求所有靠泊该海事处辖区的船舶都要接受此类专项检查。试想，如果全国所有海事处都能发动专项检查，那么船舶是不是每港都要接受检查？船舶的营运效率何在？

除了海事专项检查存在随意发起的问题，在船舶现场监督检查、船舶安全检查中也存在类似问题。例如，船舶现场监督检查缺少程序规制，查与不查、查到什么程度缺少统一标准，造成了检查人员过大的裁量权。

(3)船舶安全检查不遵守法定期限及程序。船舶安全检查是对船舶全方位的检查，一次检查往往耗时几小时。每实施一次船舶安全检查，几乎全部船员都要涉及其中。例如，证书的检查需要船长的协同，设备的操作需要各岗位船员的配合，演习需要全船人员的参与，等等。对于船舶来说，其靠港时间是很短暂的，在短暂的时间内，船长等高级船员需要联系港口、代理、引航员、各检查部门官员等，还需要完成装卸货作业，其事务繁忙可见一斑。为了维护船方权利，《船舶安全检查规则》对检查的间隔做出了限制，也就是除法定事由外一般六个月内不重复检查，但事实上，船舶在六个月内被重复检查，或者被多次检查的情况屡见不鲜，有的时

候,一艘船每一两个月被检查一次也很常见。

在检查程序上,根据法律规定,先进行巡视检查,如果发现存在详细检查的事由才能实施详细检查,如果没有详细检查的证据,则检查即宣告结束。但是,大多船舶安全检查直接从详细检查开始,而越过了初步检查的程序。

海事行政检查是具体海事行政行为的一种表现形式,其实施会对相对人产生直接的权利义务关系。依照行政法治要求,必须将行政检查纳入到法治的框架之内。然而,目前我国尚无相关的行政检查立法,依法检查的意识十分薄弱,滥用行政检查权的现象也很普遍。

(4)对检查结果的处理标准不统一。检查完毕后,对发现的缺陷提出处理措施是海事行政检查的重要环节,这已环节对相对人权利影响最大。一般来说,对于发现的问题或缺陷采取何种处理措施是由检查人员的专业能力和水平决定的,但是也不能排除人为因素的影响。造成检查结果处理标准的不统一,主要有两方面原因:一是由于海事行政检查涉及的国际公约、技术标准十分庞杂,在检查人员专业素质不高的情况下,把不是缺陷的项目视为“缺陷”也不足为奇;二是基于无关因素的考虑,检查人员为了达到某种不当利益而故意为之。

2. 规制海事行政检查的对策

海事行政检查总体情况较好,但为了避免或者减少上述问题,应当“防患于未然”,及时采取有效的措施进行预防。笔者以为,规制海事行政检查要从以下几个方面着手:

(1)树立依法检查意识,依法行使检查权。海事行政检查是具体海事行政行为的一种,其实施会对相对人产生直接的权利义务关系。依照行政法治要求,对于影响相对人权利义务的行为,必须有法律、法规和规章的授权并严格限定在授权范围内行使。然而,目前我国尚无相关的行政检查立法,依法检查的意识十分薄弱,滥用行政检查权的现象十分普遍。

树立依法检查意识,首先要求海事机构对行政检查给予充分重视,充分认识到行政检查对相对人的巨大侵益性,将行政检查摆到与行政处罚、行政强制同样重要的地位上来。其次,在检查过程中,严格依法行使检查权,避免检查权的滥用。依法行使检查权包括:依照法律规定的程序、步骤、方式、权限进行检查;在检查中恪守行政检查的公平、公正原则;对于检查人员违反法定程序及检查原则的,采取相应的惩戒措施等。

(2)规范海事行政检查的发动权。检查的随意发动是造成行政检查乱象的根源,规范行政检查的发动权,必须以法律或制度的形式明确下来。对于检查的发动,有法律、法规明确规定的,依照法律、法规的规定严格执行;没有法律、法规明确规定的,依据行政合理性原则制定相应的制度。对于检查的发动,应当加强内部控制,做到合理分权。对于非正常的、法定期限之外的检查,应当由本部门负责人批准方可实施检查。对于专项检查,其发动主体层级应当受到严格的限制。

具体来讲,对于船舶现场监督检查,应当在直属海事局层面上制定相应的现场监督检查实施细则,明确检查的频次、内容、方式及常见问题的处理措施等;对于船舶安全检查,应当由检查机构的负责人根据选船机制选择适检船舶并下达检查任务;对于开箱检查,应当经本部门领导审核同意;对于专项检查,应当由中国海事局发动,直属海事局在本辖区发动专项检查应经过中国海事局批准,分支海事局及下属海事处不得发动专项检查。

(3)实施海事行政检查后评估制度。海事行政检查后评估制度是指检查部门在实施检查后,由其上级部门对其检查情况进行后评估的制度。后期评估的内容主要包括:检查主体是否符合法定要件、检查程序是否得到有效遵守、检查内容是否法定、处理措施是否合法合理等。

后评估的结果纳入内部考核机制,作为对检查人员奖惩的依据。通过后评估,进一步促使检查部门提升依法检查意识,提高检查质量,最终达到维护相对人权益的目的。实践证明,后评估制度的实施能够很有效地达到规制行政检查之目的。例如,大连海事局在2011年1月1日正式开始实施《船舶安全检查后评估管理办法》。《办法》规定每季度由该局业务主管部门组成船舶安全检查后评估小组,对局属各检查部门所进行的船舶安全检查实施后评估。评估小组成员由该局资深安全检查员组成,评估内容主要包括:是否遵守检查程序、查处的缺陷是否合法、缺陷表述是否准确、缺陷处理是否合理、是否遗漏重大缺陷等。后评估的结果作为各检查部门及检查人员的年度综合考评,对存在严重问题的实施暂停检查资格等惩戒措施。后评估制度实施一年后,该局检查部门的依法检查意识明显增强,安全检查质量也显著提高。

(4)畅通救济渠道,维护相对人权利。海事行政检查属于具体行政行为,如果相对人不服可以提起行政复议或行政诉讼,如果因检查行为给相对人造成损失的,相对人可以申请国家赔偿。行政复议和行政诉讼都属于法定的事后救济,除此之外,是否还有其他途径进行事前补救呢?笔者认为,与其不得已采用事后救济,不如采取相应的监督措施进行事前救济。例如,建立申诉制度,海事机构可以指定海事检查方面的专家受理相对人的申诉;建立复审制度,如果相对人对检查结论存在异议的可以申请复审。通过建立健全内部监督制度,畅通相对人与海事机构的联系渠道,进而达到减少复议的目的。

(5)建立海事行政检查裁量基准制度。这正是本章将要研究的问题,通过建立裁量基准,可以对海事行政检查的裁量权施以严格的控制,进而避免或者减少检查行为的侵权。

三、构建海事行政检查裁量基准的可行性与重要意义

(一)构建海事行政检查裁量基准的可行性

海事行政检查是海事机构最常用的执法手段之一,同时裁量基准制度又是当下一种有效的控权方式,将二者进行谋合而建立起一种有效规制海事行政检查行为的制度,构建海事行政检查裁量基准制度,具体包括以下几个有利因素。

(1)国务院、交通运输部、海事局为构建海事行政检查裁量基准制度提供了政策保障。前文已经述及,国务院在2010年11月8日发布的《关于加强法治政府建设的意见》中明确指出,要建立行政裁量权基准制度。行政检查作为行政行为之一,此种行政裁量权基准制度,当然包括行政检查行为在内。在国务院发布《意见》后,部分地方政府明确将制定行政检查裁量基准制度列入工作要求。在中国海事局发布的《海事系统“十二五”规划》中,明确指出要“建立海事行政裁量权基准制度,细化行政裁量权,完善适用规则”,此处行政裁量权当然包括行政检查的裁量权。

(2)现有规制措施所固有的弊端为制度构建提供了现实选择。在海事执法实践中,对于海事行政检查存在的问题,海事机构主要通过立法和发布强令性制度两种措施进行规制。但这两种措施都存在其自身固有的弊端:一是因为立法并不能事无巨细,像行政检查的具体项目、对于检查缺陷如何处理等都不能一一规定,而这些具体的项目或缺陷的处理标准是导致行政检查恣意的一个重要方面,故立法并不能解决海事行政检查中的所有问题,就像有了《行政处罚法》,却还要制定行政处罚的裁量基准制度一样;二是强令性制度虽然在短时间内起到了一定的效果,但毕竟属于临时性举措,也容易导致行政检查从一个极端走向另一个极端。

(3)裁量基准理论研究的深入与中国海事局规制行政检查的努力为制度构建提供了契机

与可能。裁量基准制度作为我国基层执法部门的一个实践创造,在实践中发挥了巨大的作用,进而也促使学者对该项制度从理论角度进行研究。随着理论研究的不断深入,将该项制度引入海事行政检查领域的时机已经成熟。虽然海事行政检查较其他部门行政检查来说,尚未达到十分严重的恣意程度,但仍然存在诸多问题也是不争的事实。为了规制海事行政检查行为,中国海事局采取了多种举措,例如,2010 年印发的《船舶安全检查缺陷处理指导原则(船旗国监督检查部分)》就有点类似裁量基准。理论研究的深入和海事机构规制行政检查的努力都为构建海事行政检查裁量基准制度提供了契机与可能。

(二)构建海事行政检查裁量基准的重要意义

我国的海事行政检查是一项具有本土特色的法律制度,其问题产生的原因是多方面的,要解决此问题必须在综合分析各种原因的前提下,基于本土的实践提出有针对性的解决办法。构建我国海事行政检查裁量基准制度,对于弥补我国海事行政检查立法不足,保障相对人的合法权益,避免行政检查权的滥用,推进海事行政法治建设等都具有重要意义。具体来说,主要包括以下四个方面:

(1)弥补立法的不足,为解决海事行政检查存在的问题提供有效途径。当前,在海事行政检查领域,除了一部《船舶安全检查规则》外,对于其他海事行政检查尚无专门立法。在实践中,因为行政检查实施主体不明,造成具有执法权的部门都在实施检查权;因为行政检查的发动权不明确,检查与否完全由执法部门和人员自主决定,造成检查被随意发动、重复检查或不检查等弊端;因为缺少程序的规制,相对人的合法权益得不到有效保障;因为检查结果的处理没有标准,造成相同问题不同等处理等问题。

(2)控制海事行政检查裁量权,保障相对人的合法权益。戴雪在其《英宪精义》中指出:"哪里有自由裁量,哪里就有专横。共和制和君主制国家一样,政府一方专横的自由裁量权,必然意味着公民一方法律自由难以保障。"虽然此说法未免绝对,但却体现了行政裁量权对公民权益的潜在威胁。如果行政检查——这一对公民权益有着巨大威胁的行政权力——不受到严格控制的话,公民的权益将时刻处于威胁之中。当前,在我国法律、法规只规定"应当检查""加强检查"时,其检查的裁量空间是巨大的,甚至是不可控的。因为无论是基于"完全理性"还是"有限理性",趋利避害是人之本能追求与普遍心理,将裁量权的正当行使完全寄托于执法部门及其人员的行政伦理,这不应当是法治国家的思维。

(3)促进检查部门和人员积极履责,避免职权滥用和失职渎职。正如法国启蒙思想家孟德斯鸠所言:"一切拥有权力的人都容易滥用权力,这是一条亘古不变的经验,有权力的人们使用权力一直遇到有界限的地方才休止。"当法律规定的不明确时,一个理性的人自然会最大限度地使用权力而逃避责任。也就是在权责不明时,权责统一将成为一句空话,依法行政、依法履职更是无从谈起。行政检查作为行政执法部门的一项重要职权,应当在查处违法违规行为,维护正常的生产经营秩序方面发挥重要的作用,但现实中却出现了一系列的问题,甚至有的执法人员将检查权力当作牟利的工具,其根源就在于检查职责不明,缺少明确的检查程序。通过构建符合海事行政执法实践的行政检查裁量基准制度,明确检查的主体、检查的程序、检查的责任、检查的救济等,可从根本上解决海事行政检查存在的问题。

(4)增强海事行政检查的透明度,有利于社会公众对海事机构的监督,促进法治海事的建设。"阳光是最好的防腐剂","权力寻租"往往来源于"暗箱操作"。海事行政检查出现问题很大程度上是因为检查行为及其处理标准的不透明所造成的。通过建立海事行政检查的裁量基准,将检查标准置于阳光下,既能促使检查部门的自我约束,又便于公众的监督,从而促进阳光海事、法治海事的建设。

第八节 海事行政检查的分类及主体要件基准设计

一、分类基准设计

(一)海事行政检查分类裁量基准的概念与现实背景

海事行政检查分类裁量基准就是以何种标准对海事行政检查进行分类。对一项制度进行构建研究,首先要对此项制度的关键性概念进行科学合理的分类,这不但是制度构建的基础和前提,更是决定整套制度是否能够达到其目标并最终发挥其效能的关键。对行政检查进行科学的、实用的分类,必须要建立在理论研究与实践应用的现实背景基础之上,进行归纳并概括出最优化的方案设计。

由于我国行政检查理论研究滞后,且缺少行政检查的专门立法,造成了我国行政执法实务界对行政检查这一法律概念认知不够。在实践中,行政检查这一法律概念往往被"现场监督检查""巡查""查验""安全检查""专项检查""临检"等等实务性称谓所替代。行政检查不但在实践中的称谓各异,而且对其如何分类也是众说纷纭。

学者对行政检查的分类主要是基于理论研究的需要。例如,有学者根据检查对象是否特定为标准,将行政检查分为一般检查和特定检查;根据检查的内容为标准分为公安行政检查、工商行政检查、海关检查、资源检查、环境保护检查、审计检查等等;根据检查的时间为标准分为事前检查、事中检查和事后检查;根据检查机构的任务为标准分为专门检查与业务检查;根据检查与检查主体的职权关系为标准分为依职权的检查与依授权的检查。也有学者在上述分类之外,还将行政检查分为全面检查与专门检查、书面检查与实地检查、联合检查与单独检查等。在行政执法实践中,各行政部门根据自身工作特点并便于工作的开展,对本部门的行政检查进行了不同的分类。例如,海事机构将行政检查分为现场巡查、现场监督检查、船舶安全检查、集装箱开箱检查等等;公安系统将行政检查分为日常检查、巡视检查、治安检查、专项检查、临检等等。

行政检查种类的纷繁复杂,一方面显现了行政检查理论研究的不足,另一方面也助长了现实中行政检查的"乱"与"滥"。上述学者关于行政检查的分类固然有其一定的道理,但对于海事行政检查裁量基准制度的构建还缺乏条理性,因为对于构建一项法律制度来说,最主要的是根据其法律本质属性进行分类。

(二)海事行政检查分类裁量基准的具体设计

综合学者的理论研究成果及现行海事法律法规的规定,根据海事行政检查的法律本质属性不同,我们将海事行政检查分为一般性海事行政检查与强制性海事行政检查,其主要表现形式与特征见表2-2。

表 2-2 海事行政检查的分类基准、表现形式及主要特征

分类基准	表现形式	主要特征
一般性检查	常规检查(巡查、查验)	常规性、非强制性、依(组织)法性
强制性检查	定期检查、临检、专项检查	强制性、依(作用)法性

1. 一般性海事行政检查

一般性检查是指海事机构依据海事法律、法规和规章的任务性授权,在自身职责范围内,对管理相对人的遵法守法情况进行的常规性检查行为,例如现场巡视检查、查验、例行抽查等。一般性检查相对于强制性检查来说,其对公众的私权影响小,常常被认为包含于行政执法权之中。其主要特征表现为:一是常规性,也就是检查行为属于海事机构的日常工作,检查的范围、频次通常由海事机构的内部制度进行规定;二是非强制性,也就是检查行为往往不涉及强制力的行使,比如对人身自由、个人私权的侵犯;三是依法性,此种依法性只需依据海事行政任务法的授权即可,不要求海事行政作用法的专门授权,也就是只要海事机构有某项事务的管辖权限,就可行使一般性检查权。

2. 强制性海事行政检查

强制性海事行政检查是指海事机构依据海事法律、法规、规章的专门授权,在法定授权范围内,对特定的、符合条件的管理相对人按照法定的程序所进行的检查行为。强制性海事行政检查对私权存在威胁,且社会影响大,故先进的法治国家对此类检查要求有专门的授权。强制性海事行政检查是行政检查制度研究的重点,也是难点。强制性海事行政检查具体包括:

(1)定期检查:是指海事机构依据海事法律、法规或规章的规定,按照法定的时间间隔对特定检查对象所实施的检查行为,如船舶安全检查、船公司定期审核等。定期检查属于法定的一项强制性海事行政检查,检查对象必须接受。

(2)临检:是指海事行政检查人员对有违法行为嫌疑的对象采取临场检查的行为,例如对危险品集装箱的开箱检查、对违法举报货物的检查等。临检权一般由法律、法规或规章授予,当事人具有忍受的义务。临检时,一般会对当事人的人身或财产造成一定的限制,具有强制性。

(3)专项检查:是指有专项检查发动权的海事机构,基于特定的事由并为达到特定的海事行政管理目的,在一定区域和时间段内开展的针对特定对象或特定检查项目所进行的检查行为,例如载重线专项检查、配员专项检查等。专项检查是对被检查对象在接受正常检查之外的额外检查,具有强制性。严格意义上,专项检查也属于临检的范畴,只是为了突出其重要性,故将其单独列出进行规制。

二、主体要件基准设计

(一)海事行政检查主体要件基准的概念与现实背景

海事行政检查的主体,即指根据法律、法规、规章的授权,具体实施海事行政检查的海事机构及其检查人员。海事行政检查主体要件基准就是针对不同种类的检查对实施检查的主体所要求的资格标准。对于海事行政检查主体,关注的重点是检查部门的权限及检查人员的资格。海事行政检查主体的检查权限一般由法律、法规进行规定,而对于检查人员的资格要件一般由

规章或行政机关内部规范性文件进行规定。

当前,我国行政检查的“乱”与“滥”很大程度上在于行政检查主体的“乱”。主要表现为:只要有执法权的行政机关或组织都在实施行政检查权,而不论这种检查属于一般性检查还是强制性检查;专项检查任意开展,无论其属于哪一级别的行政机关;行政机关随意将检查权委托给其他组织或个人;行政机关雇用临时工、合同工实施行政检查;实施检查的人员尚未取得执法资格等等。上述种种问题的出现,使公民权益和人民利益经常被侵犯。相关部门也已经充分认识到,要规制行政检查行为,必须要从制度上消除行政检查主体的“乱象丛生”。

虽然各级政府部门对行政检查部门和检查人员做了一些资格方面的规定,但是由于对行政检查理论认知上的不足,致使这种规定显得不够细致和科学。例如,对一般性检查与强制性检查的资质要求不作区分,其内在的原因是存在将检查权必然包含于执法权之中的认识;对专项检查的发动主体缺少应有的限制,是因为对专项检查缺少理论和实践认知。笔者认为,强制性检查权必须有法律的特别授权,实施强制性检查的人员除了一般检查所需要的证件外,仍需要持有特定的相关资质证书。

(二)海事行政检查的主体要件裁量基准的具体设计

根据行政法治的基本要求,考虑中国行政检查的现实情况,既要维护行政相对人的合法权益,又要保证海事机构监督检查职责的实现,我们将一般性检查和强制性检查的主体做出不同的要求,具体对检查部门和检查人员的要求见表2-3。

表2-3 行政检查部门及检查人员的具体要求

检查类别		检查部门	检查人员要求
一般性检查	现场监督	法律一般授权	执法证件
强制性检查	船舶安全检查	法律特别授权	执法证及安检员证
	开箱检查		执法证并具备相应知识
	专项检查		与专项检查内容相对应

1. 关于检查部门的资格要件。根据上表,对于一般性海事行政检查,只要法律、法规、规章对海事机构进行了一般授权,也就是任务法的授权,海事机构就可以进行检查,实施检查的人员应持有相应的执法证件。例如,根据《内河交通安全管理条例》第五十九条规定:“海事管理机构必须依法履行职责,加强对船舶、浮动设施、船员和通航安全环境的监督检查。”根据该条授权,海事机构就可以行使一般性检查权。对于强制性检查,基于其对检查对象的强制性效力,除了法律一般授权外,还应当由法律、法规或规章对该项检查行为进行特别授权。例如海事机构的开箱检查,根据《防治船舶污染海域管理条例》第二十五条规定:“海事机构认为交付船舶载运的污染危害性货物应当申报而未申报,或者申报的内容不符合实际情况的,可以按照国务院交通运输主管部门的规定采取开箱等方式查验。”

2. 对于实施强制性检查的人员,除了持有本部门执法资格证书外,如果法律、法规或规章有特别规定,还应当根据特别规定持有相应的资格证书。

(1)船舶安全检查。船舶安全检查作为一项典型的强制性海事行政检查,其规定的主体资格要件是比较完善的,主要包括:①开展船舶安全检查(包括港口国检查、船旗国检查)的海事机构需要专门授权,其中开展港口国检查的海事机构需要部海事局的授权;②实施船舶安全检查的人员除持有海事执法证件外,还应持有相应级别的船舶安全检查员证书。

(2)开箱检查。开箱检查是2010年实施的《防治船舶污染条例》新规定的一项海事行政检查权。目前,对实施开箱检查的海事机构及检查人员的资格要件尚无特别规定,也就是只要持有执法证件的执法人员都可以实施开箱检查。但是由于开箱检查有着严格的程序,并对检查人员的技能有着特别的要求,实际检查中一般要求具备相应专业知识的执法人员开展此项工作。

(3)专项检查。根据专项检查的内容不同来决定实施检查的海事机构及其人员的资格。如专项检查在性质上属于一般性海事行政检查的,检查人员只需持有执法证即可;如果属于强制性检查的,则需要有特别资质。例如,2012年3月中国海事局在全国开展的"船舶配员及船员证书专项检查"活动,一般执法人员都可以实施检查;而在2008年开展的"奥运船舶安全专项检查",实施专项检查的人员只能是船舶安检员。

关于专项检查的发动主体,目前是一个比较大的问题。在实践中,不但部海事局、直属海事局在发动专项检查,而且分支海事局甚至海事处也在各自辖区内发动专项检查,这显然与海事行政法治的原则相违背。所以,在海事行政检查裁量基准制度中应对专项检查的发动主体做出明确规定。

第九节　海事行政检查的程序基准设计

海事行政检查的程序包括发动程序、实施程序和处理程序,所以,海事行政检查的程序基准包括发动要件基准、实施程序基准和处理程序基准。

一、发动要件基准设计

(一)海事行政检查发动要件基准的概念与现实背景

海事行政检查的发动,意味着海事行政检查开始实施。发动本身属于海事行政检查程序的一个组成部分,将其单独列出进行分析,是为彰显其在整个行政检查程序中的重要地位。海事行政检查的发动要件基准,即指发动检查的要件标准,也就是在具备何种要件的情况下才可以发动行政检查。

行政检查的发动如果缺少必要的标准,必然导致行政检查的恣意,也会为检查权力的利益化提供可乘之机。对于一般性检查,如果其发动要件没有标准,可能导致行政机关怠于行使检查权,使其自身职责不能很好履行,进而使公共利益受损。例如警察不按规定进行治安巡逻,工商、质检部门不对产品质量进行监督、海关不按规定对进出口货物进行查验等,必然会助长违法犯罪行为。而对于强制性检查,如果发动检查没有限制,其对当事人的损害会更大,甚至公民的基本权利会遭受严重侵害。例如,各级各类行政机关随意开展各类专项检查,公安、工商等行政机关随意进入营业场所、公民住宅进行检查等,必然会严重侵害人民利益。

长期以来,由于我国行政检查实践部门普遍认为执法权意味着检查权,所以,对于行政检查的发动没有设定必要的标准。这种情况不但反映在一般性检查中,而且也体现于强制性检查中。但是,随着我国依法治国的推进,公民权利意识的增强,立法机关也开始注意到这一问题并从立法中得以表现出来。例如,对于临检制度,普遍将"有违法嫌疑"作为发动临检的标准。

(二)海事行政检查的发动要件基准的具体设计

海事行政检查的发动要件基准设计,关键在于强制性检查的发动要件裁量基准设计。在强制性检查中,由于定期检查都由立法进行了明确,其发动有固定的标准,所以,发动要件基准的设计关键在于专项检查和临检。笔者认为,专项检查和临检,因为事关特定当事人的个人私权和社会总体利益,其发动标准必须在两者之间寻找一个平衡点,以避免片面追求其中一方利益而忽视另一方权益。根据法律原理及相关立法规定,笔者以为其发动基准可定位于"合理怀疑"。行政检查发动要件基准的具体设计见表2-4。

表2-4 行政检查的类别及发动基准

检查类别		发动基准
一般性检查		依本部门规定
强制性检查	定期检查	法定
	临检、专项检查	合理怀疑

根据表2-4,一般性海事行政检查的发动应当依据本海事机构的规定或制度执行,本部门没有规定的,应当建立健全相关规定或制度;强制性检查中的定期检查的发动要严格依照立法确立的间隔进行,专项检查、临检的发动应当以"合理怀疑"为要件。所谓合理怀疑,即指有合理理由的怀疑,是一种建立在一定理由之上、有合理依据,并以证据为基础经过审慎考虑后的实质性怀疑。

二、实施程序裁量基准设计

(一)海事行政检查实施程序裁量基准的概念及重要意义

海事行政检查的实施程序,即指海事机构及其检查人员在行政检查过程中所应当遵循的方式、步骤、时限和顺序。海事行政检查实施程序裁量基准,是指不同种类的海事行政检查所应当遵循的方式、步骤、时限和顺序的标准。作为海事行政检查裁量基准制度的重要组成部分,加强和细化实施程序裁量基准有着重要的现实意义。

1. 有利于改变行政机关"重实体、轻程序"的传统观念

"作为规范行政权、体现法治形式合理性的行为过程,是实现行政法治的重要前提;而行政程序发达与否,则是衡量一国行政法治程度的重要标志。"在我国行政检查立法缺失的情况下,相关的程序规定必然不健全,加之我国长期以来"重实体、轻程序"的传统观念,使得行政检查的程序基准设计显得格外重要。政府不仅要按照法定权限办事,还要按照法定程序办事。要把建立和完善行政程序,作为推进依法行政的一项重要任务。各级政府及工作人员特别是领导干部,都要树立程序意识,严格按程序办事。对违反行政程序损害群众利益、造成严重后果的,要依纪依法追究责任。

2. 加强程序是依法行政的本质要求

"自由的历史在很大程度上就是遵守程序保障的历史",这是美国法兰克弗特法官对程序意义的经典描述。没有程序的民主,就没有实质的民主;没有程序的公正,就很难保证实体公正和结果公正。当前重权限、轻程序的问题比较突出,许多损害、侵犯群众利益的突出问题,往往是不按程序办事或程序不规范造成的。以至于有学者发出感叹:"缺失行政程序法的行政

法是残缺的行政法,轻视行政程序法研究的行政法学是病态的行政法学;游离于行政程序法制约之外的依法行政是空洞的依法行政,试图绕开行政程序法治化来建设法治政府则注定是徒劳无意的。"《行政诉讼法》的颁布实施标志着我国开始逐渐重视行政程序,该法第七十条规定"违反法定程序的"行政行为将被判决无效或重新做出。虽然《行政诉讼法》确立了行政程序的重要性,但是要想改变行政机关多年的传统思维和习惯认识却不是一朝一夕的事情。特别是在行政检查方面,由于缺少立法的规范,行政检查程序本身就无法可依,即使有一些零散的程序规定也是散见于不同的立法中,尚未形成系统的行政检查程序。行政检查程序一方面缺少立法规定,另一方面也存在着有法不依的问题,仅有的一点程序规定也不能得到很好的遵守。例如,检查人员检查时不出示执法证件,检查时擅自扣押物品不开具证明等。

3. 遵守程序是国务院的明确要求

国务院在《关于加强法治政府建设的意见》中指出:"各级行政机关都要强化程序意识,严格按程序执法。加强程序制度建设,细化执法流程,明确执法环节和步骤,保障程序公正。"行政检查作为我国行政机关最常用的执法手段之一,只有严格遵守正当的程序,才能维护当事人的合法权益。

(二)海事行政检查实施程序裁量基准的具体设计

不同种类的海事行政检查,对当事人的侵权威胁程度也不同,依据行政比例原则,侵权性越强的检查,其程序亦应越严格。"最低的程序性要求是根据利益来设定程序,尽管这些利益不一定完全等同于权利,但是至少在应当给予利益衡量考虑的角度没有争议。"依法行政所要求的程序正当,不但要求程序合法、合理,而且要求程序应当符合行政效率原则。基于此,笔者认为一般性海事行政检查作为海事机构的例行检查,其强制程度低,对当事人私权的威胁性也很小,基于行政效率原则,应当适用简易程序。但是,对于强制性海事行政检查则必须适用一般程序。海事行政检查所适用的实施程序具体见表2-5。

表2-5　不同检查类别所对应的实施程序及重点要求

检查类别	实施程序	重点要求
一般性检查	简易程序	表明身份、实施检查
强制性检查	一般程序	提前通知、表明身份、说明理由、实施检查、听取意见

(三)简易和一般程序的具体设计及解释

1. 提前通知

提前通知是指海事机构在实施检查前,应当以适当方式将检查的目的、依据、时间及内容通知被检查对象,以便被检查对象做好迎检准备。例如,海事机构在开展专项检查前,一般都以公告或通知的形式提前告知被检查对象。行政机关的提前通知义务往往被认为是当事人行使参与权、知情权的前提和有效保障。行政检查的实施对相对人权益会造成一定影响,给其正常的生活、生产及经营带来一定的限制和不便,因此行政机关在检查实施前事先通知相对人有关的检查事项,可以让他们有一定的准备时间,合理地安排好自己的生活、生产、经营活动,尽可能地减少行政检查带来的不必要的损失,同时也可以赢得相对人对检查工作的理解和协助,形成行政检查的良性互动,从而提高行政管理的效率,实现行政检查的预期目的。

但是，对于一些特定的检查，如果事先通知会造成检查目的不能实现时，就不能提前通知，所以，行政检查的提前通知义务具有相对性。例如，对于有违法嫌疑当事人的临检，就不能提前告知，以免当事人藏匿违法物品或毁灭违法证据。

2. 表明身份

表明身份是指检查人员在进行检查时，应主动向检查对象出示有效的身份证明，包括出示工作证件、授权证书或佩戴公务标志等，以证明其身份和检查的资格。因为检查人员具有“公民”和“公务员”双重身份，如何区别这两者的身份呢？表明身份制度为该问题的回答提供了借以区分的标准。“表明身份制度，通过行政机关自觉公开其身份的方式，可以使相对人免受不法侵害，有利于防止不法分子的假冒诈骗行为，维护社会正常管理秩序；同时有利于防止行政职权的行使者滥用职权、超越职权，使行政行为处于公众的监督之下。”对未表明身份的检查人员，当事人有权拒绝其检查。

与强制性检查必须要求出示相关证件不同的是，对于一般性检查来说，由于不针对特定的某个个体，所以一般只需通过佩戴公务标志的形式来达到表明身份的目的。

3. 说明理由

说明理由是指检查人员在实施检查前，要告诉检查对象为什么要对其进行检查，包括事实上的和法律上的依据。有的学者认为：“强制行政机关在做出行政决定时说明理由，有利于促使行政机关作决定时慎重考虑，减少行政决定的错误，并可以使当事人了解行政机关作决定的动机，满足当事人的正义感，自觉履行行政决定，减少不必要的争讼。”在实践中，检查人员经常在检查前不说明检查的原因，使检查对象十分不满，甚至还因此发生过恶性事件。所以，要求检查人员在实施检查前说明理由，对于维护当事人的合法权益，监督行政机关依法行政，促进和谐社会建设都具有重要的意义。

4. 实施检查

实施检查是指检查人员通过要求当事人陈述、进行统计、检查、现场勘察、鉴定等方法来了解事实情况、收集信息、提取证据资料等的一个程序步骤，是行政检查程序的核心环节。检查过程应当严格遵守法定的程序和要件，否则检查行为无效。以船舶安全检查为例，根据《船舶安全检查规则(2009)》的规定，海事机构不得在开航前 2 小时内实施检查；船舶安全检查人员在检查过程中要先进行初步检查，对船舶进行巡视，核查船舶证书、文书和船员证书；检查人员需要对船舶实施详细检查时，应当将详细检查的理由告知船方等。

对于一般性检查，由于其主要形式是例行巡查或查验，检查行为不针对特定个体，所以其检查方式比较单一，检查应当以不影响当事人正常的生产生活为限。

5. 听取意见

听取意见是指检查人员在实施检查过程中，对于发现的问题是否属实不能确定或者当事人有不同意见时，应当认真听取当事人的解释，以确定问题的真实性。听取意见不同于检查机关在做出检查结论之后当事人的陈述或申辩，它属于检查过程中的一种解释和自卫行为，是一种事前补救行为。听取意见主要是针对专业性、技术性要求比较高的行政检查领域，比如船舶安全检查。检查人员通过听取当事人意见，可以及时发现自身判断的失误，进而保证检查结论的正确性。例如，根据《船舶安全检查规则(2009)》和《船舶安全检查工作程序》(海船舶〔2010〕614 号)的规定，船方可就船舶安全检查时发现的缺陷进行陈述和申辩，检查员应充分听取;如缺陷不合理,检查员可当场调整或撤销有关缺陷及处理意见。

三、处理程序裁量基准设计

(一)海事行政检查处理程序裁量基准的概念与现实背景

海事行政检查处理程序,是指海事机构及检查人员对在检查中发现的违法(或者缺陷)情况进行处理的过程,处理程序要解决的是对发现的违法行为如何处理、采取何种处理措施的问题。海事行政检查处理程序裁量基准,就是针对在检查中发现的各类违法行为所应当采取的处理标准。俗话说,"编筐编篓,贵在收口",对于完整的海事行政检查裁量基准来说,无论其他部分编制的多么科学、合理,如果最后处理程序没有设计好,将会对整个制度产生破坏性影响。

将海事行政检查的处理程序裁量基准单独列出并着重予以阐述有着深刻的现实背景。在我国,行政检查的"乱",除了检查主体、检查的发动程序和实施程序乱之外,另外还体现在处理程序上的不规范。具体表现为:发现的"问题"或"缺陷"没有法定依据;采取的处理措施不合理;相同缺陷不同等处理等。这种情况在技术性和专业性较强的行政检查领域表现尤甚。例如,在船舶安全检查中,根据《船舶安全检查规则(2009)》第12条的规定:"检查人员应当运用专业知识对船舶存在的缺陷做出判断,并按照有关法律、行政法规或者国际公约的规定,提出下列一种或者几种处理意见:(一)开航前纠正缺陷;(二)在开航后限定的期限内纠正缺陷;(三)滞留;(四)禁止船舶进港;(五)限制船舶操作;(六)责令船舶驶向指定区域;(七)驱逐船舶出港;(八)法律、行政法规或者国际公约规定的其他措施。"面对如此多的选择,针对不同的缺陷应当采取何种处理措施,检查人员有相当大的裁量权,在实践中对于相同缺陷采取不同处理措施的情况比比皆是。这一方面可能是受检查人员专业能力所限或理解上的差别,另一方面可能出于不正当的考虑。

同样的情况也发生在其他行政检查领域,因为对于拥有裁量权的人来说,其滥用裁量权的风险总是存在的,如何将这种滥用的风险降低到最低限度,这就需要建立处理措施的裁量基准。

(二)海事行政检查处理程序裁量基准的具体设计

海事行政检查的处理程序包括两部分:做出结论和告知权利。无论是一般性检查还是强制性检查,其处理程序是基本相同的。通过实施检查,其结果无非有两种,一是发现了不符合情况,二是未发现不符合情况。对于上述两种情况首先要做好检查记录,对于发现不符合情况的,要逐条列明并规定对应的处理措施。在告知权利时,笔者认为应当采用书面形式,对于未发现不符合情况的,也应告知相应的权利。行政检查处理程序裁量基准具体设计见表2-6。

表2-6　海事行政检查的处理程序及其裁量基准

处理程序		裁量基准
做出结论	发现不符合情况的,列明具体的问题;未发现不符合情况的,做出无缺陷报告	针对每一项问题制定处理措施的裁量基准,例如纠正、处罚、强制等
告知权利	采用书面形式告知	陈述、申辩、申诉、投诉、复议、诉讼等

(三)海事行政检查处理措施的法律属性与适用

海事行政检查的目的在于掌握、了解、督促相对人的守法情况,其本身既是一种行政行为,也是引发其他行政行为的一个动因。如果在检查中未发现当事人存在违法行为,检查行为即告结束,并以此作为对相对人实施诚信管理的依据;如果在检查中发现违法行为,则依法采取相应的处理措施。根据现行海事法律、法规的规定,海事行政检查处理措施主要包括行政命令、行政处罚、行政强制措施、行政调查等,具体见表2-7。

表2-7 海事行政检查处理措施的法律属性与适用

所采取的行为或措施	行为属性	适用的情形
立即纠正、限期纠正、停止作业等	行政命令	违法尚无构成处罚
调查取证	行政调查	违法但情况不明(对违法情节、违法后果等需要进一步查明)
警告、罚款、暂扣证书等	行政处罚	违法且已构成处罚
船员违法记分	行政管理措施	船舶安全检查中针对责任船员

1. 海事行政命令行为

所谓海事行政命令,就是海事机构要求船舶或船员为或者不为一定行为的意思表示。海事行政命令是海事行政检查结束后,最常用的一种行政处理方式。例如,在船舶现场监督检查中,海事执法人员针对发现的轻微违法行为且没有造成危害后果的,责令船舶或船员立即改正。再如,在船舶安全检查中,对于发现的缺陷(任何缺陷都属于违法行为,不过此处之"法",是广义之法),检查人员提出"开航前纠正""在开航后限定的期限内正缺陷""禁止船舶进港"等都属于海事行政命令。

2. 海事行政调查行为

所谓海事行政调查,就是海事机构对于在检查中发现的违法行为,或者存在违法嫌疑的行为进行深入调查了解,以确定是否构成可以处罚、强制等行政处理措施的行为。需要注意的是,行政检查之后的调查行为,其本身已不属于行政检查本身,而是属于行政检查后续行政处理措施的组成部分。行政调查主要适用于在检查中发现违法行为,但具体情节、危害后果不明时的进一步调查取证。例如,在船舶安全检查中,检查人员发现船舶的法定文书记录不规范,虽然属于违法行为,但是根据法律规定,此时仍需对记录不规范的原因进一步查明,以保证处理的公正与公平。行政调查在行政处罚中的具体法律依据是《行政处罚法》第36条:"……行政机关发现公民、法人或者其他组织有依法应当给予行政处罚的行为的,必须全面、客观、公正地调查,收集有关证据。"

3. 海事行政处罚行为

更准确地说,海事行政处罚是海事行政调查的后续行为,而非行政检查的直接后果。因为,即使在行政检查中发现了相对人的违法行为,此时应当进一步调查取证,而非直接施以行政处罚,即使是行政处罚的简易程序亦应如此。例如,《行政处罚法》第30条规定:"公民、法人或者其他组织违反行政管理秩序的行为,依法应当给予行政处罚的,行政机关必须查明事实;违法事实不清的,不得给予行政处罚。"需要注意的是,警告也属于行政处罚的一种,在实施警告处罚之前,也应当充分的调查取证。

4. 违法记分处理措施

根据中国海事局2002年颁布实施的《中华人民共和国船员违法记分管理办法(试行)》第九条的规定,海事机构进行船舶安全检查时,发现船舶存在缺陷,应对负有直接或间接责任的船员记1分。在这里简单跟大家探讨一下在船舶安全检查中实施违法记分的合法性和正当性问题:实践中,检查人员在实施检查后,经常对责任船员实施违法记分。船员违法记分实施之初,其合法性曾被质疑,原因是中国海事局颁布实施的《中华人民共和国船员违法记分管理办法(试行)》规范性文件没有上位法依据,由此创设这一管理模式是否合法。2007年《船员条例》的实施使得这种质疑得以基本解决,但是什么情况下实施记分仍然是一个问题。根据《船员条例》第四十八条的规定:"海事机构对违反水上交通安全和防止船舶污染水域法律、行政法规行为的船员,除依法给予行政处罚外,实行累计记分制度。"从中可以看出,实施违法记分有两个前提条件:一是违反了法律、行政法规的规定,而不是其他规定(如规章);二是先行给予行政处罚,后实施记分。如果不同时具备上述两个条件,不能实施记分。以上述两个前提条件,船舶安全检查中对于责任船员的记分显然与《船员条例》相违背。

第三章 海事行政强制

随着世界经济全球化程度的与日俱增，航运业对于一个国家的社会发展是至关重要的。越来越多的国家意识到了维护本国航运业的良性发展的重要性，于是各国也纷纷制定了用以维护本国航运市场秩序、促进国家航运发展的政策与法规。然而由于相关行业从业人员并非完全依照相关法律法规进行经营，海事管理部门需要具备一定的权力来保证这些法律规范的切实实施。“因此不管是大陆法系的国家还是英美法系的国家都授予了海事执法机关一定的强制权”迫使行政相对人依法从事船舶运输，保证法律、法规等规范性文件的实施。海事行政强制这一法律制度便应运而生。海事行政强制措施是海事管理机构为维护海事管理秩序、保护公共利益和管理相对人权益而采取的一种必要的强制手段，因其需要对特定公民、法人或其他组织的行为及财物进行约束与处置，从而会造成对当事人权利的限制。为此，正确理解和适用海事行政强制措施对海事行政执法具有重要的理论和现实意义。

第一节 海事行政强制的概念与特征分析

海事行政强制措施是海事管理机构在水上安全监管中一项重要的行政管理手段。2012年4月，交通运输部海事局出台了《中华人民共和国海事行政强制实施程序规定》（以下简称“《规定》”），该规定极为详尽地确立了海事管理机构实施行政强制措施的程序，明确了海事管理机构实施行政强制措施过程中应当遵循的方式、步骤、时间和顺序，对于保障和监督海事管理机构依法履行职责和保护行政相对人的合法权益具有举足轻重的作用。海事行政强制制度的法律依据相当一部分是源自于基本的行政强制制度，依据《规定》其可分为海事行政强制措施和海事行政强制执行两个部分。由于海事行政强制制度起到了维护国家公共秩序的作用，因此当行政相对人做出有损社会安全的行为时，相关海事管理部应当对该行为迅速做出反应，采取一定的强制措施以来维护国家与社会的稳定安全。然而为了促进航运业的发展，相关部门在此危害行为解除后应当于合理时间内对其采取的强制措施予以解除，从而尽量降低行政相对人的经济损失。《内河交通安全管理条例》中也明确地指出，违规船舶在按照相关部门的要求下依法改正后，有关部门应当在合理时间内恢复船舶的航行，允许船舶驶离港口。海事行政强制的最终目的就是确保国家制定的海事法律、法规得以完满的实施。国家通过这一法律制度赋予相关海事部门强制权，允许海事行政部门对违反相关法律法规的海事行政相对人采取强制措施。

一、海事行政强制的概念与特征分析

在《行政强制法》生效前，海事行政强制的概念已经见诸于学者的论著和中国海事局所发布的规范性文件中。但由于受我国行政强制理论研究大环境的影响，上述对海事行政强制的概念定位显然与我国《行政强制法》的定义所不符。事实上，在《行政强制法》生效前，我国行政法学界关于行政强制的内涵与外延就存在诸多争论，而这种争论并未随着强制法的生效而消除。

1. 海事行政强制的概念和基本特征

《行政强制法》没有给出专门的行政强制概念，而是将其分解为行政强制措施和行政强制执行，分别进行定义。据此，海事行政强制分为海事行政强制措施和海事行政强制执行。

根据《行政强制法》的有关规定可以看出，海事行政强制措施与强制执行的共同点包括：一是职权的法定性，海事行政强制措施和强制执行都来自法律、法规授权；二是行为的强制性，海事行政强制以国家强制力为后盾保障实施。虽然海事行政强制措施和强制执行具有上述共同的，但两者之间的区别是显然的，主要包括：一是实施的法定理由不同，海事行政强制措施是为制止违法行为、防止证据损毁、避免危害发生、控制危险扩大等情形，而海事行政强制执行是基于相对人拒绝履行行政决定设定的义务；二是对相对人的权益影响程度不同，海事行政强制措施是对相对人权利的限制，而海事行政强制执行是对相对人权利的剥夺，后者比前者严重得多；三是所处的行政程序阶段不同，海事行政强制措施具有中间性、程序性、临时性的特点，它往往处在行政程序的中间环节，而海事行政强制执行则通常是行政程序的最后一个阶段。

2. 海事行政强制措施的"物理性"特征分析

海事行政强制措施的类型之所以难以界定，其根本原因是关于行政强制措施是否必须具备"物理性"特征存在争议。这一争论如果得不到解决，会直接影响海事行政强制措施的界定。

行政行为的"物理性"特征源于学者将行政行为分为意思行为与实力行为，认为"前者是一种决意的表达，后者以做出物理性的动作为特征"。有学者将是否具备"物理性"特征作为区分行政强制措施与其他行政决定的重要标准，认为行政强制措施必须是"发生可见动作的有形行为，而不是无形行为，不仅是意思行为，还是实力行为"。但是也有学者认为，行政强制措施的"强制性不能简单地理解为仅限于直接使用物理力量直接强制，也包括以物理力量为后盾迫使当事人主动履行义务"，"仅从物理性特点界定行政强制措施有失于片面"。

笔者认为，行政强制措施虽然具有很强的强制性特征，但并不必然体现为直接的"物理性"，理由有三：

首先，从理论研究来看，行政强制措施在国外没有成例，我国学者往往将其与国外的即时强制作相近研究，从而将"物理性"这种本属于即时强制的特征加于行政强制措施身上；而行政强制措施作为我国特有的一个行政法概念，学者对其特征的概括也各有不同，除了个别教材将"物理性"作为强制措施的特征外，大多教材都无此表述。

其次，从《行政强制法》第二条、第九条的规定来看。首先，行政强制措施的适用范围是广泛的，既可以是为了预防、避免违法行为或不利后果、危险状态的发生，也可以是为了控制违法行为、不利后果和危险状态的蔓延与扩大，还可以是为了调查取证和执行的便利；其次，定义中所言的“暂时性控制”，强调的是一种所要达到的状态，只要行政主体的行为对相对人的人身和财产达到了预期控制的效果，无论是否施加了物理性力量，此种行为就应视为行政强制措施，比如警察的传唤并未对相对人施加任何具体的物理性力量；最后，虽然行政强制措施不必然具有物理性，而行政强制执行却是具备物理性的动态过程。

最后，从《行政强制法》的价值取向来看，其重在控权，如果将是否做出“物理性”动作来界定行政强制措施，势必极大的缩小其范围，进而使一些行为不能被行政强制法所约束，不利于行政相对人权益的保护。因为在我国执法实践中，行政机关经常发布强制性很强的“命令性”行为，比如海事管理中的责令禁止离港、责令驶向指定地点等，如果仅以不具备“物理性”而将其排除在行政强制措施之外，行政机关的这种行为将无从规制，相对人的权益将得不到保障。

3. 海事行政强制的法律特征

(1)特定性

海事行政强制措施只能由法定的行政机关或法律法规授权组织做出，而不是所有的行政主体都享有海事行政强制权。如，《中华人民共和国海洋环境保护法》第七十一条规定：“船舶发生海难事故，造成或者可能造成海洋环境重大污染损害的，国家海事行政主管部门有权强制采取避免或者减少污染损害的措施。”《中华人民共和国海上交通安全法》第三十一条规定：“船舶、设施发生事故，对交通安全造成或者可能造成危害时，主管机关有权采取必要的强制措施。”

(2)法定性

海事行政强制措施是一种行政行为，因此，海事行政强制措施的实施必须以法律、法规和规章为依据，必须符合法定条件，遵守法定程序，也就是通常所说的“无法律无行政”，无论是行政机关还是管理相对人都不得违反，否则，就要承担法律责任。

(3)强制性

由于海事行政行为将法律具体化现实化，是法律在海事管理领域或海事管理事项上的具体表现，因此，作为海事行政行为之一的海事行政强制措施必然体现出法律的强制性。就海事管理机构而言，海事行政强制措施的强制性表现为海事管理机构做出意思表示的法定性；就海事管理相对人而言，海事行政强制措施的强制性表现为对海事行政行为必须服从和配合。如果海事管理相对人不予服从和配合，就会导致海事行政措施的强制执行。

(4)非制裁性

实施海事行政强制措施的目的是保护公共利益和海事管理秩序，保护处于或者即将处于危险状态下海事管理相对人的安全和利益，因此，海事行政强制措施的采取并非必须以管理相对人的违法为前提，其可以针对海事行政违法行为做出，也可以针对海事管理相对人的合法行为做出。海事行政强制措施的实施主要是为了消除危险，预防和制止违法行为发生，所以，其具有非制裁性。

(5)可救济性

由于海事行政强制措施可能会对管理相对人的权益造成侵害或损害，因此，建立健全海事行政强制措施救济制度就显得十分必要。我国《行政复议法》第六条第一款第(二)项规定“对行政机关做出的限制人身自由或者查封、扣押、冻结财产等行政强制措施决定不服的”，可以申请行政复议；《行政诉讼法》第十二条第一款第(二)项规定“对限制人身自由或者对财产的查封、扣押、冻结等行政强制措施和行政强制执行不服的”，可以提起行政诉讼。

(6)临时性

海事行政强制措施目的在于预防或制止危害水上交通行为的发生,或在调查处理阶段为保障最终行政处理决定的顺利做出,是对相对人权利进行的暂时性的约束或限制。

二、海事行政强制的具体形态分析

经过对现行海事法律、行政法规和规章的梳理,结合“规定”的设立与修订,将具有强制性质的行政手段归纳为以下4类形态:“责令作为或不作为”类、“证据保全类”、“强制+法律事实”类(如强制卸载)和“扣押”类,下面将逐一审视这些形态。

1.“责令作为或不作为”类

海事法规体系中有许多关于责令的不同表述,称谓不一,种类繁杂,多达30余种。从法律属性来看,这些依法要求相对人为一定行为或不为一定行为而实施的责令行为,属于具有终局性的行政处理决定,是结论性或目的性行政行为。从实施力度来看,责令行为本质上是一种意思表示,其实施有赖于相对人的主动配合,若相对人不配合,责令失效,此时海事管理机构只能依法对相对人进行处罚或强制执行来达到行政管理的目的。从实施前提来看,责令行为的实施以相对人确实存在“违反本法或本条例规定”中的违法行为为前提,并要求相对人主动履行法定义务,只要相对人按照要求履行完毕,责令的目的就达到。而部分海事行政强制措施并不以相对人存在违法行为为前提,只要相对人可能产生危害后果或者涉嫌违法即可依法实施。

2.“证据保全”类

根据《行政处罚法》第三十七条的规定,本文将证据先行登记保存和抽样取证统称为证据保全类行为。证据先行登记保存是海事管理机构在案件查处过程中,为了查清案件事实或避免违法行为继续构成危害,防止证据隐匿、转移、销毁或防止证据灭失,经海事管理机构负责人批准,通过法定程序采取的收集证据的一种方式。《行政处罚法》第三十七条第二款规定:“行政机关在收集证据时,在证据可能灭失或者以后难以取得的情况下,经行政机关负责人批准,可以先行登记保存,并应当在七日内及时做出处理意见,在此期间,当事人或者有关人员不得销毁或者转移证据。”《海上海事行政处罚规定》第一百〇二条对此也做出了详细规定。通过登记保存证据,海事管理机构防止了证据损毁、限制了相对人对证据自由处置的权利,从而实现对证据的暂时性控制,事实上也是一种强制性和临时性的措施,不过其只适用于证据可能灭失或事后难以取得这一种情况,而且其对相对人财产权利的限制期限也很短。因此,在调查取证阶段,可按《行政强制法》规定,将证据先行登记保存理解为“其他行政强制措施”的一种形态。《行政处罚法》第三十七条第二款明确规定:“行政机关在收集证据时,可以采取抽样取证的方法。”抽样取证是海事管理机构在调查取证时,对涉案物品抽样检验、鉴定,以认定相对人是否存在违法行为的活动。它具有预防性、制止性、临时性、强制性等特征,特别是在强制性上,抽样取证是不以相对人的意志为转移的,不论相对人是否同意,海事执法人员都可以采取该措施,因此,抽样取证属于海事行政强制措施。

3.“强制+法律事实”类

我国海事管理法律、法规中赋予了海事管理机构一定的“强制”权,如《海上交通安全法》第四十条中规定的“强制打捞清除”、《港口法》第五十四条中的“强制拆除”、《防治船舶污染海洋环境管理条例》第五十八条规定的“强制卸载”等。笔者将由海事管理机构应用于具体法律事实的带有“强制”字眼的强制性行政行为统称为“强制 + 法律事实”类。针对这些行为的性质与类属，或认为是行政强制执行，具体为行政强制执行中的代履行；或认为是行政强制措施。笔者认为，针对不同情况其法律属性也不完全相同，应区别情况对待，不能一概而论。

(1)行政强制执行属性分析

根据《行政强制法》的规定，行政强制执行是指行政机关或者行政机关申请人民法院，对不履行行政决定的公民、法人或者其他组织，依法强制履行义务的行为。它以相对人不履行海事管理机构已经做出并生效的行政处理决定为前提，目的在于迫使相对人履行特定义务或达到与履行义务相同的状态。引起强制执行的原因只能是相对人的行为，是作为或不作为的义务，如“强制打捞清除”，打捞清除是海事管理机构为相对人设定的义务行为，若相对人在海事管理机构限定的时间内不履行应当承担的打捞清除的义务，海事管理机构可由其自身直接或委托专业打捞机构依照法定程序打捞清除，即强制执行。

(2)行政强制措施属性分析

与海事行政强制执行不同，海事行政强制措施不以海事管理机构要求相对人履行特定义务为前提，而以相对人存在某种危害公共利益、公共安全或相对人自身安全的危险性行为或紧迫情况为前提，其目的在于预防、制止危害水上交通秩序的行为发生，使人员和船舶保持一定状态，实施主体只能是海事管理机构。引起海事行政强制措施的原因既可能是行为，如为制止船舶超载危害航行安全而采取的强制卸载；也可能是某种事件或状态，如船舶发生水上交通事故而沉没，严重阻塞航道，造成或者可能构成水上交通安全或者水域污染事故，海事管理机构基于紧急性而立即采取的强制打捞清除残骸的措施。

4.“扣押”类

扣押财物是《行政强制法》已经明确的强制措施形态，海事法规中主要用“暂扣”一词表达。其中《防治船舶污染海洋环境管理条例》第四十六条规定：“海事管理机构根据事故调查处理的需要，可以暂扣相应的证书、文书、资料；必要时，可以暂扣船舶。”《内河交通安全管理条例》第六十四条规定了“暂扣船舶、浮动设施”。通过以上分析得知，虽然海事管理机构可以采取的行政强制性手段繁杂，但当前海事法律体系中适用的海事行政强制措施并不多，具体形态包括证据先行登记保存和抽样取证、禁止进港（离港）、暂扣船舶（设施）、暂扣证书（文书、资料）、限制船舶航行（停泊、作业）、拆除动力装置、强制卸载及一些即时行政强制措施。

三、海事行政强制的界定与具体类型

海事行政强制的界定包括强制措施和界定和强制执行的界定。要界定海事行政强制措施，就不得不谈及一系列的海事“责令行为”及其性质界定，应为关于此类行为究竟属于何种性质，在海事实务界一直存在疑问。

1. 海事“责令行为”法律性质的界定

海事法律、法规中涉及大量的海事“责令行为”，比如“责令（限期）改正”“责令（限期）拆除”“责令离港”“责令停航、改航、停止作业”等等。对于上述“责令行为”的法律属性，实务中存在不同观点。笔者以为，界定一项行为是否属于海事行政强制措施，不应单纯的凭其名称来判断，而应视其是否符合强制措施的概念特征。根据《行政强制法》第 2 条的规定，海事行政强制措施具有法定性、中间性、临时性、辅助性、可解除性、限权性等特征，而是否具有物理性并不是必备特征。由此,笔者认为“责令禁止离港”“责令临时停航、改航或停止作业”“责令驶向指定地点”等属于行政强制措施;而“责令改正”“责令(限期)拆除”“责令(限期)打捞”等属于行政命令,“责令停产停业”“责令停航”等属于行政处罚。但是,对于上述“责令行为”的定性不能一概而论,应当根据具体的法条和情境做出具体判断。

2. 海事行政强制措施的具体类型及其依据

目前,海事法律、行政法规中规定的海事行政强制措施主要包括以下主要几种类型(只是概括,并不完整),见表3-1:

表3-1 海事行政强制措施

行政强制法所规定的种类	海事行政强制措施的具体类型	海事法律、法规依据
扣押财物	暂扣证书、文书、资料	《防治船舶污染海域管理条例》第46条
	暂扣船舶	《防治船舶污染海域管理条例》第46条;《内河交通安全管理条例》第61条
	海事证据保全	《行政处罚法》第37条
其他行政强制措施	责令驶向指定地点	《海上交通事故调查处理条例》第13条;《内河交通安全管理条例》第61条
	禁止进港、离港	《海上交通安全法》第19条;《防治船舶污染海域管理条例》第46条;《内河交通安全管理条例》第59条、第61条
	责令(临时)停航、改航、停止作业	《海上交通安全法》第19条;《防治船舶污染海域管理条例》第46条;《内河交通安全管理条例》第59条、第61条

需要注意的是,对于暂扣证书、暂扣船舶这类海事行政决定,在不同的法条中其法律属性可能不同,有时属于行政强制措施,也有可能属于行政处罚,区分的关键是看此类行为的目的是什么。如果属于临时限权行为,且为其他行政决定其辅助作用,则属于行政强制措施,如果属于制裁,则为行政处罚。例如:暂扣船舶在《防治船舶污染海域管理条例》第46条中表现为行政强制措施,而在《内河交通安全管理条例》第64条中就属于行政处罚。同样,对于责令停航或停止作业的性质判断亦是如此。

关于证据保全措施,有观点认为属于《行政强制法》第9条规定的行政强制措施种类中的“扣押财物”,也有学者认为属于“其他行政强制措施”。

3. 海事行政强制执行的类型及依据

目前,海事法律、行政法规中规定的海事行政强制执行主要包括以下主要几种类型(只是概括,并不完整),见表3-2。

4. 海事行政强制措施应遵循的原则

(1)依法执行原则

海事行政强制措施是一种行政行为,行政行为必须依法做出,这是依法行政的核心要求之一。所谓依法执行,一方面,海事行政强制措施的实施必须符合法定情形或条件,如《中华人民共和国内河交通安全管理条例》第69条规定:“船舶未在码头、泊位或者依法公布的锚地、停泊区、作业区停泊的,由海事管理机构责令改正;拒不改正的,予以强行拖离,……”也就是说,只

表 3-2 海事行政强制执行的类型

行政强制法所规定的种类	海事行政强制措施的具体类型	海事法律、法规依据
代履行； 排除妨碍、恢复原状	强制打捞清除	《海上交通安全法》第 40 条
	强制治理	《水污染防治法》第 80 条
	强制设置标志或打捞清除沉没物、漂流物、搁浅物	《内河交通安全管理条例》第 75 条
	强制清除航道碍航物	《内河交通安全管理条例》第 74 条
	强制拖离船舶	《内河交通安全管理条例》第 69 条
	强制拆除或恢复渡口	《内河交通安全管理条例》第 72 条
	强制卸载超载船舶	《内河交通安全管理条例》第 82 条

有在船舶未在码头、泊位或者依法公布的锚地、停泊区、作业区停泊，且不履行海事管理机构为其设定的改正义务的情形下，海事管理机构才可以对其实施强行拖离的强制措施；另一方面，海事行政强制措施必须依照法定程序实施，如必要的告诫、通知、文书制作、时限要求等步骤，对此，《中华人民共和国海事行政强制实施程序暂行规定》做了详细规定，防止海事行政强制权的滥用。

(2)及时原则

海事行政强制措施是在海事管理相对人存在某种危害公共利益、公共安全或管理相对人自身安全的危险性行为或紧迫情况下，海事管理机构做出的强制行政行为。一旦这种危险行为或紧迫情况消除之后，海事管理机构应当及时解除海事行政强制措施，以避免或减少给管理相对人造成不必要的或过度的损害。例如，根据《中华人民共和国内河交通安全管理条例》第 68 条规定，对未向海事管理机构办理船舶进出港签证手续的船舶，海事管理机构可以“禁止船舶进出港口或者责令停航”，一旦船舶改正后，海事管理机构应及时解除“禁止船舶进出港口或者责令停航”的强制措施，避免船舶遭受更大损失。

(3)比例原则

比例原则是行政立法中的一个重要原则。海事管理机构在实施海事行政强制措施时，一是要以必要为限，在不采取海事行政强制措施而通过其他行政行为也能达到海事管理目的的情况下，不应采取海事行政强制措施；二是在必须采取海事行政强制措施才能达到海事管理目的的情况下，要采取与危险情况或紧迫形势相适宜的较轻的行政强制措施，避免给管理相对人造成不必要的损失或损害。

(4)保护管理相对人权益原则

海事行政强制措施对海事管理相对人的财物和行为实施强制，如果实施不当，必然会给相对人造成不必要的损失。因此，在拟采取海事行政强制措施时，必须遵守《中华人民共和国海事行政强制实施程序暂行规定》，认真调查取证，并由两位以上海事执法人员实施，告知采取海事行政强制措施的理由和依据，同时允许当事人陈述和申辩，以保护海事管理相对人的合法权益，防止过激行为发生。

第二节　海事行政强制制度实践与立法

从世界各国及地区目前的海事行政强制的立法状态来看,除美国由于其立法体制和政府利益的主导而在海事行政强制制度上略显保守外,其他国家及地区都是有扩大海事行政部门权力的趋势,但是相关部门权力的扩大并非是随意的,而是根据本国的航运发展现状,赋予有关海事部门以符合现实发展的行政强制权。

基于中国相关海事部门目前还是行政部门普遍缺乏海事行政强制的执法力度,在很多行政强制行为中其仅仅能够依据现行法规做出采取行政强制行为的决定,而其具体的实施却仍旧依靠法院来施行,难免会延误海事行政部门的办公效率,甚至会导致不必要的海事事件发生。如若依据法律授予海事部门海事行政强制权,采取较为规范的海事行政强制法律制度的标准,对海事部门所采取的行政强制行为都使用较为统一的标准,避免了相同行为却拥有迥异的名称这一现象,对于目前中国较为混乱的海事行政强制制度来说也是极具现实意义的。

一、扩大海事行政强制权提高执法积极性

目前海事行政主管部门普遍缺乏行政强制执法的积极性。这一现象的出现,很大一部分原因是由于我国目前的海事行政强制制度决定的,即海事主管部门的行政强制手段不足,而导致了海事行政强制执法受到了阻碍。中国的行政强制存在一种有异于绝大多数大陆法系国家的方式,即相关管理部门在做出行政强制的决定后,由于其并不具有法定的执行权,便要依靠有管辖权的法院来协助其去完成海事行政强制行为。然而由于海事行为的特殊性,其所期望的程序可能会与法院的行为产生冲突。绝大多数的行政强制行为都会对行政相对人或多或少地产生一定的负面影响,为了将这一影响降到最低,法院在执行时必然需要严格的遵守法定程序。然而这就会产生这样一个矛盾:海事行政强制往往存在较为急迫的情况,严格的遵守法定程序,会使得周期变长,最终影响海事行政强制的执行变得较为拖沓。久而久之,由于效率的低下,可能会导致相关部门怠于采取海事行政强制措施,严重打击其主动管理的积极性。扩大海事行政主管部门的行政强制权尽管是扩大了国家机关的公权力,似乎与限制公权力对私权的过分干预的精神不符。如胡建淼教授在其《行政强制法研究》一书曾提到行政强制应遵循“期待当事人自我履行原则”,该原则的理论依据是近代社会民主意识的加强,公权力应当尊重个人的意愿,不应当把国家的意愿完全强加在公民头上。在目前的行政强制体制内,这一原则也被视为一个最为主要的原则,甚至是被视为整个制度的重中之重。然而,由于在实际的海事活动中,过分地期待相关人员能够自觉地遵守海事法规规定的义务或是改善现实情况在一定的情况下是较难实现的。如我国的《内河交通安全管理条例》对于报废船舶的规定是十分严苛的,严禁报废船舶从事航运活动。在当事人违反这一规定时,相关海事部门有权要求禁止其一切航运活动。但是在我国内陆的一些偏远或是经济欠发达的水域,由于经济利益的趋势,势必会有很多人铤而走险。若是一味地期望航运从业人员自觉地遵守法律的规定,势必会对我国的交通安全和航运秩序产生破坏性的影响。因此,在某些特定的区域或是情况下的海事行政强制行为,海事应当以相关海事部门的积极行使海行政强制权为妙。

二、建立合理完善的财务担保制度

目前我国海事行政主管部门缺乏执法积极性，除却行政强制措施手段的匮乏以及海事行政强制权受到限制外，在执行沉船打捞等代履行行为时沉重的经济负担也是一个不能忽视的因素。费用的追偿受阻，使得海事行政主管部门同样难以积极行使其权力。因此，应当建立起一个合理完善的财务担保制度，减轻海事行政部门执法时的经济负担。

就目前世界各国已存的财务担保制度，结合目前我国的实际情况，可以建立起一个以强制保险为主，基金担保制度为辅的财务担保制度。尽管我国目前已经着手通过立法建立起这样的财务担保制度，已经制定了《中华人民共和国沉船沉物打捞清除管理条例（草案）》。然而，该草案仅仅规定了以强制保险为基础的财务担保制度，而将基金担保制度从中剔除。笔者认为这样并不妥当。根据该草案对于代履行费用征收的时间的规定，强制保险的保险人应当在海事行政主管部门实施代履行之前，先行垫付。但在代履行的过程中，实际费用通常是高于预算费用的，事后若对保险人继续追偿超出的费用，必然会很困难。故而，应当同时建立基金担保制度，作为强制保险制度的补充。

对于经济担保制度的具体方法为，船东对其运营的船舶进行强制保险的同时，缴纳少额的摊款建立担保基金，并有国家行政拨付一定数量的财政拨款，保证海事主管部门在情况紧急时有足够的费用实施代履行。在强制保险的金额不足以偿付全部代履行费用或是涉案船舶为外国籍船舶时，由担保基金承担差额或是全部代履行费用。

三、将相关国际公约尽快转化为国内立法

仅仅依靠目前的海事行政法规来加强海事行政部门的行政强制权存在一定的法律缺失。由于涉及海事行政强制的法律法规的制定时间都较早，已然难以满足现今的海运监督管理。但是目前为止最大的障碍是有些国际公约如何成为海事行政部门采取行政强制措施的执法依据还需要进一步的工作来达到国际公约与国内立法的有效结合。“如何与国际公约有效衔接，首先要明确国际法与国内法的关系。”就这一问题理论界一直存在着不同的声音。传统的学术界一般持二元论和一元论之分。两种意见的分歧主要是集中在国际法与国内法是否为同一种法律关系。就目前看来，在我国的主流观点是比较倾向于二元论的，因此基于我国目前的主流观点，涉及赋予海事行政机关海事行政强制权的国际公约并不会自然的成为我国海事行政管理部门的法律依据，而是需要通过一定的程序将国际条约的内容转化为国内法。尽管到目前为止我国已经有部分海事法律法规依据相关的国际公约进行了相应的修改，如《海洋环境保护法》便在第九十七条明确提出了国际公约在与之相关领域的适用办法。然而就涉及海事行政强制内容更多的《海上交通安全法》自其颁布以来从未有过修改，其中更是全然未有提及相关国际公约的法律适用。当前海事行政管理部门虽然在行使其海事行政强制权时依据了一些国内的海事法规，但是由于这些法规的立法层级太低，海事部门行使权力时会产生与上位法相冲突的情况，为了更好地适应我国目前航运业飞速发展的现状，更加高效地实现海事行政强制监督审查并且确保航运公共安全的目的，笔者认为尽快地制定或是修改与之相应的国内的法律法规，实现国际公约与国内法律的无差别对接。例如在《海上交通安全法》中可以制定有关海上交通安全国际公约的适用条款，使得我国有关航运安全及港口安全的法律制度上拥有较高的法律位阶，解决我国前海事行政强制法律上由于法律位阶太低而造成的法律冲突。

此外由于我国前的海事行政强制手段大多是面对船舶航行安全及船员培训及任职资格的，尽快颁布诸如《船舶法》及《船员法》等相关法律即解决了目前海事法规过于杂乱的问题，同时在制定此类法律的过程中完全可以考虑相关国际公约的内容，在制定之初便实现了国际公约与国内立法间不协调的题。

四、明确现行海事行政强制行为的属性

鉴于《行政强制法》业已出台生效，我国也初步建立起了一套行政强制制度，海事行政强制制度固然有其自身的技术特点，在实际的实践上会有异于陆上的行政强制行为，然而有关管理机构在依法实施行政强制措施时往往会对相关海事责任人产生较大的权利上的影响，因此需要确保海事主管部门在采取海事行政强制措施前严格按照相关法律规定实施海事行政强制措施，并且要保障海事行政相对人在事后得以寻求到行之有效的救济途径。因此就目前规定的海事行政强制措施存在的立法混乱，属性不清的现象急需进行一次详尽的梳理，制定一个较为明确的海事行政强制措施体系。可以就目前存在的各类海事行为重新划分，充分考虑海事行政执法中的客观事实，将一些不适宜被视为海事行政强制措施的海事执法行为从现行规定中剔除，这样就可以解决部分海事行政行为与《行政强制法》在立法上的冲突，将这类海事行政行为划归到与其法律属性更加接近的行政行为当中去，使得这类海事行政行为的执行更加有效。与此同时，诸如滞留船舶的这类具有典型海事行政强制措施的行为则应当通过法律法规明确其法律性质，将其通过法律条款式纳入到海事行政强制措施中去，以能够符合海事主管部门在海事行政管理中的实际需求。

五、细化海事行政强制执法程序

由于海事行政主管部门在实施的海事行政强制行为在属性上，具备了一定的制裁性，往往会对相关海事责任人造成较大的影响，海事部门在行使国家赋予的海事执法权时，其首要目的并非要对有关海事责任人采取强制措施。海事管理的目的是要求行政相对人能够依据相关海事法律法规的规定依法从事航运经营活动。只有在行政相对人拒绝承担法律中规定的其所应当负有的法律责任时，海事管理机构为了确保海运的正常运行及海事法规能够得到遵守，其才有权行使海事行政强制权。由此可见海事行政强制是要严格依法进行的，尽管《行政强制法》的出台对于海事行政强制执法的程序有了最为基本的指导，但是考虑到海事行政强制的特殊性，依然需要根据海事领域的基本情况制定一些更加具体有效的程序。如在针对船员采取的一些行政强制措施时，除按照《行政强制法》规定的一般行政强制措施的执行程序外，还应当考虑到船员自身的身体与精神状况，“由于海员的神经精神紧张引起焦虑、恐怖、疑病性神经症”正是由于这种情况在海事行政部门实施海事行政强制措施时难免会受到海员精神上的抵触，进而发展为对于海事行政执法行为的反抗。面对此种情况，海事执法部门在依法向行政相对人明确了执法依据及理由后还应当对于当事人适当地进行心理疏导，弱化相关海事责任人对于海事行政强制措施的抵抗，进一步配合海事行政主管部门的执法工作。

第三节 我国的海事行政强制制度

一、海事行政强制设定权限

我国海事行政强制立法中存在着立法级次低、设定权限不明确、多头设定、法律效力低等问题。要解决这些问题,最好的办法就是结合目前海事行政强制立法实际情况,通过立法明确海事行政强制的设定权限,从源头上规范海事行政强制。为此,有必要对不同主体设定海事行政强制的范围和效力作一简单分析,重点分析哪些机关有权创设海事行政强制,它能就哪些事项以什么形式设定海事行政强制。划清海事行政机关行使行政强制执行权的权限和法院行使司法强制执行权的权限,健全海事行政强制执行的程序。

1. 明确海事行政强制的设定主体

海事行政设定主体问题本质上是如何对权力进行控制的问题,这是研究海事行政强制设定主体的首要出发点。海事行政强制设定权还是一种涉及行政相对人权利义务关系的权力,对于行政相对人影响重大,因此,海事行政强制设定权应属于较高层次的国家机关。同时我们应该注意的是,海事行政活动的实践因其种类繁多,面对的现象复杂而为大多数权力活动所难以比拟,由于行政强制权的获得对海事行政权力的有效运作具有极为重要的作用,因此,对海事行政强制权的设定应充分考虑海事行政执法活动性质上多样性的特点。如果海事机关应该享有某种行政强制权而没有相应的规范性文件对其进行设定,则其权力运作可能陷于瘫痪。为此,如果海事行政强制权的设定同某种规范性文件统一进行,则应充分考虑到该规范性文件的设定能力问题。法理表明,法的位阶越高,其对实践的直接调控能力就越低,因为它不可能事无巨细均予以详细规定。这样,如果没有低位阶的法作为补充,高位阶的法就有可能无法满足实践的需要。因此,对权力的控制尽管是法的根本任务,但它不能严重妨碍权力运作的实践需求。基于以上考虑,海事行政强制设定权在原则上应当属于全国人大及常务委员会,法律设定海事行政强制应当成为我国海事行政强制设定的基本模式。同时,考虑到有关海事行政法律立法层次较低的实际情况和行政法规作为仅次于法律的法律渊源的地位以及在我国高层次的行政机关,特别是最高行政机关进行行政立法的事实,完全否认最高行政机关设定海事行政强制不仅不现实,而且行不通。所以,国务院也应该有权在授权范围内设定海事行政强制。此外,根据立法法的规定,省、自治区、直辖市和较大的市的人大及其常委会有地方性法规制定权,可以在本区域内就执行法律、行政法规的需要、地方性事务和除全国人大以及常委会专属立法事项之外尚属法律、行政法规空白的领域这三个方面制定地方性法规,因此,省级地方人大及其常委会和较大市的地方人大及其常委,也可以在一定条件下成为海事行政强制的设定主体。而各级海事机关,包括国家海事局在内,按照立法和执行分离的原则,都没有海事行政强制设定权。

2. 细化海事行政强制设定事项

由于海事行政强制是海事机关为了维护水上交通安全和防止水域污染,保障人民群众的生命、财产安全,纠正水上交通违法行为,预防交通事故的发生而采取的强制性的具体行政行为。因此，根据权利对于行政相对人的重要性的不同，设定海事行政强制对相对人该项权利进行限制的主体也应该不同。根据我国立法法的规定，就设定事项而言，全国人大及其常委会可以就任何事项设定海事行政强制，但不得与宪法相违背；限制公民的政治权利、人身自由和重大财产权利的海事行政强制只能由全国人大及其常委会设定，并且不得授权。这里限制重大财产权利的海事行政强制包括拆除动力装置，强制卸载、强制拆除，收取滞留金等。国务院可以就限制公民的政治权利、人身自由和重大财产权利以外的其他事项设定海事行政强制。但全国人大及其常委会以法律形式对海事行政强制已做出规定的，国务院为执行该法律需要做出具体规定的，必须在该法律规定的予以强制的行为、情形、种类幅度的范围内做出规定，并不得与该法律的原则和精神相违背。有地方性法规制定权的地方人大及其常委会可以就限制公民政治、人身自由和重大财产权利以及人身检查和遣送出境以外的事项设定海事行政强制。但全国人大及其常委会以法律形式，国务院以行政法规的形式对海事行政强制已经做出规定的，地方人大及其常委会为执行该法律或行政法规需要做出具体规定的，必须在该法律、行政法规规定的予以强制的行为、情形、种类和幅度的范围内做出规定，并不得与该法律、行政法规的原则和精神相违背。

3. 规范海事行政强制设定形式

有权设定海事行政强制的机关只有使用必要的形式就其可以设定海事行政强制的事项设定海事行政强制，才是合法设定的海事行政强制，所以合法的形式也是设定海事行政强制的条件之一。设定海事行政强制的形式必须是规范性文件，这是推行依法治国的必然要求。同时，设定海事行政强制的规范性文件的形式和有权设定海事行政强制的主体及其可以设定海事行政强制的事项必须相适应。也就是说只有法律、行政法规和地方性法规才能成为设定海事行政强制的形式。

二、明确海事行政强制主体资格

“法对利益的关系，是通过对主体行为的规范来进行的。”规范我国海事行政执法的主体，改革海事行政执法的体制，提高海事系统的行政执法水平，为海事行政强制执行权的顺利实施铺平道路。我国海上行政执法的主体有海事局、国家海洋局及其海上执法主体以及渔政渔港监督机构等，这些国家机构在执法时，存在某些领域的交叉和冲突的格局。这自然不利于海事行政机关的有力执法活动。对此，有的国家为了克服海上执法主体的混乱而专门成立了国家海洋部，即把相当于海事局、海洋局以及渔政渔港监督机构的权力职能进行重组和分配，以便在一定高度上对海事行政执法主体予以明确化，加强执法主体的力量。在规范我国海事行政执法主体同时，还应健全海事行政执法系统的工作网，保证整个系统执法行为的系统性，突出强化各级海事行政执法机关和执法人员依法行政的法律意识，通过各种合理合法有效的方式，为推进依法行政、改革海事行政执法的体制、顺利实现海事行政强制执行权创造条件和软硬环境。目前海事行政强制领域存在主体不明确的问题，实际是主体资格界定的问题，根据行政法有关行政主体的理论，海事行政强制的主体是否具有主体资格，有三个重要划分界限：

1. 资格主体与无资格主体的划分

海事行政强制的主体是各级海事机关。海事机关是指各级海事局、海事处和按照国务院规定设立并向社会公告的海事机构。这里需要强调三个问题：一是各级海事局是否具有海事行政强制主体资格。海事机关就是指各级直属海事局、分支海事局和海事处，对于海事处下属的办事处是否具有执法权的问题，各方面争议比较大，法院在海事行政诉讼中以海事处办事处没有执法权为由判决海事机关案件也时有发生。因此海事处下属的办事处作为海事行政强制主体应该谨慎。二是海事人员的执法资格问题。应当说，海事人员的执法身份是法定的，其执法行为是从属于特定的海事人员，资格要求应该更加严格，应该具有国家公务员身份，并隶属于拥有管辖权的海事机关。但是，由于目前海事机构改革尚未完全到位，海事机构、人员处在比较快速的变化之中，在一般情况下，对实施海事行政强制的人员不能完全按照法律规定的资格要求。如：赋予公务员工作岗位上的工勤人员以等同于海事公务员的执法资格赋予临时抽调，但不属于特定管辖的海事机关的人员等同于特定管辖海事机关本身工作人员的执法资格。当然对实施海事行政强制的人员资格还是要限制的，最重大就是海事机关非正式的工作人员不得实施海事行政强制，如：合同员工、代征员、协管员等。由于海事机关工作人员少，任务繁重等原因，这些临时人员可以从事海事行政强制的有关协助工作，但不能以执法人员的身份出现，尤其不能出现在确定法定责任人的场合，如：执法文书送达、执行人员签名、执法事项告知书等。

2. 内部主体和外部主体的划分

为保证海事行政关系相对稳定和权责明确的基本要求，对海事相对人做出并执行具体行政决定，应当由海事机关的外部主体进行，如直属海事局、分支海事局、海事处、海事所；海事机关内部主体不能做出，如机关处、室、科、股等。独立设置的事业单位能否实施海事行政强制呢？在机构改革中，一些地方把业务办理职能、征收职能、发票管理职能拿出来，设立相对独立的管理机关，如海事办证中心大厅、发票管理中心等，同时，明确这些单位作为事业单位管理。这些事业单位的管理职能是海事行政管理的重要内容，也是海事行政管理的重要环节。这些单位作为事业单位管理，在多数情况下是基于精简编制和人员的形势要求，如果不赋予其强有力的执法手段，就很难正确、及时、有效履行职能。但是，事业单位毕竟不是国家行政机关，对其行政管理的职能应该有明确的限制，机构必须依法成立并向社会公布，只能必须基于主管机关的特别授权并明确权限范围和实效，主管机关必须承担起管理行为的法律责任，只有在以上基本条件下，这些事业单位才能在权限内实施海事行政强制。

3. 有权限主体和无权限主体的划分

尽管直属海事局、分支海事局和海事处等都是海事执法机关，但对于行使海事行政强制权力，同时又有明确的限制。值得注意的是两个问题，一是海事处没有决定海事行政强制的全部权限，海事处作为海事局下级海事机关，理论上应该可以履行海事机关的全部职责。但由于海事处在客观上层级较低，执法力量不足，执法水平有限，而海事行政强制又是较为严厉的执法权，“上级海事管理机构可以根据实际情况委托下级海事管理机构做出或者实施本机构权限内的海事行政强制行为。”现行法律限制了海事处的海事行政强制权，规定某些海事行政强制只能由各级海事局实施，但上级海事局可以具体执行海事行政强制的决定而委托海事处实施，但没有独立做出决定的权限。二是关于各海事局和各海事处含义。海事行政强制应由各海事局和各海事处做出，但是，各海事局具体含义是一个行政区划上的概念还是行政级别上的概念，法律上没有明确规定。就海事执法的实践来看，应该是一个水域辖区管理的概念，也就是说相对于县级以上的政区划设立的海事局，包括省、市、县级海事局，地级市辖区海事局。与地级市辖区海事局平行的专业、行业海事局,如在内地有海事职能的交通局分局、管理分局等,也应视同市辖区海事局。各海事处是海事局的下级管理机构,根据各海事局辖区的划分,分别负责各辖区的现场执法和监管,因此同样是海事行政强制的主体,但不能行使全部海事行政强制措施。“各海事处可以依法做出和实施除责令改航、责令离港、责令申请重新检验、禁止进港或者离港、强制打捞清除、暂扣船舶以及指定第三方进行代履行以外的海事行政强制。”负责现场监管的海事处派出机构“办事处”,不论是何级别,在一般情况下,不应有独立做出海事行政强制的权限。

三、规范海事行政强制程序

程序公正是实体公正的保证,对实体公正有着保障和促进作用。海事行政强制是海事机关在特殊情况下采取的较为严厉的执法措施,关系到海事机关和管理相对人双方的重大权利义务,因此,必须依一定程序逻辑而行。赋予行政机关相应的权力,同时要求该权力的行使必须遵循一定的顺序和方式,是行政法制化的基本要求,海事行政强制也不例外。针对目前海事行政强制程序缺少统一规定,执行中各自为政的局面,笔者结合行政法关于行政程序的有关理论,认为海事行政强制的程序应包括行政强制决定的做出、行政强制决定的送达和行政强制的实施和终结三个阶段。

1. 海事行政强制决定的做出

行政强制决定是海事机关依法做出的,决定对海事行政相对人采取海事行政强制的具体行政行为。它是实施海事行政强制的直接依据,也是海事行政强制的基本环节。由于海事行政强制关系到相对人的人身或者财产权利,因此,海事行政强制决定的做出必须慎重。从保护海事行政相对人的角度出发,做出海事行政强制应注意以下几个程序问题:

首先是做出决定前的调查,这是做出行政强制决定的必要环节。海事机关应首先调查海事行政相对人出现违反水上交通安全管理规定的原因。在调查的过程中,应当认真听取相对人的陈述和辩解,全面了解违反水上交通安全管理规定的原因。其次就是取证的程序,在调查过程中还要注意取证工作,以证据证明采取行政强制的合法性和合理性。然后就是批准程序。按照规定由有权决定海事行政强制的海事机关负责人批准做出海事行政强制决定。最后就是要按照法律规定的形式做出符合规定的海事行政强制决定书。

2. 海事行政强制决定书的送达

送达是指海事机关在做出海事行政强制前,将海事行政强制决定书送交相对人的法律行为。送达虽然只是一种通知行为,但从作用和功能上看,应当将送达视为行政强制的必经程序。在送达程序中,应注意以下几方面问题:

(1)送达前应当对当事人再次进行告诫,要求其履行法定义务或是停止违法行为,并告知拒绝履行法定义务或拒绝停止违法行为的后果。先行告诫原则体现了强制与教育相结合的指导思想,为充分保护行政相对人的利益,国外很多国家都明文规定了预先告诫原则,如《德国行政执行法》第十三条规定,行政机关“首先必须以一定方式对强制方式予以警告,之后允许确定和实施”。

(2)送达的方式问题。送达的途径多种多样,可以直接送达,也可以留置送达。但是由于海事行政强制决定书的送达应以直接送达为原则,以留置送达为例外。留置送达只有在行政相对人故意不接受或逃避接受海事行政强制决定书的情况下再使用。

(3)送达时间的问题。送达应尽可能提前送达,给相对人一个停止违法行为或履行义务以免除海事行政强制的机会。

3. 海事行政强制的实施和终结

海事行政强制决定书经送达并生效后,如果义务仍然没有履行,该海事行政强制决定即产生执行力。此时,海事应当按照一定的程序实施海事行政强制。

首先,负责执行海事行政强制的人员应当向相对人出示证明身份的证件和海事行政强制文书,并说明情况,争取相对人的配合。其次,要通知当事人到场,在当事人拒不到场的情况下,应邀请见证人到场并要求当事人或见证人在证明执行情况和有关的文书上签字。这样做一来可以监督海事机关正确行使强制权,切实保障海事行政相对人的合法权益,二来可以起到证明作用。一旦相对人提起行政诉讼,见证人可以证明海事行政相对人的损失是否是由海事机关造成的。最后,要认真详细的制作现场笔录或执行笔录,现场笔录和执行笔录要尽可能详细并一定要在当场制作完成而且要有海事行政相对人或者见证人签字或盖章。这样的话,一旦将来进入诉讼领域,笔录将起到证据的作用。

以上都是海事行政强制和海事行政强制执行的一般程序,考虑到即时强制的具有突发性、即时性和直接行动特点,不宜也不可能在实施前通过如此复杂的程序,以至于削弱行政强制的效力。所以,对于海事即时强制应当在立法中注意在实施的主体资格、实施的条件以及实施时的限度几方面来加以规范,而在程序上则不宜苛求。在采取海事即时强制时还要注意正确的方法,"由于海员的神经精神紧张引起焦虑、恐怖、疑病性神经症",在行政执法特别是采取行政即时强制时,有的船员的确心理会抗拒执法,据了解,对抗的原因多是由于船员因对海事法规不了解而产生恐惧心理,如能对船员进行教育和引导,便能使他们积极配合。

四、完善海事行政强制相关法律

科学地赋予海事行政机关拥有合法与合理的行政强制执行权力,同时增强行政执法人员依法行政的法律意识。这一点是极其重要的。世界海运业的发展日新月异,呈现了不同以前的发展态势和行业特点,"航运业国际化趋势的日益发展自然而然给海运立法带来了一些新课题。"我国现行的相关法律法规已不能满足我国海运业的发展需要。而建立和健全海事行政强制执行制度,是各海运大国在海运行政立法上的惯常做法。各国实践证明,通过相关立法以健全海运行政强制执行制度是有效、科学的途径。海事行政机关执法人员依法行政,就是要在行政执法活动中遵循主体合法、程序合法等原则。做到这一点,意义重大,不仅能合法保护行政相对人的利益,而且也有利于海事行政机关自身的建设。

五、扩大和公示海事行政相对人的权利

扩大和公示海事行政相对人的权利,积极促使海事行政相对人纳入海事行政执法体系之中,营造海事行政强制执行权实现的有利环境。行政相对人作为行政法律关系的一方,享有参政权、公平对待权、收益权利、自由权利以及程序权利等。正是基于此,应重视行政相对人参与行政立法的权利,重视行政相对人的知情权,扩大海事行政相对人对海事行政机关的监督权,积极促使海事行政相对人融入到海事行政执法体系之中,努力建立一种海事行政机关与海事行政相对人合作的机制,这种合作的机制应该包含立法上的合作机制、行政管理上的合作机制

以及相互监督上的合作机制等。这对于建立健全一套海事行政强制执行制度有着重要的意义。

六、建立海事行政执法公示公开制度

建立海事行政执法公示公开制度,为海事行政强制执行制度的构筑和完善提供有力的宏观保障机制和大环境;同时兼顾海事行政强制执行权的法律救济机制。作为一项重要的行政法律制度,海事行政强制执行制度不仅在执行环节上有保障机制,而且在法律救济上也要有保障机制。在我国海事行政执法实践中,经过长期的探索和对执法工作的经验总结,人们逐渐认识到建立海事行政执法公示公开制度对于构筑和完善海事行政强制执行制度的意义。有学者认为"执法公示制"应逐步形成海事行政的公开制度,并且认为对"执法公示制"内涵的研究将成为海事行政研究不可忽视的内容。中国作为 WTO 的成员方,海运业作为 WTO 规则调整的服务贸易,作为海运大国的中国必须在建立海事行政公开制度方面做出努力,而且最终要达到具有完整的海事行政法律体系、海事行政公开的局面。唯此,才能使海事行政强制执行制度逐步构筑和完善起来。为达此目的,目前的任务是建立海事行政执法公示公开制度。这是由海事行政强制执行制度内在要求所决定的。在海事行政强制执行权的法律救济机制的构筑上,一方面,要考虑到海事行政强制执行权可能危害到行政相对人的合法权益,通过单一的法律救济途径不能充分地保护受害人;另一方面,要建立多元的法律救济途径,如建立国家赔偿机制,建立合法合理的申诉机制等途径,以充分有效地保护海事行政执法中的相关当事人。

七、完善海事行政强制救济制度

1. 增强对抽象行政行为的审查

将海事行政规章纳入审查申请范围。在抽象海事行政行为中,海事行政规章占有十分重要的地位。同一般的海事规范性文件相比,海事规章具有制定机关级别高,影响面广,可以在一定范围内创设新的行政规范等特点。因此,海事规章一旦违法,其危害性比一般的海事规范性文件更大。将海事规章纳入审查申请范围,赋予海事管理相对人自己启动监督审查抽象行政行为的权利,通过海事行政复议的机制来解决海事规章的监督乏力问题,是十分必要的。

2. 设立海事行政复议听证程序

根据《行政复议法》第二十二条的规定,海事行政复议审理方式以书面审查为原则,必要时行政复议机关可以听取意见。这种规定很不规范,因缺乏严密的法律程序,既不便于操作,也不利于监督。复议方式局限于书面审查,或者局限于把人叫来听听意见就结案,复议过程实际上封闭在"暗箱"当中,不符合法制进步的要求。因此,要开放行政复议的透明度,对案情复杂、与申请人重大利益相关的行政复议案件公开审理,让申请人参与整个复议过程。设立海事行政复议的听证程序,规定具体的条件、程序等,允许双方互对质、自由辩论,使海事管理相对人有机会了解参与海事行政复议活动,对整个复议活动进行监督,从而使海事行政复议由公开走向公正。设立我国的海事行政复议听证程序,不光是与世界接轨,还有助于将我国《行政复议法》赋予海事管理相对人的一些权利落到实处。

3. 建立比较公正的"准司法"行政复议体系

海事救济正义的最低要求是自己不可以给自己当法官。现行的海事行政复议就缺少公正的基本要件,即使行政复议行为实现了实体正义,对旁观者而言产生不公正的感觉是不言而喻的。还应学习日本等国,贯彻执行行政执行机关与裁判机关相分离原则,复议机关权限具有独立性。现实中可设想成立独立于海事机关的行政复议机关,使之行使海事复议权,以达到最起码程序正义的基本要求。

4. 明确规定经过复议的案件,一律以复议机关为被告

这样有利于推动复议机关依法公正进行复议,发挥复议的积极作用。同时,在诉讼救济中应设立专门的海事法庭,以杜绝海事机关以其专业优势影响法院的中立判断。

5. 扩大行政赔偿范围

行政赔偿不仅包括直接损失,而且包括可计算和可期待的间接损失。这样既保护了行政相对人的合法权益,又增加了海事机关违法行政的风险,有利于减少海事机关违法行政。

第四节 海事行政强制执行和解制度

在我国《行政强制法草案》里也首次提出了行政强制执行和解原则:"实施行政强制执行,行政机关可以在不损害公共利益和他人利益的情况下,与当事人达成执行和解。"行政强制执行和解在行政强制执行中的越来越广泛的应用是必然的趋势。

一、海事行政强制执行和解制度分析

随着行政自由裁量权的出现,行政权经历了从不能自由行使到一定程度可以自由行使的转变,行政强制权的单方行为也发生了一定文化,"行政强制和解"这个词开始出现在我们视野。在民事强制执行中,和解是较常见的。而在行政强制中,传统的学说一直认为,法律、法规的规定必须坚决贯彻实施,不允许和解。其主要理由是:首先,关于行政强制能否和解的问题,《行政诉讼法》等一般法典没有明文规定,各个具体行政领域的有关法律、法规上也并无明文规定。其次,"有法可依,有法必依,执法必严,违法必究",已成为家喻户晓的政策和依法行政的基本内容,也是执法部门执法工作的奋斗目标。"在行政强制执行中,实施强制执行的行政机关实施强制执行或申请人民法院执行,是由国家授权的职责。行政机关无权处分国家授予的职权,这就决定了在行政强制执行中不会有也不容许有执行和解问题",因此,人们必然认为,行政行为的特殊性质决定了其不适合于和解。学界一致认为不能和解的传统观点,是在大陆法系国家有关行政行为权力性和不可处分性的观念影响下形成的。人们认为,行政强制机关采取相应措施,责令相对人履行义务,是该机关所应承担的责任,允许相对人不履行其法定义务,就意味着失职,为法律所不允许,也有悖于行政管理的宗旨,因而在强制执行过程中不能与相对人和解;有的学者强调行政行为的不可处分性,主张在强制执行过程中,对义务主体行政相对人来说,只有一个选择,即履行其应履行的义务。而行政权力享有者不可能免除或变更相对人义务,这是行政机关的责任。

实际上,传统学说有关不得和解的主张之所以能够成立,是以"其应履行的义务"明确、合法、合理为前提的。或者说,行政行为的不可处分性的成立前提是羁束性。只要法律、法规赋予行政主体一定幅度或范围的行政裁量权,那么,这里的所谓"其应履行的义务"就有变动的

可能性,就应该是可以“和解”的。只不过这里的和解要受到更加严格的限制而已。在美国,行政机构不仅可以设定一些规则,而且,它还可以通过一系列的手段来保障规则的实现。其中在防止污染等重要的领域,行政机构可以采取较多的手段来防止和治理水、空气等的污染,包括执行前的一些监控和调查等。这就要求被监控的企业等遵纪守法,并且履行报告、登记等方面的义务。而行政机关则可以充分利用视察权,有效监控有关标准的实现情况。通过视察,对档案进行检查,对机器等设施进行检查,以确定其是否已经达到行政机关所设定的一系列标准。如发现不符合标准的,可以起诉,通过起诉以寻求对不符合标准之企业的制裁。然而,在美国,越来越多的现象是,行政机关尽量不通过司法途径,而是尽量通过协商、谈判等方式来解决。行政机关和当事人未达成协议的话,就可能真正启动执行程序,甚至可能付诸司法审查。美国的行政执行程序是开放的,是非正式的,其主要目的在于促使当事人磋商,以达到问题的解决。并且,只要在法定的幅度或范围内,行政机关所做的决定得到包括司法机关在内的各部门和个人的最大限度的尊重。这是值得中国学者特别注意的一种趋势或者倾向。近年来我国社会经济状况发生重大变化,“这种经济和社会发生重大转折意味着对法律文化多层次的挑战,法律必须接受新内容”,“法律的任务在于根据利益的需要不断修正或发明新工具、当权力的强制性已经不能适应权的现实利益变化时,行政法就需要通过新的工具、手段来进行调节”。据最高人民法院研究室统计资料表明,1989—2005 年申请人民法院执行具体行政行为案件数目大量增长,但人民法院强制执行占有比例较低,占总数的 12.25%,而自动履行和执行和解比例高,占 73.98%。可见,行政强制和解实践中已经大量运用。我国《行政强制法》第四十二条也对行政强制和解做了规定:“实施行政强制执行,行政机关可以在不损害公共利益和他人合法权益的情况下,与当事人达成执行协议。执行协议可以约定分阶段履行;当事人采取补救措施的,可以减免加处的罚款或者滞纳金。”事实上,在海事行政管理工作中,出于各方面的原因,在双方“默契”下,海事行政强制和解在强制执行中已经得到了应用。

二、海事行政强制执行和解必要性

在海事行政强制实践中,行政强制执行和解对于海事部门往往更能提高工作效率,节约行政成本。对于行政相对人来说可以更大限度减少损失。从某种意义上来说体现了法律的人文精神,体现了社会倡导的“以人为本”精神,也符合立法者的本意。下面结合海事部门对一宗海事强制和解的案例进行分析。2006 年 5 月 29 日,“三无”船舶“粤德庆油 0339”在珠江口大壕水道被海事部门查获,经检查该船是没有任何有效证书的报废船,且未按规定配备船员,海事执法人员按有关规定采取海事行政即时强制措施,责令停止航行,要求其驶往太平船舶保管场予以滞留,接受进一步的调查处理。经调查,“粤德庆油 0339”长 31 米、宽 8 米,196 总吨,A 级航区,船主以 28 万元价格从顺德购得该艘报废内河油船,该船存在未持有有效的检验证书、登记证书、未按规定配备船员,跨航区行驶的违法事实。船舶被滞留后,该船不能提供任何有效的船舶所有权证明文件、有关法定文书,也不能出具当事人所在地县(区)人民政府交通主管部门出具的担保。广州海事局根据海上交通安全法和交通部《关于严厉打击“三无”船的通告》的通知,对该船实施强制拆解的海事行政强制措施。在行政强制执行过程中,船方递交了《主动拆解“三无”船舶报告》,海事部门同意了船方的请求,与船主方达成海事行政强制和解协议,船方主动拆解可获得拆船残值。经海事部门核准和监督下在番禺浮莲岗拆船厂进行了拆解。与以往海事部门强制拆解“三无”船舶不同的是,本来由海事部门强制拆解转变为同意船方自行拆解,船方可获得拆船残值,事实上构成了海事行政执行强制和解。由于"三无"船舶对水上安全构成危害极大,拆解"三无"船舶是消除安全隐患最好的解决办法,对海事部门来说,拆解"三无"船舶行政成本较高,而船主得不到经济补偿,损失也很大。海事部门在实施强制拆解执行中同意了船方自行拆解可以获得一定的残值的申请,这样既达到了水上安全管理的目的,又最大限度保护到了行政相对人的利益。

行政强制不是行政管理的目的,"从法律的目的来说,法律的目的是对受法律支配的一切人公正地运用法律,借以保护和救济无辜者。""一切法律所具有或通常应具有的一般目的,是增长社会幸福的总和,因而首先要尽可能排除每一种趋于减损这种幸福的东西,亦即排除损害"。从立法者的原意,海事行政强制目的是规范海事行政强制行为,维护海事行政管理秩序,保护行政管理相对人合法权益。在海事行政执法中,对涉及人民财产的时候,对要采取海事行政强制执行时应该慎重。海事行政强制措施和海事执行所对的目标往往是船舶和船舶设备,不同于一般物品,价值都比较大,价值少则上万,多的达上百万及千万。如采取海事行政强制措施没收船舶、拆解船舶、拆除设备等,行政强制措施一旦实施行政相对人损失较大。从以上"粤德庆油0339"案例,如果实施海事行政强制措施强制拆除,船方将不会得到任何经济补偿,海事行政强制执行和解能让行政相对人从价值过万的船舶中有所收益,而海事管理部门又减少了行政成本,从繁琐的程序中解脱出来,因此,海事行政强制执行和解在海事管理中有着实用性和必要性。

行政强制是基于民事强制的有关制度而创建、发展起来的。既然在民事执行中双方当事人可以和解,那么,在行政执行中,只要存在"可处分性"或者裁量的幅度或限度,就不能完全排除这种可能性。当然,由于行政案件的特性决定了行政执行的和解量要远远少于民事执行中的和解。行政机关既然有权对行政管理相对人做出处理决定,也有权在一定幅度或范围内选择处理决定,并且有权撤销原处理决定,那么,为促使相对人履行行政行为所确定义务,避免人为制造的违法现象的发生,行政机关就应该具有通过和解方式了结行政争议的权能。尤其是在复议机关或者人民法院的主持下,行政执行的和解将更加具有合法性和合理性。因此,争讼中的和解,更值得肯定和提倡。

三、海事行政强制执行和解的限制条件

执行和解毕竟是以行政主体和行政相对人相互让步为基础达成的,稍有不慎就会造成违法行政或不当行政,执行和解必须具备一定条件才能成立,也才能产生执行和解的法律后果。因此必须规定相应的限制条件进行一定程度的约束,以保证和解达成应有的目的且手段正当。针对当前行政执法实践状况,应从以下几个方面进行限制:

(1)执行和解的行为性质归属于行政合同,因此已有的执行合同制度应当适用于执行和解合同,如行政合同指挥权、变更权等行政优益权的规定,例如行政强制执行中发生了重大情势变更,事后应给予相对人适当行政补偿。

(2)就和解的内容标的而言,涉及金钱给付的行政义务原则上可以和解,而涉及行为负担义务时,一般不考虑运用执行和解方式。这主要是基于以下考虑:金钱给付的行政义务(如缴纳罚款)裁量余地较大,实践操作也较为简便易行,而行为负担义务,无论是可替代义务还是不可替代义务,和解难度都较大,并且和解易造成公益受损,其限制条件也不易规定;另外,一般而言,和解只能针对相对人轻微违法行为导致的行政处理来进行,而对行政相对人严重违法

行为导致的行政处理,原则上不能和解。这是因为,此种行为带来的“程序经济”社会公益一般不能完全弥补或大于相对人违法行为给社会公益造成的严惩损害,因此,不符合狭义比例原则的要求,和解不得实施。

(3)就和解的时间阶段而言,执行和解应在行政决定做出后的执行阶段完成,不能提前至行政行为做出前,或虽然已做出行政决定但未对相对人产生拘束力,防止行政相对人与行政机关就“行政决定”讨价还价,也不能拖后至执行完毕,再以返还财产物为目的进行和解。

(4)就和解的实质限定条件而言,必须符合公益维护的正当性,如果执行和解是出于任何不良动机及不合理考虑,不得进行。

(5)就和解的主动而言,若行政执行中涉及第三人利益时,因行政公正力的效力要求,行政主体与相对人欲达成执行和解时应必须告知第三人并征询其意见。若第三人同意和解内容,则此部分和解协议对第三人产生约束力;若第三人反对和解内容,则和解不能达成,或只能在行政主体与相对人双方权利、义务范围内达成。而若第三人提出的新主张,可由行政主体、相对人、第三人三方主体自由协商,以决定是否达成和解。

第四章 海事行政处罚

行政机关拥有的行政处罚权是国家的公权力，是行政机关对违法行政相对人的一种严厉制裁，所以行政处罚权的行使要慎之又慎。党的十五大提出了依法治国、建设社会主义法制国家的宏伟目标。依法治国的核心在于依法行政。依法行政首先要规范行政处罚，杜绝行政处罚权的滥用。《行政处罚法》自1996年10月1日实施以来，行政执法、行政处罚不仅仅是有法可依了，而且最为重要的是行政执法机关的法律意识增强了，行政相对人的合法权益有了强有力的保障，面对违法处罚，任何人都可以说“不”。这是法治国家刻意追求的目标，也是法治国家对任何一位公民必须具有的法律上的保障。

海事行政处罚作为各级海事机构常用的行政管理手段，为规范海事管理、打击违法行为发挥了很大的作用。但随着《行政处罚法》、《中华人民共和国行政许可法》（以下简称《行政许可法》）等一系列行政法的颁布实施，行政处罚权被严格限制，行政处罚程序更为严谨。面对这种形式，海事执法人员必须要转变传统观念，树立依法处罚意识，严格遵守处罚程序，避免或尽量减少在行政复议或诉讼中败诉。

第一节　海事行政处罚概述

一、海事行政处罚的概念与种类

1. 概念

海事行政处罚是指各级海事管理机构依照法律、行政法规、地方性法规和规章的规定，并依照行政处罚法规定的程序，对公民、法人或其他组织违反行政管理秩序的违法行为所给予的制裁。

从基本的制度结构而言，上述关于海事行政处罚的定义可以理解为海事行政处罚是对违反第一层次义务的当事人所科处的第二层次义务。所谓第一层次的义务是由相对应的法律规范所设定的，作为社会成员的公民、法人和其他组织必须遵守的程序，如《中华人民共和国海上交通安全法》（以下简称《海上交通安全法》）第三十三条规定：“船舶装运危险货物，必须向主管机关办理申报手续，经批准后，方可进出港口或装卸。”这项由法律规定的船舶进出港申报规则就是一项载运危险货物船舶必须遵守的法定秩序。所谓第二层次的义务是指社会成员因违反第一层的义务所导致的应该承受的法定制裁。例如《海上交通安全法》第四十四条规定：“对违犯本法的，主管机关可视情节，给予下列一种或几种处罚。”其中规定的处罚种类就是属于第二层次义务的制裁。因此,只要船舶不违反第一层次的义务(秩序),就无须承担第二层次义务(制裁)。

行政处罚的本质是权利义务问题。行政处罚的直接目的并不是促使行政法上义务的实现,而是通过处罚使违法者精神、自由和经济利益受到限制或损害,从而使违法者吸取教训,杜绝重犯。因此,可以说,处罚施于违法者的不利后果,应等于违法行为对社会或个人已造成或可能造成的危害,体现过罚相当的原则,达到教育相对人不再发生违法行为的目的。

需要强调的是,对于实施行政处罚的主体即特定行政机关来说,也同样涉及权利义务问题。对违反法定义务人予以处罚是行政机关的一项重要职权,同时又是行政机关的一种义务和责任。因此,行政机关对违反法定义务的公民、法人或者其他组织必须依照法律规定的条件予以处罚,不能“置之不理”,否则就构成行政失职。行政失职与滥罚一样,同样要承担法律责任。职权与公民的权利不能混同。职权必须履行,不能放弃,因而它同时也是职责。

2. 种类

依据《行政处罚法》的规定,行政处罚种类有七大类,其中第七类是兜底性规定。

《行政处罚法》第八条:

“行政处罚的种类:

(一)警告;

(二)罚款;

(三)没收违法所得、没收非法财物;

(四)责令停产停业;

(五)暂扣或者吊销许可证、暂扣或者吊销执照;

(六)行政拘留;

(七)法律、行政法规规定的其他行政处罚。”

从《行政处罚法》规定来看有两点值得注意:一是只有法律能够创设各种行政处罚,法规及规章都是有限的;二是只有法律设定行政处罚,无须根据什么规范,而法规及规章设定处罚首先是根据《行政处罚法》,其次如果法律已有设定的,法规及规章就不能再行创设,只能规定了。

3. 警告的形式与适用

警告作为行政处罚的一种具体形式,是指行政处罚主体对违法行为人所做的谴责与告诫惩罚。警告是以损害被处罚人名誉权为内容的处罚形式,并不涉及被处罚人的其他权益。警告是最轻的一种行政处罚,一般适用于情节轻微尤其是尚未造成具体损害后果的情形。

警告作为一种行政处罚,应当以书面形式做出,而不能适用所谓的口头警告处罚。这一点应引起海事执法人员的充分注意。

警告既然是一种行政处罚,除了它的表现形式应是规范的书面形式以外,还应当在内容方面加以规范。因此,警告处罚应当载明违法行为人的违法事实,不能因为警告是一种最轻的处罚,就可以对违法事实的认定“忽略不计”。此外,警告处罚书还应当载明适用处罚的法律依据,即根据什么法律的什么条款做出警告处罚,不仅如此,警告与其他处罚一样,处罚机关还应当书面表达救济期限和救济途径,保障被处罚人能够行使其获得救济的权利。

那么警告的适用条件是什么呢?法律没有具体的规定,而将适用于何种具体处罚种类交由处罚机关“自由裁量”。警告适用于什么条件确实没有具体的标准,但从警告本身的法律特点看,它的适用条件还是有规律可以遵循的。首先,警告适用于违法最轻微但有应予处罚的条件。其次,没有造成具体的损害结果。再次,有从轻或减轻处罚情节,从其他处罚种类从轻或减轻至警告的情形。最后,对未成年人(14 至 18 岁)不宜选用其他处罚形式的,可以适用警告。

4.“责令改正”不是行政处罚

责令改正,是指行政主体责令违法行为人停止或纠正违法行为,以恢复原状,维持法定的秩序或者状态,具有事后救济性。《海上海事行政处罚规定》中规定了一项重要的行政管理措施,也就是责令当事人改正。有人认为这种管理措施属于行政处罚的一种,如全国人大网站在对《海洋环境保护法》第七十三条的释义中认为:“本条规定的行政处罚有两种形式:一是责令限期改正,二是在责令限期改正的同时,并处罚款。责令限期改正是对违法行为人实施的一种制止其违法行为继续进行的行政处罚。因此,对任何属于本条规定的违法行为,首先均应当适用责令限期改正的行政处罚。这里的限期由实施行政处罚的行使海洋环境监督管理权的部门做出决定。”其实这种解释是不合适的,责令改正应当属于一种行政命令。

责令改正与行政处罚的区别是明显的:

(1)概念和具体目的不同。行政处罚是行政主体对违反行政管理秩序的行为,依法定程序所给予的法律制裁,以达到对违法者予以惩戒,促使其以后不再重犯的目的;而责令改正是行政主体实施行政处罚的过程中,对违法行为人发出的一种作为命令,以制止和纠正违法行为,恢复原状,维持法定的秩序或者状态。

(2)性质及内容不同。行政处罚是法律制裁,是对违法行为人的人身自由、财产权利的限制或者剥夺,是对违法行为人精神和声誉造成损害的惩戒;而责令改正其本身并不是制裁,只是要求违法行为人履行法定义务,停止违法行为,消除其不良后果,恢复原状。

(3)形式不同。行政处罚有警告、罚款、没收、责令停产停业、暂扣或者吊销许可证及执照和拘留等;而责令改正因各种具体违法行为不同而分别表现为,停止违法行为、责令退还、责令赔偿、责令改正、限期拆除、限期治理等形式。

(4)角度不同。行政处罚是从惩戒家的角度,科处新的义务,以告诫违法行为人不得再违法,否则将受处罚;而责令改正则是命令违法行为人履行既有的法定义务,纠正违法,恢复原状。

二、海事行政处罚的原则

1. 概念

行政处罚作为行政法制度的一部分,当然受行政法基本原则的统率与指导,但它作为一种有自身内容与特点的法律制度,也有它特定的法律原则。海事行政处罚是行政处罚的一个专门领域,行政处罚的原则当然也适用于海事行政处罚。

所谓行政处罚的原则是指,由法律所规定或认可的对行政处罚的设定与适用具有普遍指导作用的准则。它的基本特征主要有:①行政处罚的原则,适用于行政处罚的设定与使用过程,既是一个立法的原则,也是一个执法的原则;②行政处罚的原则具有普遍的指导作用;③行政处罚原则是由法律规定或认可的理性的公理。

2. 处罚法定原则

行政处罚法定原则是行政处罚原则的核心。处罚法定原则包含几层含义:首先,处罚法定原则指的是法无明文规定不处罚。公民、法人或其他组织的任何行为只有在法律法规明确规定应予处罚时,才能受到处罚。只要法律法规没有规定的就不能予以处罚。这与刑法的罪刑法定原则出于同一精神。处罚法定原则是法治主义的必然要求。只要法律没有禁止的,作为私人的公民都可为之,不受法律追究。它反映了公民权利的不可侵犯性。它与凡是未经法律授权,政府都不得为之的原则是相对称的。在现代社会,这些原则构成了公民自由和自身安全感的基础,使得公民能在法律保护下放心大胆地从事各种创造性活动,从而使国家充满活力。

但需要进一步说明的是,处罚法定原则所指向的"法",是一种广义上的法,包括法律、法规和行政规章。

3. 过罚相当原则

《海上海事行政处罚规定》第七条规定:"实施海事行政处罚,应当与海事行政违法行为的事实、性质、情节以及社会危害程度相适应。"这就是海事行政处罚的过罚相当原则。过罚相当原则是指行政处罚作为国家的一种行政制裁手段,应当与违反行政法义务、破坏行政管理秩序的程度、再犯的可能性以及行政处罚所要达到的目的之间成正比。这是行政法上适当、合理原则在行政处罚中的体现。罚重于过,无以服人;罚轻于过,难以达到震慑和制止违法行为的目的。但必须指出,过罚相当原则并不意味着比如违法行为人造成 50 元财产损失,就对之处以 50 元罚款。过罚相当不是单纯一个量的概念。因为违法行为不仅造成了 50 元的可见损失,而且给社会秩序带来了一定危害,所以对该行为的处罚必须超过 50 元的可见损失。这正是过罚相当原则的体现,同时也反映了增强行政处罚力度的要求。

4. 一事不再罚原则

《海上海事行政处罚规定》第十条规定:"对当事人的同一个海事行政违法行为,不得给予两次以上海事行政处罚。"在行政处罚适用方面,一事不再罚的原则引起较大争议。一事不再罚指的是对同一违法行为不能以同一事实和同一理由给予两次以上的处罚。一事不再罚原则的目的在于防止重复处罚。实践中,一事再罚的情况并不少见。因为我国行政机关之间的职权常有交叉、重复。因此确立一事不再罚原则是有实际意义的。

5. 合法、公开、公正,处罚与教育相结合原则

《海上海事行政处罚规定》第三条规定:"实施海事行政处罚,应当遵循合法、公开、公正,处罚与教育相结合的原则。"公开原则是指行政处罚的各个环节要让当事人和社会公众知晓,有利于他们对行政处罚的监督。具体是指:对行政违法行为给予行政处罚的规定公开;行政处罚主体做出行政处罚决定所依据的事实和理由公开;行政处罚决定公开。公正,即"公平对待""相应平等"。公正原则包括:第一,一切相等的情况必须平等地对待;第二,一切不相等的情况必须不平等的对待;第三,比较不平等的对待必须和比较不相等的情况保持对应关系。正确、科学地制定法律规范,是公正执法的前提和基础。行政处罚的事实,应依法律规范的规定、违法事实、违法性质、情节及社会危害后果为依据。公正原则,必须通过一系列客观的制度落实到实处。

处罚与教育是实施法律规范的两种必不可少的手段。给予行政处罚,决不单纯是为了惩罚。对违法者给予行政处罚更应强调教育,行政处罚的直接目的是纠正违法行为,对违法者和

广大人民群众进行教育,提高法制观念,使公民自觉地遵守法律、维护法律。

三、海事行政处罚的设定权

1. 设定权的泛滥

行政处罚设定权指通过立法规定出现何种情况、在何种条件下应予何种处罚的权力。不能把这种权力与实施行政处罚的权力混为一谈。实施行政处罚的权力是将法律的这种设定进行落实的权力。一般地说,处罚设定权与实施权应该分离,不能由同一国家机关行使,这应是行政处罚的一项基本原则。如果实施处罚的机关自己可以规定在何种情况下实施何种处罚,就可能导致处罚权不受约束,而且可能造成某些行政机关最大限度地扩大自己的行政处罚权,追求部门利益,同时尽量减少自己应承担的法律责任,这是违背行政法治原则的。

2. 法律的一般规定

行政处罚的设定,指的是哪一级国家机关可以创设行政处罚的种类和形式,对公民、法人或者其他组织予以制裁。行政处罚的设定权,就是由我国的立法体系所决定的、由特定的法律所规定的、为特定的国家立法机关或国家行政机关所享有的、并为一定级别的规范性文件所反映的对给予行政处罚的行为、种类和幅度进行规定的权力。行政处罚的设定权是国家的一项重要的立法决定权和行政管理权。

按照《行政处罚法》的规定,行政处罚的设定权由其所规定的五大类立法主体享有并分别以相应的规范性文件的形式具体地反映。在我国,享有行政处罚设定权的机关包括作为国家权力机关的全国人民代表大会及其常务委员会、作为中央行政机关的国务院、作为地方权力机关的地方性法规的制定机关和作为地方行政机关的地方政府规章的制定机关。行政处罚设定权就是由上述机关通过国家立法、地方立法或行政立法的形式,用法律、行政法规、地方性法规、部门规章、地方政府规章的形式具体表现出来的。

在行政处罚的设定权方面,引起争议最多的就是部门规章和其他类规范性文件的设定权问题。在海事管理实践中,大量是依据交通部规章来进行处罚的,所以了解部门规章和其他类规范性文件的行政处罚设定权限是很必要的。

3. 部门规章的处罚设定权

部门规章是由国务院各部、委员会制定的规章,又称“中央部门规章”,或称部委规章,是在全国范围内具有仅次于法律、行政法规的法律效力的行政规范性文件。国务院组成部门和直属机构可以制定部门规章。地方政府规章不得与之相抵触,地方性法规中有关部门行政管理方面的规定也不得与之相抵触。

部门规章量大面广,从1979年以来,各部委已经制定了1万多个规章,成为我国法律规范体系的重要组成部分。许多规章都设定了行政处罚目,相对来说易造成管理混乱,各方面意见也比较大。规章是否能够设定行政处罚?如果能设定,可以设定哪些种类的行政处罚?这在《行政处罚法》立法过程中是一个争论最激烈的问题。但最终,法律进行了两方面的妥协,选取了折中的方案,即规章可以有条件的设定行政处罚。通过《行政处罚法》第十二条可以看出,部门规章包括国务院各部、委员会及依国务院授权具有行政处罚权的直属机构制定的具有普遍约束力的规范性文件。部门规章可以设定的行政处罚有两大类:

(1)在法律、行政法规规定给予行政处罚的行为、种类和幅度的范围内,根据本部门行政管理的实际需要,做出具体的规定。由此可见,部门规章在设定警告或者一定数量的罚款以外的行政处罚时,一般应当依法律、行政法规有类似的规定为前提,并严格遵守法律、行政法规规定的受处罚行为、处罚种类及幅度的限制。

(2)法律、行政法规尚未对某些违反行政管理秩序的行为做出相应的行政处罚规定的,国务院部、委员会有权制定规章对违法行为设定警告或者一定数量罚款的行政处罚,但罚款的限额不能超过国务院规定的标准。

在把握部委规章的行政处罚设定权时,尚有以下几个问题需要注意:

(1)全国人大或其常委会或者国务院已经对某种行为制定了法律、行政法规进行规范,但没有规定哪些违法行为应当受行政处罚的,部委规章不能规定行政处罚。

这个问题应引起行政机关的充分注意。在众多行政机关看来,有违法行为,必有相应的行政处罚措施,这是完全错误的理解。举个例子,《海洋环境保护法》第七十条规定,船舶在港区水域内进行洗舱、清舱、驱气,排放压载水,残油、含油污水接收,舷外拷铲及油漆等作业,应当事先按照有关规定报经有关部门批准或者核准。但在法律责任中,没有对违反上述情况做出处罚规定,那么规章就不能对其做出规定了。其实理解起来也不困难,法律在确立船舶义务性规范的同时,都认为不应该进行处罚,规章当然不能违反法律的原意设立处罚了。

(2)全国人大或其常委会或者国务院已经对某种行为制定了法律、行政法规进行规范,并规定了哪几种行为属于违法行为应受行政处罚和应受何行政处罚的,部委规章只能在法律、行政法规规定的几种应受行政处罚的行为、行政处罚的种类和幅度内做出具体规定,不能增加应受行政处罚的行为、行政处罚的种类,也不能扩大行政处罚的幅度。

4. 其他类规范性文件的处罚设定权

规范性文件是一个经常使用且概括力很强概念,因而很自然地会在不同的语境中有着不同的含义。明确其他类规范性文件的概念十分必要,对于我们海事执法人员来讲,这个概念经常被混淆。

法律、法规和交通部规章都是规范性文件。所以,不能一概认为规范性文件专指没有立法权的机关发布的文件。有人认为规范性文件有广义和狭义两种。广义上的规范性文件包括宪法、法律、法规、自治条例、单行条例、规章以及国家机关在职权范围内依法制定的具有普遍约束力的文件;狭义上的规范性文件是指除宪法、法律、法规、自治条例、单行条例、规章以外的国家机关在职权范围内依法制定的具有普遍约束力的文件。我们通常所说的规范性文件是指狭义上的规范性文件。其实,这里指的狭义上的规范性文件在学理上一般称为其他类规范性文件,指各级各类国家行政机关为实施法律,执行政策,在法定权限内制定的除行政法规和规章以外的具有普遍约束力的决定、命令级行政措施等。在海事管理实践中,存在着大量这类规范性文件,理解它的概念显得十分必要。

《行政处罚法》第十四条明确规定:"其他规范性文件不得设定行政处罚。"在处罚法颁布前,大量的规范性文件创制了许多的行政处罚措施,是造成滥处罚的重要原因,群众对此意见很大。为了从立法上解决这一问题,处罚法做了禁止其他规范性文件设定行政处罚的强制性规定。

5. 各级海事管理机构不能设定处罚

通过上文已经知道,只有法律、法规和规章可以设定行政处罚。除此之外,任何其他规范性文件不得设定行政处罚。根据《立法法》的规定,有部门规章制定权的机构有两种,一是国务院组成部门,如交通运输部、发改委、审计署等。二是国务院直属机构,如海关总署、质检总局、工商总局等。除此之外,如部委管理的国家局(国家海洋局、国家测绘地理信息局等)和部直属局(海事局)无权制定行政规章。中华人民共和国海事局和各直属海事局发布的规范性文件只能属于其他类规范性文件,根据《行政处罚法》规定,这类文件不能设定行政处罚。

四、海事行政处罚的管辖权

1. 地域管辖

《行政处罚法》规定,行政处罚由违法行为发生地的行政机关管辖,从而确立了行政处罚地域管辖的一般原则。所谓地域管辖,是指根据行政机关的管理区域确定其实施行政处罚权的地域范围,是横向划分同级人民政府之间及其所属部门在各自管辖区内实施行政处罚的权限分工。地域管辖是管辖权的一个重要概念,了解其内涵并在行政处罚案件中加以运用,对避免行政处罚错案有重要意义。

行为人的行为构成行政违法,其中一个重要要件是客观上实施了行政违法行为,以行政违法行为的发生地作为行政机关管辖行政违法活动基准点是比较科学的。首先,规定违法行为发生地的行政机关管辖,便于行政执法机关对违反行政管理秩序的案件的管辖,适用起来范围较广,既包括实施违法行为地也包括危害结果发生地,它囊括了行为人实施行政违法行为的全过程,无论违法行为人在其实施违法行为的哪个阶段被发现,都可以立即依法就地给予行政处罚,有利于行政机关及时有效地打击行政违法活动;其次,规定违法行为发生地的行政机关管辖,有利于行政执法机关对违法事实的进一步侦查,便于调查、取证,可以有效地节省执法机关的人力、物力,提高工作效率;再次,规定违法行为发生地的行政机关管辖符合行政机关各司其职的原则,我国的行政管理首先是按照行政区划进行的,地方人民政府管理本辖区内的社会生活、公共事务,对本辖区内发生的行政违法活动进行管辖,是其应有的职权和责任。

《海上海事行政处罚规定》第六十三条规定:

"海事行政处罚案件由海事行政违法行为发生地的海事管理机构管辖,法律、行政法规和本规定另有规定的除外。

本条前款所称海事行政违法行为发生地,包括海事行政违法行为的初始发生地、过程经过地、结果发生地。"

一个海事违法行为,如果某海事机构对其没有地域管辖权,即使掌握足够的合法的证据,也不能对其进行处罚。

2. 级别管辖

所谓级别管辖,也就是各级海事管理机构的处罚权限问题。《海上海事行政处罚规定》只明确了海事处的处罚权限,而对于直属海事局与分支海事局的处罚权限没有明确。由此可以认为,分支局与直属局可以管辖任何类型的行政处罚。但为了行政处罚的谨慎进行,有的直属海事局颁布了内部的规范性文件,对本局所属的分支海事局与海事处的处罚权限予以进一步明确,这种做法是完全可行的,也是符合法律精神的。海事处的管辖权见《海上海事行政处罚规定》第六十四条:

"各级海事局所属的海事处管辖本辖区内的下列海事行政处罚案件:

(一)对自然人处以警告、1 万元以下罚款、扣留船员适任证书 3 个月至 6 个月的海事行政处罚;

(二)对法人或者其他组织处以警告、3 万元以下罚款的海事行政处罚。

各级海事局管辖本辖区内的所有海事行政处罚案件。"

3. 海事处管辖权

虽然《海上海事行政处罚规定》对海事处的处罚权限做出了明确的规定,但是在执行过程中由于执法人员的疏忽或者没有引起充分的注意,存在着诸多超越权限违法处罚行为,这些超越权限的处罚行为,一旦引起复议或诉讼,难免会处于被撤销或被宣告无效的不利境地。在实施海事处管辖权时需注意:

第一,不是对所有的船舶所有人都可以罚款 3 万元以下。《海上海事行政处罚规定》规定海事处可以对法人或其他组织处以 3 万元以下罚款的行政处罚。但是不要以为所有的船舶所有人都是法人或其他组织,有的情况下船舶所有人是个人(自然人)。如果船舶所有人是自然人,海事处对其的罚款限额是 1 万元以下。

第二,海事处不能对自然人罚款超过 1 万元,这一点只要稍微留意就不会出错。有的执法人员只记住了海事处的处罚权限是 3 万元以下,却没有区分对象而产生了此项错误。

第三,对自然人当场处罚的额度是 50 元以下。有的执法人员认为适用一般程序处罚比较烦琐,想方设法适用简易程序。在适用简易程序时,仅仅记住了 1 000 元以下的额度,而没有想到这只是对法人的适用额度,在对自然人罚款时认为也是 1 000 元以下适用简易程序。

五、其他几个有关的概念

1. 行政机关与行政机构

行政机关是指为了实现行政目的而依宪法组织法设置的,承担行政事务并能独立进行管理的基本组织体。行政机构通常是指行政机关的内部机构。行政机关与行政机构的主要区别表现在行政机关是能独立对外管理的基础单位,而行政机构作为行政机关的内部组成部分,只是作为行政机关的一部分而存在,只能代表所在的行政机关对外管理,不能独立行使职权。

2. 行政处罚与行政处分

行政处罚是指国家行政机关及其他依法可以实施行政处罚权的组织,对违反行政法律、法规、规章,尚不构成犯罪的公民、法人及其他组织实施的一种制裁行为。行政处分是对国家工作人员及由国家机关委派到企业事业单位任职的人员的行政违法行为,给予的一种制裁性处理。

二者是两种不同的行政制裁形式。行政处罚是外部行政行为,行政处分是内部行政行为。两者都是行政性质的法律责任,而且都具有制裁的内容,违法者所违反的都是行政法律规范。行政处分的形式比较有限,只有警告、记过、记大过、降级、撤职和开除六种;而行政处罚的具体形式则比较复杂,主要有警告、通报批评、罚款、行政拘留、没收、吊销许可证执照、责令停产停业,等等。

3. 行政主体与行政相对人

行政主体是指依法享有国家行政职权,能代表国家独立进行行政管理并独立参加行政诉讼的组织。行政相对人是行政法学理论体系的基本范畴,是行政法律关系的参加者,是对行政主体享有权利和承担义务的公民、法人或其他组织。由此概念可以看出,在海事行政处罚中,各级海事管理机构是行政主体,船舶、船员、船舶所有人等是行政相对人。

4. 行政执法

执法,即国家机关对法律的执行。在我国,行政执法不是一个十分明确的法律概念,学术界和实务界对行政执法的具体含义存在着不同的理解。目前更多的是在具体行政行为这一层面上使用行政执法的这一概念,即行政主体依法采取的具体直接影响行政相对人权利义务的行为,或者对个人、组织的权利义务的行使和履行情况进行监督检查的行为。

行政处罚只是行政执法的一种基本表现形式。我国行政执法的基本形式还有:行政许可、行政给付、行政奖励、行政征收和征用、行政监督检查、行政采购、行政强制、行政合同。除上述的行政执法基本形式外,行政执法主体的执法形式还有行政确认、行政命令等。

5. 行政指导

根据相关海事法律法规的规定,海事管理机构可以针对某项行为提出安全管理建议,这种安全管理建议就是一种行政指导行为。那什么是行政指导呢? 它是指行政主体就其主管事项,采用建议、劝告、说服等非强制手段,取得相对人同意和协助,自觉地为一定行为和不为一定行为,从而实现行政目的的活动。从逻辑上讲,行政主体进行行政指导的目的是建立其期望的行政秩序,既不同于行政合同需要相对人之合意才能成立,也不同于一般的行政命令,以法律后果为保证实施,该行为以行政主体单方面意志决定是否进行。行政指导行为不具有相对人必须履行的法律后果,相对人可以选择接受或不接受行政主体的指导"意愿",不接受不会导致承担不利的法律后果。

第二节 海事行政处罚依据

中国海事局是国家设立、交通运输部领导的负责国家水上安全监督管理、防止船舶污染、船舶及水上设备检验、航海保障的海事行政执法机构。国家宪法、行政法,与海事行政执法相关的有关法律、行政法规、规章,以及中华人民共和国缔结和加入的有关国际公约、条约,是中国海事局及其各级海事管理机构实施海事管理和执法的法律依据。

据不完全统计,从新中国成立以后至今不到七十年的时间里,各级各类涉及海事管理的规范性法律文件有 1 万多件。这些规范性文件包括具有法律效力的法律、行政法规、地方性法规、交通部规章、地方政府规章,还包括不具有法律性质的各级海事管理机构发布的其他类规范性文件。上述规范性文件构成了海事法规体系的基本框架。由于海事发展一直遵循着法制的道路,立法上力求规范和统一,整体上来说,海事法规体系是较完善的,法律层次也很分明。

但是,也应该注意到,由于海事管理起步较晚,法规体系不健全的实际情况也客观存在。为规范海事立法,交通部于 2001 年制定了《海事法规体系框架》,明确规定:"为保证海事法律、法规、规章正确体现党和国家的方针、政策和基本法律制度,履行国家缔结和加入的国际公约、条约的义务,就必须保障海事法律、法规、规章的准确、完整、有效和规范,并与时俱进。"

一、国内海事法律法规

根据我国宪法、国务院组织法、地方各级人民代表大会和地方各级人民政府组织法以及

《立法法》的相关规定,我国的行政立法体制是一种二元多级的行政立法体制。即立法机关与行政机关分享行政立法权,同是行政立法却由不同层级的立法机关和行政机关分别行使。我国立法体制形成了以宪法为基础,法律、法规(包括行政法规、地方性法规)为主体,以规章为补充的法律体系。

1. 海事法律法规框架图

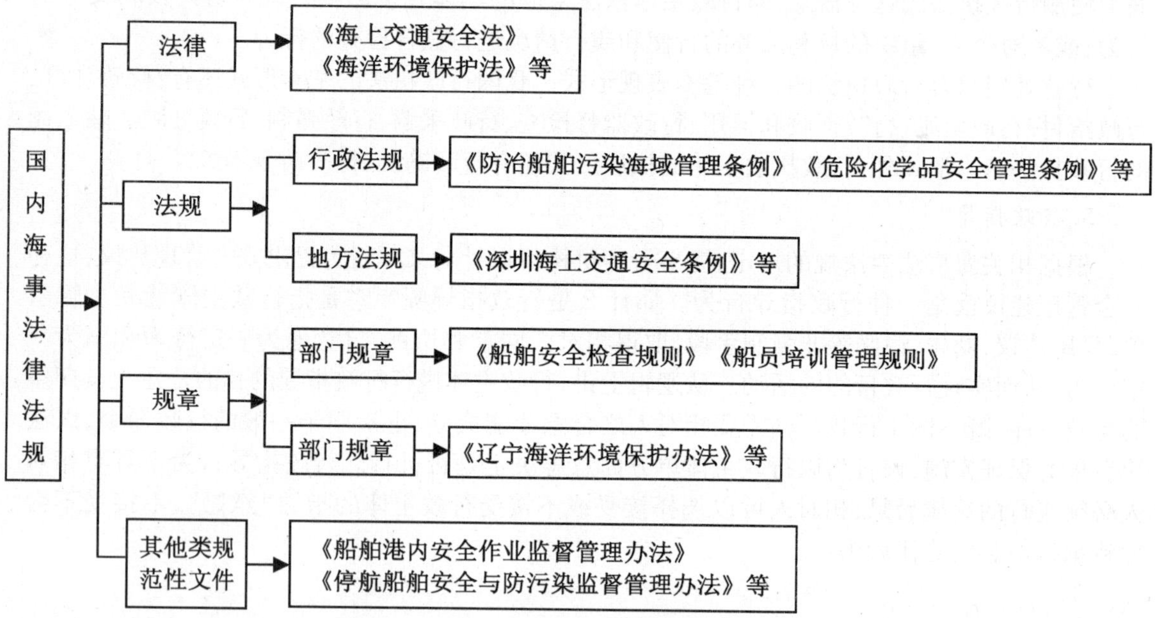

图 4-1　海事法律法规框架图

2. 海事法律

根据《宪法》规定,全国人大及其常委会行使国家立法权,制定法律。关于全国人大与其常委会在立法权限上的划分,宪法规定,全国人大有权制定刑事、民事、国家机构的和其他基本法律,其他法律由全国人大常委会制定。在全国人大闭会期间,全国人大常委会可以对全国人大制定的法律进行补充和修改,但是不得同该法的基本原则相抵触。

由于法律的效力等级我们可以看出,全国人大制定的基本法律高于其常委会制定的普通法律,也就是基本法优于普通法原则。但全国人大制定的法律不都是基本法,如《行政处罚法》是由全国人大制定,但不能将其视为行政处罚的基本法,这一点虽然存在争议,但将《行政处罚法》视为一般法较为合适。

3. 海事行政法规

行政法规由国务院根据宪法和法律制定。制定行政法规是宪法赋予国务院主要的、经常行使的权力。行政法规在我国法律体系中具有承上启下的作用。行政法规在法的形式中处于低于宪法、法律而高于地方性法规的地位,其效力及于全国。行政法规的名称一般称"条例",也可以称"规定""办法"等。行政法规不仅使《宪法》和法律的原则和精神得以具体化,而且是连接地方性法规与《宪法》和法律的重要纽带。实践中,国务院行政法规颁布大体有两种方式:一是由总理签署国务院令发布;二是由国务院批准、国务院部门发布。理论和实践中对国务院批准、国务院有关部门发布的行政法规的性质及效力有不同看法，有的认为这种法律规范是行政法规，有的认为这种法律规范是部门规章，还有的认为这是介于行政法规和规章之间的一种法律规范。

典型：《防治船舶污染海域管理条例》《内河交通安全管理条例》。

4. 一部特殊的海事行政法规

《对外国籍船舶管理规则》属于交通运输部规章还是行政法规？对于该规则的法律效力等级问题，很多人存在疑问。因为该规则是由原交通部发布的，所以有些人认为是行政规章。又因为该规则是经国务院批准的，所以又有些人认为是行政法规。

在海事执法中，明确该规则的效力等级十分重要，因为行政法规与部门规章存在质的差别。首先，行政法规可以设定行政许可，而部门规章就不能；其次，行政法规的效力等级高于部门规章，在发生适用冲突时优先适用行政法规；最后，该规则是海事机构对外国籍船舶管理的主要依据，详尽了对外国籍船舶管理的方方面面，是一部非常实用的管理规则。正是因为如此，明确该规则的效力等级问题显得十分必要。

对于如何确定这类法律规范效力问题，最高法院在2004年《关于审理行政案件适用法律规范问题的座谈会纪要》中对该类法律规范给出了解释：

“考虑建国后我国立法程序的沿革情况，现行有效的行政法规有以下三种类型：一是国务院制定并公布的行政法规；二是《立法法》施行以前，按照当时有效的行政法规制定程序，经国务院批准、由国务院部门公布的行政法规。但在《立法法》施行以后，经国务院批准、由国务院部门公布的规范性文件，不再属于行政法规；三是在清理行政法规时由国务院确认的其他行政法规。”

由此可见，《对外籍船舶管理规定》（1979年9月18日生效）在《立法法》颁布前经国务院批准，由交通部发布，按照上述最高法院座谈会纪要的解释该规则当属行政法规。

5. 海事地方性法规

依照《立法法》的规定，有权制定地方性法规的机关既包括省、自治区、直辖市的人民代表大会及其常务委员会，也包括较大的市的人民代表大会及其常委会。但是，他们的立法权限是不相同的，省、自治区、直辖市的人民代表大会及其常委会独立行使立法权，而较大的市的人民代表大会及其常务委员会制定的地方性法规需要报所在地省、自治区的人民代表大会常务委员会批准后才能施行，因此它的立法权限是有限的，有人将这种权限称为“半立法权”，目的是与省级国家机关立法权限有所区别。

典型：《深圳市海上交通安全条例》《深圳经济特区海域污染防治条例》。

6. 海事行政规章

海事行政规章分为部门规章和地方政府规章。

（1）部门规章

关于规章制定的程序，国务院颁布了《规章制定程序条例》，条例规定国务院各部委、中国人民银行、审计署和具有行政管理职能的直属机构，可以根据法律和国务院的行政法规、决定、命令，在本部门的权限范围内，制定规章。规章的名称一般称“规定”“办法”，但不得称作“条例”。规章用语应当准确、简洁，条文内容应当明确、具体，具有不可操作性。法律、法规已经明确规定的内容，规章原则上不作重复规定。除内容复杂外，规章一般不分章、节。关于部门

规章的权限,需要重点理解以下两点:

一是部门规章应当根据法律和国务院的行政法规、决定、命令,在本部门权限范围内制定。

二是部门规章规定的事项应当属于执行法律或者国务院的行政法规、决定、命令的事项。

典型:《船舶安全检查规则》《船舶签证管理规则》。

(2)地方政府规章。

《立法法》第七十三条规定:"省、自治区、直辖市和较大的市的人民政府,可以根据法律、行政法规和本省、自治区、直辖市的地方性法规,制定规章。"根据本条规定,享有规章制定权的地方政府包括以下两个层次:一是省、自治区、直辖市人民政府;二是较大的市的人民政府。

部门规章与地方政府规章相比,部门规章规定的事项应当属于执行法律或者国务院的行政法规、决定、命令的事项,而地方政府规章不仅可以规定为执行法律、行政法规、地方性法规所需要规定的事项,还可以规定属于本行政区域的具体行政管理事项。

典型:《天津市渡口安全管理办法》。

二、海事其他类规范性文件

1. 概念

其他类规范性文件是指各级各类国家行政机关,为实施法律,执行政策,在法定权限内制定的除行政法规和规章以外的具有普遍约束力的决定、命令及行政措施等。这类文件如中国海事局发布的《船舶港内安全作业监督管理办法》和《停航船舶安全与防污染监督管理办法》等。

2. 可以作为违法依据

虽然其他类规范性文件不能设定任何行政处罚,但是这类文件是否可以成为执法或者处罚的依据呢?也就是说,海事执法人员是否可以依据这类文件如《船舶港内安全作业监督管理办法》或《停航船舶安全与防污染监督管理办法》进行行政处罚呢?要说明这个问题,需要对行政执法的依据做一简要说明。

行政执法同司法审判一样,必须以事实为依据、以法律为准绳。但是行政执法的"法"与司法的"法"不同,它是一个非常宽泛的概念,既包括法律、行政法规、地方性法规,也包括行政规章以及其他行政规范性文件,这些都可以成为行政执法的依据。

因为其他类规范性文件不能设定处罚权,所以就不能依据其进行处罚。这里我们要区分两个概念:违法与处罚。不能作为处罚依据并不意味就不能依据其确认某项行为的违法。也就是说,可以依据其他类规范性文件确认某项行为的违法,但要对这项违法行为处罚必须有法律、法规或规章的明文规定。这就是所谓的"处罚法定"原则。

海事其他类规范性文件可以作为认定当事人违法的依据,但是在适用前,必须判定这类规范性文件本身的合法性,也就是该类文件与法律、法规、规章等上位法不发生冲突。

3. 可以对行政处罚做出"具体规定"

海事执法实践中存在诸多这样的情形,也就是上级海事机构通过发布规范性文件对行政处罚种类和额度进行"具体规定"。如在船舶防污染检查中,上级海事机构发布文件对下级机构处罚范围、额度等进行具体规定。又如2006年辽宁海事局发布的《辽宁海事局海上海事行政处罚自由裁量标准(征求意见稿)》,对《海上海事行政处罚规定》的设定处罚额度进一步划分。关于“其他类规范性文件”能否“具体规定”行政处罚这一问题，理论界存在争议，有必要对其做进一步探讨。

根据《行政处罚法》第十四条的规定，除法律、法规、规章外，其他类规范性文件不得设定行政处罚。对此，学术界没有争论。但是，在法律、法规、规章已有规定的情况下，“其他类规范性文件”能否在法定给予行政处罚的行为、种类、幅度的范围内做出具体规定呢？《行政处罚法》对这一问题没有给予明确答案，目前存在着两种截然相反的意见。一种意见认为“其他类规范性文件”不能规定行政处罚，甚至认为“其他类规范性文件”中不能出现规定行政处罚的条款（这意味着“其他类规范性文件”照抄法律、法规、规章有关行政处罚的规定也不行）。第二种意见认为“其他类规范性文件”可以在法律、法规、规章规定的范围内规定行政处罚，包括在法定范围内做具体规定，以及不加改动地引用法律、法规、规章有关行政处罚的明确规定。

本书赞同第二种意见。理由是，对于行政执法机关来说，要让行政机关执法，就必然要给予行政机关解释法律的权利，否则执法工作无法进行。因此，在执行法律的过程中解释法律是行政执法权当然包括的内容，不需要法律、法规、规章的特别授权。行政执法机关有权在个案中解释、适用法律应该不会引起争议。问题在于，它们能否脱离个案而做出具有普遍约束力的规范性解释？行政执法机关的组织原则是上级有权命令下级，下级有义务服从上级。上级不仅可以对下级如何处理个案发布具体指示，而且还可以对执法过程中具有普遍性的问题规定下级必须遵守的抽象性原则，这是行政命令权的当然内容。依据《地方各级人民代表大会和地方各级人民政府组织法》第五十九条、第六十一条的规定，行政机关为执行上级国家行政机关的决定和命令，规定行政措施，发布决定和命令。可见，该法授权行政机关发布的决定和命令，不仅指只在特定事项上对特定人员或组织有效的具体决定和命令，而且还包括具有普遍约束力的规范性决定和命令。因此，行政机关在其依法享有的自由裁量权的范围内，有权就如何根据具体情况适用行政处罚的问题做出规范性的决定和命令，在这些决定和命令中表明自己对于法律的理解，并要求所有下属机关和人员照此执行。这类决定和命令的存在不仅合法，而且是高、中级行政机关行使职权的主要方式之一。行政执法机关通过发布内部规范性决定、命令，对行政执法过程中如何适用法定行政处罚的问题做出具体规定，不但不会损害社会主义法治原则，而且有利于减少或消除行政处罚的随意性，使得行政处罚更加公正。

4. 举例说明

举一个船舶明火作业的例子。海事管理机构对船舶明火作业管理由以往的审批制度变成了报备制。这是海事管理机构贯彻实施《行政许可法》，方便管理相对人的一大举措。如果船方不按规定使用明火，根据《海上海事行政处罚规定》第二十六条第二款第（二十二）项，可以对违法当事人予以罚款处罚。问题是，什么情况下才可以视为“不按规定”呢？执法人员在进行处罚前，必须找到违反了哪一部法哪一条的明文规定，否则就不能对当事人处罚。

根据《船舶港内安全作业监督管理办法》（以下简称《管理办法》）第三条，如果船方在港内进行明火作业没有提前 24 小时向海事管理机构书面报备或者作业完成后没有及时向海事管理机构报告，都会被视为违反了“规定”。执法人员可以依据《管理办法》来确认船方当事人的违法性。也就是说，可以依据其他类规范性文件来作为当事人的违法依据，而不能作为处罚依据。也就是说，不能依据《管理办法》进行处罚。

但是，在适用《管理办法》前，应当对《管理办法》的合法性进行判断。

三、国际海事公约

1. 国际公约的概念与性质

(1)国际公约的概念。国际公约是国际法的一种。国际法通常表现为多国参与的国际条约、两个以上国家之间的协议和被认可的国际惯例。国际法律关系的主体是国家。国际法的名称可以是公约、条约、协定、谅解备忘录等。对于国际法的定义,不同的学者给出了不同的定义。在他们看来,要给国际法下一个内容完整而公认的定义,是极其困难的。简而言之,国际法是国家之间的法律,或者说,主要是国家之间的法律,是以国家之间的关系为对象的法律。比较完整的定义可以表述为:国际法是为调整国家之间斗争与合作关系,规定其权利和义务而协议制定或认可的,在条约和惯例中表现各国协调意志的,以国家单独或集体的强制力保证实施的原则、制度和规则的总和。

公约一般是开放性的,即允许非原始缔约国通过一定的法律程序成为公约的当事国。有些公约规定,缔约各方可以对公约的某些内容提出保留。提出保留的部分对该缔约国不产生法律约束力,在该缔约方与其他缔约方之间也不发生效力。

(2)国际公约的性质。国际公约作为各个享有主权和司法权的国家之间签订的法律,其实质可以说是主权国家之间的一种妥协。由于各国具有不同的司法制度和不同的法律规定,一国的法律是无法也不可能到另一国家去实施的,正是由于这种差异性,导致参加国际公约的国家均需对自己国家的法律做出必要的修改,以达成参加公约的国家都可以接受的一种妥协,这种妥协的结果就是国际公约。国际公约作为国际法的一种表现形式,国家是这种法律关系的主体,它只调节国家之间的权利义务关系,而不调整国家内部的关系。国际公约不像国内立法一样有专门的立法机关来制定,而是在享有主权国家之间相互协议的基础上,通过明示接受或默示接受的方式才能生效。主权国家一旦对某个公约表示接受,即成为公约的缔约国,并开始对本国发生法律效力。

2. 国际法与国内法的关系

所谓国际法与国内法的关系,是指二者属于同一个法律体系,还是属于两种不同的法律体系,他们之间的关系如何。关于二者之间关系的理论,主要有"一元论"和"二元论"。"一元论"认为国际法与国内法属于同一个法律体系,又分为国内法优先说和国际法优先说两派学说。国内法优先说认为国际法从属于国内法,国内法有公法和私法两部分,而公法又有对内和对外之分,国际法便是一国法律体系中的"对外公法"。这种理论现在基本上无人支持。国际法优先说也认为国际法与国内法属于同一个法律体系,但应该以国际法优先,国内法受制于国际法。这种学说至今影响仍然很大。"二元论"认为国际法与国内法分别属于不同的法律体系,二者在法律关系的主体、调整对象、法律渊源、效力根据和实施等方面都有区别。

我国多数学者认为虽然国际法与国内法分别属于不同的法律体系,但是由于国际法与国内法的制定者主要都是国家,二者之间有着密切的联系。国家在制定国内法时,应考虑国际法的原则和规则,不得违背其所承担的国际义务;国家在参与制定国际法时,应考虑到国内法的立场,不能干预国内法。国际法的原则和规则可以从各国的国内法得到补充和具体化,国内法可以从国际法的原则和规则得到充实和发展。二者是互相补充、相互渗透的。

3. 国际公约的效力

根据全国人大常委会颁布的《缔结条约程序法》规定,中国缔结的条约分为三类:全国人大常委会决定批准的条约;国务院核准的条约;无须全国人大常委会决定批准或者国务院核准的条约。同时根据该法第四条,中华人民共和国以下列名义同外国缔结条约和协定:(一)中华人民共和国;(二)中华人民共和国政府;(三)中华人民共和国政府部门。

根据《宪法》及《缔结条约程序法》,全国人大常委会决定批准条约,国家主席根据决定批准条约。事实上条约并不像法律那样由国家主席公布,而是在全国人大常委会决定批准或加入后,由全国人大常委会公报公布。所以说,条约和协定无论以谁的名义缔结,其批准机关只有一个:全国人大常委会。由此可知,国际条约的法律地位应该等同于法律,而低于《宪法》。

司玉琢教授在其"沿海运输船舶油污损害赔偿法律适用问题研究"一文中认为:"我国的法律规定中关于条约适用问题的规定大多是规定在涉外法律关系部分,这就意味着条约在我国国内法中的直接适用基本上都被限制于涉外法律关系的范围之内,诉讼当事人中至少有一方必须是外国自然人或法人。我国的公民或是法人既不能在不具有涉外因素的诉讼中直接援引条约的规定主张自己的权利,也不能根据我国缔结或是参加的条约规定提出针对某一国内法规的诉讼。"

因为国际海事条约通常适用对象是船舶,又因为中国国内船舶的现状,为保护本国航运,同时外贸船舶又不得不满足公约要求,所以,中国对待国际海事公约一般采取了分别对待的态度,即宣布公约生效的同时宣布只对国际航线船舶生效。在船舶检验方面亦是如此,国际和国内适用不同的标准。

国际海事公约在中国的适用一般应遵循以下原则:

(1)中国宣布加入国际海事公约只适用国际航线船舶,如没有另行明文规定不适用国内航线船舶。

(2)对国际航线和国内航线船舶应适用不同的标准,如检验标准、安全检查标准等。

(3)没有涉外因素,不适用国际公约。

4. 海事行政处罚中公约的适用

对当事人进行行政处罚首先要确定当事人行为的违法性,即找出当事人的违法依据。这时候,国际海事公约就可以成为当事人违法的依据。但有一点需要说明,国际公约不可能成为海事行政处罚的处罚依据,处罚依据必须依据国内海事法律法规进行。

对于一些违法行为,有时必须使用公约作为违法依据,如对外国籍船舶一些违法行为的行政处罚。因为对外国籍船舶的管理在很大程度上依据国际公约来进行,特别是在确认外国籍船舶具体行为的违法性时大多是依据公约。如某外国籍船舶没有配备油类记录簿,该如何确认其行为的违法性?显然,配备油类记录簿是MARPOL公约的要求,我国国内的海事法律法规没有也不可能对外国籍船舶做出这样的要求。所以,确认此类行为的违法性只能依据公约。

还有一些违法行为,适用公约比国内法更为准确。还是上面的例子,如果某中国籍国际航行船舶没有按规定配备油类记录簿,应依据何种条款确认其行为的违法性呢?显然,《海洋环境保护法》要求船舶配备相应的防污文书,但防污文书包括什么,法律没有明示。这种情况下,简单依据《海洋环境保护法》作为行政处罚的违法依据,显然不具体,也没有做到"法有明文"。怎么做呢?有两种选择:第一,依据中国海事局的规范性文件作为违法依据;第二,依据MARPOL公约作为违法依据。无论是中国海事局的规范性文件还是MARPOL公约,都有船舶需配备油类记录簿的明文规定。适用两者中的任何一种都不为过。但是从法律的层级上来讲,显然适用MARPOL公约更为合适。

在适用国际海事公约作为违法依据时,要注意下列问题:

(1)所适用的公约我国已加入;

(2)所适用的公约条款我国没有做出保留;

(3)只适用于外国籍船舶和中国籍国际航行船舶;

(4)对中国籍国内航行船舶不适用。

第三节 海事行政处罚证据

打官司就是打证据,行政处罚与司法审判一样,都应当以事实为依据,以法律为准绳。用证据说话,应当成为每一名海事执法人员的行为准则。要做出行政处罚,必须“事实清楚、证据确凿”,否则,就是违法处罚。实践中发生的行政处罚违法行为,相当一部分是由于海事机构未能调查到证据、使用好证据以及保存好证据造成的。海事机构倘若不能解决好行政处罚的证据问题,不仅可能直接导致行政处罚决定错误,而且必因无法在行政诉讼阶段履行其法定举证责任而输掉案件,这在海事机构有证据但未保管好证据的情况下,尤为可惜。证据的重要性丝毫不亚于行政处罚的法律依据,何况法律依据本身也是行政处罚的一项十分重要的证据。

一、海事行政处罚证据概述

1. 概念

在学理上,中外学者对证据的概念有着不同的理解,在国内学术界主要存在着“事实说”与“根据说”之争。“事实说”从《刑事诉讼法》第四十二条的规定出发,认为证据是证明案件真实情况的一切事实,旨在强调证据的客观性、真实性,这一理论在学术界长期占有统领地位,并深深地影响着司法实践。“根据说”认为证据就是证明的根据,如果从法律的角度来界定,证据就是证明案件事实或者与法律事实有关之事实存在与否的根据。也有学者认为:“诉讼证据,是审判人员、检察人员、侦查人员等依照法定的程序收集并审查核实,能够证明案件真实情况的根据。”

我们应当明确两点:一是证据一词是中性的,它可真可假,也可以同时包含真与假的内容,二是证据不等于事实,证据只是认定和反映事实的根据,而不能成为事实本身。

2. 证据的“三性”

我国学者对证据的属性曾提出过不同观点,如客观性、关联性、合法性、多样性、两面性、制约性、真理性、证明性、可采性、重要性、阶段性等。但多数学者认为真实性、相关性、合法性是证据的重要属性,这也就是证据的“三性”理论。

(1)真实性。真实可靠是行政处罚证据发生证明力的首要条件,执法机关如果在给行政违法行为定性和量罚时采用了不真实的证据,必然会得出错误的结论和做出违法的或不适当的决定。

(2)相关性。其指作为证据的事实不仅是一种客观存在,而且它必须是与案件所要查明的事实存在逻辑上的联系,从而能够说明案件事实。与行政违法案件事实没有关系的证据即使真实可靠也毫无证明价值可言。相关性是执法机关以及人民法院审查、判断行政处罚证据的重要标准。

(3)合法性。其指证据必须由当事人按照法定程序提供,或由法定机关、法定人员按照法定的程序调查、收集和审查。凡具有真实性和相关性的证据都具有证明价值,但有证明价值的证据不一定都能为执法机关所采纳。也就是说,证据的合法性首先要求执法机关调查证据的手段必须合法。另外,证据的合法性还包括证据必须具备法律规定的形式。对某些法律行为的成立,法律规定了特定的形式,不具备法律所要求的形式,该项法律行为就不能成立。

3. 行政处罚证据的证明对象

它是指在证明活动中需要证明的事实,而这一事实又应当与定案有不可分割的关系,因此,证明对象又可称为待证事实,而用于证明的事实即证据可称之为已知事实。可见,证明对象实质内容是待证事实和已知事实(是经过合法程序收集的,经过审查认定已具有客观性和与定案有关联的事实)之间的一种因果联系。理解这一概念需要注意以下四点:

(1)待证事实是对案件的解决具有重要意义的事实。所谓对案件的解决具有重要意义的事实,是指依法能够引起争议行政法律关系产生、变更和消灭的法律事实,这些事实与当事人的主张或答辩具有法律上的因果关系,它们的存在与否决定当事人的主张或答辩能否成立。除此以外的其他事实均属于与案件无关的事实,执法机关在确定证明对象时应予排除。

(2)待证事实是真相不明的法律事实。并非所有与争议行政法律关系有关的法律事实都需要运用证据予以证明,有些事实是无须证明的。一般说来,案件的待证事实是真相不明、当事人之间发生争议以及与争议有关的事实。

(3)待证事实不仅包括案件真实,而且还包括证据真实。行政处罚证据须经有关执法机关或人民法院审查属实才能作为定案的依据,而且当证据事实的真实性不明时,证据本身也是证明的对象,其真实性需通过其他已得到证明或其真实性无须证明的证据来证明。

(4)待证事实还包括行政处罚所依据的规范性文件。

4. 无须证明的事实

(1)众所周知的事实。在行政处罚过程中,众所周知的事实不是证明对象,当事人不必加以证明。

(2)法院预决的事实。本案案件事实的一部分已由法院在其他案件中做出判决,这一判决生效后对法院审理与该判决有联系的其他案件具有约束力。这种由法院在已生效的判决中先行确定的事实称为法院预决的事实。执法机关以及其他当事人对法院预决的事实不必加以证明,只需提供判决书副本即可。

(3)当事人承认的事实。当事人承认的事实是指当事人一方对另一方提出的案件事实和证据事实表示承认其存在的事实。承认可以用口头或书面方式做出。经当事人承认的事实一般不再是证明对象。在待证事实中除去当事人承认的事实,有利于在行政处罚的过程中把执法机关与当事人的注意力集中在案件的争议事实以及与争议事实有关的其他事实上,从而节省时间和费用。

(4)推定的事实。推定的事实指当某些事实被证明以后,依照法律的规定假定其存在的另一些事实。由于从一事实推定另一事实是法律规定的,因而免除了当事人双方或一方对推定的事实进行证明的责任,这种推定称为法律上的推定或证据上的推定。

5. 主要证据

所谓主要证据是指这样的一种证据,对于一个待证事实来说,如果没有它的话,待证事实就不可能成立。

《行政诉讼法》第七十条明确规定:具体行政行为主要证据不足的,法院判决撤销或者部分撤销,并可以判定被告重新做出具体行政行为。根据该规定,法院如认为被诉行政处罚的事实认定属于主要证据不足,就会否定行政机关的事实认定,撤销处罚决定。将该规定做反对解释,如果行政处罚不属于主要证据不足,就不会被法院撤销。法律从否定的角度明确了一个原则:如果主要证据不足,案件事实就不能进行认定。可见主要证据在行政处罚中的重要性。

6. 海事行政处罚证据的分类

行政处罚证据的分类有理论上的分类和法律上的分类。理论上,行政处罚证据分为:原始证据与派生证据、人证和物证、直接证据和间接证据、主要证据和次要证据、本证和反证等。行政处罚法没有明确行政处罚证据的分类,《海上海事行政处罚规定》引用行政诉讼的证据分类方式对海事行政处罚证据进行了分类。见《海上海事行政处罚规定》第七十五条:

"能够证明海事行政处罚案件真实情况的事实,都是证据。

海事行政处罚案件的证据种类如下:

(一)书证;

(二)物证;

(三)视听资料;

(四)电子数据;

(五)证人证言;

(六)当事人的陈述;

(七)鉴定意见;

(八)勘验笔录、现场笔录。"

所谓证据"事实清楚,证据确实充分"既包括对证据质的要求,也包括对证据量的要求,其标志是:

(1)据以定案的证据均已查证属实;

(2)案件事实均有必要的证据予以证明;

(3)证据之间、证据与案件事实之间的矛盾得到合理排除;

(4)得出的结论是唯一的,排除了其他的可能性。

二、"违章报告"

1. 名称的误区

在海事执法人员对违法行为调查时,执法人员往往要求船方提交违章报告,船员往往将自己提交的报告称为"违章报告"。这样的称谓合适吗?我们说,所谓的"违章",是海事机构针对当事人的行为根据海事法律法规来认定的,而不是非得让船员承认的。换句话说,如果船方违法了,即使不提交违章报告,海事机构照样依据海事法律法规认定其行为违法。如果船方没有违法,即使提交了"违章报告",海事机构也不能依据"违章报告"来认定船方行为违法。由此我们说,让船方提交的"违章报告",倒不如称为"情况说明"更为合适。

2. 船员没有提交“违章报告”的义务

在海事执法人员发现当事人违法行为时，往往第一件事要做的就是责令船长或当事人写出“违章报告”。这似乎成了一种惯例，大多数违法的船员也对这种做法默认。有时碰到不愿提交“违章报告”的船员，有的海事执法人员便以停止作业、禁止离港等强制手段迫使船方就范。在依法行政的今天，我们不禁要问，船方有提交“违章报告”的义务吗？海事机构以胁迫手段迫使船方提交“违章报告”合法吗？

简单地讲，义务必须由法律来创设，这里的法律包括法律、法规和规章。如果法律没有明确要求一个人必须去做一件事，那么这个人就可以不去做这件事。很简单，海事法律法规没有规定船员违法后必须写出“违章报告”，那么船员就没有提交“违章报告”的义务。

船方没有提交“违章报告”的义务，海事机构如果以船方不提交“违章报告”为由，对船方做出停止作业或禁止离港等强制措施是违法的。如果由此而引起行政诉讼，海事机构势将处于非常不利的境地，很容易在诉讼中败诉。

3. 不能孤证处罚

在海事执法中，执法人员在很多情况下只依据船舶的“违章报告”对船舶或相关人员进行处罚。前已述及，“违章报告”是一个习惯的称呼，其实应当称其为“情况说明”更为准确。如果单纯地以当事人提供的“违章报告”就对当事人做出处罚，是不合适的。

当事人违法后，都会尽力地减轻自己的责任，这是人的一种本能反应。从这一点上看，当事人所陈述的内容本身就值得怀疑，必须用其他证据来证明。从当事人陈述的内容来看，其内容无非有两种，一种是承认自身存在违法行为，另一种是否认自身存在违法行为。也就是说，当事人提供的情况说明，既包括对自己有利的事实的陈述，也包括对自己不利的事实的陈述。正常情况下，当事人都会尽力掩盖自身的违法行为，寻求避免或减轻所应受到的处罚。所以说，如果海事机构单独地依据船舶提供的“情况说明”来对船舶进行处罚，其证据力显然不足。除非海事机构能够以其他证据来证明船方的陈述是真实的，否则就不能以船方的陈述作为独立证据对船方做出行政处罚。

理论上说，船方提供的“违章报告”或者说“情况说明”，作为证据来讲可归类为当事人的陈述。过去当事人的陈述在许多情况下被当作独立的证据手段加以使用。但是要注意到，当事人陈述中有许多内容本质上是不能作为证据手段加以运用的：①当事人的自认。只能免除对方当事人承担证明责任的事实，本身不具有完整意义上的证据性质。②当事人对某些事实的否认，本身是需要加以证明的事实主张，本身并不能证明案件的真实情况，不能简单地当作证据手段使用。因此，在把握当事人的陈述性质的时候，一定要注意只能将其作为一种证据手段，不能孤立地看当事人陈述的内容。

三、询问笔录

1. 属于当事人的陈述

在海事行政处罚文书（如“海事违法行为调查报告”）制作过程中，需要填写各种证据的类别。当事人提供的“违章报告”或“情况说明”的证据种类属于当事人的陈述。但询问笔录属于什么证据呢？

有人看到询问笔录带有“笔录”两字，就认为其证据种类是调查笔录。还有人认为询问笔录属于书证。这两种认识都存在着偏差,都不能最好地揭示询问笔录的本质。

海事执法人员制作的询问笔录大多都是在违法行为发生后,为了调查事实的真相,对船方相关人员进行询问时所做的笔录。制作询问笔录往往采取一问一答的形式。从本质上看,它仍是当事人对“事实”的描述,其证据种类仍是当事人的陈述。

需要说明的是,调查笔录是行政处罚或行政诉讼特有的证据,与询问笔录不同。调查笔录属于现场笔录,与询问笔录有质的区别。从字面上可以看出,调查笔录主要以主管机关的调查为主,是主管机关的确认。询问笔录以当事人的回答为主,是当事人对事情经过的描述。询问笔录采用书面形式,虽然属于书证,但其更接近当事人的陈述,所以认定询问笔录的证据种类是当事人的陈述更能体现其本质特征。

2. 如何制作规范的询问笔录

在海事行政处罚所依据的证据中,用得最多的就是询问笔录。执法检查中发现,各部门制作的询问笔录大相径庭,标准不一,格式不一。主要存在的问题有:询问笔录的内容与实施的行政处罚毫不相干;询问笔录当事人的回答只是“是”或“不是”,没有具体内容的描述;执法人员的询问扯得太远;没有被询问人的签名或盖章等。

询问笔录作为海事行政处罚的主要证据之一,如果在内容或形式上不符合要求,势必造成其证据力的不足。那么,该如何制作一份完整的询问笔录呢?

第一,必须依法行政,询问时要符合法律程序。询问当事人时,办案人员应当首先向当事人介绍身份,出示证件,并应当将此过程详细地记录在询问笔录中。按照《行政处罚法》第三十七条之规定:“执法人员不得少于两人,并应当向当事人或者有关人员出示证件。”单人不得独立询问当事人。

第二,必须认真核对格式化询问笔录的首页。就是询问笔录格式中已经设定的诸如时间、地点、询问人、记录人、被询问人等,必须及时、准确填写。填写时最好使用钢笔,墨水应使用碳素墨水,制作询问笔录时应注意被询问人的姓名和年龄。不能出现错别字,否则会造成不良后果。

第三,询问必须客观、全面、不能有偏见,更不能采用诱导、欺骗等手段迫使被询问人按照执法人员事先虚构、设想的实施进行回答。询问中一定要把违法行为实施的时间、地点、人员、手段、过程、结果等要素调查清楚。

第四,询问笔录要当场记录,不得事后追记和补缺。询问时,执法人员应当针对需要查明的违法行为进行调查询问,与案件有关的问题要详细地询问,与案件无关的问题尽量不要问。询问要当场记录,不能在询问完毕且被询问人已经签字后再更改。因为根据行政诉讼证据原则,被改动过的证据,如果当事人对改动过的证据材料不予认可,就不能单独作为定案依据。

第五,认真核对,签名或盖章。《海上海事行政处罚规定》第七十七条规定:“询问笔录、现场笔录或者勘验笔录经被询问人、被检查人确认无误后,由被询问人、被检查人签名或者盖章。拒绝签名或者盖章的,调查人员应当在笔录上注明情况。”当事人应当在每页签名或盖章,而不应只在首页。

四、现场笔录

1. 概念

现场笔录是指国家行政机关及其工作人员在进行当场处罚或其他紧急处理时，对有关事项当场所做的记录。现场笔录着重于对执法过程和处理结果的记录。行政机关制作现场笔录，旨在克服以后再取证的困难并防止行政相对人事后翻供情况的发生。因此，现场笔录通常成为行政机关当场处罚或及时处理的依据。

2. 制作现场笔录应遵循的原则

首先，现场笔录必须是在现场制作的，事后补做的笔录不具有证明力；其次，执法人员的行政管理相对人签名或者盖章，在可能的情况下，还应当有在场的证人签名或者盖章。没有行政管理相对人或者其他在场证人的签名盖章的现场笔录不能起到证明作用。第三，写明时间、地点、事件等。

3. 现场笔录制作的策略方法

(1)客观实录，不加评论。追求客观真实，是制作笔录的真谛，应该用纪实、叙述的写作手法来记录检查的情况，切忌在笔录中做评论、推断。现场笔录应该是执法人员在现场所看、所听的实录，而不应是询问笔录。

(2)贴近案情，详略得当。可以采取"由大到小""由粗到细"的方法。首先简要描述大环境、方位地点，再收缩到具体需要重点检查的位置。同时，对现场操作人员在从事何种活动，也要做好记录。对与具体案情关联不大的内容，可以简写，而对于与案情关联紧密的设备、人员作业情况、拆装痕迹、检查过程都应详记，并尽可能地加以固定、提取。

(3)抓住重点，讲究技巧。现场检查中，往往可以意外地发现一些对定案十分关键的证据，要注意策略，可以采取以虚掩实、迂回反抄的方法将这些证据予以固定、提取。

五、书证

1. 书证的构成要件

在海事行政处罚证据中，大量地使用书证作为证据。如复制的船舶证书、船员证书、航海日志、油类记录簿等都属于书证。了解书证的含义和恰当地运用书证作为证据，对于海事执法人员来说十分必要。那么，什么是书证呢？一般来说，书证是指以文字、符号、图形等所表示的内容证明案件事实的书面文件或者其他资料。书证以文书记载的内容为证明方法，而文书是采用文字或其他符号表现思想含义的有形物。事实上，文书具有 3 个构成要件：①表现形式是文字或其他符号；②文书必须表现一定的思想含义、一定的内容；③文书的载体是有形物。

海事行政处罚证据有七种，往往某一项证据不单独属于其中的一种，而是属于两种或两种以上。这时候，在确定该项证据的种类时，应当选择与其最接近的一个证据种类。例如对于询问笔录，它既属于当事人的陈述，又属于书证，但是它更接近当事人的陈述，在确定其证据种类时，应当视为当事人的陈述为宜。

2. 书证的最佳证据规则

关于书证，有 4 个概念值得注意：原本(或原件)、副本、复印件、节录本。这 4 个概念是有顺序的,即首先考虑原本,没有原本的考虑副本,然后是复印件,最后是节录本。在使用书证时,应当尽可能地使用原本或副本,确实没有的再使用其他文本,这就叫作书证的最佳证据规则。

在把握书证的最佳证据规则时,要注意以下几方面的问题:

(1)要注意最佳证据规则的适用顺序,也就是说,原则上原始的文字材料优于复印件。文字材料的内容必须通过引用文书本身来说明,否则其证明力大大减弱。原本、正本、副本都属于证据的原件,在特殊情况下,它们的效力是一致的。但在一些情况下,必须有正本,这要具体情况具体分析。

(2)应当限制复制件、复印件的证据资格,但也不能一概地把复制件、复印件排除在证据之外,不论何种形式的书证,都应当具有证据资格,所不同的只是它们的证据效力不同而已。

(3)国家机关以及其他职能部门依职权制作的公文文书优于其他书证,也就是说,鉴定结论、现场笔录、档案材料、公证文书优于其他书证、视听材料和证人证言。

(4)无法与原件核对的复印件被称为弱势证据,不能单独作为定案依据。

3. 制作书证的要求

书证作为海事行政处罚的主要证据之一,在海事行政处罚实案中被广泛采用。然而,令人失望的是,海事执法人员制作的书证大多不符合法律法规的要求,制作方式很不规范。具体表现为:①航海日志、油类记录簿等复印件没有船长签名或盖章;②复印件没有注明“与原件(物)相同”字样;③复印件没有注明出处等。

那么,如何制作规范的书证呢?可以参考一下最高人民法院《关于行政诉讼证据若干问题的规定》第十条:

“书证应当符合下列要求:

(一)提供书证的原件,原本、正本和副本均属于书证的原件;提供原件确有困难的,可以提供与原件核对无误的复印件、照片、节录本;

(二)提供由有关部门保管的书证原件的复制件、影印件或者抄录件的,应当注明出处,经该部门核对无异后加盖其印章;

(三)提供报表、图纸、会计账册、专业技术资料、科技文献等书证的,应当附有说明材料;

(四)被告提供的被诉具体行政行为所依据的询问、陈述、谈话类笔录,应当有行政执法人员、被询问人、陈述人、谈话人签名或者盖章。”

根据该条规定的精神,制作书证有4个方面的要求:①原件要求。原则上提供原件,提供原件确有困难的,可以提供与原件核对无误的复印件、照片等。②核对和证明要求。应当注明出处,加盖校对无异章。③说明要求。④签名盖章要求。

4. 如何制作书证

制作规范的海事行政处罚书证,一是要掌握书证的基本要求,二是要符合《海上海事行政处罚规定》的相关规定。见《海上海事行政处罚规定》第七十八、七十九条:

“第七十八条 收集海事行政处罚案件的书证、物证和视听资料,应当是原件、原物。收集原件、原物确有困难的,可由提交证据的自然人、法人或者其他组织在复制品、照片等物件上签名或者盖章,并注明‘与原件一致’字样。

海事管理机构可以使用照相、录音、录像以及法律允许的其他调查手段。

第七十九条 调查人员、检查人员查阅、调取与海事行政处罚案件有关资料,可以对有关内容进行摘录或者复制,并注明来源。”

根据法律的规定,结合海事执法的实践,制作海事行政处罚书证时应掌握以下几点:

(1)签名、盖章要求。船舶证书、航海日志、油类记录簿等证书或文书的复印件应当由船长签名并加盖船章。制作时要注意,复印件的每页都应当签名并加盖船章。航海日志、油类记录簿上复印的签名不能代替原始签名和盖章。

(2)“与原件(物)相同”字样。复印件或照片上应注明“与原件(物)相同”字样,这是8号令的明确要求。

(3)注明来源。海事执法人员对相关内容摘录或复制时,应注明其来源。

六、其他行政处罚证据

1. 物证

物证是用来证明案件真实的物品或痕迹。物证以其形状、性质、特性等来证明案件的真实情况。物证应当提交原物。对于提交原物确有困难或者易于灭失的物品痕迹,可以提交复制品和照片。但作为物证发挥作用的,仍然是原来的物品痕迹。

物证效力的认定主要考虑以下条件:①是否为原物,复制品是否与原物相符;②原物优于复制品;③复制品不能单独作为定案证据。

运用物证应注意:①要注意物证与勘验笔录、鉴定结论的关系。孤立的物证通常需经辨认、勘验、鉴定,才能发挥应有的作用;②物证通常是间接证据,必须同其他证据相结合,形成证据锁链,才能作为定案证据。

2. 视听资料

视听资料是指录有声音或图像,具有再现功能的录音带、录像带、传真资料、微型胶卷、电子计算机软盘等利用科技手段制成的资料。视听资料作为证据的特点是它能够直观地、动态地、全方位地再现案件真实,可以避免人证、书证在表述和记载案件事实时的不准确性,具有其他证据不可替代的优点。因此,视听资料是一种新型的、独立的证据形式。

认定视听资料的效力问题应注意:①视听资料是否为原件;②以偷拍、偷录、窃听等手段获取侵害他人合法权益的证据材料不能作为定案的依据;③当事人无正当理由拒不提供原件、原物,又无其他证据印证,且对方当事人不予认可的证据的复制件或者复制品,不能作为定案的依据;④被当事人或者其他人进行技术处理而无法辨明真伪的证据材料不能作为定案依据;⑤以有形载体固定或者显示的电子数据交换、电子邮件以及其他数据资料,其制作情况和真实性经对方当事人确认,或者以公证等其他有效方式予以证明的,与原件具有同等的证明效力。

运用视听资料证据要准确界定其与物证、书证的区别。在国外,一般不倾向于将视听资料作为一种独立的证据。例如,英国和美国将唱片、磁带、声迹、相片等,一律作为书证。与物证、书证相比,视听资料的特点主要是:①借助设备播放;②动态性和直观性;③容易被复制、被伪造。

3. 证人证言

证人是案件当事人以外直接或间接了解案件情况依法可以出庭作证的人。证人关于他所了解的案件情况的陈述就是证人证言。证人证言可以采取书面形式,也可以采用口头形式。

证人对证言笔录有权要求宣读、查阅和修改。

证人有作证的义务,证人必须就自己了解的案件情况如实陈述,故意作伪证或者隐瞒案件事实应负法律责任。对不愿作证的证人,执法人员应耐心做好说服教育工作,而不应采用强制手段强制证人作证。

证人证言的形式要求:①写明证人的姓名、年龄、性别、职业、住址等基本情况;②有证人的签名,不能签名的,应当以盖章的方式证明;③注明出具日期;④附有居民身份证复印件等证明证人身份的文件。

关于证人证言的效力问题要注意以下几点:①看证人是否与当事人有利害关系,包括友善关系、敌视关系和其他关系;②严重违反法定程序和利用欺诈、胁迫等手段获得的证人证言不能作为定案证据;③鉴定结论、现场笔录、勘验笔录优于证人证言;④未成年人所做的与其年龄和智力状况不相适应的证言,与一方当事人有亲属关系或者其他亲密关系的证人所做的对该当事人有利的证言,或者与一方当事人有不利关系的证人所做的对该当事人不利的证言等不能单独作为定案证据。

4. 鉴定结论

鉴定结论是指鉴定部门所指派的鉴定人运用自己的专业知识,根据案件事实材料,对需要鉴定的专门性问题进行分析、鉴别后得出的科学结论。鉴定结论的特点是鉴定结论一经做出,有关人员如提不出有力的相反证据,即可作为可靠的定案证据。

海事机构在依据鉴定结论作为处罚依据时,鉴定结论应当载明委托人和委托鉴定的事项、向鉴定部门提交的相关材料、鉴定的依据和使用的科学技术手段、鉴定部门和鉴定人资格的说明,并应有鉴定人的签名和鉴定部门的盖章。

鉴定结论的效力认定:①鉴定人不具备鉴定资格,鉴定程序严重违法,鉴定结论错误、不明确或者内容不完整不能作为行政处罚的证据;②鉴定结论优于其他书证、视听资料和证人证言;③法定鉴定部门的鉴定结论优于其他鉴定部门的鉴定结论;④数个种类相同、内容一致的证据优于一个孤立的证据。

七、海事机构的调查取证

1. 基本程序

(1)在调查或进行检查时,海事执法人员不得少于两人。

(2)在调查时,应向被调查人说明身份,交代来历,出示证件。

(3)询问证人应单独进行。

(4)应告知被调查人如实提供证据和故意作伪证或隐匿证据应负的法律责任。

(5)不得以威胁、引诱、欺骗以及其他非法的方法收集证据。

(6)询问或者检查应当制作笔录。

(7)调查笔录应向被调查人宣读,或者交被调查人阅读,并由被调查人签名或者盖章。

(8)采用抽样取证的方法收集证据的,应制作笔录或提取样品的清单,与当事人核对无误后,双方签字或者盖章。

2. 证据保全

《行政处罚法》第三十七条规定:“行政机关在收集证据时,可以采取抽样取证的方法;在证据可能灭失或者以后难以取得的情况下，经行政机关负责人批准，可以先行登记保存，并应当在七日内及时做出处理决定，在此期间，当事人或者有关人员不得销毁或者转移证据。"这一规定指明了行政处罚证据保全的条件、措施和程序。

所谓的行政处罚证据的保全，是指行政机关在证据可能灭失或者以后难以取得的情况下，采取制作笔录、绘图、拍照、录音、录像、提取并保管有关证据等先行"登记封存"的措施，使证据的证明价值保存下来的一种取证行为。证据保全使对案件查处具有重要意义的证据得以保存下来，从而为行政执法机关查明案件事实，正确、合法、及时地做出行政处罚提供了有力的保障。《海上海事行政处罚规定》第八十三条专门规定了海事行政处罚证据的保全规定：

"海事行政处罚案件的证据可能灭失或者以后难以取得的，经海事管理机构负责人批准，可以通知当事人或者有关人员到场，先行登记保存证据，并制作证据登记保存清单。当事人或者有关人员不到场或者暂时难以确定当事人、有关人员的，可以请在场的其他人作证。

证据登记保存清单，应当由调查人员、检查人员、当事人或者有关人员、证人签名或者盖章。拒绝签名、盖章的，调查人员应当在证据登记保存清单上注明情况。

海事管理机构对登记保存的物品，应当在7日内做出下列处理决定：

（一）需要进行技术鉴定的，依照本规定第八十二条的规定送交鉴定；

（二）对不应当处以海事行政处罚的，应当解除先行登记保存，并将先行登记保存的物品及时退还；

（三）法律、法规、规章规定应当作其他处理的，依法做其他处理。"

3. 应注意的问题

海事执法人员在调查、收集证据时应注意以下问题：

（1）防止主观片面，先入为主。海事执法人员在调查收集证据时，不能凭主观想象和个人好恶认定当事人一方有理或无理，在查证之前就形成固定的框框，并照此框框任意裁减取舍事实材料，对符合自己看法的证据就收集；反之，则予以舍弃。随意取舍证据材料将造成海事执法人员不能客观认定案件事实。

（2）要细致耐心。海事执法人员调查收集证据时应仔细观察研究，不放过与案件有联系的蛛丝马迹，发扬刨根问底的精神，抓住所有对案件审理有价值的证据，切不可粗枝大叶、草率行事。

（3）要主动及时。有些证据时间性很强，如船舶污染案件，错过时间很难再收集到。因此，执法人员调查收集证据时应主动及时，切忌拖拉迟延，以免丢失取证的机会。需要采取证据保全措施的，应果断采取。

（4）要依法取证。《行政诉讼法》以及最高人民法院的司法解释对行政机关取证行为的合法性有十分严格的要求。行政处罚的所有证据必须在做出处罚决定前收集并且不得严重违反法定程序，否则行政处罚决定在行政诉讼中将被撤销。

第四节 海事行政处罚文书

行政处罚文书是行政处罚的外在表现形式，行政处罚文书的制作水平和质量体现了海事行政处罚决定的说服力和执法形象。一个行政处罚案件，即使处罚的依据再充分，如果处罚文书制作有误，或者不符合法定形式，很难保证整个案件不会被撤销或被宣告无效。

一、海事违法行为调查报告

1. 案由

其指立案调查的法律缘由。海事行政处罚案由由两部分构成，即“违法当事人 + 被处罚的法律条文依据”。违法当事人是指违法行为的主体，违法行为指的是法律条文中列明的具体行为。

2. 调查事实

调查事实是做出海事行政处罚的直接依据，必须认真、全面地填写。在书写调查事实时必须遵循两个原则：一是叙述的违法事实必须是经过调查核实、有充分证据证明的违反法律、法规和规章规定的行为。二是叙述违法事实必须以违法行为的构成要件即违法主体、客体、主观方面、客观方面为指导，既揭示案件的本质和特点，又抓住作案时间、地点、人物、手段、经过和结果等事实要素，阐明整个违法事实情况。此外，对当事人的认识态度、悔改表现等可以影响量罚的情节也应写到。对案件定性和量罚关系不大或无关的情况可少写或不写。

如对油类记录簿记载错误的调查事实至少应当包括下述内容：

“××年××月××日，海事执法人员在对停靠在××港××泊位的××船检查中发现，该船油类记录簿第一部分记载错误：C 项残油的收集长期（自××年××月××日至××年××月××日）没记录；D 项记录不完整等。”

3. 证据清单

尽可能多地收集与案件有关的证据，正确填写证据的名称和种类。常用证据名称和种类列表如下；

表 4-1

证据名称	种类
船方说明（报告）	当事人的陈述
询问笔录	当事人的陈述
证书、文书复印件	书证
船级社检验报告	鉴定结论
录像	视听资料
油品鉴定报告	鉴定结论
现场勘察报告	勘验笔录

4. 拟处理意见

根据已查明的违法事实、性质、法律规定，结合考虑当事人违法行为危害社会的轻重程度、主观认识和态度，即从重、从轻处理理由，做出拟处罚意见，在调查报告上逐项写明。应当引起注意的是，在拟处理意见栏中，应写明违法依据和处罚依据。如果存在从轻、从重处罚的法定情节，也应当写明，并注明所依据的具体法律条款。

5. 法定从轻、减轻、免除、从重情节

《行政处罚法》只规定了从轻、减轻、不予行政处罚的几种情形，没有对行政处罚的从重情节做出明确规定。从轻（从重）处罚是指行政机关在法定的处罚方式和幅度内，对行政违法行为人在数种处罚方式中选择较轻微（严厉）的处罚方式或者在某一处罚方式允许的幅度内选择下限（上限）或者接近于下限（上限）进行的处罚。减轻处罚，是指在法定的处罚种类和处罚幅度最低限以下，对违法行为人适用行政处罚。注意，法律规定对当事人并罚时，减轻处罚并不意味着可以免除其中的一项处罚。例如法律规定对当事人处以罚款并吊销证书，就不能只罚款而不吊销证书，或只吊销证书而不罚款。

免除处罚是指对当事人做出有违法行为的宣告，但免除其行政处罚。从轻、减轻或者不予行政处罚的规定，实际上是赋予行政机关一定的自由裁量的权力，便于行政机关灵活地运用自己的权力。这里所谓的自由裁量权，是指法律赋予行政机关根据具体情况，自行决定实施的一种权力。但是行政机关在具体运用这一权力时，必须遵循行政处罚的公正原则以及行政处罚与违法行为相适应原则。根据《海上海事行政处罚规定》和《行政处罚法》的规定，免除行政处罚的情形有：

（1）海事违法行为轻微并及时纠正，没有造成危害后果的，不予海事行政处罚；（《海上海事行政处罚规定》第八条第二款）

（2）有海事行政违法行为的中国籍船舶和船员在境外已经受到处罚的，不得重复给予海事行政处罚；（《海上海事行政处罚规定》第八条第三款）

（3）违法行为在两年内未被发现的，不再给予行政处罚。法律另有规定的除外。（《行政处罚法》第二十九条第一款）

在对当事人从轻或减轻处罚时，必须具备《行政处罚法》第二十七条第一款列明的四种情形之一：

"①主动消除或者减轻违法行为危害后果的；

②受他人胁迫有违法行为的；

③配合行政机关查处违法行为有立功表现的；

④其他依法从轻或者减轻行政处罚的。"

《行政处罚法》没有列明应当从重处罚的情形，但《海上海事行政处罚规定》第九条列出了应当从重处罚的六种情形：

"①造成较为严重后果或情节恶劣；

②一年内因同一海事行政违法行为受过海事行政处罚；

③胁迫、诱骗他人实施海事行政违法行为；

④伪造、隐匿、销毁海事行政违法行为证据；

⑤拒绝接受或阻挠海事管理机构实施监督管理；

⑥法律、行政法规规定应当从重处以海事行政处罚的其他情形。"

6. 其他注意事项

被调查人情况栏的填写应当注意：如果被调查人是自然人，填写左半部分；被调查人是船舶或公司，填写右半部分。不需填写栏划"/"，不允许出现空白栏。

7. 案例评析

某国际航行船舶抵港24小时内未办理进口岸手续,某海事执法人员制作了一份调查报告如下。

海事违法行为调查报告

案号: ××海事罚字[00004]号

案由: ××船在24小时内未办理进口岸手续

被调查人(当事人)的基本情况:

姓名 /　船舶/单位名称 ××船

年龄 /　船籍港/船旗国 青岛

性别 /　船舶吨位/主机功率 567 GT/735 kW

职务 /　船长/法定代表人 孙某

联系电话 12345678　联系地址 青岛市

调查时间自 2006.2.1~2006.2.2

调查事实: ××船在24小时内未办理进口手续

证据清单:(可另附页)

证据名称	数量	种类
船舶违章报告	1	当事人的陈述
航海日志复印件	1	书证
询问笔录	1	书证

拟处理意见: 依据8号令,拟对该船处以罚款5 000元

执法人员签字: 赵某　武某

执法证件编号: 1221　2321　2007年5月10日

所在部门意见: 同意

部门负责人签字: 王某　2007年5月11日

[评析]不难看出,上述调查报告存在如下几项不当之处:

第一,案由写法不当。该船在24小时内未办理进口手续不是该船被处罚的法律上的缘由,而是因为在24小时内未办理进口岸手续违反了《国际航行船舶进出中华人民共和国口岸检查办法》的规定,应当依据《海上海事行政处罚规定》(2003年版,现已作废)第四十三条第一款第(三)项、第二款第(四)项对该船进行处罚。根据该条可知:处罚依据是"国际航行船舶未按规定办理进出口岸手续";违法行为当事人是船舶;被处罚当事人是船舶所有人或船舶经营人及船长。所以,案由应当写成"××船(国际航行船舶)未按规定办理进出口岸手续"。

第二，调查事实过于简化。调查事实缺少时间、地点、具体违法的过程等重要内容。要确认船方在24小时内未办理进口岸手续，首先要有证据证明船方在办理进口岸手续时超过了24小时的时限，如下锚时间、办理进口手续时间等。另外，调查事实还应当包括船方能办理而未办理的客观事实，如没有恶劣的天气等客观条件无法办理的情况。这些重要的内容必须在调查事实中写明。

第三，询问笔录的证据种类填写错误。询问笔录应当属于当事人的陈述，而非书证。

第四，拟处理意见写法不对。首先，拟处理意见应当包括当事人的违法依据和处罚依据；其次，依据的条款应当写清楚，不能将所依据的法律简写，如将《海上海事行政处罚规定》简写为8号令。

二、海事违法行为通知书

1. 违法当事人

违法当事人，也就是海事违法行为通知书所指向的对象，或者说拟处罚的对象。这是一个极其重要的问题，一旦违法当事人填写错误，那么该项行政处罚属于违法处罚无疑。也就是说，如果应该处罚船舶所有人而处罚了船舶，或者应该处罚船舶而处罚了船员，都是属于处罚对象的错误。处罚对象错误，势必违反处罚法定原则，从而造成行政处罚的无效。在随后可能发生的复议或诉讼中，该项处罚因为违反处罚法定原则必将被撤销。有的执法人员对此种错误不以为然，认为处罚船舶和处罚船舶所有人都是一样的，认为不都是船东拿钱嘛。其实不然，这是一个质的问题，法律追求的是实体公正和程序公正，有时程序公正甚至比实体公正更重要。执法者必须首先要尊重法律，行政处罚是对当事人经济权利的重大剥夺，不能不慎重。

2. 陈述权与申辩权

陈述权是指相对人针对行政处罚所依据的违法事实进行说明的权利。赋予相对人陈述权的根本目的，在于通过相对人对处罚所指行为的陈述，使行政处罚所依据的违法事实能够客观真实地反映出来并得到公正认可，以保证行政处罚的事实准确无误。申辩权是指相对人对行政处罚的事实、理由、法律依据和调查办案人员的初步行政处罚建议提出异议并进行辩解的权利。

《行政处罚法》第六条、第三十二条、第四十一条，用三个条文规定了当事人在行政处罚决定之前享有陈述和申辩的权利，行政机关拒绝听取当事人的陈述和申辩，行政处罚决定无效。那么行政机关在行使行政处罚权时，如何充分保障当事人的陈述权和申辩权呢？通常认为，行政机关必须要做到以下四点：

第一，充分保障当事人享有陈述申辩的时间。《行政处罚法》虽然没有规定当事人享有陈述申辩的时间，但是从保护当事人合法权益的角度看只要在行政机关做出处罚决定之前，当事人就可以随时提出陈述和申辩。

第二，充分听取当事人的陈述和申辩。为了保证行政机关认定的事实是客观的，做出的处罚决定是合理、合法的，就必须充分听取当事人的意见，对当事人提出的事实、理由和证据，行政机关的执法人员必须全面客观地记录，并将记录的内容交当事人核对，并让其签名或盖章。

第三，行政机关对于当事人在陈述和申辩时提出的事实理由和证据应当复核。对于当事人的陈述、申辩，执法人员不得禁止，也不能只“听听”而已，当事人提出的事实理由和证据应当及时复核。当事人提出的事实理由和证据成立的，行政机关应当采纳。这样有助于行政机关澄清案件事实,消除双方因观察问题的角度和利益关系的不同所产生的认识上的不一致,有利于执法人员从当事人的角度,对案件做出进一步的考察,避免先入为主,确保能够做出正确的处罚决定。

第四,行政机关不得因当事人的申辩而加重处罚。行政机关对当事人做出的行政处罚是依据当事人的违法行为的轻重依法决定的,而不是依当事人的态度决定处罚的轻重。因此,当事人的申辩不论是对还是错,当事人的态度不论是好还是坏,都不能对处罚的轻重产生影响,行政机关不得因当事人的申辩而加重处罚。

3. 听证权

听证权是指相对人在被处罚前享有的要求行政机关举行听证会,对行政处罚的事实、理由及法律依据提出异议并发表自己意见的权利。听证权是一项程序上的权利,相对人利用这一权利或机会,行使陈述权、申辩权等项权利,并要求行政机关履行说明理由、听取意见等方面的义务。听证权充分体现了行政处罚中的民主原则、公开原则和相对人参与原则,是一种较行政复议、行政诉讼等事后监督手段更为优越的事中监督手段,它有利于行政机关查明违法事实,准确适用法律,提高行政处罚质量,减少行政诉讼。

与相对人的听证权相对应的是行政机关告知听证权和组织听证的义务。行政机关在做出相对人依法享有听证权的行政处罚决定之前,应当书面告知其享有听证的权利。相对人要求听证的,行政机关应依法组织听证。听证主持人由行政机关指定的非本案调查人员担任。除涉及国家秘密、商业秘密或者个人隐私以外,听证会应当公开举行,对行政机关组织听证所需费用相对人不予承担。

根据《海上海事行政处罚规定》的规定,海事机构在做出较大数额罚款(对自然人罚款1万元以上、对法人或其他组织罚款10万元以上)、吊销证书的海事行政处罚之前,应当告知当事人有听证权。见《海上海事行政处罚规定》第九十三条:

"在做出较大数额罚款、吊销证书的海事行政处罚决定之前,海事管理机构应当告知当事人有要求举行听证的权利;当事人要求听证的,海事管理机构应当组织听证。

本条前款所称'较大数额罚款',是指对自然人处以1万元以上罚款,对法人或者其他组织处以10万元以上罚款。"

4. 行政处罚栏的填写

行政处罚一栏中应填写处罚对象、处罚种类和处罚幅度。处罚对象应写明是船舶、单位还是个人,处罚种类应写明是警告、罚款还是扣留证书。罚款的金额应当使用大写的中文数字。扣留证书的扣证期限除应写明"扣留证书多少个月"外,还应写明(某年某月某日至某年某月某日)。如船舶无国籍证书航行,对船长罚款500元并扣留其适任证书5个月,应表述成:"对船长×××处以罚款金额伍佰元整并扣留适任证书5个月(2006年6月1日至2006年10月31日)"。

另一点需要注意,船员违法记分不应出现在行政处罚栏中。因为船员违法记分是对船员进行教育的一种手段,不属于法定行政处罚的种类。

5. 案例评析

张某没有经过油船特殊培训,在A油船上做厨师,下面是××海事处执法人员制作的海事违法行为通知书。

海事违法行为通知书

第一联(共两联)　　　　　　　　　　　　案号：××海事罚字[00002]号

A船　　　　：

张某在你船担任厨师职务，没有经过油船特殊培训，违反了《海上交通安全法》第七条的规定，依据《海上海事行政处罚规定》第三十一年，对你船处以罚款5 000元整。

根据《行政处罚法》第三十二条和第四十二条的规定，你可在收到本通知书之日起

□1.3日内向本机关进行陈述申辩。逾期不陈述或者申辩的，视为你放弃上述权利。

□2.3日内向本机关要求组织听证。逾期不要求组织听证的，视为你放弃上述权利。

拟作处罚的海事管理机构名称：　中华人民共和国××海事处

拟作处罚的海事管理机构地址：　××市××路××号

拟作处罚机关的联系人和联系电话：　×××　　　12345678

2006年03月04日

(印章)

以下由当事人填写：

□要求陈述申辩；　　　□放弃陈述申辩；

□要求进行听证；　　　□放弃听证要求；

当事人签名：________　　　　____年____月____日

[评析]该海事处制作的这份文书存在如下几项错误：

第一，处罚当事人填写错误。根据《海上海事行政处罚规定》(2003版)第三十一条，处罚的当事人是违反本条规定的自然人，而非船舶。处罚当事人填写错误，势必造成本次处罚的无效。

第二，没有告知当事人陈述权与申辩权。陈述权与申辩权是当事人一项重要权利，如果不告知当事人此项权利，势必严重违反处罚程序。根据《行政处罚法》第三条第二款的规定："没有法定依据或者不遵守法定程序的，行政处罚无效。"从违反程序的方面看，本次的处罚行为是无效的。

第三，处罚条款填写不完整。

第四，罚款数额应当使用中文大写，而不应该使用阿拉伯数字。

三、海事行政处罚决定书

1.违法依据与处罚依据

行政处罚决定书是海事管理机构针对具体违法行为制作的记载处罚事实、理由、依据和决定等事项的具有法律强制力的书面文书。违法依据是指违法行为所直接违反的法律、法规和规章及其他规定。它既是判定行为是否违法的依据，也是判定行为属何种违法即定性的依据。制作时，应写明法规的名称及相关的条款序数。处罚依据是指处罚内容(决定) 所出自的法规

条款。制作时，其要求同违法依据。要注意违法依据和处罚依据应具有内在的一致性，不能出现两者互不相关的情况。

2. 条、款、项、目的填写

一般来讲，一件(部)法律由章、节、条、款、项、目组成，个别重要的法典还分编。编、章、节是对法条的归类，所以，在适用法律时只需引用到条、款、项、目即可，无须指出该条所在的编、章、节。因此，弄懂法律规范中条、款、项、目的含义，在执法活动中正确适用法律规范的条、款、项、目，对于规范执法行为，提高执法质量是大有益处的。

(1)条。法律规范的“条”，又称“法条”，是组成法律规范的基本单位。一件(部)法律，都是由若干法条组成的。法律规范条文的适用，一个法条只有一款的，应当直接适用该法条，不应称作该条第一款；一个法条有两款或者两款以上的，应当适用到款。关于条的数目的书写：一般来讲，条的数目的书写应使用中文，如《海上交通安全法》第七条。但也有使用阿拉伯数字的，如《海上交通安全法》第 7 条。

(2)款。“款”是“条”的组成部分。“款”的表现形式为条中的自然段。每个自然段为一款。该自然段前不冠以数字以排列其顺序。如《海上交通安全法》第七条的各款，款前均无数字。有数字排列的不称为款。如《海上海事行政处罚规定》第八条第一段冒号下为：(一)主动消除或者减轻海事行政违法行为危害后果的；(二)受他人胁迫……该段文字虽然是另起一行，但因为上段结束符号是冒号，本段开始前有(一)，因此，该段文字不视为是一个自然段，也不能认为其是一款。

“款”的适用。款一般可以独立使用，如《海上交通安全法》第七条第二款，但也有例外的，如《海洋环境保护法》第八十八条的两款就不能各自独立使用。见第八十八条：

“违反本法规定，有下列行为之一的，由依照本法规定行使海洋环境监督管理权的部门予以警告，或者处以罚款：

(一)港口、码头、装卸站及船舶未配备防污设施、器材的；

(二)船舶未持有防污证书、防污文书，或者不按照规定记载排污记录的；

(三)从事水上和港区水域拆船、旧船改装、打捞和其他水上、水下施工作业，造成海洋环境污染损害的；

(四)船舶载运的货物不具备防污适运条件的。

有前款第(一)、(四)项行为之一的，处两万元以上十万元以下的罚款；有前款第(二)项行为的，处两万元以下的罚款；有前款第(三)项行为的，处五万元以上二十万元以下的罚款。”

该条第一款列举了违反本法规定的 4 种行为，第二款规定了对这 4 种行为的处罚。这两款分别构不成完整的要素，因此不能单独适用，必须同时适用。

关于款的数目的书写。款的数目的书写一般应当使用中文，不用阿拉伯数字。如《海上交通安全法》第七条第二款，不写作《海上交通安全法》第七条第 2 款。

(3)项。一般来讲，“项”是以列举的形式对前段文字的说明。如《海洋环境保护法》第八十八条规定的四种行为，所以，含有项的法条，其前段文字中一般都有“下列”二字或相应的文字表述。“项”前冠以数字以对列举的内容进行排列。如上所述，各项前都冠以(一)、(二)、(三)等数字，而且这些数字只能以中文数字加括号的形式出现。

“项”的适用。对含有项的法条，适用时应当适用到项。如对码头未配备防污设施的处罚，应当适用《海洋环境保护法》第八十八条第一款第(一)项。根据立法技术的不同需要，

“项”可以依附于条，也可以依附于款，即条中可以有项，款中也可以有项。

(4)目。“目”隶属于项，是法律规范中最小的单位。“目”的特性与作用与“项”相似，不同的是项是对条或款的列举式说明，而“目”是对项的列举式说明。项的前面冠以中文数字加括号，而目的前面则冠以阿拉伯数字，并在阿拉伯数字后加点（在具体引用法条的目时，只注明阿拉伯数字，无须加点）。

如《海船船员适任考试、评估和发证规则》第四条：

“申请适任证书者应符合下列基本条件：

（一）持有有效的《船员服务簿》；

（二）满足以下年龄要求：

1. 女性船员小于 60 周岁，男性船员小于 65 周岁；

2. 申请海船船长、高级船员适任证书者，年龄不小于 20 周岁；

3. 申请值班水手和值班机工适任证书者，年龄不小于 18 周岁；

……”

对年龄的 3 个不同要求，就是第（二）项的 3 个目。

“目”的适用。如果某个法条或款的内容有“项”，而“项”下还有“目”的，在适用法律时就应当适用到“目”。

3. 诉讼时效

如果当事人对海事行政处罚不服，当事人享有的一项重要救济权利就是提起行政诉讼。诉讼时效对当事人的诉讼权利十分重要。如何确定海事行政处罚的诉讼时效呢？如果海事行政处罚是根据《海上交通安全法》或《水污染防治法》做出，其诉讼时效是 15 日；如果根据《海洋环境保护法》做出，其诉讼时效是 3 个月。具体分析如下：

有关行政诉讼时效期限的规定散见于《行政诉讼法》、《行政复议法》、最高法院司法解释以及各部门行政法中，其中时间长短千差万别。一般情况下可以分为普通诉讼时效、特殊诉讼时效和最长诉讼时效。

第一，普通诉讼时效：①直接向法院提起诉讼的为 6 个月。《行政诉讼法》第四十六条规定：“公民、法人或者其他组织直接向人民法院提起诉讼的，应当自知道或者应当知道做出具体行政行为之日起 6 个月内提出。法律另有规定的除外。”②经复议向法院提起诉讼的为 15 日。《行政诉讼法》第四十五条规定：“公民、法人或者其他组织不服复议决定的，可以在收到复议决定书之日起 15 日内向人民法院提起诉讼，复议机关逾期不做决定的，申请人可以在复议期满之日起 15 日内向人民法院提起诉讼。法律另有规定的除外。”

第二，特殊诉讼时效：①直接向法院提起诉讼的特殊诉讼时效，其中有 15 日（《海上交通安全法》《水污染防治法》《药品管理法》等）、30 日（《渔业法》《森林法》《土管法》等）；②经复议向法院提起诉讼的特殊诉讼时效，其中有 5 日（《治安管理处罚法》）、30 日（《海关法》）、3 个月（《专利法》）。

第三，最长诉讼时效：2015 年 5 月 1 日施行的《中华人民共和国行政诉讼法》第四十六条规定：“因不动产提起诉讼的案件自行政行为做出之日起超过 20 年，其他案件自行政行为作出之日起超过 5 年提起诉讼的，人民法院不予受理。”

4. 案例评析

以 × × 船舶缺少二副为例，做一份处罚决定书。该船所有人是 A 公司。下面是执法人员针对A公司制作的海事行政处罚决定书。

海事行政处罚决定书

第一联(共四联)　　　　　　　　　　　　××海事罚字[00004]号

当事人：　A公司　　　　　　　　　　　　　　　　　　　　　:

联系地址：　××市××区××路46号

当事人的违法事实和证据：2006年5月5日，海事执法人员在办理你公司××船进港签证中发现，该船缺少二副一名。该船之行为违反了《海上交通安全法》第六条的规定。

依据8号令第34条

决定给予当事人A公司罚款1万元整

的行政处罚。

当事人被处以罚款的，应在收到本决定书之日起15日内，持本决定书到××银行缴纳罚款，逾期不缴纳罚款的，每日按罚款数额的3%加处罚款。在中华人民共和国沿海水域被处以罚款的船舶、设施，按《中华人民共和国海上交通安全法》第十九条的规定，必须在离港或者开航前缴清罚款或者提供适当的担保。当事人被处以扣留、吊销证书的，应在收到本处罚决定书之日15日内，将该证书送交本机关，逾期不送交的，本机关将公告该证书作废；当事人被处以没收船舶的，本机关将依法处理。

当事人如不服本处罚决定，可以自收到本处罚决定书之日起60日内依法向×××海事局申请复议，也可以按照《海上交通安全法》《行政诉讼法》的规定在3个月内直接向法院起诉。逾期不申请复议或者不向法院起诉又不履行本处罚决定的，本机关将依法采取措施。

做出海事行政处罚决定的机关名称：中华人民共和国××海事局

2007年6月9日

(印章)

以下由当事人填写：

☐当事人提出当场缴纳罚款。当事人签名：______　______年____月____日

[评析]不难看出，该份文书存在以下诸多问题：

第一，处罚依据写法很不规范。首先在处罚文书中法规名称不能用简称，应当用全称。例如不能将《海上海事行政处罚规定》简写成8号令。其次处罚依据的条款应该详细列明，不应只列明条，而应准确地列明所依据的条、款、项、目。如本案中，所依据的条款应当为《海上海事行政处罚规定》第三十四条第一款第(二)项、第二款第(一)项。

第二，诉讼时效填写不正确。上面已经分析，依据《海上交通安全法》做出的处罚诉讼时效是15日，依据《海洋环境保护法》做出的处罚诉讼时效是3个月。本案依据《海上交通安全法》做出，故其诉讼时效是15日。

第三，罚款数额应当用中文大写，不能用阿拉伯数字。

四、送达回证

1. 概念

送达回证是海事行政处罚机关将执法文书送达当事人的回执证明文书。“送达单位”指处罚机关;“送达人”指处罚机关的执法人员或处罚机关委托的有关人员;“受送达人”指案件当事人;“收件人”不是当事人时,应当在备注栏中注明其身份和与当事人的关系。

2. 一个错误的做法

在海事行政处罚中,执法人员往往将违法通知书与处罚决定书同时送达当事人,表现为受送达人在同一个时间签收上述两份文书。我们不禁要问,这样做合适吗? 是否存在程序上的不足? 要回答这个问题,首先要了解行政处罚的程序。

根据《行政处罚法》的规定,行政机关在做出行政处罚决定之前,应当告知当事人做出行政处罚决定的事实、理由及依据,并告知当事人依法享有的权利。告知程序在海事行政处罚中表现为送达当事人违法行为通知书。《海上海事行政处罚规定》第八十八条对当事人享有的权利和期限做了明确规定:

“海事管理机构负责人对海事违法行为调查报告审查后,认为应当处以行政处罚的,海事管理机构应当制作海事违法行为通知书送达当事人,告知拟处以的行政处罚的事实、理由和证据,并告知当事人有权在收到该通知书之日起3日内进行陈述和申辩,对依法应当听证的告知当事人有权在收到该通知书之日起3日内提出听证要求。”

所以说,送达当事人违法行为通知书是送达处罚决定书的先行程序。如果同时送达上述文书,势必被认为当事人的陈述、申辩、听证权利被剥夺。即使当事人明示放弃上述权利,也必须是当事人在收到违法行为通知书后才能表示放弃。所以,当事人同时收到上述两份文书无论如何是不符合法定程序的。

3. 受送达人的选择

受送达人在送达回证上签名或盖章是证明其签收的主要方式。如何确定受送达人是一个重要的问题,在海事行政处罚实践中,做法不一。主要表现为:

(1)被处罚的当事人是船公司,签收者是船长或其他船员;

(2)被处罚的当事人是船长,其他人员代签且不做任何说明;

(3)被处罚的当事人是外国船公司和船长,签收者是代理而没有授权委托书等。

如何确定受送达人呢?《海上海事行政处罚规定》第九十一条做出了明确规定:

“海事行政处罚决定书应当在海事管理机构宣告后当场交付当事人,并将告知情况记入送达回证,由当事人在送达回证上签名或者盖章;当事人不在场的,应当在7日内依法采取其他送达方式送达当事人 。”

《海上海事行政处罚规定》规定得比较严格,要求必须将处罚决定书送达当事人,而没有详细说明如果不能当场送达当事人时如何送达的问题。依据法律法规的规定和习惯的做法,结合海事行政处罚的特点,受送达人的选择应当遵循下述原则:

(1)直接送达当事人的(如船员本人),由当事人在送达回证上注明收到日期,并签名或者盖章,当事人在送达回证的签收日期为送达日期。

(2)处罚的当事人是船公司的,应当由公司的法定代表人签收。

(3)当事人已向行政执法机构指定代收人的,交代收人签收。

(4)当事人拒绝签收,送达人应当邀请有关人员到场,说明情况,在送达回证上写明拒收的事由和日期,由送达人、见证人签名或者盖章,将文书留在当事人的收发部门或者住处,即视为送达。

4. 案例评析

下面是某执法人员制作的一份送达回证。

海事行政处罚文书送达回证

案号 ××海事罚字[00006]

<table>
<tr><td>案 由</td><td colspan="3">××船公司A船所配船员未持有有效的适任证书</td></tr>
<tr><td>受送达人的
姓名或名称</td><td colspan="3">张某(船长)</td></tr>
<tr><td>送达地点</td><td colspan="3">××市××区</td></tr>
<tr><td>送达单位的名称</td><td colspan="3">××海事局××海事处</td></tr>
<tr><td>《海事违法行为通知书》海事罚字00006号</td><td>李某
王某</td><td>2006年2月3日
0900时</td><td>张某(签字)</td></tr>
<tr><td>《海事行政处罚决定书》海事罚字00006号</td><td>李某
王某</td><td>2006年2月3日
0900时</td><td>张某(签字)</td></tr>
<tr><td>备
注</td><td colspan="3"></td></tr>
</table>

[评析]该份送达回证主要存在一个问题,即当事人同时签收违法行为通知书和处罚决定书不符合法定程序。

第五节　海事行政处罚执行程序

行政处罚重在执行,如果行政处罚不能得以执行,不仅不能达到处罚目的,还势必影响法律的权威。行政处罚决定做出并送达生效以后,剩下的问题就是如何实现行政处罚的内容。这就进入了行政处罚的执行程序。行政处罚执行程序是实施行政处罚决定时所应当遵循的程序。行政处罚是行政机关代表国家对公民、法人或者其他组织的违法行为所做出的刑侦处罚,因此,行政处罚一经做出就具有法律效力,由国家强制力保证其执行。《行政处罚法》《海上海事行政处罚规定》规定了详细的海事行政处罚执行程序。

一、自动履行程序

1. 法律规定

《行政处罚法》第四十四条规定:“行政处罚决定依法做出后,当事人应当在行政处罚决定的期限内,予以履行。”行政处罚是行政机关代表国家做出的,当事人应当自觉履行,这既是当事人对国家应尽的义务,也可以避免因强制履行所带来的不必要的不良后果。同时,对当事人本身也是一次良好的法制教育,可以增强当事人的守法意识,提高守法水平,行政机关也可以提高行政效率。

当事人自觉履行程序包括通过自觉作为履行和自觉不作为履行两种。自觉作为履行是指需要通过当事人的行为来履行处罚决定的一种履行决定。如罚款决定,当事人应当自觉到指定的银行缴纳罚款或当场缴纳罚款。自觉不作为履行是指由当事人通过停止违法活动来履行行政处罚决定的一种履行行为。如责令当事人停产停业,当事人应当自觉停止生产或者经营。

当事人自动履行应当及时、如实、全面地履行。及时履行就是当事人必须在行政处罚决定书上规定的期限内履行,不得无故拖延。如实履行就是当事人必须按照处罚决定书上规定的方式、要求、数额等认真加以履行,不得阳奉阴违、弄虚作假。全面履行就是当事人必须按照行政处罚决定书的规定不折不扣地加以履行,不得讨价还价。

根据《行政处罚法》和《海上海事行政处罚规定》的规定,被处罚的当事人应当在规定的时间(15 日)内到做出处罚决定的海事机构所指定的银行缴纳罚款。

2. 向银行缴纳罚款

根据《罚款决定与罚款收缴分离实施办法》(国务院第 235 号令),除依照《行政处罚法》的规定可以当场收缴罚款外,做出罚款决定的行政机构应当与收缴罚款的机构分离。《交通行政处罚程序规定》根据国务院实施办法做出同样的规定。

《海上海事行政处罚规定》没有明确规定向银行缴纳罚款的期限,但在海事行政处罚决定书中将缴款期限明确为 15 日:“当事人被处以罚款的,应在收到本决定书之日起 15 日内,持本决定书到________________缴纳罚款……。”

3. 当场收缴罚款

根据法律规定,对当事人处以 20 元以下罚款,不当场收缴事后难以履行及边远、水上、交通不便地区,可以当场收缴罚款。见《行政处罚法》第四十七、四十八条:

"第四十七条 依照本法第三十三条的规定当场做出行政处罚决定,有下列情形之一的,执法人员可以当场收缴罚款:

(一)依法给予二十元以下的罚款的;

(二)不当场收缴事后难以执行的。

第四十八条 在边远、水上、交通不便地区,行政机关及其执法人员依照本法第三十三条、第三十八条的规定做出罚款决定后,当事人向指定的银行缴纳罚款确有困难,经当事人提出,行政机关及其执法人员可以当场收缴罚款。"

海事执法人员在当场收缴罚款后,首先应当向当事人出具罚款收据,其次应当及时将罚款交至法定部门。见《交通行政处罚程序规定》第三十六条:

"交通管理部门及其执法人员当场收缴罚款的,必须向当事人出具省级财政部门统一制发的罚款收据。

行政执法人员当场收缴的罚款,应当自收缴罚款之日起两日内,交至执法人员所属交通管理部门;在水上当场收缴的罚款,应当自抵岸之日起两日内交到所属交通管理部门;交通管理部门应当在两日内将罚款缴付指定的银行。"

注意,向指定银行缴纳罚款是原则,当场收缴罚款是例外。一般情况下,除非法定情形的出现,执法人员不能当场收缴罚款。即使存在法定情形,执法人员也不是必须当场收缴罚款。在这种情况下,执法人员可以当场收缴,也可以不当场收缴。

二、强制执行程序

1. 强制执行

强制执行,是指当事人逾期不履行行政处罚决定时,行政机关依照法律规定采取有力措施保证行政处罚决定的执行。自觉履行是原则,是主要的履行方式。如果没有完善的强制履行程序,就不能对违法当事人形成一定的威慑力,也不利于自觉履行的实现。根据《行政处罚法》和《海上海事行政处罚规定》的规定,海事行政处罚的强制执行措施有三种:执行罚(迟延加罚)、公告作废、申请法院强制执行。

2. 执行罚(迟延加罚)

执行罚,是指适用于罚款处罚的一种强制执行措施,即当事人不按照处罚决定书规定的时间缴纳罚款,按延迟时间给予加处罚款。根据《海上海事行政处罚规定》第一百〇四条规定,当事人无正当理由逾期(15 日)不缴纳罚款的,海事管理机构依法每日按罚款数额的 3% 加处罚款。因此,行政处罚实施后,如果有个别当事人心存侥幸,企图不缴纳罚款,其损失将是巨大的。迟延加罚是保证行政处罚执行的重要措施。

3. 公告作废

根据《海上海事行政处罚规定》第一百〇五条的规定,违法当事人被处以扣留证书处罚,当事人应当及时将证书送交做出处罚决定的海事管理机构。如果违法当事人拒不送交被扣留、被吊销的证书的,海事管理机构应当公告该证书作废,并通知核发证书的海事管理机构注销。

4. 申请人民法院执行

当事人在法定期限内不申请复议或提起诉讼,又不履行海事行政处罚决定的,海事管理机构依法申请人民法院强制执行。

三、其他后续措施

1. 责令改正或限期改正

行政处罚是一种手段,不是目的。行政处罚的目的在于通过惩戒违法当事人,使其纠正违法行为,履行相关之义务。《海上海事行政处罚规定》第五条规定:“海事管理机构实施海事行政处罚时,应当责令当事人改正或限期改正海事行政违法行为。”根据上述规定,行政处罚完毕或者在处罚过程中,海事机构的一项重要职责就是责令当事人改正或者限期改正违法行为。

2. 船员服务簿记载

这一点往往被疏漏。根据《海上海事行政处罚规定》的规定,海事机构在对违法船员处罚后,应当将处罚结果记入《船员服务簿》。见《海上海事行政处罚规定》第一百〇六条规定:“海事管理机构对船员处以海事行政处罚后,应当予以记载。”

3. 违法记分

根据中国海事局于 2002 年 10 月 1 日发布施行的《船员违法记分管理办法(试行)》,对违法的船员予以行政处罚后,执行处罚的海事机构应当对船员进行违法记分。见该办法第十二条、十三条的规定:

“第十二条船员违法记分由做出行政处罚或实施船舶安全检查、船员实际操作检查的海事机构予以记载。

第十三条海事机构做出行政处罚决定或实施船舶安全检查、船员实际操作检查后,由海事机构在海船船员所持的《船员服务簿》‘主管机关签注(一)’栏或内河船员职务适任证书记分附页上加盖‘船员违法记分专用章’,填写记分分值、执法人员号码、记分时间。”

从船员违法记分制度确立的那一天起,关于此项制度合法性与否的争论就没有停止过,有人认为这是一种变相的行政处罚,因为违法记分完全符合行政处罚的本质和特征,中国海事局发布的规范性文件当然不能设定行政处罚。也有人认为这是一种管理措施,其存在有其一定的合法性和合理性。

上述争论从 2007 年 3 月 28 日起就变得没有必要了,因为在这一天国务院第 172 次常务会议通过了《中华人民共和国船员条例》(以下简称《船员条例》),条例第四十八条确立了“累计记分制度”。见《船员条例》第四十八条:

“第四十八条海事管理机构对有违反水上交通安全和防治船舶污染水域法律、行政法规行为的船员,除依法给予行政处罚外,实行累计记分制度。海事管理机构对计记分达到规定分值的船员,应当扣留船员适任证书,责令其参加水上交通安全、防治船舶污染等有关法律、行政法规的培训并进行相应的考试;考试合格的,发还其船员适任证书。”

由于在此之前关于船员违法记分的争论很多,所以,有必要将条例第四十八条规定说明一下。从该条规定来看,至少可以明确以下事项:

(1)累计记分制度不属于行政处罚,这从法条中所述“除依法给予行政处罚外,实行累计记分制度”就可以明确。

(2)累计记分制度适用于海事管理机构在水上交通安全和防治船舶污染管理工作中处理船员违反水上交通安全和防治船舶污染的法律法规的行为。根据本条规定,海事管理机构对船员违反水上交通安全和防治船舶污染的法律法规的行为除依法给予行政处罚外，初选累计记分。

(3)关于对累计达到规定分值的船员的处理办法。海事管理构发现船员累计记分分值已达到规定分值的，对职务船员应当扣留其船员适任证书，对普通船员应扣留其船员服务簿，等考试合格后再及时发还。对累计记分达到规定分值的船员，海事管理机构要对其进行水上交通安全、防治船舶污染等的法律、行政法规的培训，并参加相应的考试。考试合格的，船员适任证书和船员服务簿发还，原记分分值予以消除。

第六节　处罚法定原则在海事行政处罚中的应用

中国现代法治的重要标志之一，是 1997 年颁布的《中华人民共和国行政处罚法》。《行政处罚法》主要是直接规范行政机关如何做出处罚行为，即直接规范行政行为以保证行政机关依法行政的法律，但其意义远远超出处罚范围。《行政处罚法》规定的一系列制度，反映依法治国、依法行政的许多基本原则，具有极为重要的普遍意义。其中，确立的行政处罚法定原则，体现了现代行政、法治行政的根本要求。

海事行政处罚作为海事行政执法的一项重要内容，贯彻执行处罚法定原则，既是维护相对人权利的需要，也是海事依法行政和加强自身建设的必然要求。

一、处罚法定原则的理解

1.“法无明文规定不为罚”

处罚法定原则，是指具有行政处罚权的行政机关和法律法规授权的组织，在法定权限内，依据法定程序对违反行政管理秩序应当给予行政处罚的行为实施行政处罚，即要求行政机关做出的任何处罚行为，必须有法律依据。“法无明文规定不为罚”，确立此原则是因为：第一，行政处罚是直接影响公民人身权、财产权的行政行为。确立处罚法定原则，就意味着一切影响公民人身权、财产权的行政行为都必须有法律依据。从更广泛的意义上说，处罚法定加上刑法规定的“罚刑法定”，说明只有在法律明文规定的情况下，公民违法才有可能受到处罚；反之，凡法律没有禁止的，公民皆可为之。“法无明文禁止即自由。”以法律作为衡量公民是否有“自由”的唯一标准，这是社会主义法治国家最重要的原则和标准。第二，处罚法定原则表明了行政职权的特点——职权法定。行政职权只有在法律授权时，行政机关才能为之，法律没有授权就不得为之。这与公民的权利不同。公民的权利是：凡法律没有禁止的，都可为之。这是依法行政最重要的原则和标志之一。

2. 处罚运行机制的保障

处罚法定原则是行政处罚运行机制得以实现的根本保障。首先，处罚法定原则要求行政处罚的设定法定，这就保证了行政处罚的种类、幅度、对象等方面的规定更具有科学性，设定更合理，避免滥设处罚的现象发生。行政处罚科学设置，就能充分发挥处罚手段的震慑力，使有违法动机的人不敢违法。其次，处罚法定原则的实现可以保证行政处罚主体正确做出行政处罚行为，防止滥罚和偏离行政处罚目的实施处罚的现象出现，做到执法必严，违法必究，让人们充分看到和预见到实施违法行为的必然结果,从而根除违法侥幸心理,自觉守法。同时处罚法定原则的确立对于促进社会主义法制建设和保护公民、法人或者其他组织的合法权益都有重大意义。贯彻处罚法定原则,就能在行政处罚领域内做到有法可依、有法必依、执法必严和违法必究,维护法律的尊严和权威,就能在全社会形成守法、依法的风尚,有利于促进社会主义法制建设。同时,坚持处罚法定原则,就能保证行政处罚措施的科学设定和行政处罚行为的正确做出,使体现在各类法律、法规和规章中的人民利益和意志得以实现,保障人民的权利得到充分地行使。

3. 处罚法定原则的一般要求

(1)公民、法人或者其他组织违反行政管理秩序的行为,依照法律、法规或者规章明文规定应予行政处罚的,应当给予行政处罚。

(2)行政处罚由有权设定行政处罚的国家机关在职权范围内设定,无权设定的不得设定,也不得越权设定。

(3)实施行政处罚应当由行政机关依照法定程序实施。行政处罚的实施主要由行政机关实施,但有法律、行政法规或者地方性法规授权的组织也可以行使某些行政处罚权。这里应注意,并不是所有的行政机关都有行政处罚权,法律、法规或者规章规定具有行政处罚权的行政机关,依照法律、法规或者规章确定的违法行为和规定给予的行政处罚,实施行政处罚。

(4)行政机关实施行政处罚,要严格依法进行,没有法定依据或者不遵守法定程序的,行政处罚无效。实施行政处罚必须遵守法律规定的程序,既包括行政处罚法规定的程序,也包括其他行政法律关于程序的规定。《行政处罚法》是一部程序法,是对行政机关如何实施行政处罚进行规范,一方面保障行政机关有效实施行政管理,另一方面也要在程序上进行必要的规范,防止滥施处罚。

二、海事行政处罚法定原则的内容

1. 海事行政处罚的职权法定

《行政处罚法》第十五条规定:“行政处罚由具有行政处罚权的行政机关在法定职权范围内实施。”也就是说,行政机关是否拥有行政处罚权,拥有多大范围内的行政处罚权,由具体法律、法规规定。法无明文规定的,不具有处罚主体资格,不得实施行政处罚。这里包括两层含义:一是海事机关是否拥有行政处罚权;二是拥有处罚权的范围。

(1)海事机构拥有行政处罚权的依据。《海上交通安全法》等一系列法律、法规、规章授予了海事机构的行政处罚权。所以,海事机构拥有行政处罚的法定职权,即可以成为行政处罚的主体。

(2)海事机构拥有行政处罚权的范围。《海上交通安全法》规定了海事机构拥有三种行政处罚,见该法第四十四条:“对违犯本法的,主管机关可视情节,给予下列一种或几种处罚:一、警告;二、扣留或吊销职务证书;三、罚款。”

除《海上交通安全法》的规定外,《海洋环境保护法》《船舶登记条例》等海事法律法规还规定了其他的处罚种类。

(3)海事机构实施行政处罚时应注意的两点:

①不能以海事机构的内设部门的名义做出处罚。如不能以“××海事局法规处”“××海

事局船舶处”名义做出处罚。

②不能超越法律规定的处罚范围。如《海上海事行政处罚规定》规定了海事处的处罚权限，海事处在执行处罚时，必须在此权限范围内进行，否则会被视为违反处罚法定原则而被撤销。

2. 海事行政处罚的依据必须法定

“法无明文规定不为罚”，对公民、法人或者其他组织实施行政处罚必须要有法定依据，没有法定依据的，不得对公民、法人或者其他组织进行行政处罚。在把握海事行政处罚的依据时必须掌握以下两点：

(1)处罚的依据应当是法律、法规、规章。海事行政处罚的依据可以是法律、行政法规、地方性法规、部门规章、地方政府规章。在适用规章作为处罚依据时，要首先判明规章所设定的处罚是否合法。判别时要掌握以下三点：

第一，对于法律已经明确处罚的行为，并确定处罚种类和范围时，规章可以在给予处罚的种类和幅度内做出规定。例如，船员无证违法行为，法律规定可以处以罚款100元以上500元以下，规章可以做出更细致的规定，如细化规定为情况严重的罚款300元以上500元以下，情节轻微的罚款100元以上300元以下。但是规章不能规定船员无证违法行为罚款500元。另外，规章也不能对船员无证违法行为规定除罚款以外的其他处罚。

第二，对于法律已经明确处罚的行为，但未确定处罚种类和范围时，规章可以设定警告或一定数额罚款的行政处罚。罚款的数额根据国务院的规定执行，即“对非经营活动中的违法行为设定罚款不得超过1 000元；对经营活动中的违法行为，有违法所得的，设定罚款不得超过违法所得的3倍，但是最高不得超过30 000元，没有违法所得的，设定罚款不得超过10 000元。”

第三，对于法律、行政法规已经对某一事项进行规范，但没有规定处罚时，规章不能对该事项规定行政处罚。

(2)规章以下的规定性文件设定的行政处罚无效。如各级海事管理机构发布的规范性文件，不能设定行政处罚。即使设定了行政处罚也会因违犯法律规定视为无效。所以说，不能依据规章以下的规范性文件设定的行政处罚作为处罚的依据。如果此类文件设定了行政处罚，将会被视为越权。根据《行政处罚法》的规定，凡越权设定的行政处罚，执法机关有权不予执行，公民、法人或者其他组织也有权拒绝接受处罚。

3. 海事行政处罚的程序必须法定

所谓行政处罚的法定程序，是指法律、法规和规章规定的行政处罚的形式、方法和步骤。处罚法定原则不仅要求行政处罚在实体上要有法律依据，并且在程序上也要严格遵守各项法律规定，这一点在我们这样一个长期“重实体，轻程序”的国家具有特别重要的现实意义。

值得赞赏的是，《海上海事行政处罚规定》作为海事机构行政处罚的主要依据，专列一章用6 000多字详细规定了海事行政处罚的程序，由此可见，海事机构对处罚程序的重视。《海上海事行政处罚规定》的处罚程序虽然详尽列明了管辖、简易程序、一般程序、听证程序、执行程序及监督程序，但在执行中存在的一些问题也不容忽视。

三、违反处罚法定原则的法律后果

《行政处罚法》第三条第二款规定：“没有法定依据或不遵守法定程序的，行政处罚无效。”

具体来讲没有法定依据是指下列情况:①公民、法人或其他组织的行为,法律、法规没有规定应予以处罚,规章也没有在法定权限内做出规定,或者法律、法规、规章以外的规范性文件在法律、法规、规章之外做出规定;②法律、法规、规章没有依法设定行政处罚,或者法律、法规、规章之外的规范性文件违法设定处罚;③实施行政处罚的机关或组织没有法定的行政处罚权;④行政处罚适用法律、法规、规章及一般规范性文件错误;⑤行政处罚越权或滥用职权。

不遵守法定程序是指:①没有依照处罚法规定的程序或其他法定程序实施;②行政处罚缺乏主要证据或实质性证据;③行政机关或授权的组织没有依法告知当事人的程序权利和诉讼权利;④委托规则没有得到遵守,或受托的行政机关或组织不符合处罚法规定的条件。

由处罚法的规定可见,违反处罚法定原则的行政处罚是无效的。这里的无效,是指自始至终无法律效力,无拘束力,应该撤销。“无效”溯及做出行政处罚时就无效。无效的行政处罚必须撤销,如果符合《国家赔偿法》规定的赔偿条件的,行政机关还须依法赔偿。

四、案例分析

2001 年 1 月 4 日至 7 月 23 日,××海事局因“W”船沉没事故对该船原轮机长张某进行了三次海事调查。张某在调查笔录中陈述,自己 2000 年 8 月被调下船工作时,公司指派接班的轮机长不具有“W”船等级适任证书,而当时自己是公司唯一具有“A”等级船舶适任证书的轮机长;张某还主动承认,自己离船后仍将适任证书留在船上,并在“W”船进出港时冒用其证书办理签证。同时,××海事局取证的“船舶出港签证报告单”显示,“W”船于 2000 年 11 月 28 日在大连港使用轮机长张某适任证书办理出港签证,而张某本人当时实际并不在船。

据此,××海事局于 2001 年 9 月 5 日对张某做出“海事违法行为通知书”,告知其存在出借船员适任证书的违法行为,并于同年 10 月 24 日举行了听证会,形成了“行政处罚案件听证会笔录”。同年 12 月 30 日,××海事局在调查和听证会的基础上,做出港监罚字(2001)1002012 号海事行政处罚决定书,认定张某于 2000 年 8 月离船后,将本人适任证书留在“W”船上,以供该船使用其适任证书办理进出港签证,违反了《中华人民共和国海船船员适任考试、评估和发证规则》第一百〇六条的规定,根据《中华人民共和国水上安全监督行政处罚规定》(以下简称《处罚规定)第三十条“伪造、涂改、买卖、出借、转让、冒用下列证件、证书……(含船员适任证书)……对违法人员处 500 元至 1 000 元罚款,并吊销相应的证件、证书”以及第十二条第三项“配合主管机关查处违法行为的,应当从轻或减轻行政处罚”的规定,对张某做出吊销轮机长适任证书的行政处罚。

张某于 2001 年 12 月 31 日签收该处罚决定书并于 2002 年 1 月 13 日提起行政诉讼,请求撤销涉案海事行政处罚决定。

法院经审理认为,张某在法定起诉期间内行使了诉权。××海事局具有海事行政处罚的执法主体资格,其执法程序符合法律规定,处罚决定依据的事实清楚、证据充分。但是,涉案海事行政处罚的法律适用不当,违反了《处罚规定》第三十条和第十二条第三项的规定。××海事局对张某单处以吊销适任证书而未同时处以罚款的处罚方式有悖于该条关于并处条款的规定。遂依照 1989 年《中华人民共和国行政诉讼法》第五十四条第(二)项规定,并参照《处罚规定》第十二条第三款和第三十条的规定,判决撤销××海事局 港监罚字(2001)1002012 号海事行政处罚决定。

本案的关键问题是涉案海事行政处罚决定的法律适用是否正确,即当法律、法规规定对违法行为应当并处两种处罚方式时,行政机关能否因同时适用减轻处罚的规定而变更并罚方式,仅选择两种并罚方式之一进行处罚。××海事局做出处罚决定所依据的是《处罚规定》第三十条罚款、吊销证书两种处罚方式并罚条款以及该规定第十二条第三项从轻或减轻处罚的规定。减轻处罚通常是指在法定的处罚幅度最低限度以下处罚,或者在法定的处罚方式以下选择较轻的处罚方式实施处罚。无论是减轻处罚幅度还是减轻罚种,都不能免除这种处罚,否则将与免除处罚混同。根据《处罚规定》第三十条的规定,罚款、吊销证书这两种处罚方式之间的关系并非互相依附,而是相对独立并应同时适用,该规定并没有赋予行政机关在两种处罚方式中选择免除任何一种的权利。因此在两种处罚方式法定并罚的情况下,适用减轻处罚也不应免除法定并罚的两种处罚方式之一,变法定并罚为单罚。因此,××海事局对《处罚规定》第三十条和第十二条第三项的适用不当,其具体行政行为不具有合法性依法应予撤销。

第七节 一事不再罚原则在海事行政处罚中的应用

行政处罚是国家特定行政机关依法惩戒违反行政管理秩序的个人、组织的一种行政行为,属于行政制裁范畴。行政处罚作为一种法律制裁,是对违反行政管理法规的行政相对人的一种惩戒、教育手段,目的是使相对人今后不再犯同一违法行为。现实生活中,行政管理活动十分复杂,违反行政管理秩序的行为也是错综复杂的,因此,同一违法行为可能同时违反两个以上不同方面的行政管理秩序,触犯两个以上的法律规范。在这种情况下,既要对违法行为做出处罚,保护社会利益和公共秩序,又要保护当事人的合法权益不能违背过罚相当的原则,如何规定对同一违法行为的处罚原则就成为十分重要的问题。如果简单地规定对同一违法行为只能处罚一次,就有可能会使违法者逃脱应受的处罚,又必然会侵害当事人的合法权益,影响行政处罚的合理性和合法性,同时也会损害行政机关的形象。为此,《行政处罚法》规定了一事不再罚原则,目的在于防止重复处罚,体现过罚相当的法律原则,以保护当事人的合法权益。

一、一事不再罚原则

一事不再罚原则,是指对违法当事人的同一违法行为,不得以同一事实和同一依据,给予两次以上的处罚,即行政机关对于违法当事人的某一违法行为,只能依法给予一次处罚,不能重复处罚。掌握一事不再罚原则,必须对什么是“同一事实和同一根据”有一个全面的理解,只有对“同一事实和同一依据”有明确的认识,才能准确地把握和适用这一原则,同时也才能在实施行政处罚时既维护当事人的合法权益,又保证行政违法行为得到应有的处罚。一事不再罚原则中“一事”有同一行政违法行为的含义,但又不能简单地理解为一事不再罚就是同一违法行为只能处罚一次。正确理解这一原则,要从同一违法行为侵犯行政管理秩序的具体情况进行具体分析。

1. 同一违法行为分析

对一事不再罚原则的理解首先是对“一事”即“同一个违法行为”的理解和认识。所谓“违法行为”指当事人违反行政法规范的行为或者说违反行政管理秩序的行为,而非其他违法或违纪行为。“同一违法行为”是指当事人实施了一个违反行政法规范的行为或者说一个违反行政管理秩序的行为,当事人在客观上仅有一个独立完整的违法事实。理解这一概念需注意

以下几点:

(1)同一违法行为是指一个独立的违法行为而非一类违法行为。独立的一个违法行为是指此违法行为违反了一个法律条文的规定。如海事机构在船舶防污检查中,发现某船超标排放污染物且油类记录簿记录错误。此种情况,虽然都违反了海上船舶污染沿海水域环境监督管理秩序,属一类违法行为但构成两个独立的违法行为,应分别予以处罚。

(2)同一违法行为在实施的主体上,是同一违法行为人。

(3)同一违法行为是指一个违法事实而非一次违法事件。一次违法事件可能包括两次或者两次以上的违法事实。试举一例,如某船员无证在船上任职,被 A 港海事处发现后对该船员处以罚款。该船到 B 港后,又被 B 港海事处发现,此时该船员能否以在 A 港被罚过而请求免于处罚呢?答案是否定的。因为该船员在 A 港被处罚后其行为已结束,在 B 港又构成新的违法行为,当然可以处罚。所以,在判定是一个违法行为还是多个违法行为时,要看行为人有无纠正该违法行为的条件和能力。

还有一种情况是行为人实施的违法行为,看似一个违法行为,实际上是同时或者连续发生了数个违法行为,侵犯了不同的行政法律规范,这样的违法行为本身就是两个或者两个以上的违法行为,而不是"同一个行为",不能适应一事不再罚原则,应依照处罚法定的原则,分别处罚。

(4)同一违法行为,指的是该违法行为的全貌,如果违法行为人针对该行为向行政处罚主体做了重大欺瞒,且该欺瞒导致处罚主体对该处罚行为的定性和施罚产生重大影响,则处罚主体在第一次处罚后可以根据新查明的事实情况对违法当事人追加处罚。如在防污检查中,海事执法人员发现某船油类记录簿记载错误,存在非法排污的嫌疑。但船方以各种借口和理由来证明没有非法排污,海事机构在没有充分证据证明船方排污的情况下,只能依据油类记录簿记载错误的违法事实对船方进行处罚。但在处罚后,海事机构又发现新的证据能够证明该船非法排污,这种情况下,海事机构是否可以对船方进行追加处罚呢?答案是肯定的。因为船方的隐瞒导致海事执法人员对违法行为的定性产生重大影响,新发现的违法行为可视为一种新的违法行为。

2. 同一违法行为侵犯行政管理秩序的几种情况

(1)一个违法行为违反了一个行政法律规范,侵害了一个行政管理客体。如:船舶未持有船舶国籍证书进行营运,构成一个违法行为(未持有国籍证书),侵犯了一个行政管理客体(船舶登记管理秩序)。海事机构只需依照《船舶登记条例》的有关规定对该船进行处罚。类似这种一个违法行为违反了一个行政法律规范,只需要依照规定由一个行政机关或者组织实施处罚就可以了,这种情况在实践中比较普遍。

(2)一个违法行为违反了一个或者数个行政法律规范,是由不同的行政机关分别处罚还是由一个行政机关处罚?这就需要做具体分析:

①同一违法行为违反的是同一法律或者法规的规定,而法律或者法规规定是由两个或者两个以上行政机关处罚,但行政处罚的种类相同。如:发生了水污染事故,侵犯了环境管理秩序和航运管理秩序,《水污染防治法》第三十九条规定:"造成水污染事故的企业事业单位,由环境保护部门或者交通部门的航政机关根据所造成的危害和损失处以罚款。"根据这一规定,对于造成水污染事故的违法者,环境保护部门和航政机关都有权给其罚款处罚。这样的情况,如何处理?根据一事不再罚的原则,同一违法行为,同一依据,只能处罚一次,尽管两个行政机

关依法都有处罚权,也不能分别做出罚款决定,只能由先查处的机关做出处罚。这是因为,行政处罚的目的,首先是为了纠正行政违法行为,同时对违法行为人进行必要的惩戒。对同一违法行为一机关已经给予适当的处罚,其他机关还要依据同样的理由实施同一种类的处罚就没有任何意义了,在实践中只会造成重复处罚,损害行政相对人的合法权益,因此是不允许的。

②同一违法行为违反的是同一个法律或者法规的规定,法律或者法规规定由两个或者两个以上的行政机关对其处罚,但行政处罚的种类不同。如:某船员将自己的海员证转让他人使用的行为,《中华人民共和国海员证管理办法》第二十六条规定,对伪造、涂改,转让海员证的,颁发机关、边防检查机关可处以人民币 3 000 至 1 万元的罚款,颁发机关还应同时吊销该海员证。在实际管理中,依据国家有关法律法规规定,颁发海员证的行政机关是海事机构,而实际对海员证的检查由边防机关执行。如果在实际检查中,边防机关依法对该船员进行了罚款,那么海事机构是否还可以吊销该海员证呢?应当说是可以的,是不违反一事不再罚的原则的。因为,行政管理活动涉及社会生活的方方面面,法律赋予各行政机关不同的职责,从不同方面管理社会,由此保证社会生活的正常运转,也就必须赋予它们不同的行政管理手段。这些手段有的是相同的,如警告、罚款等;有的则是特定的,只有特定的行政机关才有权实施。也正因为如此,对同一违法行为,有的法律或者法规同时规定两个或者两个以上的行政机关可以分别做出几种行政处罚时,往往是该违法行为同时触犯了两个以上的行政管理秩序,而且需要运用不同的行政处罚手段来进行制裁,方能彻底纠正违法行为。这时,如果只允许一个行政机关依据这一规定进行处罚,很可能会造成违法行为得不到有效制止和纠正,损害了公共利益和社会秩序。

(3)一个违法行为违反了数个行政法律规范,应当由不同的行政机关分别处罚还是由一个行政机关处罚?同一违法行为侵犯的是不同的客体,违反的是两个或者两个以上法律、法规,依照法律或者法规的规定,两个或者两个以上的行政机关都有处罚权。这种情况是法律规范之间的竞合问题。如果简单根据处罚法定的原则,对这种违法行为分别依照不同的法律规范做出处罚是无可非议的。但是,如果按照所有触犯的法律规范分别实施处罚,就会造成重复处罚和处罚过重。由于法律规范之间的竞合问题比较复杂,且在海事执法实践中很少见,故略去不谈。

3. 一事不再罚款原则

《行政处罚法》第二十四条规定:“对违法当事人的同一个违法行为,不得给予两次以上罚款的行政处罚。”由此确立了一事不再罚款原则,它是一事不再罚原则的主要内容和组成部分。

按此规定,一事不再罚可界定为:行政主体对当事人的同一个违法行为,不得给予两次以上同类(罚款)的行政处罚。也就是说,行为人的一个行为无论是违反一个规范,还是数个规范,受一个行政主体管辖,还是数个行政主体管辖,可以给予两次以上的行政处罚,但如果是罚款,则罚款只能一次,另一次处罚可以是吊销营业执照或其他许可证,也可以是责令停产停业,还可以是没收等,只是不能再罚款。由此可以看出,《行政处罚法》规定一事不再罚的范围是有限的,仅仅限制的是两次以上罚款的行政处罚,而不限制其他行政处罚种类的第二次或多次适用。

二、案例分析

1. 案例一:不同执法机关的处罚

某船在A港接受防污染检查时,被发现油类记录簿(机舱部分)C项,即残油的收集与处理长时间没有记录。船方陈述说,该船使用的是轻柴油,不需使用分油机;因为是新船,舱底污水产生量很小,油水分离器处于良好状态,只是舱底污水少,使用次数少;因为轮机员的疏忽,没有记录,并保证一定改正。听到船方似乎合乎情理的陈述,A港海事处依据《海上海事行政处罚规定》第五十七条第一款第(三)项,"船舶未如实记录污染物处置情况"的规定,对该船做出了警告处罚。该船到了B港,上述违法情况又被B港海事处发现,B港海事处拟对该船依据同样的条款做出罚款的处罚。在对此拟处罚意见进行讨论时,出现了分歧。

第一种意见认为:A港海事处已对该违法行为做出处罚(警告),B港海事处如果再做出处罚,就违反了一事不再罚原则。

第二种意见认为:A港海事处虽然已对该违法行为做出处罚,但是只是警告处罚。B港海事处如果认为处罚太轻,可以重新做出罚款处罚,这没有违反处罚法规定的一事不再罚款原则。

[评析]通过《行政处罚法》第二十四条规定得知,对同一违法行为,只是禁止分别做出罚款处罚,但允许做出罚款以外的其他类型的处罚。在本案中,B港海事处有的执法人员认为,可以对该船进行处以罚款的理由可能正在于此。因为该船在A港被处以警告(只要是非罚款)的处罚,在B港再被处于罚款的处罚,虽然是基于同一违法行为,做出两次处罚,也没有违反"一事不再罚"的原则。单从《行政处罚法》第二十四条字面上理解,上述理由似乎有些道理,但此种解释违背处罚法规定"一事不再罚"的立法原意。这不能不谈到"一事不再罚"原则产生的背景。我国对行政违法行为的处罚,实行的是以其发生的领域不同,由各行政机关分散处罚的体制。当行政违法行为触犯了数个机关分别负责执行的行政法规范时,该数个机关依法均享有处罚权,因而,在实践中产生了对于同一违法行为,数个机关分别依职权予以处罚的情形,给人留下了重复处罚的印象。故提出"一事不再罚"原则的本意是防止同一违法行为受到不同行政机关两次或两次以上的重复处罚。

就同一部门的行政机关而言,如设在各地的海事管理部门,同一违法行为原则上只受一个行政机关处罚,该处罚机关依照法定行政处罚管辖制度确定。此种观点在《行政处罚法》第二十条做了明确规定:"行政处罚由违法行为发生地的县级以上地方人民政府具有行政处罚权的行政机关管辖。"假如某一违法行为发生于A、B、C三个地域,则分设于此三地域的三个同类机关对该违法行为依法均有管辖权,但实际管辖的机关只能有一个,即"谁先发现、谁管辖"。由此类推得知,中国海事局设在每个港口的海事处,如果对某项违法行为都有管辖权,就同一违法行为,适用"谁先发现、谁管辖"的原则,即发现早者产生优先管辖的效力。故,对于本案中,该船在A港海事处被处以警告的处罚,就意味着该项违法行为不能再被其他任何海事处进行管辖,进而予以任何处罚。进一步说,如果该船因为同一违法在不同的港口受到不同的处罚,势必引起船方的不满,也影响我们海事机构的声誉。基于以上论述,在本案中,B港海事处无权对该船进行罚款的处罚,其理由不是因为违反了"一事不再罚"原则,而是违反了"谁先发现、谁管辖"的原则。

2. 案例二:同一执法机关的重复处罚

同样是在防污染检查中,海事执法人员发现某船油类记录簿与垃圾记录簿记录存在着严重的错误,决定对该船进行立案处理。在对该案件的处理意见中,出现了分歧。

第一种意见认为:该船油类记录簿记录不正确,构成一个违法行为。垃圾记录簿记录不正确,又构成一个违法行为。应该对这两项违法行为分别予以处罚,但可以合并执行。讨论过程中,有执法人员提出对该"两项违法行为"分别处以罚款。

第二种意见认为:该船油类记录簿记载不正确与垃圾记录簿记载不正确应属同一违法行为,因为它们是同一法律事实,违反了法律的同一规定,根据行政处罚"一事不再罚"原则,不能依据同一处罚条款给予该船两次处罚。

[评析]第二种观点是正确的。本案中,重点是确定该行为是同一违法行为还是两种违法行为。分清"一事"与"二事"之间的差别,对于准确适用"一事不再罚"原则是至关重要的。"一事"等同于"一行为","多事"等同于"数行为"。法律上的行为是指规定在法律规范"假定"之中,能够依法引起法律后果的行为。产生这种行为可能包含一个动作或数个动作,但它们都归结到同一个引起法律后果的行为,即同一违法行为。有人认为油类记录簿记载不正确与垃圾记录簿记载不正确这不是两种事实吗?其实不然,这里的事实是法律事实,即违反了法律规定的哪一款哪一项。本案中,它们同属违反了一个法律条款(《海洋环境保护法》第八十八条第一款第(二)项),如果做出处罚都依据相同的条款(《海洋环境保护法》第八十八条第二款),就可以认定本案中船方违法行为属在同一违法行为,不能分别给予处罚。

第八节 海事违法处罚的表现及预防

行政处罚作为行政管理的重要手段之一,在海事管理中被普遍使用。随着我国依法治国的方略的逐步实施,行政相对人的法律意识不断提升,维护自身权益的意识也不断增强,面对行政机关的违法行政处罚行为,他们不再选择沉默。在海事管理领域中,逐年增多的行政复议、行政诉讼案件也充分说明了这一点,这也是依法治国所要达到的目标。在这种大环境下,海事机构必须改变传统的管理观念,不断提高法制意识,做到法治行政,才能避免做出违法行政行为。特别是海事机构的行政相对人多为各级各类航运企业及其受过高等教育的高级船员,他们具有较高的素质和敏锐的法律意识,任何丝毫的疏忽都可能会造成海事机构在复议和诉讼中的不利境地。

行政处罚只是行政管理的常见表现形式之一,只要有行政行为的存在,就可能产生行政违法行为。作为海事执法人员一定要提升法律意识,严格依法办事,向管理要依据。只有依法管理,严格执行处罚法定原则,才能避免在复议或诉讼中败诉。

一、行政主体违法行为的种类

1. 行政行为的合法要件

在说明行政主体违法行为之前,首先要分析行政行为的合法要件。所谓行政行为合法要件是指一个行政行为完全符合法律要求的各项条件。依据《行政处罚法》等法律法规和理论分析得知,行政行为合法要件具体包括:第一,行政主体及其职权合法;第二,行政依据合法且充分,行政依据可分为事实根据和法律根据;第三,行政内容明确且合法;第四,行政程序合法且正当。

2. 行政主体违法行为的种类

对行政行为合法性要件的违反即构成行政违法。根据上述指导思想,行政主体违法行为可分为以下四类,即主体违法、依据违法、内容违法和程序违法。其中主体违法包括主体构成违法、主体职权违法(又分为行政超越职权、行政滥用职权和行政不作为违法)和主体主观违法三种;依据违法包括实施根据违法和法律根据违法。因而所有的行政主体违法行为可以表现为以下九类:主体构成违法;行政超越职权;行政滥用职权;行政不作为违法;主体主观违法;内容违法;行政程序违法;法律根据违法;事实根据违法。

二、海事违法处罚的表现与预防

在对历年的行政处罚案例和在执法检查中发现的问题总结中,发现海事机构违法行政行为在行政处罚中主要表现为五种:行政超越职权、行政滥用职权(又称行政自由裁量严重不当)、违反法定程序、事实问题瑕疵和行政适法错误。下面对这五种违法行政行为进行逐一分析。

1. 行政超越职权

行政超越职权,通常是指行政执法主体或者其工作人员所做的具体行政行为超越了国家法律、法规规定的权限范围,或者其实施了根本无权实施的具体行政行为。鉴于行政越权的基础是职权,而职权又包含权限和权能两项内容,所以行政越权可分为行政权限逾越和行政权能逾越两类。在海事行政处罚实践中,行政越权主要表现为行政权限的逾越,其中海事机构超越其罚款额度限制和地域管辖权是表现最突出的两种。

(1)超越其罚款的额度限制

特别是对于基层海事处来讲,这个问题出现的频率很大。《海上海事行政处罚规定》第六十四条规定,海事处行政处罚的权限是:"对自然人处以警告、10 000 元以下罚款、扣留船员职务证书 3 个月至 6 个月的海事行政处罚;对法人或其他组织处以警告、30 000 元以下罚款的海事行政处罚。"实践中,海事处构成行政越权的行为主要表现为:

第一,对法人或其他组织罚款超过 30 000 万元,如某海事处对船舶罚款 50 000 元;

第二,对自然人罚款超过 10 000 元,如某海事处对船长罚款 15 000 元;

第三,对船舶所有人的罚款没有区分相对人是自然人还是法人和其他组织。船舶所有人既可能是自然人又可能是法人,这要依据国籍证书来确定,不能一味地认为船舶所有人一定是法人,而按照海事处对法人的处罚权限来处罚。如船舶所有人为自然人的,对其处罚不能超过 10 000 元。

要做到避免行政越权,首先在做出罚款决定前要考虑到自身的权限,特别是海事处要牢记自身的法定权限,其次要考虑到罚款的对象是自然人还是法人或其他组织,特别是在对船舶所有人处罚时不能一味地按照法人对待。

(2) 超越其地域管辖权

海事机构超越其地域管辖权的违法行政行为比较少见,但也不可不留意。这里有一个问题值得思考,就是海事机构管理的主要对象是船舶,其具有很强的流动性。如果船舶在某地发生了违法行为,是否另一海事机构在查明后有直接的处罚权?如 A 港海事处在防污染检查中,通过调查证实某船在 B 港未经当地海事机构许可私自排放舱底水到接收船舶,且没有取得任何证明。此时 A 港海事处是否可以直接对该船做出处罚?

《行政处罚法》规定:行政处罚由违法行为发生地的县级以上地方人民政府具有行政处罚权的机关管辖。《海上海事行政处罚规定》第六十三条进一步做出了明确规定:“海事行政处罚案件由海事行政违法行为发生地的海事管理机构管辖……本条前款所称海事行政违法行为发生地,包括海事行政违法行为的初始发生地、过程发生地、结果发生地。”依据此条款,在上述案例中,A 港既不是违法行为的初始发生地,也不是过程发生地和结果发生地,A 港海事处是否可以对在 B 港不按规定排污的行为进行处罚,值得进一步探讨。

2. 行政滥用职权(行政裁量严重不当)

行政裁量不当,即没有正确行使行政自由裁量权。具体是指行政主体及其工作人员在职务范围内违反行政合理性原则的自由裁量行为。其特点表现为:第一,行政裁量严重不当是一种违法的行为;第二,行政裁量严重不当只发生在自由裁量权限范围内;第三,行政裁量严重不当是违反行政合理性原则的自由裁量行为。轻微的不合理、一般的不当不发生对行政合理性原则的违反,这种行为属轻微的行为不当,不构成行政裁量严重不当。

判断行政裁量严重不当的方法有四种:第一,主观判断法,标准是自由裁量行为的动机目的是否符合法定的动机、目的。第二,过程判断法,标准是自由裁量行为是否考虑了不该考虑的因素或者没有考虑应该考虑的因素。第三,结果判断法,标准是自由裁量行为结果是否显失公正。第四,比较判断法,标准是自由裁量行为是否违反平等对待、惯例、比例等。

在海事机构执法依据中,从《海洋环境保护法》到《海上海事行政处罚规定》,都设定了幅度较大的自由裁量范围,如何正确行使自由裁量权,把握一个合理的尺度,避免构成行政裁量严重不当,是值得充分考虑的问题。如对不按规定填写航海日志违法行为的处罚,《海上海事行政处罚规定》对违法人员处以 1 000 元以上 1 万元以下罚款(《海上海事行政处罚规定》第二十六条),如何认定不按规定记载航海日志的标准及如何选择一个合理的处罚额度,是一个十分严重的问题。特别是船员违法记分制度的实行,如对船员处罚 100 元,对应记分 1 分,显得自由裁量权的合理行使对船员合法权利的保障更为重要。因为在行政诉讼中,如果行政机关自由裁量行为严重不当,如故意考虑法外因素或者故意不考虑一些应该考虑的因素,法院可因此做出撤销的判决。另一方面,如果行政处罚行为显失公正,在行政诉讼中,法院亦会据此做出变更的判决,实践中,显失公正的典型表现形式就是畸轻畸重,即海事机构实际做出的行政处罚与被处罚人的违法行为应受到的行政处罚相差悬殊。行政机关在做出行政处罚时同样情况不同对待或者不同情况同等对待也可构成显失公正。

基于以上分析,防止行政自由裁量行为严重不当,避免海事机构做出的行政行为在行政诉讼中被法院撤销或变更,要从两个方面进行。

首先,在主观意识上,海事机构在行使自由裁量权时要坚持六个字:无私、公正、公平。无私就是在行使自由裁量权时没有私心杂念,罚款的数额和额度符合法定的动机和目的。公正就是罚款数额与违法行为相适应,不能轻微的违法行为重罚,也不能严重的违法行为轻罚。公平就是同样的违法行为给予同等的处罚,如同样的违法行为有的是罚款 1 000 元,有的罚款 1 万元,这样就会显失公平。

其次,在客观限制上,建议中国海事局或直属海事局制定《海上海事行政处罚规定》实施细则,特别是对罚款数额的自由裁量加以限制,使下级海事机构操作起来更加有章可循,进而限制自由裁量权的不当行使。以"其他规范性文件"的形式制定这样的实施细则,无论从理论上还是实践上,都是具体可行的。

3. 违反法定程序

《行政处罚法》第三条、第三十二条明确规定了违反重要程序将导致实体行政行为无效。《行政诉讼法》第七十条规定,如果行政主体的具体行政行为违反法定程序,法院应判决撤销或者部分撤销。这给我国行政机关只重实体不重程序的固有观念以巨大冲击。虽然我国尚未制定行政程序法,但《行政处罚法》中已包括了比较详尽的程序方面的规定。一旦行政机关造成对重要程序的违反,将在行政诉讼中处于不利的境地。

总结和分析海事机构在行政处罚中常见的违反程序方面的主要表现有以下几个方面。

第一,调查时不是两人以上或没有向行政相对人出示执法证件。

第二,将海事违法行为通知书与海事处罚决定书同时送达。这是很多海事机构的普遍做法,这是严重违反程序规定的。海事机构通过将违法行为通知书送达相对人,以此完成自身的告知义务。《海上海事行政处罚规定》第八十八条规定,海事管理机构应当制作海事违法行为通知书送达当事人,告知拟处以的行政处罚的事实、理由和证明,并告知当事人有权在收到该通知书之日起 3 日内进行陈述和申辩,有权在收到该通知书之日起 3 日内提出要求听证。如果海事机构将海事违法行为通知书与海事处罚决定书同时送达当事人,意味着海事机构在告知当事人享有的权利的同时,已经做出了处罚决定,这显然违反了法定的程序规定。

第三,给相对人增加额外的义务。如要求船方写出违章报告,并认为提交违章报告是船方的义务。甚至有的海事执法人员在船方拒绝写违章报告时,就以停止作业、禁止离港等的行政命令相要挟。这显然不是法治行政所追求的,也严重违反了行政程序的规定。如果因此造成了经济损失,在诉讼中海事机构会处于极其被动的境地。

第四,没有依法责令当事人改正或限期改正海事行政违法行为。行政处罚的目的是惩治和纠正违法行为,如果只重处罚而不责令当事人改正或限期改正违法行为,就会偏离行政处罚的本意。还有,如没有将处罚的结果记入船员的服务簿等。当然,这些行为对当事人来说,不是损益性的,甚至被当事人认为是受益性的,故不会引起复议或诉讼。但从行政处罚完整性的角度来说,还要引起注意。

要避免由于违反法定程序而使海事机构做出的行政处罚行为无效,首先要转变固有的观念,改变只重实体不重程序,只重结果不重过程的认识,充分认识到程序在行政处罚中的重要意义。其次,要充分尊重行政相对人的权利,履行海事机构的法定告知义务。

4. 事实问题瑕疵

事实本身无所谓瑕疵,因为事实是客观事实。但是,此处所指事实,是指法律上的事实,即海事机构在做出罚款处罚的行政行为时依靠证据和推理认定的事实。因为证据和推理的运用可能会产生误差,甚至是虚假,所以事实认定难免会出现瑕疵。海事机构收集、审定并最后作为认定事实的证据违法,导致事实认定瑕疵。其具体表现是:证据缺乏客观性与关联性,证据的形式不符合法律要求,违反法定程序收集的证据,通过非法权能收集的证据。

证据问题是一个复杂的问题,这里只简单地阐述在海事行政处罚实践中常见的和经常发生的不合法或不完整证据的表现形式。这些不合法或不完整的证据在行政诉讼中往往会被拒绝采信。

第一,证据不具有客观性。如对当事人陈述证据的运用,一定要认真加以分析。充分认识到其所具有的双重性,它包括当事人自己说明案件事实以及对案件事实的承认,还包括对某些事实的否认。由于每个人都具有自我保护的意识,对自己不利的事实是没有人主动去承认的,所以当事人陈述中有许多内容本质上是不能作为证据手段加以运用的。

第二,证据的形式不符合法律要求。如书证,对海事行政处罚来说,多是证书或文书的复印件,而这种复印件必须要有当事人(如船长)的签名盖章并注明出处才具有效力。

第三,非法取得的证据。如果海事机构利用引诱、威胁、恐吓等手段取得的证据,不能作为证据使用。这种证据,在诉讼阶段一旦当事人翻供且能证明证据取得的不合法性,海事机构就会居于不利的地位。

为避免因为证据问题导致事实问题瑕疵,针对海事行政处罚中用的最多的书证与当事人的陈述两类证据做几点说明。

首先,在以书证为证据时,采集证据要及时,防止船方或其他当事人涂改证据。对于书证的证明力来讲由高到低的顺序是:原本、副本、复印件、节录本。对于海事机构保存的证据来说,大多是复印件,这种情况下,一定要注明复印件的出处,并需要当事人签名盖章,以增加书证的证明力。

其次,欲将当事人的陈述作为证据,如当事人写的情况报告(不宜称"违章报告",因为违法与否是行政机关依法认定的,而不应由船方承认),一定要当事人签名盖章。如将此类情况报告单独作为定案的证据,应为不宜。特别是案情较大,罚款数额较大时更不宜单独使用,如在防污染案件的调查取证。在此情况下,应该寻找其他的证据,如现场调查笔录(不同于询问笔录,询问笔录仍属当事人的陈述证据类)、照片和录像等证据加以辅证。

5. 行政适法错误

《行政处罚法》第三条明确规定:"没有法定依据或者不遵守法定程序的,行政处罚无效。"《行政诉讼法》第七十条规定,行政行为适用法律、法规错误的,人民法院可以判决撤销。不正确的适用法律、法规和规章具体表现为:

①应适用甲法却适用于乙法;

②应适用此条款却适用了彼条款;

③应适用效力高的法律规范却适用效力层次低的法律规范;

④适用了与上位法相抵触的法律规范;

⑤适用了尚未生效的法律规范;

⑥适用了无权适用的法律规范;

⑦适用了已经被废止、撤销的法律规范;

⑧应适用特别法却适用了一般法;

⑨规避应适用的法律规范;

⑩错误解释或者理解法律规范。

除非法律有例外规定,海事机构在做出对相对人不利的行政行为时必须援引明确的法律根据,在做出行政行为时必须完整、具体、明确援引法律规范。在法律规范的援引上必须注意排除原因尚未生效的法律规范,避免仅引用行政规章以下的非立法性行政规范。在法律规范冲突时选择援引高阶位的法律规范,避免援引违反上阶位法律的法律规范。如果海事机构在做出行政行为时违反了上述规则,都将构成行政适法错误。

通过大量的行政处罚案例,发现主要的问题有:

第一,对相对人做出的处罚没有法律的明文规定,也就是违反了行政处罚法定原则。如果该项违法在法律条文中没有明确规定,构成对该项原则的违反。如某海事局对某船靠泊期间没有在舷梯下悬挂安全网进行了处罚,悬挂安全网的要求没有在法律条文(最低是行政规章)中具体规定,故不构成法律意义上的违法。

第二,法律、法规有明确的规定,但没有被完整地援引。如某油船在靠泊作业期间未施放应急拖缆,某海事局对该船进行了处罚。该处罚合理合法,但违法依据援引的法律不完整,因为要求施放应急拖缆的规定是《交通部油船安全生产管理规则》,而该海事处没有在处罚文书中列明。

第三,上位法与下位法适用不当。《海上海事行政处罚规定》关于防污染的处罚规定来源于《海洋环境保护法》,在确定处罚依据时适用上位法(法律)还是下位法(规章)? 此时要分情况对待,如果规章与法律冲突,则适用法律无疑。如果规章与法律不冲突,或者规章是依据法律对权限内的事项做出的进一步规定,则适用规章较为合适。还有一种法律和规章的规定完全一致时的情况,此种情况适用两者皆可,但此种情况很少存在,因为根据国务院《规章制定程序条例》规定,法律、法规已经明确规定的内容,规章原则上不做重复规定。

第九节　船舶污染行政处罚责任

船舶发生污染后,其承担的法律责任可能有民事责任、行政责任和刑事责任。无论是理论界还是实务界,其主要研究的方向是船舶污染的民事责任,而由此引起的行政责任和刑事责任却很少涉及。然而,对于海事机构来说,船舶污染的行政责任的研究是十分必要的,因为这是对船舶污染责任者行政处罚的基础问题。

从归责原则来讲,民事责任主要以过错责任为主,以无过错责任(如环境污染)和公平责任为补充,刑事责任只存在过错责任。然而对于行政责任的归责原则却认识不一,有的认为是过错责任,有的认为是一种违法责任,进而产生了对行政责任构成要件的不同理解。

与一般的行政违法责任不同,基于环境污染损害本身的特殊性,其构成要件也可能不同于一般的行政违法责任构成要件。行政违法责任是一种过错责任,但同时环境污行政违法责任有从过错责任向无过错责任转变的趋势。甚至在一些单行法律条文中已规定为无过错责任。但是,就《海洋环境保护法》关于船舶污染的规定而言,其行政处罚责任仍然是一种过错责任。

一、行政违法责任概述

1. 行政违法责任及其构成要件的概念

行政违法责任,有时简称行政责任,指有违反有关行政管理的法律、法规的规定,但尚未构成犯罪的行为所依法应当承担的法律后果。行政责任分为行政处分和行政处罚。“行政处分”是对国家工作人员及由国家机关委派到企业事业单位任职的人员的行政违法行为,给予的一种制裁性处理。“行政处罚”是指国家行政机关及其他依法可以实施行政处罚权的组织,对违反行政法律、法规、规章，尚不构成犯罪的公民、法人及其他组织实施的一种制裁行为。

行政处分是国家工作人员应当承担的行政责任，行政处罚是行政相对人应当承担的行政责任。由于我们的重点在于研究海事行政处罚，所以，只对行政处罚责任做一分析。

行政违法责任构成要件，是指相对人违反行政法应承担行政处罚责任的必要的共同构成要件。这种构成要件是由法律规定或包含的，实际上意味着法律对处罚责任的基本要求，在客观上反映出一个违法行为应受谴责并承担责任的必然性。

有学者称之为行政处罚要件，并认为由于行政违法的构成与行政处罚的成立两者之间有着直接的因果关系，因此，行政处罚要件也就是行政违法要件。基于这种认识，把行政处罚要件定义于行政主体，确定行政相对人应负行政处罚责任而对其实施行政处罚所应具备的基本条件，也就是行政主体追究行政处罚责任的基本条件。

2. 构成要件研究的价值与意义

行政相对人的行为只有违法才会被处罚，从处罚机关方面来看，这是适用处罚的过程，从被处罚人方面看，则是承担违法责任的过程。但是，无论从哪方面看，任何一个行政处罚或责任承担，都应当有法律标准。这些标准中有一些或许是特殊的，但有一些标准则是任何一个处罚责任共同必须具备的，是缺一不可的。这就是我们所说的行政违法责任的基本构成要件。在刑法理论中有犯罪构成要件，在民事责任中有民事责任构成要件，这表明法律责任的成立有其客观的基础与根据，而不是行政机关为所欲为的工具，所以，无论是立法者还是执法机关或者老百姓，都应遵循这些客观的规律，从而保证行政与执法建立在客观标准与公平规则的基础之上。

行政处罚责任构成要件理论是行政处罚理论中一个重要的组成部分，广而言之，行政法学不可缺少对行政处罚责任要件的理论研究，行政处罚立法也不可缺少对处罚责任要件的规定（内容）。其价值或意义在于：

其一，正确评价被处罚人的行为，公正对待被处罚人。任何人都应当对其违法行为承担相应的法律责任，这是法制社会的基本原则，是公平正义的要求。但是，责任的成立是有标准与条件的，这些标准与条件应当建立在客观、公正、正确的基础之上，而不是错误的或非理性的。行为人之所以要承担法律责任，不仅是由于他的行为对社会关系和秩序造成了损害，而且还由于他有可归责的要件，理性的法律从来不会对无辜者给予惩罚，当然也不会对法律没有规定的行为给予否定性评价。这些理性的行为评价标准和承担责任标准，就是行政违法责任的构成要件。它应当是主观与客观要件的统一，行政处罚责任的成立，必须是既有客观上的社会危害性，又有主观上的过错心理状态，是主客观要件的统一。所以，杨小君教授认为："不应同意不论主观过错的'客观归责'，也同样反对不顾社会危害性的'主观归责'。只有在此标准与条件基础上，我们才能正确地评价违法行为人的行为，公正地对待行为人。"构成要件是冷静剖析透视其行为危害性、违法性和行为人应受惩罚性的"显微镜"，是理性的法律规则公正对待违法与违法行为人的表现。所以，无论是立法者还是执法者，或者是被处罚行为人等，都应当遵循这些标准与条件，防止和杜绝在惩罚违法过程中的非理性行为。从这个意义上讲，构成要件理论是行政处罚制度的核心理论，也是基础理论。

其二，构成要件理论保障行政处罚正确的适用。我国单行立法中对每种具体违法行为都有规定其要件、条件的，各种具体违法行为有着各自不同的特点，但各种具体而不同的违法行为也都有其共同的属性特点，这些共同性主要表现为任何一个违法责任构成都是由主体、主观、客体与客观四个方面的基本要件组成的。任何违法行为,只有具备了这些共同要件,才能构成违法责任,行政机关也才能够追究其违法责任。所以,行政处罚的适用机关,在适用行政处罚惩罚相对人时,应当首先解决该行为人是否应当承担处罚责任的问题,只有行为人应当承担处罚责任,行政机关才能给予行政处罚。换句话说,任何行政处罚的适用都必须建立在被处罚人有行政处罚责任的基础之上,也就是必须具备行政处罚责任的构成要件,这是适用行政处罚的前提条件。因此,从行政机关行使行政处罚权的角度来看,行政处罚构成要件的理论,有助于行政机关正确地认定纷繁复杂、各具特点的违法行为责任,从而保障正确实施行政处罚,维护行政处罚的合法性与公正性。

3. 三种不同的学说

关于行政违法责任构成要件的内容,理上有所谓"四要素说""三要素说"和"二要素说"等。所谓"四要素说"包括主体要件(具有责任能力的组织和个人)、主观要件(需有主观故意或过失)、客观要件(违法行为与危害后果的因果关系)以及客体要件(侵害一定的社会关系)。很明显,这"四要素说"根源于刑事犯罪构成理论和民事责任构成理论,或者说是套用了犯罪构成理论和民事责任构成理论,在理论的承继方面和心理上更能为人们所接受。"三要素说"认为行政违法责任的构成包括三个方面要素:一是客观方面(违法行为),二是主体方面(具有责任能力的个人和组织),三是法律、法规明确规定应受到处罚的行为。还有就是"二要素说",该学说认为行政违法行为的构成要件,只需要具备主体条件(违法主体由作为行政管理对象的公民、法人或者其他组织构成)和客观条件(在客观方面存在违反行政法律规范的行为)即可,而主观过错条件不是行政违法的构成要件,只是行政处罚的构成要件。

上述几种学说,各有侧重与强调,有的有较全面和冷静的理论分析,有的则着眼于处罚时间的数量与效率。杨小君教授同意"四要素说"。他认为,行政违法虽然比刑事犯罪更轻、危害更小,但是作为一种谴责或惩罚性质的责任,其机理与刑事惩罚责任应当是相同的,因为它毕竟是行为主体要承担的责任,如果不是主观与客观的要件具备,对惩罚责任承担人来讲,就是无辜的,如果一味地处罚,似乎有"不讲道理"之嫌。就民事责任而言,也是主客观要件的结合,这种补偿性质为主的法律责任尚具有如此全面的构成要件,那么对于惩罚性质的行政处罚责任来讲,似乎更应该如此。其实,从上述不同学说可以看出,其理论分歧的一个主要点在于行政处罚责任的构成要件中,是否应当包括主观构成要件,即行为人主观过错(故意或过失)。通常认为,行为人主观过错应当成为行政处罚责任的构成要件,尽管行政处罚数量众多,尽管行政处罚针对的是一些轻微的违法行为,尽管在处罚实践操作中,人们对此要件经常是"忽略不计"的,但主客观归责仍然是一条基本原则,因为行政处罚责任并不是仅仅在判断一个人行为是否(客观上)有违法之处,而是在全面追究或谴责行为人的行为,要让该行为人承担一定的惩罚性后果。

从现行立法来看,有些法律有明确的构成四要素规定,有些则不明确。《行政处罚法》第三条总的规定:"公民、法人或者其他组织违反行政管理秩序的行为,应当给予行政处罚的,依照本法有法律、法规或者规章规定,并由行政机关依照本法规定的程序实施。"在这里,《行政处罚法》概括性地只规定了"应当给予行政处罚"这个总的标准。通常理解,首先得有违法主体("公民、法人或其他组织"),其次还规定有客观要件("违反行政管理秩序的行为"),再次就是客体("损害行政管理秩序"),最后就是主观心理状态("应当给予行政处罚"中包含此要件)。关于行政处罚构成要件的客体、客观、主体三个要件学者都意见一致。

二、主观构成要件之理论分析

1. 概念及分歧

行政处罚责任的主观要件，是指违法行为人对自己行为会造成危害后果所具有的主观心理状态。这种心理状态有两种形式：故意和过失。在刑事责任方面是罪过，在民事方面称过错，在行政处罚上也称为过错。

关于主观过错（故意或过失）是否是行政处罚责任的构成要件，理论上分歧很大。有的学者否定主观过错作为行政处罚责任的构成要件，认为行政处罚责任应当以行为人在客观上是否违法为主要依据，一般不以行为人主观上是否有过错为主要依据。持这种观点的主要理由：一是认为行政违法行为尚没有犯罪行为对社会的危害程度严重，其所受的处罚也相对较轻，因此一般不必对违法主体的主观心理状态做过于烦琐的分析和确认；二是行政处罚责任是行政机关施加给相对方的单方法律责任，而不像民事责任那样是法院在平等主体双方分配法律责任；三是行政处罚案件数量大、任务重、涉及面广，如果都要求行政机关确认主观过错，势必影响效率。从法律规定来看，《行政处罚法》也仅仅规定了公民、法人或者其他组织违反行政管理秩序的行为应当给予行政处罚，似乎没有主观过错的内容。

2. 主观要件存在之理由

杨小君教授认为，行为人的主观过错应当成为行政处罚责任的构成要件，如果行为人没有主观过错，仅仅是客观上有违法的行为及后果，也不应当为其设定与适用行政处罚责任。理由主要是：

其一，行政处罚责任是一种惩罚性质的责任，当法律要惩罚一个行为人的时候，必须要考虑该行为人主观上是否有过错，如果对于无过错行为人实施惩罚，就失去了惩罚的基础和意义。惩罚是建立在违法行为人主观过错基础上的，只是客观上的违法后果，并不能决定将惩罚责任归罪于行为人，因为他是无辜的。处罚的目的或意义不仅在于对已发生行为的评价，更关键在于惩罚本人，教育他人，法律不应当也没有必要去教育和惩戒一个没有过错的行为人。所以，主张主客观相结合的归责原则，一个人只有在客观上实施了危害行为，并且主观上有过错时，才对其违法行为承担惩罚性责任，否则就是不公平的。此外，惩罚是对具有主观恶性行为人的惩罚，虽然违反行政法并不像违反刑法那样严重，但仍表现为一定的主观恶性，所以才对其适用惩罚性责任。相反，如果行为人并无主观过错，表明行为人并无主观恶性，对其适用惩罚责任也就是不应该的，也无必要。

其二，处罚应当与过错程度相联系。过错分为故意或过失，在同样违法的情况下，故意所表现出来的主观恶性对社会危害程度更大，过失所表现出来的主观恶性对社会危害程度更小。既然过错程度反映出行为的社会危害性大小不同，也反映出行为人的主观恶性程度不同，那么，行政处罚应当区别对待，对危害性、恶性大的行为给予重罚，而对危害性、恶性相对较小的行为给予相当的处罚。行政处罚的科学性、公平性与行为人的主观过错程度是联系的，行政处罚责任的构成要件就不能没有主观要件，否则，就会出现对轻者重罚，对重者轻罚的现象，而这与行政处罚的基本原则——过罚相当是背道而驰的。

另一方面也应当看到，行政处罚主观要件的过错，较之于刑法的罪过和民法的主观过错，有它自己的特点。主要表现为：行政违法的主观过错对行政处罚责任的影响相对较小，行政违法的主观过错在实施行政处罚过程中,一般无须刻意甄别,甚至在很多情况下,主观过错通常是以行为违法性来推定的。但是,认定主观过错的方法,并不能否认主观过错的客观存在,更不能因此而否认处罚责任的构成要件。当然,也应注意到,在行政处罚中,行为人主观上是否有过错,一般都是采取过错推定的归责原则,即个人或组织一旦实施了违反行政法律规定的行为,除非行为人能证明自己主观上无过错,或者说除非有证据证明行为人主观上无过错,法律上就应当推定行为人有主观过错,并承担相应的处罚责任。从德国违反程序法来看,应当肯定的是:第一,不管具体法律条款对故意或过失有没有明确的情形要求,过错应当是行为人承担处罚责任的条件,对无过错的相对人不能适用处罚责任。第二,在方法上,行政处罚的过错条件,如果没有法律特别要求(故意或过失),可以适用过错推定方法,即只要不能证明行为人主观上无过错,就推定为有过错,但即便是这样,过错推定仍是以过错责任为前提的,实际上仍然是承认过错为责任构成要件,只不过在认定过错方法上不同罢了。第三,如果法律对故意或过失有特别要求的,则不适用过错推定,行政机关必须举证说明行为人主观上有此特别要求的故意或过失,否则不罚。

3. 例外情况

主观过错是行政处罚责任的构成要件,这一要求是否有例外呢?也就是说有没有无过错处罚责任呢?杨小君教授认为是有的,只不过无过错处罚责任是过错责任原则的例外。从理论上分析,无过错处罚责任的范围主要限于:工业灾害、工业事故、环境污染、产品责任。由于这些领域本身就有高风险,或者对社会造成危害的可能性较大,从保护受害人和严格维护行政秩序方面看,应当强调无过错民事责任和行政处罚责任。但是这些无过错处罚责任,仍须以法律有明确的例外定为限。

4. 不具备主观过错的情形

既然承认行为人主观过错是承担行政处罚责任的条件,那么,不具备主观过错的心理状态也就不构成行政处罚责任。这种不具有主观过错的心理状态情形又有哪些呢?

其一,正当防卫。其是指行为人为了使国家利益、公共利益、本人或他人的权利免受正在进行的不法侵害,而采取的制止不法侵害的行为。在正当防卫情形下,正当防卫人的主观目的是为了制止不法侵害行为,不存在对违法行为的故意或过失,不承担处罚责任。

其二,紧急避险。其是指为了使国家利益、公共利益、本人或他人权利免受正在发生的危险,不得已而采取的损害另一种较小合法利益的行为。紧急避险也是行为人为了使合法权益免受正在发生的危险损害,即避险意图,也没有法律上的违法故意或过失,也不承担行政处罚责任。

其三,意外事件。意外事件包括不可预见和不可抗拒两种情况。不可预见是行为人对自己的行为引起的损害后果,以其主观条件没有预见也不可能预见,属于意志之外。不可抗拒则是行为人虽能预见损害结果的发生,但主观条件无法避免这一结果的发生,属于行为人意志之外,意外事件的行为人主观上也无过错。

三、船舶污染行政处罚责任

1. 船舶碰撞污染行政处罚责任

(1)三种不同的观点。两船碰撞造成污染事故时应当对谁处罚?理论和实践上都存在着不同观点和做法:第一种观点是两船碰撞造成油污损害,至于两船碰撞的过失不予考虑,按照《海洋环境保护法》第九十一条对两船分别给予行政处罚,这也是海事机构的普遍做法。第二种观点是应先判明两船的过失比例,然后根据过失比例在法定处罚幅度内做出处罚,做到处罚数额与过失比例相对称。第三种观点是只对漏油船舶进行处罚。

第一种观点认为污染由碰撞引起,碰撞各方就是共同行为人,既然造成了海洋污染事故,就应该对各方进行分别处罚。第二种观点也是基于碰撞各方作为共同违法行为人,应分别受到处罚,但应按照过失比例处罚。第三种观点将碰撞和污染作为两个不同的法律关系,认为碰撞和污染没有直接的因果关系,污染是由污染源引起,而不是碰撞的直接结果。这种观点认为船舶装载具有污染损害型的油品,本身就存在着一定的风险,由此需要承担一定的危险责任,这种危险责任的承担不是以过错为前提的。试想,如果碰撞的船舶不是装载油类而是其他货物,肯定不会有污染发生,也肯定不会违反《海洋环境保护法》而被处罚。所以说,对漏油船舶来说,对其进行的行政罚款就是让其承担一种危险责任的合理后果。

这三种观点是理论与现实中存在的矛盾,其争论的实质是碰撞和污染是不是一个法律关系的问题。在 CLC69 公约生效前,人们将碰撞与污染看成一个法律关系,但是该公约生效后,污染损害有了自身的一套完整的法律体系,所以学者将这两种法律关系分列开来。

(2)具体案例。以 A 船与 B 船碰撞污染案为例。2004 年 7 月 8 日凌晨 0630 时,中国籍 A 船与韩国籍装载液化气 B 船在旅顺老铁山水道附近海域发生碰撞,A 船沉没。由于 A 船上有重油 60 吨、机油 20 吨、滑油 4 吨,沉没过程中发生污染。

××海事局在做了充分的调查取证后(证据包括:水上溢油取样记录、污染案件现场勘察报告、询问笔录、事故油样、事故照片、重大污染事故报告、海上交通事故报告书、VTS 记录彩图),以危防海事罚字[2004]000001 -2 号对碰撞双方分别做出罚款 30 万元的海事行政处罚决定。

B 船不服××海事局的处罚决定,向交通部海事局提起复议,交通部海事局经复议维持上述处罚决定。该船随后向某市中级法院提起行政诉讼。

法院经过审理认为,海事局具有做出被诉具体行政行为的法定职权。该局对 B 船与 A 船碰撞造成的海洋环境污染事故进行了相关调查后,确认原告在此次事故中负有直接责任,并根据相关法律法规的规定,对原告做出海事行政处罚决定,该具体行政行为证据充分、适用法律法规正确且符合法定程序。原告提出其不是造成海洋环境污染事故的单位以及被告对法律的理解和适用存在错误等主张,缺乏事实和法律依据。基于上述事实和理由,市中级人民法院于 2005 年 3 月 23 日做出《行政判决书》《(2005)大行初字第 1 号),判决:“维持中华人民共和国××海事局于 2004 年 8 月 12 日对 B 船所属公司做出危防海事罚字[2004]000001 -2 号‘海事行政处罚决定书’的具体行政行为。”原告在法定期限内未提起上诉,该判决书已发生法律效力,至此,该案结案。

(3)船舶碰撞污染行政处罚的认定。通过上述理论分析认为,行政处罚责任是一种过错责任,对没有过错的船舶实施处罚是不合理的。《海洋环境保护法》关于船舶碰撞污染的行政处罚责任也继承了这一精神。根据该法规定,船舶碰撞污染承担行政处罚责任的前提是碰撞船舶存在违法行为。这种违法行为表现为船舶航行或停泊中存在违反海上交通安全法律法规的行为。原因如下:

在《海洋环境保护法》第九章“法律责任”一章中,都规定了承担法律责任的前提是“违反本法有关规定”。那么船舶碰撞造成污染违反了《海洋环境保护法》哪一条的规定呢？见该法第六十五条:“船舶应当遵守海上交通安全法律、法规的规定,防止因碰撞、触礁、搁浅、火灾或者爆炸等引起的海难事故,造成海洋环境的污染。”

如果船舶违反了本条,即没有遵守海上交通安全的法律、法规的规定,造成船舶碰撞并产生污染,就会被追究行政责任。

违反规定→船舶碰撞→海洋污染→处罚

由此可知,在碰撞引起污染后,如果碰撞双方或多方都有违反法律法规的行为,且这种行为与碰撞存在因果关系,碰撞双方或多方都应当承担行政责任。如果碰撞的一方没有违反法律法规的行为,不应当承担污染的行政责任。

由此进一步得出,船舶碰撞污染事故发生后,在追究碰撞方污染损害的行政责任前,应当先行判明碰撞各方碰撞责任。

但有一点应当注意,船舶发生污染事故后,必须按照规定向主管机关报告并立即采取处理措施,否则,就会被追究行政责任。

2. 船舶无主观过错污染行政处罚责任

以2005年发生于××港的C船污染案为例。该船在装货过程中船底板有一焊缝破裂,造成油品泄漏。经调查,该船持有法定的证书并且进行了所有的法定检验,船员的操作没有任何的过错,船舶所有人无法对船底板破裂做出合理的预见。由此可以认为,该船造成污染当属意外事件。船舶包括船舶所有人和船员没有任何违反海事法律法规的行为,也就是说,没有任何主观上的过错。这种情况下,由于行政处罚责任的过错原则,船方不存在任何主观上的故意或过失,海事机构就不应予以行政处罚。

其实,《海洋环境保护法》也是这么规定的。根据该法规定,虽然船舶发生污染事故,向海洋排放了污染物,但是,如果造成此结果时,船舶没有任何违反《海洋环境保护法》规定的行为,就不应受到处罚。除非海事机构有证据证明船方存在着违反法律规定的行为,且这种违法行为与污染的发生有因果关系。见该法第六十二条:“在中华人民共和国管辖海域,任何船舶及相关作业不得违反本法规定向海洋排放污染物、废弃物和压载水、船舶垃圾及其他有害物质。”

虽然《海洋环境保护法》第三十三条规定禁止向海域排放油类、酸液、碱液、剧毒废液和高中水平放射性废水(这五种污染物属于绝对禁止排放的物质),违者就要依照本条规定承担行政法律责任(在此体现了无过错处罚责任原则)。但是,该条是第四章“防治陆源污染物对海洋环境的污染损害”的规定,不应当适用于船舶污染损害。至于为什么立法者只对陆源污染物做出了明令禁止的规定,而没有对海岸工程、海洋工程、船舶排放做出规定,只能去进一步领会立法者的原意。但是,只从法律条文来看,船舶排放污染物的行为只是在违反了《海洋环境保护法》规定时才被追究行政处罚责任。

四、行政责任的免责

1.《海洋环境保护法》第九十二条

该条规定:

“完全属于下列情形之一,经过及时采取合理措施,仍然不能避免对海洋环境造成污染损害的，造成污染损害的有关责任者免予承担责任：

（一）战争；

（二）不可抗拒的自然灾害；

（三）负责灯塔或者其他助航设备的主管部门，在执行职责时的疏忽，或者其他过失行为。”

本条规定来源于《1969 年国际油污损害民事责任公约》第三条规定。该条款中所谓免予承担责任，就是虽然违法行为人实施了违法行为，但法律规定对其不追究法律责任。值得注意的是，本条规定的三项免责条款，不仅包括民事责任，还包括行政责任和刑事责任。

2. 免责的两个条件

根据本条的规定，造成对海洋环境污染损害的有关责任者免予承担责任必须具备两个先决条件：首先，必须是完全由本条规定的三种情形之一所引起的海洋环境污染损害；其次，必须是对海洋环境造成污染损害后及时采取合理措施仍然不能避免的海洋环境污染。也就是说，完全属于本条规定的三种情形之一的原因造成了事故，如果有关责任者经过及时采取合理措施后，避免了对海洋环境造成污染损害，当然是理想的结果；但如果有关责任者经过及时采取合理措施后，仍然不能避免对海洋环境造成污染损害的，法律规定其不用承担责任。这里包含了两方面的意思：一方面，如果不是完全由于本条所列三种情形之一，有关责任者也有一部分责任的，有关责任者并不能免予承担有关法律责任，还应当根据实际情况，承担部分相应的法律责任；另一方面，即使是完全由于本条所列的三种情形之一而发生了海洋环境污染损害事件，但有关责任者未采取行动，没有及时采取合理措施防止污染损害，致使海洋环境污染损害扩大的，有关责任者也不能完全免除责任，也要承担相应的法律责任。

3. 免责的三种情形

根据本条规定，可以使有关责任者免予承担责任的情形有三种：一是战争行为所引起的海洋环境污染损害；二是不可抗拒的自然灾害所引起的海洋环境污染损害；三是负责灯塔或者其他助航设备的主管部门，在执行职责时的疏忽，或者其他过失行为引起的海洋环境污染损害。这三种情形可以分为两大类。一类是属于不可抗力的情形，包括战争和不可抗拒的自然灾害。战争作为一种伴随人类社会发展的现象，在世界许多国家的法律中都被定义为不可抗力，完全由此所引发的损害一般在法律中规定为可以免予承担责任。自然灾害虽然随着科学技术的发展可以对其进行一定程度的预测和预防，但目前仍属于不可抗拒的自然力，是不能完全预见、避免并予以克服的。完全由其所引发的损害，当事人不承担责任也是各国在法律实践上的共识。在海上，不可抗拒的自然灾害主要是指人类还不能准确预测、防止以及抗拒的台风、海啸、暴雨、雷击、巨浪以及地震、火山引起的灾害等。另一类是属于完全由于第三方的原因而导致发生污染损害的情形，即负责灯塔或者其他助航设备的主管部门，在执行职责时的疏忽，或者其他过失行为。由于海洋具有不同于陆地的特性，船舶等在海上航行时必须要依靠灯塔等助航设备，如果负责灯塔或其他助航设备的主管部门在执行职责时疏忽大意，或者有其他过失行为，就有可能造成船舶碰撞等海难事故，而船舶本身并没有责任。所以，由此造成了海洋环境污染损害的，船舶等有关责任者只要是及时采取了合理措施，就不应当承担责任。

4. 行政责任免责的意义

虽然《海洋环境保护法》第九十二条规定了船舶污染损害的免责条款，但其意义主要体现在民事责任方面,对于行政责任、刑事责任而言,意义不大。这是由行政责任、刑事责任的归责原则所决定的。对于行政责任而言,其归责原则体现为过错责任原则,如果船舶污染损害属于九十二条规定的三种情形,其当然不存在任何过错,也就当然不会被追究行政责任。对于刑事责任而言,其归责原则也只是过错责任原则,船舶没有过错,相关人员当然不会被追究刑事责任。

第五章 海事巡航

1912 年 4 月 14 日晚，当时世界上最大的巨型邮轮“泰坦尼克号”在北大西洋撞上冰山而倾覆，1 500 人葬身海底，造成了当时在和平时期最严重的一次航海事故，也是迄今为止最著名的一次海难。在此次事件之后，北大西洋从事海运业务的 16 个国家联合成立了国际冰情巡逻队，巡视水上碍航物，保障船舶行驶的安全，海事巡航工作由此起源。

第一节 海事巡航的概念

一、海事巡航的概念和意义

1. 海事巡航的概念

海事巡航(Maritime Patrol)是指海事管理机构依照国际公约及国家有关法律、法规、规章、规定等对国家管辖水域开展的航行安全保障、船舶防污染监视、水上通航秩序维护、应急反应、海事行政执法的综合性海事行政活动。

2. 海事巡航的分类

巡航工作按巡航水域范围分为三类：(1)港区巡航，指港界线以内的进出港航道、码头、港内锚地、港池及其他通航水域的巡航；(2)辖区巡航，指港界线以外某直属局辖区或海事行政管理水域的巡航；(3)跨辖区巡航，指涉及两个以上直属局辖区或海事行政管理水域的巡航。

3. 海事巡航的意义

随着航运经济的迅猛发展及船舶交通量的大幅提高，加强通航管理的重要性和必要性日益突出，海事巡航作为水上交通安全监督的一项日常综合性活动方式和常规性监督手段，代表海事部门实施动态监督和管理，担负着维护国家权益，保障船舶、设施和人命、财产的安全，防止船舶污染水域等重要任务，具有重要意义。

(1)海上巡航是维护国家主权的需要

任何海洋主权国家都必须维护自己的海洋权。控制海上活动的能力是维护海洋权的一个关键性问题。为此，一些海洋大国纷纷建立强大、高效、装备精良的海上执法队伍，如美国建有准军事化的海岸警卫队，利用快艇(Cutter)在海洋和内陆水域巡逻，在“9 · 11”事件之后，美国海岸警卫队加大了巡航力度；日本设有海上保安厅，拥有巡视船艇约 200 艘，海事巡视飞机 70 多架，是日本的“第二海军”，在与中国的钓鱼岛争端中，日本海上保安厅大幅增援，增加投入，加大了海上巡航的力度;韩国成立直属中央政府的海洋与水产部。海事管理机构是我国海洋管理职能部门之一,海事管理机构通过开展海上巡航监督海上航行秩序,监视海洋环境,对维护国家海洋权发挥着至关重要的作用。

十八大报告中指出:提高海洋资源开发能力,坚决维护国家海洋权益,建设海洋强国。报告中首度将建设海洋强国提升至国家发展战略高度,宣示中国将提高海洋资源开发能力,坚决维护国家海洋权益。于2004年下水的"海巡31"是中国自行设计建造,第一艘装备直升机库的非军事船舶,它曾在排水量、航速、续航时间、直升机升降、自动化控制等多个技术指标上创造新纪录,并多次参与海事救援和对外出访的重要任务。2014年3月8日,马来西亚航空公司MH370号航班在执行由吉隆坡飞往北京的航线途中失去联系。3月12日,中国海事"海巡31"船根据中国海上搜救中心的计划,继续组织现场的中国船舶开展了联合搜救行动。同时,"海巡31"船通过VHF(甚高频)16播发过往船舶协助搜寻马航失联客机的航行通告,保持水面搜索观测,还利用船载海事测量设备对搜索水域进行水下进行扫测,加上空中直升机的配和,开展立体搜救行动。

我国目前设计建造规模最大的巡航救助一体化船"海巡01"主要用于在管辖水域进行海事监管、海上人命救生和以海上人命救生为目的船舶救助、海上船舶溢油监测和应急处理、应对海上突发事件、维护国家海洋权益和国际交流合作等,是目前我国综合能力最强、设备设施最先进,已进入世界领先水平的多功能大型巡航救助船。2013年6月10日,"海巡01"轮从上海国客中心码头起航,由北向南,穿越赤道,先后访问了澳大利亚悉尼、凯恩斯,印度尼西亚雅加达,缅甸仰光和马来西亚巴生等"四国五港",先后与四国海事部门进行了不同科目的海上搜救联合演习。

(2)海事巡航是维护通航秩序、改善水上交通安全环境的需要

海洋的使用包括交通运输、资源开发、养殖捕捞等很多方面,其中交通运输所发挥的作用在国民经济中占有很大比重,是海洋的最大功能之一,所以建立并维护一个安全、有序、高效的通航秩序,保障交通安全意义重大,海事巡航正是实现这一目标的最有效途径;同时,为建立通航安全秩序,改善通航安全环境,国际公约和国家法律法规规定了一系列有关水上交通安全的规则和措施,如船舶定线制、《国际海上避碰规则》和《内河避碰规则》、交通管制区、桥区、禁航区、航速限制等,海事巡航也是监督船舶遵守通航管理规则,维护通航秩序,改善水上交通安全环境的重要手段。

(3)海事巡航是监视水域环境的需要

鉴于海洋环境对人类的生存和发展的极端重要性,联合国、IMO等有关国际组织制定了防止海洋污染的近40个国际公约,如《联合国海洋法公约》、MARPOL 73/78,规定了各国采取措施防止、减少和控制海洋污染的义务。国家法律规章如海洋环境保护法、防止船舶污染内河水域管理规则等,对防止船舶造成水域污染做了明确规定。海事管理机构具有负责船舶污染水域的监督管理职责,海事巡航是海事管理机构履行防止船舶污染水域、监视水域环境义务的有效手段。

(4)海事巡航是水上救助的需要

开展海上搜救是沿海国的国际义务,组织水上搜救是海事管理机构的法定职责。海事巡航可以即时发现事故和险情,参加抢险、搜救,保障水上人命财产安全。

(5)海事巡航是调查、收集水上交通安全环境信息的需要

海事管理的各项管理制度和措施应建立在对现实的水上交通安全环境基础上。船方的报告，静态的统计数据虽能部分地反映辖区通航情况，但对水上交通安全环境的实地调研将使水上交通安全环境数据更真实客观，在此基础上制定的通航安全管理制度和措施将更符合实际，具有可操作性。而海事巡航是调查、收集水上交通安全环境信息的有效手段。

(6)海事巡航是锻炼海事管理队伍的需要

海事巡航是一项综合性很强的海事管理工作，既有船舶交通管理、船舶防污染管理，又有水上交通事故和船舶污染事故的初步调查和应急处理，以及尽可能地参与现场抢险、搜救、清污任务，几乎涵盖海事管理的所有业务工作。海事管理机构各业务部门人员参与海事巡航，能使海事管理人员了解水上交通和船舶、设施航行、停泊、作业的现场情况，并通过参与行动，锻炼海事管理队伍。

二、巡航工作的特点

1. 现场性

港区巡航、辖区巡航、跨辖区巡航将现场监督从陆地扩展到港池、航道、锚地乃至整个沿海水域，成为水域现场监督管理的有效手段。执法人员通过巡航到达水域现场监视水域环境，制止和纠正船舶污染水域的违法行为；通过巡航维护水域正常的通航秩序，巡视检查船舶航行、停泊、作业情况，制止影响通航安全的行为，核查过往船舶，检查助航标志的使用状态和靠泊设施的安全状况，对有关违法行为进行现场处理。

2. 计划性

海事巡航是一项计划性较强的工作，港区巡航、辖区巡航和跨辖区巡航都是按照《巡航工作年度计划》《季度辖区巡航计划》和《月度辖区巡航计划》来组织实施的。同时，海事巡航这项工作需要大量的人力、物力及后勤保障的支持，尤其是跨辖区的多艇交叉巡航或者搜救，因此这势必要求对每次巡航工作做出详细周密的计划，确定巡航的目的和主要任务，从而确保海事巡航工作发挥其最大的效能。同时，巡航工作的计划性也确保了各类海事巡航能够按时实施。

3. 随机性

海事巡航是海事部门利用船舶、飞机等交通工具对管辖水域进行现场巡视检查的监督行为。海事巡航工作容易受到天气、海况和船舶、飞机适航能力的影响，存在一定的随机性，巡航要在保障巡航船舶及人员安全的情况下进行。即便在天气良好的情况下按计划巡航，也不固定时间进行巡航，而是根据现场监督管理的需要进行。

4. 应急性

海事巡航的水上偏远特性和现场性决定了它的应急性。执法人员对巡航中发现的船舶污染水域的行为需进行初步调查并采取必要的应急措施；对巡航中发现的有碍航行安全的漂流物、碍航物要及时上报并采取应急措施；对巡航中发现的水上交通事故要及时报告，必要时做应急处理；在巡航中获得遇险信息时，参加抢险、搜救任务，并根据搜救中心或分中心的指定，担任搜救现场协调人。

5. 调研性

巡航是进行水上交通安全环境调研、收集水上交通安全环境资料的一种有效方式。通过巡航,可以观察、记录交通密集区的船舶通过情况,跟踪了解通过该区域的船舶状况,调查巡航水域不同季节渔船、定置网具、养殖区的分布情况,掌握辖区水上交通安全环境现状,为进一步治理水上交通安全环境提供了有力的决策依据。

6. 权威性

海事巡航不仅能够树立海事执法权威、扩大海事执法影响,更能体现我国的国家主权。巡航的船舶、飞机对停泊、航行和锚泊的中外船舶都能起到威慑作用,使他们不敢轻易做出违反海事行政管理规定的行为。另外,巡航船舶、飞机所能到达的范围也体现着我国对管辖水域的主权管理。

第二节　海事巡航的任务

一、海事巡航工作的基本任务

海事巡航工作的基本任务是:规范海事水上巡航管理工作,提高海事现场监督执法能力和水平,维护水上通航环境和通航秩序,保障船舶、设施和人命、财产安全,防止船舶污染水域,维护国家主权和海洋权益。

二、海事巡航工作的主要内容

海事巡航工作的主要内容包括:监督船舶、设施航行、停泊和作业情况,维护通航秩序,保障通航安全环境,监视水域环境,事故应急和抢险搜救等。具体包括以下内容:

(1)巡查、监督船舶遵守有关航道、航路、船舶定线制、避碰规则、船舶引航、交通管制等有关安全管理规定和要求的情况;巡视船舶锚泊秩序。

(2)巡查通航水域是否存在碍航漂浮物、沉船、沉物;巡查水上冰情;巡查航道状况;巡查水上建筑物安全标志;巡查是否存在非法碍航水上养殖、捕捞、采砂、施工作业和水上活动。

(3)巡查水域是否有污染物;巡查船舶、设施是否有违法排放污染物情形。

(4)巡查助(导)航标志、设施是否完好,是否存在影响航标正常效能的设施、建筑物、植物或其他障碍物。

(5)巡视船舶是否遵守船舶载运、拖带、明火作业等有关安全管理规定。

(6)巡视水上水下施工、水上过驳作业是否存在违反有关安全和防污染规定的行为。

(7)巡视外国籍船舶是否存在侵犯我国主权和海洋权益的行为。

(8)根据协查通告,核查过往船舶。

(9)监听水上无线电通信秩序,监督船舶是否遵守水上无线电通信有关规定。

(10)核查海岸电台、AIS、VTS 等系统工作效能。

(11)执行海区巡航任务时,核查附近船舶 AIS 信息是否准确、完整,并对附近船舶、设施进行询问检查。询问包括:船名、船旗国(船籍港)、总吨位、船长、始发港、目的港、装载货物、是否发现海面有污染现象等。

(12)根据需要组织实施护航和水上交通管制(包括限航、禁航);在 VTS 覆盖区,应与 VTS 相互配合,维护水上通航秩序。

(13)巡航过程中，如发现相关的违法行为，需及时制止、纠正，并进行调查取证。

(14)巡航过程中，如接报或发现船舶、设施、人员遇险，在不严重威胁自身安全的情况下，积极组织、参与水上抢险、搜救，并维护现场通航秩序，同时还需根据应急预案，及时向有关部门报告现场情况。

(15)巡航过程中，根据需要对外发布有关航行安全和极端危险天气预警信息。

(16)为提高辖区巡航针对性，需要掌握辖区基本通航环境状况，做好以下信息、资料收集：

①船舶航行、停泊、作业安全和防污染管理有关公约、法律、法规。

②码头、系泊点、装卸站、船闸、船坞、渡口、锚地、油气平台、沉船、沉物等。

③事故多发区、通航密集区。

④助(导)航设备、设施。

⑤水上捕捞区、养殖区、渔船活动情况。

⑥重点跟踪和协查船舶。

⑦水上、水下施工作业审批信息。

⑧水文气象、航道信息。

⑨气象、海况、潮汐信息。

⑩重点船舶进出港作业计划和动态。

⑪其他相关信息。

⑫其他与巡航工作相关的内容。

第三节　海事巡航的实施

一、巡航部门和人员

1. 海事巡航主管部门和实施部门

中华人民共和国海事局负责统一管理全国海事系统水上巡航工作，负责大型执法船(大型执法船是指 80 米级以上的执法船)统一调度，负责制订大型执法船年度海区巡航计划。

各级海事管理机构指定巡航工作主管部门，负责本辖区水上巡航工作的组织实施和管理。主要职责包括：

(1)制订辖区巡航计划并组织实施。

(2)指挥、调度执法船。

(3)为执法人员备齐执法资料和执法取证器材，包括各类执法文书、相关法律法规，以及摄像、照相、录音设备等。

(4)组织开展执法人员和执法船船员业务培训。

(5)组织制定执法船各种应急预案，并组织开展训练和演练。

(6)加强岸基值班，保持与执法船的有效联系。

(7)做好巡航工作记录的填写、统计、总结及报送工作。

(8)对辖区巡航工作进行指导、监督和评估。

2. 海事巡航人员

巡航执法时,每艘执法船上持有执法证的执法人员不少于2名。根据执行任务的具体情况,安排足够执法人员和专业人员,以保证实施连续、有效巡航检查。执行跨辖区巡航执法时,需安排拟巡水域当地执法人员参加。

巡航人员的职责是执行国家有关水上交通安全管理及防止船舶污染管理方面的法律、法规及规章,完成巡航任务及上级下达的其他任务。执法人员检查时需着装整齐,向被检查者主动出示执法证件并表明目的,检查过程中需使用规范、专业用语,检查记录上至少应有2名执法人员签名。执法人员需能熟练使用录像、照相、录音等设备进行取证。

3. 海事巡航方式

(1)海事空中巡航

海事巡航一般利用海事巡航船舶进行。但是现在上海、广东、江苏等区域海事机构已经利用海事巡航船和海事巡航飞机组合的立体巡航模式,水上飞机参与海事巡航执法具有机动灵活、视野开阔的特点,可临近海面飞行,在条件许可的情况下可在海面临时停降,有利于协助海上执法、船舶违法调查取证以及海上搜救等工作,还可对海面助航标志和其他设施进行就近观察。国外发达国家海事部门,通常配备空中巡航飞机用于巡航、搜救、保安、油污监测等。

《海事系统"十二五"发展规划》中明确提出:在三大海区各配置2~3架固定翼飞机,用于在领海、毗连区、专属经济区承担海上污染监视、海上巡视、搜寻定位、信息搜集等任务;加大直升机配置,重点布置在渤海湾、江苏沿海、长江口-浙北水域、台湾海峡、南中国海等水域,承担近海水域安全管理、海上执法、航标维护管理及人命救助等工作。

(2)海事电子巡航

海事电子巡航系统可独立或综合利用VTS(船舶交通管理系统)、AIS(船舶自动识别系统)、雷达、CCTV(闭路电视监控系统)、VHF(甚高频无线电话)等海事信息化资源,以及利用海事业务数据系统对辖区水域实施安全监管,并可兼容北斗或GPS系统、RFID(射频识别)等技术,建立统一指挥平台对船舶实施动态跟踪,对通航秩序进行动态管理,对重要江段实行电子化监控和全方位覆盖的一种新模式,可有效提升海事监管和应急救助能力,减少船舶碰撞、搁浅等事故险情发生。

中国海事部门计划全面推进电子巡航加强对船舶的动态监管,以减少水域安全事故发生并提高服务效率。从2011年7月1日起,长江海事局在长江干线武汉芜湖等区段正式实施电子巡航试点,这标志着长江水上安全监管步入了全方位覆盖、全天候运行,有痕管理、无打扰服务的电子巡航时代。相对于传统巡航,"电子巡航"具有巡航精度高、巡航密度大、巡航成本低、工作强度小、反应能力强的优势。《取消船舶进出港签证及海事监管模式改革实施方案》中明确提出:"实现船舶动态全程监控。通过已建设的AIS岸基网络和船台设备的广泛配备和AIS公众服务平台等,实现对船舶位置的全程连续监控。建立完善的全国统一共享数据库。加快内河船员管理与服务系统的建设应用,实现业务系统的统一应用和数据的汇聚集中,形成全国统一的共享数据库。推进海事业务系统的建设应用。完善船舶动态管理等信息系统,通过AIS、VTS等动态监控信息和船舶进出港报告制信息的综合应用,合理确定重点监管目标,提高现场执法的针对性,加强事中事后监管。"

"电子巡航"虽然不能完全代替传统巡航,但它是传统巡航的有力补充和完善。充分利用电子巡航提高海事工作效率、更好地履行社会服务的责任，无疑将是海事信息化发展的方向和目标。

4. 巡航船舶部署

各级海事管理机构需结合现有巡航力量、监管设施和辖区水域情况，科学制订巡航计划，合理安排巡航船舶、巡航水域、巡航时间和频度，加强对重点水域、重点时段、重点船舶的监管。在天气、海况许可的情况下，港区重点水域的重点时段需安排执法船连续不间断巡航。此外，还需根据辖区实际情况及专项工作部署，确定辖区重点水域和时段，安排执法船巡航和值守。

二、海事巡航实施

1. 制订巡航工作计划

中国海事局制订跨辖区巡航计划并监督实施。中国海事局于每年 12 月 25 日前印发下年度的全国海区巡航计划。各省级海事管理机构须于每年 12 月 5 日前制订辖区下年度巡航计划，并报中国海事局备案，计划中需核定不同水域、不同类型执法船每年在航小时数（指离开基地码头、海事趸船的实际巡航、值守时间）；于每月 5 日前及次年 1 月 15 日前按要求填报月度和年度《巡航工作统计表》；于每年 12 月 25 日前将年度巡航工作总结报中国海事局。

2. 巡航工作记录

执法人员需对巡视、登轮检查情况做好工作记录，对在巡航过程中发生、发现的重大违法事件、船舶污染事故、船舶交通事故、严重影响通航环境和通航秩序等的情况，需及时形成专题报告，视情逐级上报。相关单位需在完成海区巡航计划所确定的任务后 7 个工作日内将巡航报告报中国海事局。

3. 巡航工作总结

各级海事管理机构需建立、健全巡航工作台账，包括：巡航管理规定和工作制度、执法船资料、辖区通航环境资料、巡航计划、巡航工作记录、巡航声像资料、培训和演练记录、督查报告、评估报告、工作总结等。

三、海事巡航保障

1. 巡航船舶保障

巡航船需每天定时抄收气象预报，了解天气及海况。当气象条件可能影响执法船航行安全时，船长应协商巡航执法人员，根据气象条件对巡航计划及巡航路线等进行相应调整，并及时上报巡航主管部门。

巡航过程中，岸基与执法船之间要保持有效的通信联系。在执行海区巡航任务时，岸基与执法船之间要定时交换信息。

巡航过程中，执法船上乘员不应超过船上救生设备核定人数。执法人员及船员应按规范穿戴好工作服、帽、鞋，并熟悉有关安全注意事项和操作规程，自觉遵守有关安全规定。

各级海事管理机构需加强执法人员和执法船船员业务知识和操作技能的培训，提高执法和水上救助水平和能力。大型执法船所属单位需制订随船人员培训计划和方案，充分发挥大型执法船作为流动培训基地的作用，组织随船人员开展业务培训和交流。

2. 巡航应急措施

巡航船需制定应对搁浅、失控、溢油、进水、人员落水、消防、救生等各种突发事件的应急反应程序,大型巡航执法船还需制定防海盗和防外界干扰应急预案,并定期开展针对性训练和演练。

执法人员需妥善处置巡航时发生的涉外突发事件,切实维护我国主权和海洋权益,同时保障执法船和人员安全。如发现外国籍船舶在我国管辖水域内施工作业、勘探、测量,执法人员须核实是否得到我国主管机关批准,如果未经批准,须责令其停止作业,并进行调查取证,如遇阻挠或不配合调查,需立即向中国海事局总值班室报告;如发现外国军舰、公务船、航空器在我国管辖水域活动,需做好记录和取证;如遇外国军舰、公务船、航空器干扰我巡航执法行动,需立即向中国海事局总值班室报告,与对方舰船保持安全距离,并按照“有理、有利、有节”的原则,在确保船舶和人员安全的前提下,与对方展开周旋和斗争,避免过激行为,慎防事态扩大。当有充分理由认为外国籍商船在我国管辖水域(专属经济区、毗连区、领海、内水)涉嫌违反有关水上交通安全和防污染公约、法律、法规并逃逸时,按《外国籍商船违法逃逸应急处置规定》执行。

附录 海事行政执法常用法律法规

一、中华人民共和国海上交通安全法

第一章　总　则

第一条　为加强海上交通管理，保障船舶、设施和人命财产的安全，维护国家权益，特制定本法。

第二条　本法适用于在中华人民共和国沿海水域航行、停泊和作业的一切船舶、设施和人员以及船舶、设施的所有人、经营人。

第三条　中华人民共和国港务监督机构，是对沿海水域的交通安全实施统一监督管理的主管机关。

第二章　船舶检验和登记

第四条　船舶和船上有关航行安全的重要设备必须具有船舶检验部门签发的有效技术证书。

第五条　船舶必须持有船舶国籍证书，或船舶登记证书，或船舶执照。

第三章　船舶、设施上的人员

第六条　船舶应当按照标准定额配备足以保证船舶安全的合格船员。

第七条　船长、轮机长、驾驶员、轮机员、无线电报务员话务员以及水上飞机、潜水器的相应人员，必须持有合格的职务证书。其他船员必须经过相应的专业技术训练。

第八条　设施应当按照国家规定，配备掌握避碰、信号、通信、消防、救生等专业技能的人员。

第九条　船舶、设施上的人员必须遵守有关海上交通安全的规章制度和操作规程，保障船舶、设施航行、停泊和作业的安全。

第四章　航行、停泊和作业

第十条　船舶、设施航行、停泊和作业，必须遵守中华人民共和国的有关法律、行政法规和规章。

第十一条 外国籍非军用船舶,未经主管机关批准,不得进入中华人民共和国的内水和港口。但是,因人员病急、机件故障、遇难、避风等意外情况,未及获得批准,可以在进入的同时向主管机关紧急报告,并听从指挥。

外国籍军用船舶,未经中华人民共和国政府批准,不得进入中华人民共和国领海。

第十二条 国际航行船舶进出中华人民共和国港口,必须接受主管机关的检查。本国籍国内航行船舶进出港口,必须办理进出港签证。

第十三条 外国籍船舶进出中华人民共和国港口或者在港内航行、移泊以及靠离港外系泊点、装卸站等,必须由主管机关指派引航员引航。

第十四条 船舶进出港口或者通过交通管制区、通航密集区和航行条件受到限制的区域时,必须遵守中华人民共和国政府或主管机关公布的特别规定。

第十五条 除经主管机关特别许可外,禁止船舶进入或穿越禁航区。

第十六条 大型设施和移动式平台的海上拖带,必须经船舶检验部门进行拖航检验,并报主管机关核准。

第十七条 主管机关发现船舶的实际状况同证书所载不相符合时,有权责成其申请重新检验或者通知其所有人、经营人采取有效的安全措施。

第十八条 主管机关认为船舶对港口安全具有威胁时,有权禁止其进港或令其离港。

第十九条 船舶、设施有下列情况之一的,主管机关有权禁止其离港,或令其停航、改航、停止作业:

一、违犯中华人民共和国有关的法律、行政法规或规章;

二、处于不适航或不适拖状态;

三、发生交通事故,手续未清;

四、未向主管机关或有关部门交付应承担的费用,也未提供适当的担保;

五、主管机关认为有其他妨害或者可能妨害海上交通安全的情形。

第五章 安全保障

第二十条 在沿海水域进行水上水下施工以及划定相应的安全作业区,必须报经主管机关核准公告。无关的船舶不得进入安全作业区。施工单位不得擅自扩大安全作业区的范围。

在港区内使用岸线或者进行水上水下施工包括架空施工,还必须附图报经主管机关审核同意。

第二十一条 在沿海水域划定禁航区,必须经国务院或主管机关批准。但是,为军事需要划定禁航区,可以由国家军事主管部门批准。

禁航区由主管机关公布。

第二十二条 未经主管机关批准,不得在港区、锚地、航道、通航密集区以及主管机关公布的航路内设置、构筑设施或者进行其他有碍航行安全的活动。

对在上述区域内擅自设置、构筑的设施,主管机关有权责令其所有人限期搬迁或拆除。

第二十三条 禁止损坏助航标志和导航设施。损坏助航标志或导航设施的,应当立即向主管机关报告,并承担赔偿责任。

第二十四条 船舶、设施发现下列情况,应当迅速报告主管机关:

一、助航标志或导航设施变异、失常；

二、有妨碍航行安全的障碍物、漂流物；

三、其他有碍航行安全的异常情况。

第二十五条　航标周围不得建造或设置影响其工作效能的障碍物。航标和航道附近有碍航行安全的灯光，应当妥善遮蔽。

第二十六条　设施的搬迁、拆除，沉船沉物的打捞清除，水下工程的善后处理，都不得遗留有碍航行和作业安全的隐患。在未妥善处理前，其所有人或经营人必须负责设置规定的标志，并将碍航物的名称、形状、尺寸、位置和深度准确地报告主管机关。

第二十七条　港口码头、港外系泊点、装卸站和船闸，应当加强安全管理，保持良好状态。

第二十八条　主管机关根据海上交通安全的需要，确定、调整交通管制区和港口锚地。港外锚地的划定，由主管机关报上级机关批准后公布。

第二十九条　主管机关按照国家规定，负责统一发布航行警告和航行通告。

第三十条　为保障航行、停泊和作业的安全，有关部门应当保持通信联络畅通，保持助航标志、导航设施明显有效，及时提供海洋气象预报和必要的航海图书资料。

第三十一条　船舶、设施发生事故，对交通安全造成或者可能造成危害时，主管机关有权采取必要的强制性处置措施。

第六章　危险货物运输

第三十二条　船舶、设施储存、装卸、运输危险货物，必须具备安全可靠的设备和条件，遵守国家关于危险货物管理和运输的规定。

第三十三条　船舶装运危险货物，必须向主管机关办理申报手续，经批准后，方可进出港口或装。

第七章　海难救助

第三十四条　船舶、设施或飞机遇难时，除发出呼救信号外，还应当以最迅速的方式将出事时间、地点、受损情况、救助要求以及发生事故的原因，向主管机关报告。

第三十五条　遇难船舶、设施或飞机及其所有人、经营人应当采取一切有效措施组织自救。

第三十六条　事故现场附近的船舶、设施，收到求救信号或发现有人遭遇生命危险时，在不严重危及自身安全的情况下，应当尽力救助遇难人员，并迅速向主管机关报告现场情况和本船舶、设施的名称、呼号和位置。

第三十七条　发生碰撞事故的船舶、设施，应当互通名称、国籍和登记港，并尽一切可能救助遇难人员。在不严重危及自身安全的情况下，当事船舶不得擅自离开事故现场。

第三十八条　主管机关接到求救报告后，应当立即组织救助。有关单位和在事故现场附近的船舶、设施，必须听从主管机关的统一指挥。

第三十九条　外国派遣船舶或飞机进入中华人民共和国领海或领海上空搜寻救助遇难的船舶或人员，必须经主管机关批准。

第八章　打捞清除

第四十条　对影响安全航行、航道整治以及有潜在爆炸危险的沉没物、漂浮物,其所有人、经营人应当在主管机关限定的时间内打捞清除。否则,主管机关有权采 取措施强制打捞清除,其全部费用由沉没物、漂浮物的所有人、经营人承担。

本条规定不影响沉没物、漂浮物的所有人、经营人向第三方索赔的权利。

第四十一条　未经主管机关批准,不得擅自打捞或拆除沿海水域内的沉船沉物。

第九章　交通事故的调查处理

第四十二条　船舶、设施发生交通事故,应当向主管机关递交事故报告书和有关资料,并接受调查处理。事故的当事人和有关人员,在接受主管机关调查时,必须如实提供现场情况和与事故有关的情节。

第四十三条　船舶、设施发生的交通事故,由主管机关查明原因,判明责任。

第十章　法律责任

第四十四条　对违反本法的,主管机关可视情节,给予下列一种或几种处罚:

一、警告;

二、扣留或吊销职务证书;

三、罚款。

第四十五条　当事人对主管机关给予的罚款、吊销职务证书处罚不服的,可以在接到处罚通知之日起十五天内,向人民法院起诉;期满不起诉又不履行的,由主管机关申请人民法院强制执行。

第四十六条　因海上交通事故引起的民事纠纷,可以由主管机关调解处理,不愿意调解或调解不成的,当事人可以向人民法院起诉;涉外案件的当事人,还可以根据书面协议提交仲裁机构仲裁。

第四十七条　对违反本法构成犯罪的人员,由司法机关依法追究刑事责任。

第十一章　特别规定

第四十八条　国家渔政渔港监督管理机构,在以渔业为主的渔港水域内,行使本法规定的主管机关的职权,负责交通安全的监督管理,并负责沿海水域渔业船舶之间的交通事故的调查处理。具体实施办法由国务院另行规定。

第四十九条　海上军事管辖区和军用船舶、设施的内部管理,为军事目的进行水上水下作业的管理,以及公安船舶的检验登记、人员配备、进出港签证,由国家有关主管部门依据本法另行规。

第十二章　附　则

第五十条　本法下列用语的含义是:

“沿海水域”是指中华人民共和国沿海的港口、内水和领海以及国家管辖的一切其他海域。

“船舶”是指各类排水或非排水船、筏、水上飞机、潜水器和移动式平台。

“设施”是指水上水下各种固定或浮动建筑、装置和固定平台。

“作业”是指在沿海水域调查、勘探、开采、测量、建筑、疏浚、爆破、救助、打捞、拖带、捕捞、养殖、装卸、科学试验和其他水上水下施工。

第五十一条 国务院主管部门依据本法,制定实施细则,报国务院批准施行。

第五十二条 过去颁布的海上交通安全法规与本法相抵触的,以本法为准。

第五十三条 本法自 1984 年 1 月 1 日起施。

二、中华人民共和国海洋环境保护法

第一章 总 则

第一条 为了保护和改善海洋环境,保护海洋资源,防治污染损害,维护生态平衡,保障人体健康,促进经济和社会的可持续发展,制定本法。

第二条 本法适用于中华人民共和国内水、领海、毗连区、专属经济区、大陆架以及中华人民共和国管辖的其他海域。

在中华人民共和国管辖海域内从事航行、勘探、开发、生产、旅游、科学研究及其他活动,或者在沿海陆域内从事影响海洋环境活动的任何单位和个人,都必须遵守本法。

在中华人民共和国管辖海域以外,造成中华人民共和国管辖海域污染的,也适用本法。

第三条 国家建立并实施重点海域排污总量控制制度,确定主要污染物排海总量控制指标,并对主要污染源分配排放控制数量。具体办法由国务院制定。

第四条 一切单位和个人都有保护海洋环境的义务,并有权对污染损害海洋环境的单位和个人,以及海洋环境监督管理人员的违法失职行为进行监督和检举。

第五条 国务院环境保护行政主管部门作为对全国环境保护工作统一监督管理的部门,对全国海洋环境保护工作实施指导、协调和监督,并负责全国防治陆源污染物和海岸工程建设项目对海洋污染损害的环境保护工作。

国家海洋行政主管部门负责海洋环境的监督管理,组织海洋环境的调查、监测、监视、评价和科学研究,负责全国防治海洋工程建设项目和海洋倾倒废弃物对海洋污染损害的环境保护工作。

国家海事行政主管部门负责所辖港区水域内非军事船舶和港区水域外非渔业、非军事船舶污染海洋环境的监督管理,并负责污染事故的调查处理;对在中华人民共和国管辖海域航行、停泊和作业的外国籍船舶造成的污染事故登轮检查处理。船舶污染事故给渔业造成损害的,应当吸收渔业行政主管部门参与调查处理。

国家渔业行政主管部门负责渔港水域内非军事船舶和渔港水域外渔业船舶污染海洋环境的监督管理,负责保护渔业水域生态环境工作,并调查处理前款规定的污染事故以外的渔业污染事故。

军队环境保护部门负责军事船舶污染海洋环境的监督管理及污染事故的调查处理。

沿海县级以上地方人民政府行使海洋环境监督管理权的部门的职责,由省、自治区、直辖市人民政府根据本法及国务院有关规定确定。

第二章 海洋环境监督管理

第六条 国家海洋行政主管部门会同国务院有关部门和沿海省、自治区、直辖市人民政府拟定全国海洋功能区划,报国务院批准。

沿海地方各级人民政府应当根据全国和地方海洋功能区划，科学合理地使用海域。

第七条　国家根据海洋功能区划制定全国海洋环境保护规划和重点海域区域性海洋环境保护规划。

毗邻重点海域的有关沿海省、自治区、直辖市人民政府及行使海洋环境监督管理权的部门，可以建立海洋环境保护区域合作组织，负责实施重点海域区域性海洋环境保护规划、海洋环境污染的防治和海洋生态保护工作。

第八条　跨区域的海洋环境保护工作，由有关沿海地方人民政府协商解决，或者由上级人民政府协调解决。

跨部门的重大海洋环境保护工作，由国务院环境保护行政主管部门协调；协调未能解决的，由国务院做出决定。

第九条　国家根据海洋环境质量状况和国家经济、技术条件，制定国家海洋环境质量标准。

沿海省、自治区、直辖市人民政府对国家海洋环境质量标准中未做规定的项目，可以制定地方海洋环境质量标准。

沿海地方各级人民政府根据国家和地方海洋环境质量标准的规定和本行政区近岸海域环境质量状况，确定海洋环境保护的目标和任务，并纳入人民政府工作计划，按相应的海洋环境质量标准实施管理。

第十条　国家和地方水污染物排放标准的制定，应当将国家和地方海洋环境质量标准作为重要依据之一。在国家建立并实施排污总量控制制度的重点海域，水污染物排放标准的制定，还应当将主要污染物排海总量控制指标作为重要依据。

第十一条　直接向海洋排放污染物的单位和个人，必须按照国家规定缴纳排污费。

向海洋倾倒废弃物，必须按照国家规定缴纳倾倒费。

根据本法规定征收的排污费、倾倒费，必须用于海洋环境污染的整治，不得挪作他用。具体办法由国务院规定。

第十二条　对超过污染物排放标准的，或者在规定的期限内未完成污染物排放削减任务的，或者造成海洋环境严重污染损害的，应当限期治理。

限期治理按照国务院规定的权限决定。

第十三条　国家加强防治海洋环境污染损害的科学技术的研究和开发，对严重污染海洋环境的落后生产工艺和落后设备，实行淘汰制度。

企业应当优先使用清洁能源，采用资源利用率高、污染物排放量少的清洁生产工艺，防止对海洋环境的污染。

第十四条　国家海洋行政主管部门按照国家环境监测、监视规范和标准，管理全国海洋环境的调查、监测、监视，制定具体的实施办法，会同有关部门组织全国海洋环境监测、监视网络，定期评价海洋环境质量，发布海洋巡航监视通报。

依照本法规定行使海洋环境监督管理权的部门分别负责各自所辖水域的监测、监视。

其他有关部门根据全国海洋环境监测网的分工，分别负责对入海河口、主要排污口的监测。

第十五条　国务院有关部门应当向国务院环境保护行政主管部门提供编制全国环境质量公报所必需的海洋环境监测资料。

环境保护行政主管部门应当向有关部门提供与海洋环境监督管理有关的资料。

第十六条 国家海洋行政主管部门按照国家制定的环境监测、监视信息管理制度,负责管理海洋综合信息系统,为海洋环境保护监督管理提供服务。

第十七条 因发生事故或者其他突发性事件,造成或者可能造成海洋环境污染事故的单位和个人,必须立即采取有效措施,及时向可能受到危害者通报,并向依照本法规定行使海洋环境监督管理权的部门报告,接受调查处理。

沿海县级以上地方人民政府在本行政区域近岸海域的环境受到严重污染时,必须采取有效措施,解除或者减轻危害。

第十八条 国家根据防止海洋环境污染的需要,制订国家重大海上污染事故应急计划。

国家海洋行政主管部门负责制订全国海洋石油勘探开发重大海上溢油应急计划,报国务院环境保护行政主管部门备案。

国家海事行政主管部门负责制订全国船舶重大海上溢油污染事故应急计划,报国务院环境保护行政主管部门备案。

沿海可能发生重大海洋环境污染事故的单位,应当依照国家的规定,制订污染事故应急计划,并向当地环境保护行政主管部门、海洋行政主管部门备案。

沿海县级以上地方人民政府及其有关部门在发生重大海上污染事故时,必须按照应急计划解除或者减轻危害。

第十九条 依照本法规定行使海洋环境监督管理权的部门可以在海上实行联合执法,在巡航监视中发现海上污染事故或者违反本法规定的行为时,应当予以制止并调查取证,必要时有权采取有效措施,防止污染事态的扩大,并报告有关主管部门处理。

依照本法规定行使海洋环境监督管理权的部门,有权对管辖范围内排放污染物的单位和个人进行现场检查。被检查者应当如实反映情况,提供必要的资料。

检查机关应当为被检查者保守技术秘密和业务秘密。

第三章 海洋生态保护

第二十条 国务院和沿海地方各级人民政府应当采取有效措施,保护红树林、珊瑚礁、滨海湿地、海岛、海湾、入海河口、重要渔业水域等具有典型性、代表性的海洋生态系统,珍稀、濒危海洋生物的天然集中分布区,具有重要经济价值的海洋生物生存区域及有重大科学文化价值的海洋自然历史遗迹和自然景观。

对具有重要经济、社会价值的已遭到破坏的海洋生态,应当进行整治和恢复。

第二十一条 国务院有关部门和沿海省级人民政府应当根据保护海洋生态的需要,选划、建立海洋自然保护区。

国家级海洋自然保护区的建立,须经国务院批准。

第二十二条 凡具有下列条件之一的,应当建立海洋自然保护区:

(一)典型的海洋自然地理区域、有代表性的自然生态区域,以及遭受破坏但经保护能恢复的海洋自然生态区域;

(二)海洋生物物种高度丰富的区域,或者珍稀、濒危海洋生物物种的天然集中分布区域;

(三)具有特殊保护价值的海域、海岸、岛屿、滨海湿地、入海河口和海湾等;

(四)具有重大科学文化价值的海洋自然遗迹所在区域;

(五)其他需要予以特殊保护的区域。

第二十三条 凡具有特殊地理条件、生态系统、生物与非生物资源及海洋开发利用特殊需要的区域,可以建立海洋特别保护区,采取有效的保护措施和科学的开发方式进行特殊管理。

第二十四条 开发利用海洋资源,应当根据海洋功能区划合理布局,不得造成海洋生态环境破坏。

第二十五条 引进海洋动植物物种,应当进行科学论证,避免对海洋生态系统造成危害。

第二十六条 开发海岛及周围海域的资源,应当采取严格的生态保护措施,不得造成海岛地形、岸滩、植被以及海岛周围海域生态环境的破坏。

第二十七条 沿海地方各级人民政府应当结合当地自然环境的特点,建设海岸防护设施、沿海防护林、沿海城镇园林和绿地,对海岸侵蚀和海水入侵地区进行综合治理。

禁止毁坏海岸防护设施、沿海防护林、沿海城镇园林和绿地。

第二十八条 国家鼓励发展生态渔业建设,推广多种生态渔业生产方式,改善海洋生态状况。

新建、改建、扩建海水养殖场,应当进行环境影响评价。

海水养殖应当科学确定养殖密度,并应当合理投饵、施肥,正确使用药物,防止造成海洋环境的污染。

第四章 防治陆源污染物对海洋环境的污染损害

第二十九条 向海域排放陆源污染物,必须严格执行国家或者地方规定的标准和有关规定。

第三十条 入海排污口位置的选择,应当根据海洋功能区划、海水动力条件和有关规定,经科学论证后,报设区的市级以上人民政府环境保护行政主管部门审查批准。

环境保护行政主管部门在批准设置入海排污口之前,必须征求海洋、海事、渔业行政主管部门和军队环境保护部门的意见。

在海洋自然保护区、重要渔业水域、海滨风景名胜区和其他需要特别保护的区域,不得新建排污口。

在有条件的地区,应当将排污口深海设置,实行离岸排放。

设置陆源污染物深海离岸排放排污口,应当根据海洋功能区划、海水动力条件和海底工程设施的有关情况确定,具体办法由国务院规定。

第三十一条 省、自治区、直辖市人民政府环境保护行政主管部门和水行政主管部门应当按照水污染防治有关法律的规定,加强入海河流管理,防治污染,使入海河口的水质处于良好状态。

第三十二条 排放陆源污染物的单位,必须向环境保护行政主管部门申报拥有的陆源污染物排放设施、处理设施和在正常作业条件下排放陆源污染物的种类、数量和浓度,并提供防治海洋环境污染方面的有关技术和资料。

排放陆源污染物的种类、数量和浓度有重大改变的,必须及时申报。

拆除或者闲置陆源污染物处理设施的,必须事先征得环境保护行政主管部门的同意。

第三十三条 禁止向海域排放油类,酸液,碱液,剧毒废液和高、中水平放射性废水。

严格限制向海域排放低水平放射性废水;确需排放的,必须严格执行国家辐射防护规定。

严格控制向海域排放含有不易降解的有机物和重金属的废水。

第三十四条 含病原体的医疗污水、生活污水和工业废水必须经过处理,符合国家有关排放标准后,方能排入海域。

第三十五条 含有机物和营养物质的工业废水、生活污水,应当严格控制向海湾、半封闭海及其他自净能力较差的海域排放。

第三十六条 向海域排放含热废水,必须采取有效措施,保证邻近渔业水域的水温符合国家海洋环境质量标准,避免热污染对水产资源的危害。

第三十七条 沿海农田、林场施用化学农药,必须执行国家农药安全使用的规定和标准。

沿海农田、林场应当合理使用化肥和植物生长调节剂。

第三十八条 在岸滩弃置、堆放和处理尾矿、矿渣、煤灰渣、垃圾和其他固体废物的,依照《中华人民共和国固体废物污染环境防治法》的有关规定执行。

第三十九条 禁止经中华人民共和国内水、领海转移危险废物。

经中华人民共和国管辖的其他海域转移危险废物的,必须事先取得国务院环境保护行政主管部门的书面同意。

第四十条 沿海城市人民政府应当建设和完善城市排水管网,有计划地建设城市污水处理厂或者其他污水集中处理设施,加强城市污水的综合整治。

建设污水海洋处置工程,必须符合国家有关规定。

第四十一条 国家采取必要措施,防止、减少和控制来自大气层或者通过大气层造成的海洋环境污染损害。

第五章 防治海岸工程建设项目对海洋环境的污染损害

第四十二条 新建、改建、扩建海岸工程建设项目,必须遵守国家有关建设项目环境保护管理的规定,并把防治污染所需资金纳入建设项目投资计划。

在依法划定的海洋自然保护区、海滨风景名胜区、重要渔业水域及其他需要特别保护的区域,不得从事污染环境、破坏景观的海岸工程项目建设或者其他活动。

第四十三条 海岸工程建设项目的单位,必须在建设项目可行性研究阶段,对海洋环境进行科学调查,根据自然条件和社会条件,合理选址,编报环境影响报告书。环境影响报告书经海洋行政主管部门提出审核意见后,报环境保护行政主管部门审查批准。

环境保护行政主管部门在批准环境影响报告书之前,必须征求海事、渔业行政主管部门和军队环境保护部门的意见。

第四十四条 海岸工程建设项目的环境保护设施,必须与主体工程同时设计、同时施工、同时投产使用。环境保护设施未经环境保护行政主管部门检查批准,建设项目不得试运行;环境保护设施未经环境保护行政主管部门验收,或者经验收不合格的,建设项目不得投入生产或者使用。

第四十五条 禁止在沿海陆域内新建不具备有效治理措施的化学制浆造纸、化工、印染、制革、电镀、酿造、炼油、岸边冲滩拆船以及其他严重污染海洋环境的工业生产项目。

第四十六条 兴建海岸工程建设项目,必须采取有效措施,保护国家和地方重点保护的野生动植物及其生存环境和海洋水产资源。

严格限制在海岸采挖砂石。露天开采海滨砂矿和从岸上打井开采海底矿产资源,必须采取有效措施，防止污染海洋环境。

第六章　防治海洋工程建设项目对海洋环境的污染损害

第四十七条　海洋工程建设项目必须符合海洋功能区划、海洋环境保护规划和国家有关环境保护标准，在可行性研究阶段，编报海洋环境影响报告书，由海洋行政主管部门核准，并报环境保护行政主管部门备案，接受环境保护行政主管部门监督。

海洋行政主管部门在核准海洋环境影响报告书之前，必须征求海事、渔业行政主管部门和军队环境保护部门的意见。

第四十八条　海洋工程建设项目的环境保护设施，必须与主体工程同时设计、同时施工、同时投产使用。环境保护设施未经海洋行政主管部门检查批准，建设项目不得试运行；环境保护设施未经海洋行政主管部门验收，或者经验收不合格的，建设项目不得投入生产或者使用。

拆除或者闲置环境保护设施，必须事先征得海洋行政主管部门的同意。

第四十九条　海洋工程建设项目，不得使用含超标准放射性物质或者易溶出有毒有害物质的材料。

第五十条　海洋工程建设项目需要爆破作业时，必须采取有效措施，保护海洋资源。

海洋石油勘探开发及输油过程中，必须采取有效措施，避免溢油事故的发生。

第五十一条　海洋石油钻井船、钻井平台和采油平台的含油污水和油性混合物，必须经过处理达标后排放；残油、废油必须予以回收，不得排放入海。经回收处理后排放的，其含油量不得超过国家规定的标准。

钻井所使用的油基泥浆和其他有毒复合泥浆不得排放入海。水基泥浆和无毒复合泥浆及钻屑的排放，必须符合国家有关规定。

第五十二条　海洋石油钻井船、钻井平台和采油平台及其有关海上设施，不得向海域处置含油的工业垃圾。处置其他工业垃圾，不得造成海洋环境污染。

第五十三条　海上试油时，应当确保油气充分燃烧，油和油性混合物不得排放入海。

第五十四条　勘探开发海洋石油，必须按有关规定编制溢油应急计划，报国家海洋行政主管部门审查批准。

第七章　防治倾倒废弃物对海洋环境的污染损害

第五十五条　任何单位未经国家海洋行政主管部门批准，不得向中华人民共和国管辖海域倾倒任何废弃物。

需要倾倒废弃物的单位，必须向国家海洋行政主管部门提出书面申请，经国家海洋行政主管部门审查批准，发给许可证后，方可倾倒。

禁止中华人民共和国境外的废弃物在中华人民共和国管辖海域倾倒。

第五十六条　国家海洋行政主管部门根据废弃物的毒性、有毒物质含量和对海洋环境影响程度，制定海洋倾倒废弃物评价程序和标准。

向海洋倾倒废弃物，应当按照废弃物的类别和数量实行分级管理。

可以向海洋倾倒的废弃物名录，由国家海洋行政主管部门拟定，经国务院环境保护行政主管部门提出审核意见后，报国务院批准。

第五十七条　国家海洋行政主管部门按照科学、合理、经济、安全的原则选划海洋倾倒区，经国务院环境保护行政主管部门提出审核意见后,报国务院批准。

临时性海洋倾倒区由国家海洋行政主管部门批准,并报国务院环境保护行政主管部门备案。

国家海洋行政主管部门在选划海洋倾倒区和批准临时性海洋倾倒区之前,必须征求国家海事、渔业行政主管部门的意见。

第五十八条 国家海洋行政主管部门监督管理倾倒区的使用,组织倾倒区的环境监测。对经确认不宜继续使用的倾倒区,国家海洋行政主管部门应当予以封闭,终止在该倾倒区的一切倾倒活动,并报国务院备案。

第五十九条 获准倾倒废弃物的单位,必须按照许可证注明的期限及条件,到指定的区域进行倾倒。废弃物装载之后,批准部门应当予以核实。

第六十条 获准倾倒废弃物的单位,应当详细记录倾倒的情况,并在倾倒后向批准部门做出书面报告。倾倒废弃物的船舶必须向驶出港的海事行政主管部门做出书面报告。

第六十一条 禁止在海上焚烧废弃物。

禁止在海上处置放射性废弃物或者其他放射性物质。废弃物中的放射性物质的豁免浓度由国务院制定。

第八章 防治船舶及有关作业活动对海洋环境的污染损害

第六十二条 在中华人民共和国管辖海域,任何船舶及相关作业不得违反本法规定向海洋排放污染物、废弃物和压载水、船舶垃圾及其他有害物质。

从事船舶污染物、废弃物、船舶垃圾接收、船舶清舱、洗舱作业活动的,必须具备相应的接收处理能力。

第六十三条 船舶必须按照有关规定持有防止海洋环境污染的证书与文书,在进行涉及污染物排放及操作时,应当如实记录。

第六十四条 船舶必须配置相应的防污设备和器材。

载运具有污染危害性货物的船舶,其结构与设备应当能够防止或者减轻所载货物对海洋环境的污染。

第六十五条 船舶应当遵守海上交通安全法律、法规的规定,防止因碰撞、触礁、搁浅、火灾或者爆炸等引起的海难事故,造成海洋环境的污染。

第六十六条 国家完善并实施船舶油污损害民事赔偿责任制度;按照船舶油污损害赔偿责任由船东和货主共同承担风险的原则,建立船舶油污保险、油污损害赔偿基金制度。

实施船舶油污保险、油污损害赔偿基金制度的具体办法由国务院规定。

第六十七条 载运具有污染危害性货物进出港口的船舶,其承运人、货物所有人或者代理人,必须事先向海事行政主管部门申报。经批准后,方可进出港口、过境停留或者装卸作业。

第六十八条 交付船舶装运污染危害性货物的单证、包装、标志、数量限制等,必须符合对所装货物的有关规定。

需要船舶装运污染危害性不明的货物,应当按照有关规定事先进行评估。

装卸油类及有毒有害货物的作业,船岸双方必须遵守安全防污操作规程。

第六十九条 港口、码头、装卸站和船舶修造厂必须按照有关规定备有足够的用于处理船舶污染物、废弃物的接收设施,并使该设施处于良好状态。

装卸油类的港口、码头、装卸站和船舶必须编制溢油污染应急计划,并配备相应的溢油污染应急设备和器材。

第七十条 进行下列活动,应当事先按照有关规定报经有关部门批准或者核准:

(一)船舶在港区水域内使用焚烧炉;

(二)船舶在港区水域内进行洗舱、清舱、驱气、排放压载水、残油、含油污水接收、舷外拷铲及油漆等作业;

(三)船舶、码头、设施使用化学消油剂;

(四)船舶冲洗沾有污染物、有毒有害物质的甲板;

(五)船舶进行散装液体污染危害性货物的过驳作业;

(六)从事船舶水上拆解、打捞、修造和其他水上、水下船舶施工作业。

第七十一条 船舶发生海难事故,造成或者可能造成海洋环境重大污染损害的,国家海事行政主管部门有权强制采取避免或者减少污染损害的措施。

对在公海上因发生海难事故,造成中华人民共和国管辖海域重大污染损害后果或者具有污染威胁的船舶、海上设施,国家海事行政主管部门有权采取与实际的或者可能发生的损害相称的必要措施。

第七十二条 所有船舶均有监视海上污染的义务,在发现海上污染事故或者违反本法规定的行为时,必须立即向就近的依照本法规定行使海洋环境监督管理权的部门报告。

民用航空器发现海上排污或者污染事件,必须及时向就近的民用航空空中交通管制单位报告。接到报告的单位,应当立即向依照本法规定行使海洋环境监督管理权的部门通报。

第九章 法律责任

第七十三条 违反本法有关规定,有下列行为之一的,由依照本法规定行使海洋环境监督管理权的部门责令限期改正,并处以罚款:

(一)向海域排放本法禁止排放的污染物或者其他物质的;

(二)不按照本法规定向海洋排放污染物,或者超过标准排放污染物的;

(三)未取得海洋倾倒许可证,向海洋倾倒废弃物的;

(四)因发生事故或者其他突发性事件,造成海洋环境污染事故,不立即采取处理措施的。

有前款第(一)、(三)项行为之一的,处三万元以上二十万元以下的罚款;有前款第(二)、(四)项行为之一的,处两万元以上十万元以下的罚款。

第七十四条 违反本法有关规定,有下列行为之一的,由依照本法规定行使海洋环境监督管理权的部门予以警告,或者处以罚款:

(一)不按照规定申报,甚至拒报污染物排放有关事项,或者在申报时弄虚作假的;

(二)发生事故或者其他突发性事件不按照规定报告的;

(三)不按照规定记录倾倒情况,或者不按照规定提交倾倒报告的;

(四)拒报或者谎报船舶载运污染危害性货物申报事项的。

有前款第(一)、(三)项行为之一的,处两万元以下的罚款;有前款第(二)、(四)项行为之一的,处五万元以下的罚款。

第七十五条 违反本法第十九条第二款的规定,拒绝现场检查,或者在被检查时弄虚作假的,由依照本法规定行使海洋环境监督管理权的部门予以警告,并处两万元以下的罚款。

第七十六条 违反本法规定,造成珊瑚礁、红树林等海洋生态系统及海洋水产资源、海洋保护区破坏的,由依照本法规定行使海洋环境监督管理权的部门责令限期改正和采取补救措施,并处一万元以上十万元以下的罚款;有违法所得的,没收其违法所得。

第七十七条 违反本法第三十条第一款、第三款规定设置入海排污口的,由县级以上地方人民政府环境保护行政主管部门责令其关闭,并处两万元以上十万元以下的罚款。

第七十八条 违反本法第三十二条第三款的规定,擅自拆除、闲置环境保护设施的,由县级以上地方人民政府环境保护行政主管部门责令重新安装使用,并处一万元以上十万元以下的罚款。

第七十九条 违反本法第三十九条第二款的规定,经中华人民共和国管辖海域,转移危险废物的,由国家海事行政主管部门责令非法运输该危险废物的船舶退出中华人民共和国管辖海域,并处五万元以上五十万元以下的罚款。

第八十条 违反本法第四十三条第一款的规定,未持有经审核和批准的环境影响报告书,兴建海岸工程建设项目的,由县级以上地方人民政府环境保护行政主管部门责令其停止违法行为和采取补救措施,并处五万元以上二十万元以下的罚款;或者按照管理权限,由县级以上地方人民政府责令其限期拆除。

第八十一条 违反本法第四十四条的规定,海岸工程建设项目未建成环境保护设施,或者环境保护设施未达到规定要求即投入生产、使用的,由环境保护行政主管部门责令其停止生产或者使用,并处两万元以上十万元以下的罚款。

第八十二条 违反本法第四十五条的规定,新建严重污染海洋环境的工业生产建设项目的,按照管理权限,由县级以上人民政府责令关闭。

第八十三条 违反本法第四十七条第一款、第四十八条的规定,进行海洋工程建设项目,或者海洋工程建设项目未建成环境保护设施、环境保护设施未达到规定要求即投入生产、使用的,由海洋行政主管部门责令其停止施工或者生产、使用,并处五万元以上二十万元以下的罚款。

第八十四条 违反本法第四十九条的规定,使用含超标准放射性物质或者易溶出有毒有害物质材料的,由海洋行政主管部门处五万元以下的罚款,并责令其停止该建设项目的运行,直到消除污染危害。

第八十五条 违反本法规定进行海洋石油勘探开发活动,造成海洋环境污染的,由国家海洋行政主管部门予以警告,并处两万元以上二十万元以下的罚款。

第八十六条 违反本法规定,不按照许可证的规定倾倒,或者向已经封闭的倾倒区倾倒废弃物的,由海洋行政主管部门予以警告,并处三万元以上二十万元以下的罚款;对情节严重的,可以暂扣或者吊销许可证。

第八十七条 违反本法第五十五条第三款的规定,将中华人民共和国境外废弃物运进中华人民共和国管辖海域倾倒的,由国家海洋行政主管部门予以警告,并根据造成或者可能造成的危害后果,处十万元以上一百万元以下的罚款。

第八十八条 违反本法规定,有下列行为之一的,由依照本法规定行使海洋环境监督管理权的部门予以警告,或者处以罚款:

(一)港口、码头、装卸站及船舶未配备防污设施、器材的;

(二)船舶未持有防污证书、防污文书,或者不按照规定记载排污记录的;

（三）从事水上和港区水域拆船、旧船改装、打捞和其他水上水下施工作业，造成海洋环境污染损害的；

（四）船舶载运的货物不具备防污适运条件的。

有前款第（一）、（四）项行为之一的，处两万元以上十万元以下的罚款；有前款第（二）项行为的，处两万元以下的罚款；有前款第（三）项行为的，处五万元以上二十万元以下的罚款。

第八十九条 违反本法规定，船舶、石油平台和装卸油类的港口、码头、装卸站不编制溢油应急计划的，由依照本法规定行使海洋环境监督管理权的部门予以警告，或者责令限期改正。

第九十条 造成海洋环境污染损害的责任者，应当排除危害，并赔偿损失；完全由于第三者的故意或者过失，造成海洋环境污染损害的，由第三者排除危害，并承担赔偿责任。

对破坏海洋生态、海洋水产资源、海洋保护区，给国家造成重大损失的，由依照本法规定行使海洋环境监督管理权的部门代表国家对责任者提出损害赔偿要求。

第九十一条 对违反本法规定，造成海洋环境污染事故的单位，由依照本法规定行使海洋环境监督管理权的部门根据所造成的危害和损失处以罚款；负有直接责任的主管人员和其他直接责任人员属于国家工作人员的，依法给予行政处分。

前款规定的罚款数额按照直接损失的百分之三十计算，但最高不得超过三十万元。

对造成重大海洋环境污染事故，致使公私财产遭受重大损失或者人身伤亡严重后果的，依法追究刑事责任。

第九十二条 完全属于下列情形之一，经过及时采取合理措施，仍然不能避免对海洋环境造成污染损害的，造成污染损害的有关责任者免予承担责任：

（一）战争；

（二）不可抗拒的自然灾害；

（三）负责灯塔或者其他助航设备的主管部门，在执行职责时的疏忽，或者其他过失行为。

第九十三条 对违反本法第十一条、第十二条有关缴纳排污费、倾倒费和限期治理规定的行政处罚，由国务院规定。

第九十四条 海洋环境监督管理人员滥用职权、玩忽职守、徇私舞弊，造成海洋环境污染损害的，依法给予行政处分；构成犯罪的，依法追究刑事责任。

第十章 附 则

第九十五条 本法中下列用语的含义是：

（一）海洋环境污染损害，是指直接或者间接地把物质或者能量引入海洋环境，产生损害海洋生物资源、危害人体健康、妨害渔业和海上其他合法活动、损害海水使用素质和减损环境质量等有害影响。

（二）内水，是指我国领海基线向内陆一侧的所有海域。

（三）滨海湿地，是指低潮时水深浅于六米的水域及其沿岸浸湿地带，包括水深不超过六米的永久性水域、潮间带（或洪泛地带）和沿海低地等。

（四）海洋功能区划，是指依据海洋自然属性和社会属性，以及自然资源和环境特定条件，界定海洋利用的主导功能和使用范畴。

（五）渔业水域，是指鱼虾类的产卵场、索饵场、越冬场、洄游通道和鱼虾贝藻类的养殖场。

（六）油类，是指任何类型的油及其炼制品。

(七)油性混合物,是指任何含有油分的混合物。

(八)排放,是指把污染物排入海洋的行为,包括泵出、溢出、泄出、喷出和倒出。

(九)陆地污染源(简称陆源),是指从陆地向海域排放污染物,造成或者可能造成海洋环境污染的场所、设施等。

(十)陆源污染物,是指由陆地污染源排放的污染物。

(十一)倾倒,是指通过船舶、航空器、平台或者其他载运工具,向海洋处置废弃物和其他有害物质的行为,包括弃置船舶、航空器、平台及其辅助设施和其他浮动工具的行为。

(十二)沿海陆域,是指与海岸相连,或者通过管道、沟渠、设施,直接或者间接向海洋排放污染物及其相关活动的一带区域。

(十三)海上焚烧,是指以热摧毁为目的,在海上焚烧设施上,故意焚烧废弃物或者其他物质的行为,但船舶、平台或者其他人工构造物正常操作中,所附带发生的行为除外。

第九十六条 涉及海洋环境监督管理的有关部门的具体职权划分,本法未作规定的,由国务院规定。

第九十七条 中华人民共和国缔结或者参加的与海洋环境保护有关的国际条约与本法有不同规定的,适用国际条约的规定;但是,中华人民共和国声明保留的条款除外。

第九十八条 本法自2000年4月1日起施行。

三、中华人民共和国行政处罚法

第一章　总　则

第一条　为了规范行政处罚的设定和实施，保障和监督行政机关有效实施行政管理，维护公共利益和社会秩序，保护公民、法人或者其他组织的合法权益，根据宪法，制定本法。

第二条　行政处罚的设定和实施，适用本法。

第三条　公民、法人或者其他组织违反行政管理秩序的行为，应当给予行政处罚的，依照本法由法律、法规或者规章规定，并由行政机关依照本法规定的程序实施。

没有法定依据或者不遵守法定程序的，行政处罚无效。

第四条　行政处罚遵循公正、公开的原则。

设定和实施行政处罚必须以事实为依据，与违法行为的事实、性质、情节以及社会危害程度相当。

对违法行为给予行政处罚的规定必须公布；未经公布的，不得作为行政处罚的依据。

第五条　实施行政处罚，纠正违法行为，应当坚持处罚与教育相结合，教育公民、法人或者其他组织自觉守法。

第六条　公民、法人或者其他组织对行政机关所给予的行政处罚，享有陈述权、申辩权；对行政处罚不服的，有权依法申请行政复议或者提起行政诉讼。

公民、法人或者其他组织因行政机关违法给予行政处罚受到损害的，有权依法提出赔偿要求。

第七条　公民、法人或者其他组织因违法受到行政处罚，其违法行为对他人造成损害的，应当依法承担民事责任。

违法行为构成犯罪的，应当依法追究刑事责任，不得以行政处罚代替刑事处罚。

第二章　行政处罚的种类和设定

第八条　行政处罚的种类：

（一）警告；

（二）罚款；

（三）没收违法所得、没收非法财物；

（四）责令停产停业；

（五）暂扣或者吊销许可证、暂扣或者吊销执照；

（六）行政拘留；

（七）法律、行政法规规定的其他行政处罚。

第九条　法律可以设定各种行政处罚。

限制人身自由的行政处罚，只能由法律设定。

第十条 行政法规可以设定除限制人身自由以外的行政处罚。

法律对违法行为已经做出行政处罚规定,行政法规需要做出具体规定的,必须在法律规定的给予行政处罚的行为、种类和幅度的范围内规定。

第十一条 地方性法规可以设定除限制人身自由、吊销企业营业执照以外的行政处罚。

法律、行政法规对违法行为已经做出行政处罚规定,地方性法规需要做出具体规定的,必须在法律、行政法规规定的给予行政处罚的行为、种类和幅度的范围内规定。

第十二条 国务院部、委员会制定的规章可以在法律、行政法规规定的给予行政处罚的行为、种类和幅度的范围内做出具体规定。

尚未制定法律、行政法规的,前款规定的国务院部、委员会制定的规章对违反行政管理秩序的行为,可以设定警告或者一定数量罚款的行政处罚。罚款的限额由国务院规定。

国务院可以授权具有行政处罚权的直属机构依照本条第一款、第二款的规定,规定行政处罚。

第十三条 省、自治区、直辖市人民政府和省、自治区人民政府所在地的市人民政府以及经国务院批准的较大的市人民政府制定的规章可以在法律、法规规定的给予行政处罚的行为、种类和幅度的范围内做出具体规定。

尚未制定法律、法规的,前款规定的人民政府制定的规章对违反行政管理秩序的行为,可以设定警告或者一定数量罚款的行政处罚。罚款的限额由省、自治区、直辖市人民代表大会常务委员会规定。

第十四条 除本法第九条、第十条、第十一条、第十二条以及第十三条的规定外,其他规范性文件不得设定行政处罚。

第三章 行政处罚的实施机关

第十五条 行政处罚由具有行政处罚权的行政机关在法定职权范围内实施。

第十六条 国务院或者经国务院授权的省、自治区、直辖市人民政府可以决定一个行政机关行使有关行政机关的行政处罚权,但限制人身自由的行政处罚权只能由公安机关行使。

第十七条 法律、法规授权的具有管理公共事务职能的组织可以在法定授权范围内实施行政处罚。

第十八条 行政机关依照法律、法规或者规章的规定,可以在其法定权限内委托符合本法第十九条规定条件的组织实施行政处罚。行政机关不得委托其他组织或者个人实施行政处罚。

委托行政机关对受委托的组织实施行政处罚的行为应当负责监督,并对该行为的后果承担法律责任。

受委托组织在委托范围内,以委托行政机关名义实施行政处罚;不得再委托其他任何组织或者个人实施行政处罚。

第十九条 受委托组织必须符合以下条件:

(一)依法成立的管理公共事务的事业组织;

(二)具有熟悉有关法律、法规、规章和业务的工作人员;

(三)对违法行为需要进行技术检查或者技术鉴定的,应当有条件组织进行相应的技术检查或者技术鉴定。

第四章 行政处罚的管辖和适用

第二十条 行政处罚由违法行为发生地的县级以上地方人民政府具有行政处罚权的行政机关管辖。法律、行政法规另有规定的除外。

第二十一条 对管辖发生争议的,报请共同的上一级行政机关指定管辖。

第二十二条 违法行为构成犯罪的,行政机关必须将案件移送司法机关,依法追究刑事责任。

第二十三条 行政机关实施行政处罚时,应当责令当事人改正或者限期改正违法行为。

第二十四条 对当事人的同一个违法行为,不得给予两次以上罚款的行政处罚。

第二十五条 不满十四周岁的人有违法行为的,不予行政处罚,责令监护人加以管教;已满十四周岁不满十八周岁的人有违法行为的,从轻或者减轻行政处罚。

第二十六条 精神病人在不能辨认或者不能控制自己行为时有违法行为的,不予行政处罚,但应当责令其监护人严加看管和治疗。间歇性精神病人在精神正常时有违法行为的,应当给予行政处罚。

第二十七条 当事人有下列情形之一的,应当依法从轻或者减轻行政处罚:

(一)主动消除或者减轻违法行为危害后果的;

(二)受他人胁迫有违法行为的;

(三)配合行政机关查处违法行为有立功表现的;

(四)其他依法从轻或者减轻行政处罚的。

违法行为轻微并及时纠正,没有造成危害后果的,不予行政处罚。

第二十八条 违法行为构成犯罪,人民法院判处拘役或者有期徒刑时,行政机关已经给予当事人行政拘留的,应当依法折抵相应刑期。

违法行为构成犯罪,人民法院判处罚金时,行政机关已经给予当事人罚款的,应当折抵相应罚金。

第二十九条 违法行为在两年内未被发现的,不再给予行政处罚。法律另有规定的除外。

前款规定的期限,从违法行为发生之日起计算;违法行为有连续或者继续状态的,从行为终了之日起计算。

第五章 行政处罚的决定

第三十条 公民、法人或者其他组织违反行政管理秩序的行为,依法应当给予行政处罚的,行政机关必须查明事实;违法事实不清的,不得给予行政处罚。

第三十一条 行政机关在做出行政处罚决定之前,应当告知当事人做出行政处罚决定的事实、理由及依据,并告知当事人依法享有的权利。

第三十二条 当事人有权进行陈述和申辩。行政机关必须充分听取当事人的意见,对当事人提出的事实、理由和证据,应当进行复核;当事人提出的事实、理由或者证据成立的,行政机关应当采纳。

行政机关不得因当事人申辩而加重处罚。

第一节 简易程序

第三十三条 违法事实确凿并有法定依据，对公民处以五十元以下、对法人或者其他组织处以一千元以下罚款或者警告的行政处罚的，可以当场做出行政处罚决定。当事人应当依照本法第四十六条、第四十七条、第四十八条的规定履行行政处罚决定。

第三十四条 执法人员当场做出行政处罚决定的，应当向当事人出示执法身份证件，填写预定格式、编有号码的行政处罚决定书。行政处罚决定书应当当场交付当事人。

前款规定的行政处罚决定书应当载明当事人的违法行为、行政处罚依据、罚款数额、时间、地点以及行政机关名称，并由执法人员签名或者盖章。

执法人员当场做出的行政处罚决定，必须报所属行政机关备案。

第三十五条 当事人对当场做出的行政处罚决定不服的，可以依法申请行政复议或者提起行政诉讼。

第二节 一般程序

第三十六条 除本法第三十三条规定的可以当场做出的行政处罚外，行政机关发现公民、法人或者其他组织有依法应当给予行政处罚的行为的，必须全面、客观、公正地调查，收集有关证据；必要时，依照法律、法规的规定，可以进行检查。

第三十七条 行政机关在调查或者进行检查时，执法人员不得少于两人，并应当向当事人或者有关人员出示证件。当事人或者有关人员应当如实回答询问，并协助调查或者检查，不得阻挠。询问或者检查应当制作笔录。

行政机关在收集证据时，可以采取抽样取证的方法；在证据可能灭失或者以后难以取得的情况下，经行政机关负责人批准，可以先行登记保存，并应当在七日内及时做出处理决定，在此期间，当事人或者有关人员不得销毁或者转移证据。

执法人员与当事人有直接利害关系的，应当回避。

第三十八条 调查终结，行政机关负责人应当对调查结果进行审查，根据不同情况，分别做出如下决定：

(一)确有应受行政处罚的违法行为的，根据情节轻重及具体情况，做出行政处罚决定；

(二)违法行为轻微，依法可以不予行政处罚的，不予行政处罚；

(三)违法事实不能成立的，不得给予行政处罚；

(四)违法行为已构成犯罪的，移送司法机关。

对情节复杂或者重大违法行为给予较重的行政处罚，行政机关的负责人应当集体讨论决定。

第三十九条 行政机关依照本法第三十八条的规定给予行政处罚，应当制作行政处罚决定书。行政处罚决定书应当载明下列事项：

(一)当事人的姓名或者名称、地址；

(二)违犯法律、法规或者规章的事实和证据；

(三)行政处罚的种类和依据；

(四)行政处罚的履行方式和期限；

(五)不服行政处罚决定，申请行政复议或者提起行政诉讼的途径和期限；

（六）做出行政处罚决定的行政机关名称和做出决定的日期。

行政处罚决定书必须盖有做出行政处罚决定的行政机关的印章。

第四十条 行政处罚决定书应当在宣告后当场交付当事人；当事人不在场的，行政机关应当在七日内依照民事诉讼法的有关规定，将行政处罚决定书送达当事人。

第四十一条 行政机关及其执法人员在做出行政处罚决定之前，不依照本法第三十一条、第三十二条的规定向当事人告知给予行政处罚的事实、理由和依据，或者拒绝听取当事人的陈述、申辩，行政处罚决定不能成立；当事人放弃陈述或者申辩权利的除外。

第三节　听证程序

第四十二条 行政机关做出责令停产停业、吊销许可证或者执照、较大数额罚款等行政处罚决定之前，应当告知当事人有要求举行听证的权利；当事人要求听证的，行政机关应当组织听证。当事人不承担行政机关组织听证的费用。听证依照以下程序组织：

（一）当事人要求听证的，应当在行政机关告知后三日内提出；

（二）行政机关应当在听证的七日前，通知当事人举行听证的时间、地点；

（三）除涉及国家秘密、商业秘密或者个人隐私外，听证公开举行；

（四）听证由行政机关指定的非本案调查人员主持；当事人认为主持人与本案有直接利害关系的，有权申请回避；

（五）当事人可以亲自参加听证，也可以委托一至两人代理；

（六）举行听证时，调查人员提出当事人违法的事实、证据和行政处罚建议；当事人进行申辩和质证；

（七）听证应当制作笔录；笔录应当交当事人审核无误后签字或者盖章。

当事人对限制人身自由的行政处罚有异议的，依照治安管理处罚法有关规定执行。

第四十三条 听证结束后，行政机关依照本法第三十八条的规定，做出决定。

第六章　行政处罚的执行

第四十四条 行政处罚决定依法做出后，当事人应当在行政处罚决定的期限内，予以履行。

第四十五条 当事人对行政处罚决定不服申请行政复议或者提起行政诉讼的，行政处罚不停止执行，法律另有规定的除外。

第四十六条 做出罚款决定的行政机关应当与收缴罚款的机构分离。

除依照本法第四十七条、第四十八条的规定当场收缴的罚款外，做出行政处罚决定的行政机关及其执法人员不得自行收缴罚款。

当事人应当自收到行政处罚决定书之日起十五日内，到指定的银行缴纳罚款。银行应当收受罚款，并将罚款直接上缴国库。

第四十七条 依照本法第三十三条的规定当场做出行政处罚决定，有下列情形之一的，执法人员可以当场收缴罚款：

（一）依法给予二十元以下的罚款的；

（二）不当场收缴事后难以执行的。

第四十八条 在边远、水上、交通不便地区，行政机关及其执法人员依照本法第三十三条、

第三十八条的规定做出罚款决定后,当事人向指定的银行缴纳罚款确有困难,经当事人提出,行政机关及其执法人员可以当场收缴罚款。

第四十九条 行政机关及其执法人员当场收缴罚款的,必须向当事人出具省、自治区、直辖市财政部门统一制发的罚款收据;不出具财政部门统一制发的罚款收缴的,当事人有权拒绝缴纳罚款。

第五十条 执法人员当场收缴的罚款,应当自收缴罚款之日起两日内,交至行政机关;在水上当场收缴的罚款,应当自抵岸之日起两日内交至行政机关;行政机关应当在两日内将罚款缴付指定的银行。

第五十一条 当事人逾期不履行行政处罚决定的,做出行政处罚决定的行政机关可以采取下列措施:

(一)到期不缴纳罚款的,每日按罚款数额的百分之三加处罚款;

(二)根据法律规定,将查封、扣押的财物拍卖或者将冻结的存款划拨抵缴罚款;

(三)申请人民法院强制执行。

第五十二条 当事人确有经济困难,需要延期或者分期缴纳罚款的,经当事人申请和行政机关批准,可以暂缓或者分期缴纳。

第五十三条 除依法应当予以销毁的物品外,依法没收的非法财物必须按照国家规定公开拍卖或者按照国家有关规定处理。

罚款、没收违法所得或者没收非法财物拍卖的款项,必须全部上缴国库,任何行政机关或者个人不得以任何形式截留、私分或者变相私分;财政部门不得以任何形式向做出行政处罚决定的行政机关返还罚款、没收的违法所得或者返还没收非法财物的拍卖款项。

第五十四条 行政机关应当建立健全对行政处罚的监督制度。县级以上人民政府应当加强对行政处罚的监督检查。

公民、法人或者其他组织对行政机关做出的行政处罚,有权申诉或者检举;行政机关应当认真审查,发现行政处罚有错误的,应当主动改正。

第七章　法律责任

第五十五条 行政机关实施行政处罚,有下列情形之一的,由上级行政机关或者有关部门责令改正,可以对直接负责的主管人员和其他直接责任人员依法给予行政处分:

(一)没有法定的行政处罚依据的;

(二)擅自改变行政处罚种类、幅度的;

(三)违反法定的行政处罚程序的;

(四)违反本法第十八条关于委托处罚的规定的。

第五十六条 行政机关对当事人进行处罚不使用罚款、没收财物单据或者使用非法定部门制发的罚款、没收财物单据的,当事人有权拒绝处罚,并有权予以检举。上级行政机关或者有关部门对使用的非法单据予以收缴销毁,对直接负责的主管人员和其他直接责任人员依法给予行政处分。

第五十七条 行政机关违反本法第四十六条的规定自行收缴罚款的,财政部门违反本法第五十三条的规定向行政机关返还罚款或者拍卖款项的,由上级行政机关或者有关部门责令改正,对直接负责的主管人员和其他直接责任人员依法给予行政处分。

第五十八条 行政机关将罚款、没收的违法所得或者财物截留、私分或者变相私分的，由财政部门或者有关部门予以追缴，对直接负责的主管人员和其他直接责任人员依法给予行政处分；情节严重构成犯罪的，依法追究刑事责任。

执法人员利用职务上的便利，索取或者收受他人财物、收缴罚款据为己有，构成犯罪的，依法追究刑事责任；情节轻微不构成犯罪的，依法给予行政处分。

第五十九条 行政机关使用或者损毁扣押的财物，对当事人造成损失的，应当依法予以赔偿，对直接负责的主管人员和其他直接责任人员依法给予行政处分。

第六十条 行政机关违法实行检查措施或者执行措施，给公民人身或者财产造成损害、给法人或者其他组织造成损失的，应当依法予以赔偿，对直接负责的主管人员和其他直接责任人员依法给予行政处分；情节严重构成犯罪的，依法追究刑事责任。

第六十一条 行政机关为牟取本单位私利，对应当依法移交司法机关追究刑事责任的不移交，以行政处罚代替刑罚，由上级行政机关或者有关部门责令纠正；拒不纠正的，对直接负责的主管人员给予行政处分；徇私舞弊、包庇纵容违法行为的，依照刑法有关规定追究刑事责任。

第六十二条 执法人员玩忽职守，对应当予以制止和处罚的违法行为不予制止、处罚，致使公民、法人或者其他组织的合法权益、公共利益和社会秩序遭受损害的，对直接负责的主管人员和其他直接责任人员依法给予行政处分；情节严重构成犯罪的，依法追究刑事责任。

第八章 附 则

第六十三条 本法第四十六条罚款决定与罚款收缴分离的规定，由国务院制定具体实施办法。

第六十四条 本法自 1996 年 10 月 1 日起施行。

本法公布前制定的法规和规章关于行政处罚的规定与本法不符合的，应当自本法公布之日起，依照本法规定予以修订，在 1997 年 12 月 31 日前修订完毕。

四、中华人民共和国船舶安全检查规则

第一章 总 则

第一条 为规范船舶安全检查活动,保障水上人命、财产安全,防止船舶造成水域污染,根据《中华人民共和国海上交通安全法》《中华人民共和国海洋环境保护法》《中华人民共和国内河交通安全管理条例》等法律、行政法规和我国缔结、加入的有关国际公约,制定本规则。

第二条 本规则适用于对中国籍船舶以及航行、停泊、作业于我国港口(包括海上系泊点)、内水和领海的外国籍船舶实施的安全检查活动。

本规则不适用于军事船舶、公安船舶、渔业船舶和体育运动船艇。

本规则所称"船舶安全检查",是指海事管理机构按照本规则规定的程序,对船舶技术状况、船员配备及适任状况等进行监督检查,以督促船舶、船员、船舶所有人、经营人、管理人以及船舶检验机构、发证机构、认可组织等有效执行我国法律、行政法规、规章,船舶法定检验技术规范,以及我国缔结、加入的有关国际公约的规定。

第三条 船舶安全检查遵循依法、公正、诚信、便民的原则。

第四条 中华人民共和国海事局统一管理全国的船舶安全检查工作。

其他各级海事管理机构按照职责开展船舶安全检查工作。

第二章 船舶安全检查和处理

第五条 船舶安全检查分为船旗国监督检查和港口国监督检查。

船旗国监督检查是指对中国籍船舶实施的船舶安全检查;港口国监督检查是指对航行、停泊、作业于我国港口(包括海上系泊点)、内水和领海的外国籍船舶实施的船舶安全检查。

第六条 船舶安全检查,应当由至少两名安全检查人员于船舶停泊或者作业期间实施。

禁止对在航船舶进行安全检查,但法律、行政法规另有规定的除外。

第七条 从事船舶安全检查的人员应当具备必要的船舶安全检查知识和技能,并取得相应等级的船舶安全检查资格证书。

海事管理机构应当配备足够、合格的船舶安全检查人员和必要的装备、资料等,以满足船舶安全检查工作的需要。

第八条 船舶安全检查的内容包括:

(一)船舶配员;

(二)船舶和船员有关证书、文书、文件、资料;

(三)船舶结构、设施和设备;

(四)载重线要求;

(五)货物积载及其装卸设备;

(六)船舶保安相关内容;

（七）船员对与其岗位职责相关的设施、设备的实际操作能力以及中国籍船员所持适任证书所对应的适任能力；

（八）船员人身安全、卫生健康条件；

（九）船舶安全与防污染管理体系的运行有效性；

（十）法律、行政法规、规章以及国际公约要求的其他检查内容。

第九条 海事管理机构应当根据中华人民共和国海事局制定的选船标准以及国际公约、区域性合作组织的规定，结合辖区实际情况，按照公平对等、便利公开、重点突出的原则，合理选择船舶实施安全检查。

经海事管理机构检查的中国籍船舶或者经《亚太地区港口国监督谅解备忘录》成员当局检查的外国籍船舶，自检查完毕之日起六个月内不再进行检查，但下列船舶除外：

（一）客船、油船、液化气船、散装化学品船；

（二）发生水上交通事故或者污染事故的船舶；

（三）被举报低于安全、防污染、保安、劳工条件等要求的船舶；

（四）新发现存在若干缺陷的船舶；

（五）依选船标准核算具有较高安全风险指数的船舶；

（六）中华人民共和国海事局指定检查的船舶。

第十条 检查人员实施船舶安全检查，在登轮后应当向船方出示有效证件，表明来意。先进行初步检查，对船舶进行巡视，核查船舶证书、文书和船员证书。

有下列情形之一的，检查人员应当对船舶实施详细检查，并告知船方进行详细检查的原因：

（一）巡视或者核查过程中发现在安全、防污染、保安、劳工条件等方面明显存在缺陷或者隐患的；

（二）被举报低于安全、防污染、保安、劳工条件等要求的；

（三）两年内未经海事管理机构详细检查的；

（四）中华人民共和国海事局要求进行详细检查的。

第十一条 检查人员实施详细检查时，船长应当指派人员陪同。陪同人员应当如实回答检查人员提出的问题，并按照检查人员的要求测试和操纵船舶设施、设备。

第十二条 检查人员应当运用专业知识对船舶存在的缺陷做出判断，并按照有关法律、行政法规或者国际公约的规定，提出下列一种或者几种处理意见：

（一）开航前纠正缺陷；

（二）在开航后限定的期限内纠正缺陷；

（三）滞留；

（四）禁止船舶进港；

（五）限制船舶操作；

（六）责令船舶驶向指定区域；

（七）驱逐船舶出港；

（八）法律、行政法规或者国际公约规定的其他措施。

第十三条 船舶有权对海事管理机构实施船舶安全检查时提出的缺陷以及处理意见当场进行陈述和申辩。海事管理机构应当充分听取船方意见。

第十四条 实施船旗国监督检查结束后,检查人员应当签发《船旗国监督检查记录簿》;实施港口国监督检查结束后,检查人员应当签发《港口国监督检查报告》。

检查人员应当在《船旗国监督检查记录簿》或者《港口国监督检查报告》中标明缺陷及处理意见,签名并加盖"船舶安全检查专用章"。对于缺陷处理意见为滞留的,检查人员应当在《船旗国监督检查记录簿》或者《港口国监督检查报告》中注明理由。

第十五条 海事管理机构采取本规则第十二条第(三)、(四)、(七)项所列处理措施之一的,对于中国籍船舶应当通报船籍港海事管理机构;对于外国籍船舶应当通过中华人民共和国海事局通报其船旗国政府、国际海事组织。

第十六条 导致滞留的缺陷如与船舶检验机构、发证机构或者认可组织有关的,还应当通报相关的船舶检验机构、发证机构或者认可组织。

接到通报的船舶检验机构、发证机构或者认可组织应当核实和调查有关缺陷情况,采取相应的措施,并将相关情况及时反馈给发出通知的海事管理机构。

第十七条 船舶以及相关人员应当按照海事管理机构签发的《船旗国监督检查记录簿》或者《港口国监督检查报告》的要求,对存在的缺陷进行纠正。

中国籍船舶的船长或者履行船长职责的船员应当对缺陷纠正情况进行检查,并在航行日志中进行记录。

第十八条 船舶在纠正导致海事管理机构采取本规则第十二条第(三)、(四)、(五)、(七)项所列处理措施之一的缺陷后,应当向海事管理机构申请复查。对其他缺陷纠正后,船舶可以自愿申请复查。

海事管理机构接到自愿复查申请,决定不予复查的,应当及时通知申请人。

第十九条 海事管理机构可以根据需要对缺陷纠正情况进行跟踪检查。

对已经纠正的缺陷,经复查或者跟踪检查合格后,检查人员应当在船舶安全检查报告中签名并加盖船舶安全检查复查合格章,海事管理机构应当及时解除相应的处理措施。

第二十条 从事国际航行的中国籍船舶所有人、经营人或者管理人应当按照中华人民共和国海事局的规定,定期将船舶在境外接受检查和处罚的情况向船籍港海事管理机构报告。

对连续两年不能返回国内港口接受船旗国监督检查的船舶,经中华人民共和国海事局授权,船籍港海事管理机构可以到船舶所在地港口对船舶实施船旗国监督检查。

第二十一条 中国籍船舶在境外发生水上交通事故或者污染事故的,或者在境外被滞留、禁止进港(入境)、驱逐出港(境)的,船舶所有人、经营人或者管理人应当在船舶到达国内第一个港口前,将船舶在境外接受检查和处罚的情况向船籍港海事管理机构报告。

对发生第一款规定情形的船舶,中华人民共和国海事局可以根据事故或者缺陷的性质以及客观条件,指定有关船舶检验机构对其实施境外临时检验。

第二十二条 船舶存在可能影响水上人命、财产安全或者可能造成水域环境污染的缺陷和隐患的,船员及其他知情人员应当向海事管理机构举报。

海事管理机构应当为举报人保守秘密。

第二十三条 海事管理机构应当建立健全船舶安全检查信息公开制度,并接受社会公众和有关方面的咨询和监督。

第二十四条 船舶安全检查不免除船舶、船员及相关方在船舶安全、防污染和保安等方面应当履行的法定责任和义务。

第三章 《船旗国监督检查记录簿》和《港口国监督检查报告》使用规定

第二十五条 中国籍船舶应当随船携带《船旗国监督检查记录簿》。

《船旗国监督检查记录簿》由船舶或者其所有人、经营人、管理人向海事管理机构申请换发、补发。

《船旗国监督检查记录簿》使用完毕或者污损不能继续使用的,应当申请换发,并交验前一本《船旗国监督检查记录簿》。因遗失或者灭失等原因申请补发的,应当书面说明理由,附具有关证明文件,并提供最近一次对其实施船旗国监督检查的海事管理机构名称。

第二十六条 《船旗国监督检查记录簿》应当连续使用,保持完整,不得缺页、擅自涂改或者故意毁损。

《港口国监督检查报告》以及使用完毕的《船旗国监督检查记录簿》应当妥善保管,至少在船上保存二年。

第二十七条 除海事管理机构外,任何单位、人员不得扣留、收缴《船旗国监督检查记录簿》或者《港口国监督检查报告》,也不得在《船旗国监督检查记录簿》或者《港口国监督检查报告》上签注。

第二十八条 船舶不得涂改、故意损毁、伪造、变造《船旗国监督检查记录簿》或者《港口国监督检查报告》,不得以租借、骗取等手段冒用《船旗国监督检查记录簿》或者《港口国监督检查报告》。

第四章 法律责任

第二十九条 违反本规则,有下列行为之一的,由海事管理机构对违法船舶或者其所有人、经营人、管理人处以1 000元以上1万元以下的罚款;情节严重的,处以1万元以上3万元以下的罚款。对违法人员处以100元以上1 000元以下的罚款;情节严重的,处以1 000元以上3 000元以下的罚款:

(一)拒绝或者阻挠检查人员实施船舶安全检查的;

(二)弄虚作假欺骗检查人员的;

(三)未按照《船旗国监督检查记录簿》或者《港口国监督检查报告》的处理意见纠正缺陷或者采取措施的;

(四)船舶在纠正按照第十九条规定应当申请复查的缺陷后未申请复查的;

(五)未按照第二十条第一款、第二十一条第一款规定将船舶在境外接受检查和处罚的情况向船籍港海事管理机构报告的;

(六)涂改、故意损毁、伪造、变造《船旗国监督检查记录簿》或者《港口国监督检查报告》的;

(七)以租借、骗取等手段冒用《船旗国监督检查记录簿》或者《港口国监督检查报告》的。

第三十条 中国籍船舶未按照规定携带《船旗国监督检查记录簿》的,海事管理机构应当责令改正,并对违法船舶处1 000元罚款。

第三十一条 检查人员徇私舞弊、玩忽职守或者滥用职权的,海事管理机构应当按照有关规定做出处理。

第三十二条 海事管理机构在实施船旗国监督检查中发现船舶存在的缺陷与船舶检验机

构、发证机构和认可组织有关的,应当根据相关规定对船舶检验机构、发证机构、认可组织或者其工作人员开展调查和处理。

第五章 附 则

第三十三条 本规则所称缺陷,是指船舶技术状况、船员配备及适任状况等不符合我国法律、行政法规、规章、船舶法定检验技术规范和我国缔结、加入的国际公约要求的情况。

第三十四条 船舶申请复查的,应当按照规定交纳复查费用并负担相应的交通费用。

第三十五条 《船旗国监督检查记录簿》和《港口国监督检查报告》由中华人民共和国海事局统一印制。

第三十六条 本规则自2010年3月1日起施行,1997年11月5日交通部发布的《中华人民共和国船舶安全检查规则》(交通部令1997年第15号)同时废止。

五、中华人民共和国船舶登记条例

（2014 年 7 月 29 日修正版）

第一章　总　则

第一条　为了加强国家对船舶的监督管理，保障船舶登记有关各方的合法权益，制定本条例。

第二条　下列船舶应当依照本条例规定进行登记：

（一）在中华人民共和国境内有住所或者主要营业所的中国公民的船舶。

（二）依据中华人民共和国法律设立的主要营业所在中华人民共和国境内的企业法人的船舶。但是，在该法人的注册资本中有外商出资的，中方投资人的出资额不得低于 50%。

（三）中华人民共和国政府公务船舶和事业法人的船舶。

（四）中华人民共和国港务监督机构认为应当登记的其他船舶。

军事船舶、渔业船舶和体育运动船艇的登记依照有关法规的规定办理。

第三条　船舶经依法登记，取得中华人民共和国国籍，方可悬挂中华人民共和国国旗航行；未经登记的，不得悬挂中华人民共和国国旗航行。

第四条　船舶不得具有双重国籍。凡在外国登记的船舶，未中止或者注销原登记国国籍的，不得取得中华人民共和国国籍。

第五条　船舶所有权的取得、转让和消灭，应当向船舶登记机关登记；未经登记的，不得对抗第三人。

船舶由两个以上的法人或者个人共有的，应当向船舶登记机关登记；未经登记的，不得对抗第三人。

第六条　船舶抵押权、光船租赁权的设定、转移和消灭，应当向船舶登记机关登记；未经登记的，不得对抗第三人。

第七条　中国籍船舶上应持适任证书的船员，必须持有相应的中华人民共和国船员适任证书。

第八条　中华人民共和国港务监督机构是船舶登记主管机关。

各港的港务监督机构是具体实施船舶登记的机关（以下简称船舶登记机关），其管辖范围由中华人民共和国港务监督机构确定。

第九条　船舶登记港为船籍港。

船舶登记港由船舶所有人依据其住所或者主要营业所所在地就近选择，但是不得选择两个或者两个以上的船舶登记港。

第十条　一艘船只准使用一个名称。

船名由船籍港船舶登记机关核定。船名不得与登记在先的船舶重名或者同音。

第十一条　船舶登记机关应当建立船舶登记簿。

船舶登记机关应当允许利害关系人查阅船舶登记簿。

第十二条 国家所有的船舶由国家授予具有法人资格的全民所有制企业经营管理的，本条例有关船舶所有人的规定适用于该法。

第二章 船舶所有权登记

第十三条 船舶所有人申请船舶所有权登记，应当向船籍港船舶登记机关交验足以证明其合法身份的文件，并提供有关船舶技术资料和船舶所有权取得的证明文件的正本、副本。

就购买取得的船舶申请船舶所有权登记的，应当提供下列文件：

(一)购船发票或者船舶的买卖合同和交接文件；

(二)原船籍港船舶登记机关出具的船舶所有权登记注销证明书；

(三)未进行抵押的证明文件或者抵押权人同意被抵押船舶转让他人的文件。

就新造船舶申请船舶所有权登记的，应当提供船舶建造合同和交接文件。但是，就建造中的船舶申请船舶所有权登记的，仅需提供船舶建造合同；就自造自用船舶申请船舶所有权登记的，应当提供足以证明其所有权取得的文件。

就因继承、赠予、依法拍卖以及法院判决取得的船舶申请船舶所有权登记的，应当提供具有相应法律效力的船舶所有权取得的证明文。

第十四条 船籍港船舶登记机关应当对船舶所有权登记申请进行审查核实；对符合本条例规定的，应当自收到申请之日起 7 日内向船舶所有人颁发船舶所有权登记证书，授予船舶登记号码，并在船舶登记簿中载明下列事项：

(一)船舶名称、船舶呼号；

(二)船籍港和登记号码、登记标志；

(三)船舶所有人的名称、地址及其法定代表人的姓名；

(四)船舶所有权的取得方式和取得日期；

(五)船舶所有权登记日期；

(六)船舶建造商名称、建造日期和建造地点；

(七)船舶价值、船体材料和船舶主要技术数据；

(八)船舶的曾用名、原船籍港以及原船舶登记的注销或者中止的日期；

(九)船舶为数人共有的，还应当载明船舶共有人的共有情况；

(十)船舶所有人不实际使用和控制船舶的，还应当载明光船承租人或者船舶经营人的名称、地址及其法定代表人的姓名；

(十一)船舶已设定抵押权的，还应当载明船舶抵押权的设定情况。

船舶登记机关对不符合本条例规定的，应当自收到申请之日起 7 日内书面通知船舶所有人。

第三章 船舶国籍

第十五条 船舶所有人申请船舶国籍，除应当交验依照本条例取得的船舶所有权登记证书外，还应当按照船舶航区相应交验下列文件：

(一)航行国际航线的船舶，船舶所有人应当根据船舶的种类交验法定的船舶检验机构签发的下列有效船舶技术证书：

1. 国际吨位丈量证书；
2. 国际船舶载重线证书；
3. 货船构造安全证书；
4. 货船设备安全证书；
5. 乘客定额证书；
6. 客船安全证书；
7. 货船无线电报安全证书；
8. 国际防止油污证书；
9. 船舶航行安全证书；
10. 其他有关技术证书。

(二)国内航行的船舶,船舶所有人应当根据船舶的种类交验法定的船舶检验机构签发的船舶检验证书簿和其他有效船舶技术证书。

从境外购买具有外国国籍的船舶,船舶所有人在申请船舶国籍时,还应当提供原船籍港船舶登记机关出具的注销原国籍的证明书或者将于重新登记时立即注销原国籍的证明。

对经审查符合本条例规定的船舶,船籍港船舶登记机关予以核准并发给船舶国籍证书。

第十六条 依照本条例第十三条规定申请登记的船舶,经核准后,船舶登记机关发给船舶国籍证书。船舶国籍证书的有效期为5年。

第十七条 向境外出售新造的船舶,船舶所有人应当持船舶所有权取得的证明文件和有效船舶技术证书,到建造地船舶登记机关申请办理临时船舶国籍证书。

从境外购买新造的船舶,船舶所有人应当持船舶所有权取得的证明文件和有效船舶技术证书,到中华人民共和国驻外大使馆、领事馆申请办理临时船舶国籍证书。

境内异地建造船舶,需要办理临时船舶国籍证书的,船舶所有人应当持船舶建造合同和交接文件以及有效船舶技术证书,到建造地船舶登记机关申请办理临时船舶国籍证书。

在境外建造船舶,船舶所有人应当持船舶建造合同和交接文件以及有效船舶技术证书,到中华人民共和国驻外大使馆、领事馆申请办理临时船舶国籍证书。

以光船条件从境外租进船舶,光船承租人应当持光船租赁合同和原船籍港船舶登记机关出具的中止或者注销原国籍的证明书,或者将于重新登记时立即中止或者注销原国籍的证明书到船舶登记机关申请办理临时船舶国籍证书。

对经审查符合本条例规定的船舶,船舶登记机关或者中华人民共和国驻外大使馆、领事馆予以核准并发给临时船舶国籍证书。

第十八条 临时船舶国籍证书的有效期一般不超过1年。

以光船租赁条件从境外租进的船舶,临时船舶国籍证书的期限可以根据租期确定,但是最长不得超过2年。光船租赁合同期限超过2年的,承租人应当在证书有效期内,到船籍港船舶登记机关申请换发临时船舶国籍证书。

第十九条 临时船舶国籍证书和船舶国籍证书具有同等法律效力。

第四章 船舶抵押权登记

第二十条 对20总吨以上的船舶设定抵押权时,抵押权人和抵押人应当持下列文件到船籍港船舶登记机关申请办理船舶抵押权登记:

(一)双方签字的书面申请书;

(二)船舶所有权登记证书或者船舶建造合同;

(三)船舶抵押合同。

该船舶设定有其他抵押权的,还应当提供有关证明文件。

船舶共有人就共有船舶设定抵押权时,还应当提供三分之二以上份额或者约定份额的共有人的同意证明文件。

第二十一条 对经审查符合本条例规定的,船籍港船舶登记机关应当自收到申请之日起7日内将有关抵押人、抵押权人和船舶抵押情况以及抵押登记日期载入船舶登记簿和船舶所有权登记证书,并向抵押权人核发船舶抵押权登记证书。

第二十二条 船舶抵押权登记,包括下列主要事项:

(一)抵押权人和抵押人的姓名或者名称、地址;

(二)被抵押船舶的名称、国籍,船舶所有权登记证书的颁发机关和号码;

(三)所担保的债权数额、利息率、受偿期限。

船舶登记机关应当允许公众查询船舶抵押权的登记状况。

第二十三条 船舶抵押权转移时,抵押权人和承转人应当持船舶抵押权转移合同到船籍港船舶登记机关申请办理抵押权转移登记。

对经审查符合本条例规定的,船籍港船舶登记机关应当将承转人作为抵押权人载入船舶登记簿和船舶所有权登记证书,并向承转人核发船舶抵押权登记证书,封存原船舶抵押权登记证书。

办理船舶抵押权转移前,抵押权人应当通知抵押人。

第二十四条 同一船舶设定两个以上抵押权的,船舶登记机关应当按照抵押权登记申请日期的先后顺序进行登记,并在船舶登记簿上载明登记日期。

登记申请日期为登记日期;同日申请的,登记日期应当相同。

第五章 光船租赁登记

第二十五条 有下列情形之一的,出租人、承租人应当办理光船租赁登记:

(一)中国籍船舶以光船条件出租给本国企业的;

(二)中国企业以光船条件租进外国籍船舶的;

(三)中国籍船舶以光船条件出租境外的。

第二十六条 船舶在境内出租时,出租人和承租人应当在船舶起租前,持船舶所有权登记证书、船舶国籍证书和光船租赁合同正本、副本,到船籍港船舶登记机关申请办理光船租赁登记。

对经审查符合本条例规定的,船籍港船舶登记机关应当将船舶租赁情况分别载入船舶所有权登记证书和船舶登记簿,并向出租人、承租人核发光船租赁登记证明书各一份。

第二十七条 船舶以光船条件出租境外时,出租人应当持本条例第二十六条规定的文件到船籍港船舶登记机关申请办理光船租赁登记。

对经审查符合本条例规定的,船籍港船舶登记机关应当依照本条例第四十二条规定中止或者注销其船舶国籍,并发给光船租赁登记证明书一式两份。

第二十八条 以光船条件从境外租进船舶,承租人应当比照本条例第九条规定确定船籍

港,并在船舶起租前持下列文件,到船舶登记机关申请办理光船租赁登记:

(一)光船租赁合同正本、副本;

(二)法定的船舶检验机构签发的有效船舶技术证书;

(三)原船籍港船舶登记机关出具的中止或者注销船舶国籍证明书,或者将于重新登记时立即中止或者注销船舶国籍的证明书。

对经审查符合本条例规定的,船舶登记机关应当发给光船租赁登记证明书,并应当依照本条例第十七条的规定发给临时船舶国籍证书,在船舶登记簿上载明原登记国。

第二十九条 需要延长光船租赁期限的,出租人、承租人应当在光船租赁合同期满前15日,持光船租赁登记证明书和续租合同正本、副本,到船舶登记机关申请办理续租登记。

第三十条 在光船租赁期间,未经出租人书面同意,承租人不得申请光船转租登记。

第六章 船舶标志和公司旗

第三十一条 船舶应当具有下列标志:

(一)船首两舷和船尾标明船名;

(二)船尾船名下方标明船籍港;

(三)船名、船籍港下方标明汉语拼音;

(四)船首和船尾两舷标明吃水标尺;

(五)船舶中部两舷标明载重线。

受船型或者尺寸限制不能在前款规定的位置标明标志的船舶,应当在船上显著位置标明船名和船籍港。

第三十二条 船舶所有人设置船舶烟囱标志、公司旗,可以向船籍港船舶登记机关申请登记,并按照规定提供标准设计图纸。

第三十三条 同一公司的船舶只准使用一个船舶烟囱标志、公司旗。

船舶烟囱标志、公司旗由船籍港船舶登记机关审核。

船舶烟囱标志、公司旗不得与登记在先的船舶烟囱标志、公司旗相同或者相似。

第三十四条 船籍港船舶登记机关对经核准予以登记的船舶烟囱标志、公司旗应当予以公告。业经登记的船舶烟囱标志、公司旗属登记申请人专用,其他船舶或者公司不得使用。

第七章 变更登记和注销登记

第三十五条 船舶登记项目发生变更时,船舶所有人应当持船舶登记的有关证明文件和变更证明文件,到船籍港船舶登记机关办理变更登记。

第三十六条 船舶变更船籍港时,船舶所有人应当持船舶国籍证书和变更证明文件,到原船籍港船舶登记机关申请办理船籍港变更登记。对经审查符合本条例规定的,原船籍港船舶登记机关应当在船舶国籍证书签证栏内注明,并将船舶有关登记档案转交新船籍港船舶登记机关,船舶所有人再到新船籍港船舶登记机关办理登记。

第三十七条 船舶共有情况发生变更时,船舶所有人应当持船舶所有权登记证书和有关船舶共有情况变更的证明文件,到船籍港船舶登记机关办理有关变更登记。

第三十八条 船舶抵押合同变更时,抵押权人和抵押人应当持船舶所有权登记证书、船舶抵押权登记证书和船舶抵押合同变更的证明文件,到船籍港船舶登记机关办理变更登记。

对经审查符合本条例规定的,船籍港船舶登记机关应当在船舶所有权登记证书和船舶抵押权登记证书以及船舶登记簿上注明船舶抵押合同的变更事项。

第三十九条 船舶所有权发生转移时,原船舶所有人应当持船舶所有权登记证书、船舶国籍证书和其他有关证明文件到船籍港船舶登记机关办理注销登记。

对经审查符合本条例规定的,船籍港船舶登记机关应当注销该船舶在船舶登记簿上的所有权登记以及与之相关的登记,收回有关登记证书,并向船舶所有人出具相应的船舶登记注销证明书。向境外出售的船舶,船舶登记机关可以根据具体情况出具注销国籍的证明书或者将于重新登记时立即注销国籍的证明书。

第四十条 船舶灭失(含船舶拆解、船舶沉没)和船舶失踪,船舶所有人应当自船舶灭失(含船舶拆解、船舶沉没)或者船舶失踪之日起3个月内持船舶所有权登记证书,船舶国籍证书和有关船舶灭失(含船舶拆解、船舶沉没)、船舶失踪的证明文件,到船籍港船舶登记机关办理注销登记。经审查核实,船籍港船舶登记机关应当注销该船舶在船舶登记簿上的登记,收回有关登记证书,并向船舶所有人出具船舶登记注销证明。

第四十一条 船舶抵押合同解除,抵押权人和抵押人应当持船舶所有权登记证书、船舶抵押权登记证书和经抵押权人签字的解除抵押合同的文件,到船籍港船舶登记机关办理注销登记。对经审查符合本条例规定的,船籍港船舶登记机关应当注销其在船舶所有权登记证书和船舶登记簿上的抵押登记的记录。

第四十二条 以光船条件出租到境外的船舶,出租人除依照本条例第二十七条规定办理光船租赁登记外,还应当办理船舶国籍的中止或者注销登记。船籍港船舶登记机关应当封存原船舶国籍证书,发给中止或者注销船舶国籍证明书。特殊情况下,船籍港船舶登记机关可以发给将于重新登记时立即中止或者注销船舶国籍的证明书。

第四十三条 光船租赁合同期满或者光船租赁关系终止,出租人应当自光船租赁合同期满或者光船租赁关系终止之日起15日内,持船舶所有权登记证书、光船租赁合同或者终止光船租赁关系的证明文件,到船籍港船舶登记机关办理光船租赁注销登记。

以光船条件出租到境外的船舶,出租人还应当提供承租人所在地船舶登记机关出具的注销船舶国籍证明书或者将于重新登记时立即注销船舶国籍的证明书。

经核准后,船籍港船舶登记机关应当注销其在船舶所有权登记证书和船舶登记簿上的光船租赁登记的记录,并发还原船舶国籍证书。

第四十四条 以光船条件租进的船舶,承租人应当自光船租赁合同期满或者光船租赁关系终止之日起15日内,持光船租赁合同、终止光船租赁关系的证明文件,到船籍港船舶登记机关办理注销登记。

以光船条件从境外租进的船舶,还应当提供临时船舶国籍证书。

经核准后,船籍港船舶登记机关应当注销其在船舶登记簿上的光船租赁登记,收回临时船舶国籍证书,并出具光船租赁登记注销证明书和临时船舶国籍注销证明书。

第八章 船舶所有权登记证书、船舶国籍证书的换发和补发

第四十五条 船舶国籍证书有效期届满前1年内,船舶所有人应当持船舶国籍证书和有效船舶技术证书,到船籍港船舶登记机关办理证书换发手续。

第四十六条 船舶所有权登记证书、船舶国籍证书污损不能使用的,持证人应当向船籍港

船舶登记机关申请换发。

第四十七条 船舶所有权登记证书、船舶国籍证书遗失的，持证人应当书面叙明理由，附具有关证明文件，向船籍港船舶登记机关申请补发。

船籍港船舶登记机关应当在当地报纸上公告声明原证书作废。

第四十八条 船舶所有人在境外发现船舶国籍证书遗失或者污损时，应当向中华人民共和国驻外大使馆、领事馆申请办理临时船舶国籍证书，但是必须在抵达本国第一个港口后及时向船籍港船舶登记机关申请换发船舶国籍证。

第九章 法律责任

第四十九条 假冒中华人民共和国国籍，悬挂中华人民共和国国旗航行的，由船舶登记机关依法没收该船舶。

中国籍船舶假冒外国国籍，悬挂外国国旗航行的，适用前款规定。

第五十条 隐瞒在境内或者境外的登记事实，造成双重国籍的，由船籍港船舶登记机关吊销其船舶国籍证书，并视情节处以下列罚款：

（一）总吨位500以下的船舶，处2 000元以上、10 000元以下的罚款；

（二）总吨位501以上、总吨位10 000以下的船舶，处以10 000元以上、50 000元以下的罚款；

（三）总吨位10 001以上的船舶，处以50 000元以上、200 000元以下的罚款。

第五十一条 违反本条例规定，有下列情形之一的，船籍港船舶登记机关可以视情节给予警告、根据船舶总吨位处以本条例第五十条规定的罚款数额的50%直至没收船舶登记证。

（一）在办理登记手续时隐瞒真实情况、弄虚作假的；

（二）隐瞒登记事实，造成重复登记的；

（三）伪造、涂改船舶登记证书的。

第五十二条 不按照规定办理变更或者注销登记的，或者使用过期的船舶国籍证书或者临时船舶国籍证书的，由船籍港船舶登记机关责令其补办有关登记手续；情节严重的，可以根据船舶吨位处以本条例第五十条规定的罚款数额的10%。

第五十三条 违反本条例规定，使用他人业经登记的船舶烟囱标志、公司旗的，由船籍港船舶登记机关责令其改正；拒不改正的，可以根据船舶吨位处以本条例第五十条规定的罚款数额的10%；情节严重的，并可以吊销其船舶国籍证书或者临时船舶国籍证书。

第五十四条 船舶登记机关的工作人员滥用职权、徇私舞弊、玩忽职守、严重失职的，由所在单位或者上级机关给予行政处分；构成犯罪的，依法追究刑事责任。

第五十五条 当事人对船舶登记机关的具体行政行为不服的，可以依照国家有关法律、行政法规的规定申请复议或者提起行政诉讼。

第十章 附 则

第五十六条 本条例下列用语的含义是：

（一）“船舶”系指各类机动、非机动船舶以及其他水上移动装置，但是船舶上装备的救生艇筏和长度小于5米的艇筏除外。

（二）“渔业船舶”系指从事渔业生产的船舶以及属于水产系统为渔业生产服务的船舶。

(三)"公务船舶"系指用于政府行政管理目的的船舶。

第五十七条 除公务船舶外,船舶登记机关按照规定收取船舶登记费。船舶登记费的收费标准和管理办法,由国务院财政部门、物价行政主管部门会同国务院交通行政主管部门制定。

第五十八条 船舶登记簿、船舶国籍证书、临时船舶国籍证书、船舶所有权登记证书、船舶抵押权登记证书、光船租赁登记证明书、申请书以及其他证明书的格式,由中华人民共和国港务监督机构统一制定。

第五十九条 本条例自1995年1月1日起施行。

六、防治船舶污染海洋环境管理条例

（2016年2月6日修正版）

第一章 总 则

第一条 为了防治船舶及其有关作业活动污染海洋环境，根据《中华人民共和国海洋环境保护法》，制定本条例。

第二条 防治船舶及其有关作业活动污染中华人民共和国管辖海域适用本条例。

第三条 防治船舶及其有关作业活动污染海洋环境，实行预防为主、防治结合的原则。

第四条 国务院交通运输主管部门主管所辖港区水域内非军事船舶和港区水域外非渔业、非军事船舶污染海洋环境的防治工作。

海事管理机构依照本条例规定具体负责防治船舶及其有关作业活动污染海洋环境的监督管理。

第五条 国务院交通运输主管部门应当根据防治船舶及其有关作业活动污染海洋环境的需要，组织编制防治船舶及其有关作业活动污染海洋环境应急能力建设规划，报国务院批准后公布实施。

沿海设区的市级以上地方人民政府应当按照国务院批准的防治船舶及其有关作业活动污染海洋环境应急能力建设规划，并根据本地区的实际情况，组织编制相应的防治船舶及其有关作业活动污染海洋环境应急能力建设规划。

第六条 国务院交通运输主管部门、沿海设区的市级以上地方人民政府应当建立健全防治船舶及其有关作业活动污染海洋环境应急反应机制，并制定防治船舶及其有关作业活动污染海洋环境应急预案。

第七条 海事管理机构应当根据防治船舶及其有关作业活动污染海洋环境的需要，会同海洋主管部门建立健全船舶及其有关作业活动污染海洋环境的监测、监视机制，加强对船舶及其有关作业活动污染海洋环境的监测、监视。

第八条 国务院交通运输主管部门、沿海设区的市级以上地方人民政府应当按照防治船舶及其有关作业活动污染海洋环境应急能力建设规划，建立专业应急队伍和应急设备库，配备专用的设施、设备和器材。

第九条 任何单位和个人发现船舶及其有关作业活动造成或者可能造成海洋环境污染的，应当立即就近向海事管理机构报告。

第二章 防治船舶及其有关作业活动污染 海洋环境的一般规定

第十条 船舶的结构、设备、器材应当符合国家有关防治船舶污染海洋环境的技术规范以及中华人民共和国缔结或者参加的国际条　约的要求。

船舶应当依照法律、行政法规、国务院交通运输主管部门的规定以及中华人民共和国缔结或者参加的国际条约的要求,取得并随船携带相应的防治船舶污染海洋环境的证书、文书。

第十一条 中国籍船舶的所有人、经营人或者管理人应当按照国务院交通运输主管部门的规定,建立健全安全营运和防治船舶污染管理体系。

海事管理机构应当对安全营运和防治船舶污染管理体系进行审核,审核合格的,发给符合证明和相应的船舶安全管理证书。

第十二条 港口、码头、装卸站以及从事船舶修造的单位应当配备与其装卸货物种类和吞吐能力或者修造船舶能力相适应的污染监视设施和污染物接收设施,并使其处于良好状态。

第十三条 港口、码头、装卸站以及从事船舶修造、打捞、拆解等作业活动的单位应当制定有关安全营运和防治污染的管理制度,按照国家有关防治船舶及其有关作业活动污染海洋环境的规范和标准,配备相应的防治污染设备和器材。

港口、码头、装卸站以及从事船舶修造、打捞、拆解等作业活动的单位,应当定期检查、维护配备的防治污染设备和器材,确保防治污染设备和器材符合防治船舶及其有关作业活动污染海洋环境的要求。

第十四条 船舶所有人、经营人或者管理人应当制定防治船舶及其有关作业活动污染海洋环境的应急预案,并报海事管理机构批准。

港口、码头、装卸站的经营人以及有关作业单位应当制定防治船舶及其有关作业活动污染海洋环境的应急预案,并报海事管理机构和环境保护主管部门备案。

船舶、港口、码头、装卸站以及其他有关作业单位应当按照应急预案,定期组织演练,并做好相应记录。

第三章 船舶污染物的排放和接收

第十五条 船舶在中华人民共和国管辖海域向海洋排放的船舶垃圾、生活污水、含油污水、含有毒有害物质污水、废气等污染物以及压载水,应当符合法律、行政法规、中华人民共和国缔结或者参加的国际条约以及相关标准的要求。

船舶应当将不符合前款规定的排放要求的污染物排入港口接收设施或者由船舶污染物接收单位接收。

船舶不得向依法划定的海洋自然保护区、海滨风景名胜区、重要渔业水域以及其他需要特别保护的海域排放船舶污染物。

第十六条 船舶处置污染物,应当在相应的记录簿内如实记录。

船舶应当将使用完毕的船舶垃圾记录簿在船舶上保留 2 年;将使用完毕的含油污水、含有毒有害物质污水记录簿在船舶上保留 3 年。

第十七条 船舶污染物接收单位从事船舶垃圾、残油、含油污水、含有毒有害物质污水接收作业,应当依法经海事管理机构批准。

第十八条 船舶污染物接收单位接收船舶污染物,应当向船舶出具污染物接收单证,并由船长签字确认。

船舶凭污染物接收单证向海事管理机构办理污染物接收证明,并将污染物接收证明保存在相应的记录簿中。

第十九条 船舶污染物接收单位应当按照国家有关污染物处理的规定处理接收的船舶污染物,并每月将船舶污染物的接收和处理情况报海事管理机构备案。

第四章 船舶有关作业活动的污染防治

第二十条 从事船舶清舱、洗舱、油料供受、装卸、过驳、修造、打捞、拆解，污染危害性货物装箱、充罐，污染清除作业以及利用船舶进行水上水下施工等作业活动的，应当遵守相关操作规程，并采取必要的安全和防治污染的措施。

从事前款规定的作业活动的人员，应当具备相关安全和防治污染的专业知识和技能。

第二十一条 船舶不符合污染危害性货物适载要求的，不得载运污染危害性货物，码头、装卸站不得为其进行装载作业。

污染危害性货物的名录由国家海事管理机构公布。

第二十二条 载运污染危害性货物进出港口的船舶，其承运人、货物所有人或者代理人，应当向海事管理机构提出申请，经批准方可进出港口、过境停留或者进行装卸作业。

第二十三条 载运污染危害性货物的船舶，应当在海事管理机构公布的具有相应安全装卸和污染物处理能力的码头、装卸站进行装卸作业。

第二十四条 货物所有人或者代理人交付船舶载运污染危害性货物，应当确保货物的包装与标志等符合有关安全和防治污染的规定，并在运输单证上准确注明货物的技术名称、编号、类别（性质）、数量、注意事项和应急措施等内容。

货物所有人或者代理人交付船舶载运污染危害性不明的货物，应当委托有关技术机构进行危害性评估，明确货物的危害性质以及有关安全和防治污染要求，方可交付船舶载运。

第二十五条 海事管理机构认为交付船舶载运的污染危害性货物应当申报而未申报，或者申报的内容不符合实际情况的，可以按照国务院交通运输主管部门的规定采取开箱等方式查验。

海事管理机构查验污染危害性货物，货物所有人或者代理人应当到场，并负责搬移货物，开拆和重封货物的包装。海事管理机构认为必要的，可以径行查验、复验或者提取货样，有关单位和个人应当配合。

第二十六条 进行散装液体污染危害性货物过驳作业的船舶，其承运人、货物所有人或者代理人应当向海事管理机构提出申请，告知作业地点，并附送过驳作业方案、作业程序、防治污染措施等材料。

海事管理机构应当自受理申请之日起2个工作日内做出许可或者不予许可的决定。2个工作日内无法做出决定的，经海事管理机构负责人批准，可以延长5个工作日。

第二十七条 依法获得船舶油料供受作业资质的单位，应当向海事管理机构备案。海事管理机构应当对船舶油料供受作业进行监督检查，发现不符合安全和防治污染要求的，应当予以制止。

第二十八条 船舶燃油供给单位应当如实填写燃油供受单证，并向船舶提供船舶燃油供受单证和燃油样品。

船舶和船舶燃油供给单位应当将燃油供受单证保存3年，并将燃油样品妥善保存1年。

第二十九条 船舶修造、水上拆解的地点应当符合环境功能区划和海洋功能区划。

第三十条 从事船舶拆解的单位在船舶拆解作业前，应当对船舶上的残余物和废弃物进行处置，将油舱（柜）中的存油驳出，进行船舶清舱、洗舱、测爆等工作，并经海事管理机构检查合格，方可进行船舶拆解作业。

从事船舶拆解的单位应当及时清理船舶拆解现场,并按照国家有关规定处理船舶拆解产生的污染物。

禁止采取冲滩方式进行船舶拆解作业。

第三十一条 禁止船舶经过中华人民共和国内水、领海转移危险废物。

经过中华人民共和国管辖的其他海域转移危险废物的,应当事先取得国务院环境保护主管部门的书面同意,并按照海事管理机构指定的航线航行,定时报告船舶所处的位置。

第三十二条 使用船舶向海洋倾倒废弃物的,应当向驶出港所在地的海事管理机构提交海洋主管部门的批准文件,经核实方可办理船舶出港签证。

船舶向海洋倾倒废弃物,应当如实记录倾倒情况。返港后,应当向驶出港所在地的海事管理机构提交书面报告。

第三十三条 载运散装液体污染危害性货物的船舶和1万总吨以上的其他船舶,其经营人应当在作业前或者进出港口前与符合国家有关技术规范的污染清除作业单位签订污染清除作业协议,明确双方在发生船舶污染事故后污染清除的权利和义务。

与船舶经营人签订污染清除作业协议的污染清除作业单位应当在发生船舶污染事故后,按照污染清除作业协议及时进行污染清除作业。

第五章 船舶污染事故应急处置

第三十四条 本条例所称船舶污染事故,是指船舶及其有关作业活动发生油类、油性混合物和其他有毒有害物质泄漏造成的海洋环境污染事故。

第三十五条 船舶污染事故分为以下等级:

(一)特别重大船舶污染事故,是指船舶溢油1000吨以上,或者造成直接经济损失2亿元以上的船舶污染事故;

(二)重大船舶污染事故,是指船舶溢油500吨以上不足1000吨,或者造成直接经济损失1亿元以上不足2亿元的船舶污染事故;

(三)较大船舶污染事故,是指船舶溢油100吨以上不足500吨,或者造成直接经济损失5000万元以上不足1亿元的船舶污染事故;

(四)一般船舶污染事故,是指船舶溢油不足100吨,或者造成直接经济损失不足5000万元的船舶污染事故。

第三十六条 船舶在中华人民共和国管辖海域发生污染事故,或者在中华人民共和国管辖海域外发生污染事故造成或者可能造成中华人民共和国管辖海域污染的,应当立即启动相应的应急预案,采取措施控制和消除污染,并就近向有关海事管理机构报告。

发现船舶及其有关作业活动可能对海洋环境造成污染的,船舶、码头、装卸站应当立即采取相应的应急处置措施,并就近向有关海事管理机构报告。

接到报告的海事管理机构应当立即核实有关情况,并向上级海事管理机构或者国务院交通运输主管部门报告,同时报告有关沿海设区的市级以上地方人民政府。

第三十七条 船舶污染事故报告应当包括下列内容:

(一)船舶的名称、国籍、呼号或者编号;

(二)船舶所有人、经营人或者管理人的名称、地址;

(三)发生事故的时间、地点以及相关气象和水文情况;

（四）事故原因或者事故原因的初步判断；

（五）船舶上污染物的种类、数量、装载位置等概况；

（六）污染程度；

（七）已经采取或者准备采取的污染控制、清除措施和污染控制情况以及救助要求；

（八）国务院交通运输主管部门规定应当报告的其他事项。

做出船舶污染事故报告后出现新情况的，船舶、有关单位应当及时补报。

第三十八条 发生特别重大船舶污染事故，国务院或者国务院授权国务院交通运输主管部门成立事故应急指挥机构。

发生重大船舶污染事故，有关省、自治区、直辖市人民政府应当会同海事管理机构成立事故应急指挥机构。

发生较大船舶污染事故和一般船舶污染事故，有关设区的市级人民政府应当会同海事管理机构成立事故应急指挥机构。

有关部门、单位应当在事故应急指挥机构统一组织和指挥下，按照应急预案的分工，开展相应的应急处置工作。

第三十九条 船舶发生事故有沉没危险，船员离船前，应当尽可能关闭所有货舱（柜）、油舱（柜）管系的阀门，堵塞货舱（柜）、油舱（柜）通气孔。

船舶沉没的，船舶所有人、经营人或者管理人应当及时向海事管理机构报告船舶燃油、污染危害性货物以及其他污染物的性质、数量、种类、装载位置等情况，并及时采取措施予以清除。

第四十条 发生船舶污染事故或者船舶沉没，可能造成中华人民共和国管辖海域污染的，有关沿海设区的市级以上地方人民政府、海事管理机构根据应急处置的需要，可以征用有关单位或者个人的船舶和防治污染设施、设备、器材以及其他物资，有关单位和个人应当予以配合。

被征用的船舶和防治污染设施、设备、器材以及其他物资使用完毕或者应急处置工作结束，应当及时返还。船舶和防治污染设施、设备、器材以及其他物资被征用或者征用后毁损、灭失的，应当给予补偿。

第四十一条 发生船舶污染事故，海事管理机构可以采取清除、打捞、拖航、引航、过驳等必要措施，减轻污染损害。相关费用由造成海洋环境污染的船舶、有关作业单位承担。

需要承担前款规定费用的船舶，应当在开航前缴清相关费用或者提供相应的财务担保。

第四十二条 处置船舶污染事故使用的消油剂，应当符合国家有关标准。

海事管理机构应当及时将符合国家有关标准的消油剂名录向社会公布。

船舶、有关单位使用消油剂处置船舶污染事故的，应当依照《中华人民共和国海洋环境保护法》有关规定执行。

第六章 船舶污染事故调查处理

第四十三条 船舶污染事故的调查处理依照下列规定进行：

（一）特别重大船舶污染事故由国务院或者国务院授权国务院交通运输主管部门等部门组织事故调查处理；

（二）重大船舶污染事故由国家海事管理机构组织事故调查处理；

（三）较大船舶污染事故和一般船舶污染事故由事故发生地的海事管理机构组织事故调

查处理。

船舶污染事故给渔业造成损害的,应当吸收渔业主管部门参与调查处理;给军事港口水域造成损害的,应当吸收军队有关主管部门参与调查处理。

第四十四条 发生船舶污染事故,组织事故调查处理的机关或者海事管理机构应当及时、客观、公正地开展事故调查,勘验事故现场,检查相关船舶,询问相关人员,收集证据,查明事故原因。

第四十五条 组织事故调查处理的机关或者海事管理机构根据事故调查处理的需要,可以暂扣相应的证书、文书、资料;必要时,可以禁止船舶驶离港口或者责令停航、改航、停止作业直至暂扣船舶。

第四十六条 组织事故调查处理的机关或者海事管理机构开展事故调查时,船舶污染事故的当事人和其他有关人员应当如实反映情况和提供资料,不得伪造、隐匿、毁灭证据或者以其他方式妨碍调查取证。

第四十七条 组织事故调查处理的机关或者海事管理机构应当自事故调查结束之日起20个工作日内制作事故认定书,并送达当事人。

事故认定书应当载明事故基本情况、事故原因和事故责任。

第七章 船舶污染事故损害赔偿

第四十八条 造成海洋环境污染损害的责任者,应当排除危害,并赔偿损失;完全由于第三者的故意或者过失,造成海洋环境污染损害的,由第三者排除危害,并承担赔偿责任。

第四十九条 完全属于下列情形之一,经过及时采取合理措施,仍然不能避免对海洋环境造成污染损害的,免予承担责任:

(一)战争;

(二)不可抗拒的自然灾害;

(三)负责灯塔或者其他助航设备的主管部门,在执行职责时的疏忽,或者其他过失行为。

第五十条 船舶污染事故的赔偿限额依照《中华人民共和国海商法》关于海事赔偿责任限制的规定执行。但是,船舶载运的散装持久性油类物质造成中华人民共和国管辖海域污染的,赔偿限额依照中华人民共和国缔结或者参加的有关国际条约的规定执行。

前款所称持久性油类物质,是指任何持久性烃类矿物油。

第五十一条 在中华人民共和国管辖海域内航行的船舶,其所有人应当按照国务院交通运输主管部门的规定,投保船舶油污损害民事责任保险或者取得相应的财务担保。但是,1000总吨以下载运非油类物质的船舶除外。

船舶所有人投保船舶油污损害民事责任保险或者取得的财务担保的额度应当不低于《中华人民共和国海商法》、中华人民共和国缔结或者参加的有关国际条 约规定的油污赔偿限额。

第五十二条 已依照本条例第五十一条的规定投保船舶油污损害民事责任保险或者取得财务担保的中国籍船舶,其所有人应当持船舶国籍证书、船舶油污损害民事责任保险合同或者财务担保证明,向船籍港的海事管理机构申请办理船舶油污损害民事责任保险证书或者财务保证证书。

第五十三条 发生船舶油污事故,国家组织有关单位进行应急处置、清除污染所发生的必要费用，应当在船舶油污损害赔偿中优先受偿。

第五十四条 在中华人民共和国管辖水域接收海上运输的持久性油类物质货物的货物所有人或者代理人应当缴纳船舶油污损害赔偿基金。

船舶油污损害赔偿基金征收、使用和管理的具体办法由国务院财政部门会同国务院交通运输主管部门制定。

国家设立船舶油污损害赔偿基金管理委员会，负责处理船舶油污损害赔偿基金的赔偿等事务。船舶油污损害赔偿基金管理委员会由有关行政机关和缴纳船舶油污损害赔偿基金的主要货主组成。

第五十五条 对船舶污染事故损害赔偿的争议，当事人可以请求海事管理机构调解，也可以向仲裁机构申请仲裁或者向人民法院提起民事诉讼。

第八章 法律责任

第五十六条 船舶、有关作业单位违反本条例规定的，海事管理机构应当责令改正；拒不改正的，海事管理机构可以责令停止作业、强制卸载，禁止船舶进出港口、靠泊、过境停留，或者责令停航、改航、离境、驶向指定地点。

第五十七条 违反本条例的规定，船舶的结构不符合国家有关防治船舶污染海洋环境的技术规范或者有关国际条约要求的，由海事管理机构处10万元以上30万元以下的罚款。

第五十八条 违反本条例的规定，有下列情形之一的，由海事管理机构依照《中华人民共和国海洋环境保护法》有关规定予以处罚：

(一)船舶未取得并随船携带防治船舶污染海洋环境的证书、文书的；

(二)船舶、港口、码头、装卸站未配备防治污染设备、器材的；

(三)船舶向海域排放本条例禁止排放的污染物的；

(四)船舶未如实记录污染物处置情况的；

(五)船舶超过标准向海域排放污染物的；

(六)从事船舶水上拆解作业，造成海洋环境污染损害的。

第五十九条 违反本条例的规定，船舶未按照规定在船舶上留存船舶污染物处置记录，或者船舶污染物处置记录与船舶运行过程中产生的污染物数量不符合的，由海事管理机构处2万元以上10万元以下的罚款。

第六十条 违反本条例的规定，船舶污染物接收单位未经海事管理机构批准，擅自从事船舶垃圾、残油、含油污水、含有毒有害物质污水接收作业的，由海事管理机构处1万元以上5万元以下的罚款；造成海洋环境污染的，处5万元以上25万元以下的罚款。

第六十一条 违反本条例的规定，船舶未按照规定办理污染物接收证明，或者船舶污染物接收单位未按照规定将船舶污染物的接收和处理情况报海事管理机构备案的，由海事管理机构处2万元以下的罚款。

第六十二条 违反本条例的规定，有下列情形之一的，由海事管理机构处2000元以上1万元以下的罚款：

(一)船舶未按照规定保存污染物接收证明的；

(二)船舶燃油供给单位未如实填写燃油供受单证的；

(三)船舶燃油供给单位未按照规定向船舶提供燃油供受单证和燃油样品的；

(四)船舶和船舶燃油供给单位未按照规定保存燃油供受单证和燃油样品的。

第六十三条 违反本条例的规定,有下列情形之一的,由海事管理机构处2万元以上10万元以下的罚款:

(一)载运污染危害性货物的船舶不符合污染危害性货物适载要求的;

(二)载运污染危害性货物的船舶未在具有相应安全装卸和污染物处理能力的码头、装卸站进行装卸作业的;

(三)货物所有人或者代理人未按照规定对污染危害性不明的货物进行危害性评估的。

第六十四条 违反本条例的规定,未经海事管理机构批准,船舶载运污染危害性货物进出港口、过境停留、进行装卸或者过驳作业的,由海事管理机构处1万元以上5万元以下的罚款。

第六十五条 违反本条例的规定,有下列情形之一的,由海事管理机构处2万元以上10万元以下的罚款:

(一)船舶发生事故沉没,船舶所有人或者经营人未及时向海事管理机构报告船舶燃油、污染危害性货物以及其他污染物的性质、数量、种类、装载位置等情况的;

(二)船舶发生事故沉没,船舶所有人或者经营人未及时采取措施清除船舶燃油、污染危害性货物以及其他污染物的。

第六十六条 违反本条例的规定,有下列情形之一的,由海事管理机构处1万元以上5万元以下的罚款:

(一)载运散装液体污染危害性货物的船舶和1万总吨以上的其他船舶,其经营人未按照规定签订污染清除作业协议的;

(二)污染清除作业单位不符合国家有关技术规范从事污染清除作业的。

第六十七条 违反本条例的规定,发生船舶污染事故,船舶、有关作业单位未立即启动应急预案的,对船舶、有关作业单位,由海事管理机构处2万元以上10万元以下的罚款;对直接负责的主管人员和其他直接责任人员,由海事管理机构处1万元以上2万元以下的罚款。直接负责的主管人员和其他直接责任人员属于船员的,并处给予暂扣适任证书或者其他有关证件1个月至3个月的处罚。

第六十八条 违反本条例的规定,发生船舶污染事故,船舶、有关作业单位迟报、漏报事故的,对船舶、有关作业单位,由海事管理机构处5万元以上25万元以下的罚款;对直接负责的主管人员和其他直接责任人员,由海事管理机构处1万元以上5万元以下的罚款。直接负责的主管人员和其他直接责任人员属于船员的,并处给予暂扣适任证书或者其他有关证件3个月至6个月的处罚。瞒报、谎报事故的,对船舶、有关作业单位,由海事管理机构处25万元以上50万元以下的罚款;对直接负责的主管人员和其他直接责任人员,由海事管理机构处5万元以上10万元以下的罚款。直接负责的主管人员和其他直接责任人员属于船员的,并处给予吊销适任证书或者其他有关证件的处罚。

第六十九条 违反本条例的规定,未经海事管理机构批准使用消油剂的,由海事管理机构对船舶或者使用单位处1万元以上5万元以下的罚款。

第七十条 违反本条例的规定,船舶污染事故的当事人和其他有关人员,未如实向组织事故调查处理的机关或者海事管理机构反映情况和提供资料,伪造、隐匿、毁灭证据或者以其他方式妨碍调查取证的,由海事管理机构处1万元以上5万元以下的罚款。

第七十一条 违反本条例的规定,船舶所有人有下列情形之一的,由海事管理机构责令改

正,可以处5万元以下的罚款;拒不改正的,处5万元以上25万元以下的罚款:

(一)在中华人民共和国管辖海域内航行的船舶,其所有人未按照规定投保船舶油污损害民事责任保险或者取得相应的财务担保的;

(二)船舶所有人投保船舶油污损害民事责任保险或者取得的财务担保的额度低于《中华人民共和国海商法》、中华人民共和国缔结或者参加的有关国际条　约规定的油污赔偿限额的。

第七十二条　违反本条例的规定,在中华人民共和国管辖水域接收海上运输的持久性油类物质货物的货物所有人或者代理人,未按照规定缴纳船舶油污损害赔偿基金的,由海事管理机构责令改正;拒不改正的,可以停止其接收的持久性油类物质货物在中华人民共和国管辖水域进行装卸、过驳作业。

货物所有人或者代理人逾期未缴纳船舶油污损害赔偿基金的,应当自应缴之日起按日加缴未缴额的万分之五的滞纳金。

第九章　附　则

第七十三条　中华人民共和国缔结或者参加的国际条约对防治船舶及其有关作业活动污染海洋环境有规定的,适用国际条约的规定。但是,中华人民共和国声明保留的条款除外。

第七十四条　县级以上人民政府渔业主管部门负责渔港水域内非军事船舶和渔港水域外渔业船舶污染海洋环境的监督管理,负责保护渔业水域生态环境工作,负责调查处理《中华人民共和国海洋环境保护法》第五条第四款规定的渔业污染事故。

第七十五条　军队环境保护部门负责军事船舶污染海洋环境的监督管理及污染事故的调查处理。

第七十六条　本条例自2010年3月1日起施行。1983年12月29日国务院发布的《中华人民共和国防止船舶污染海域管理条例》同时废止。

七、中华人民共和国船舶及其有关作业活动污染海洋环境防治管理规定

第一章　总　则

第一条　为了防治船舶及其有关作业活动污染海洋环境,根据《中华人民共和国海洋环境保护法》《中华人民共和国防治船舶污染海洋环境管理条例》和中华人民共和国缔结或者加入的国际条约,制定本规定。

第二条　防治船舶及其有关作业活动污染中华人民共和国管辖海域适用本规定。

本规定所称有关作业活动,是指船舶装卸、过驳、清舱、洗舱、油料供受、修造、打捞、拆解、污染危害性货物装箱、充罐、污染清除以及其他水上水下船舶施工作业等活动。

第三条　国务院交通运输主管部门主管全国船舶及其有关作业活动污染海洋环境的防治工作。

国家海事管理机构负责监督管理全国船舶及其有关作业活动污染海洋环境的防治工作。

各级海事管理机构根据职责权限,具体负责监督管理本辖区船舶及其有关作业活动污染海洋环境的防治工作。

第二章　一般规定

第四条　船舶的结构、设备、器材应当符合国家有关防治船舶污染海洋环境的船舶检验规范以及中华人民共和国缔结或者加入的国际条约的要求,并按照国家规定取得相应的合格证书。

第五条　船舶应当依照法律、行政法规、国务院交通运输主管部门的规定以及中华人民共和国缔结或者加入的国际条约的要求,取得并随船携带相应的防治船舶污染海洋环境的证书、文书。

海事管理机构应当向社会公布本条第一款规定的证书、文书目录,并及时更新。

第六条　中国籍船舶持有的防治船舶污染海洋环境的证书、文书由国家海事管理机构或者其认可的机构签发;外国籍船舶持有的防治船舶污染海洋环境的证书、文书应当符合中华人民共和国缔结或者加入的国际条约的要求。

第七条　船员应当具有相应的防治船舶污染海洋环境的专业知识和技能,并按照有关法律、行政法规、规章的规定参加相应的培训、考试,持有有效的适任证书或者相应的培训合格证明。

从事有关作业活动的单位应当组织本单位作业人员进行操作技能、设备使用、作业程序、安全防护和应急反应等专业培训,确保作业人员具备相关安全和防治污染的专业知识和技能。

第八条　港口、码头、装卸站和从事船舶修造作业的单位应当按照国家有关标准配备相应的污染监视设施和污染物接收设施。

港口、码头、装卸站以及从事船舶修造、打捞、拆解等有关作业活动的其他单位应当按照国家有关标准配备相应的防治污染设备和器材。

第九条 船舶从事下列作业活动，应当按照《中华人民共和国海事行政许可条件规定》的规定，取得海事管理机构的许可，并遵守相关操作规程，落实安全和防治污染措施：

（一）在沿海港口进行舷外拷铲、油漆作业或者使用焚烧炉的；

（二）在港区水域内洗舱、清舱、驱气以及排放压载水的；

（三）冲洗沾有污染物、有毒有害物质的甲板的；

（四）进行船舶水上拆解、打捞、修造和其他水上、水下船舶施工作业的。

第十条 海事管理机构在依法审批 3 万载重吨以上油船的货舱清舱、1 万吨以上散装液体污染危害性货物过驳以及沉船打捞、油船拆解等存在较大污染风险的作业活动时，可以要求申请人进行作业方案可行性研究。

第十一条 任何单位和个人发现船舶及其有关作业活动造成或者可能造成海洋环境污染的，应当立即就近向海事管理机构报告。

第三章 船舶污染物的排放与接收

第十二条 在中华人民共和国管辖海域航行、停泊、作业的船舶排放船舶垃圾、生活污水、含油污水、含有毒有害物质污水、废气等污染物以及压载水，应当符合法律、行政法规、有关标准以及中华人民共和国缔结或者加入的国际条约的规定。

第十三条 船舶不得向依法划定的海洋自然保护区、海洋特别保护区、海滨风景名胜区、重要渔业水域以及其他需要特别保护的海域排放污染物。

依法设立本条第一款规定的需要特别保护的海域的，应当在适当的区域配套设置船舶污染物接收设施和应急设备器材。

第十四条 船舶应当将不符合第十二条规定排放要求以及依法禁止向海域排放的污染物，排入具备相应接收能力的港口接收设施或者委托具备相应接收能力的船舶污染物接收单位接收。

船舶委托船舶污染物接收单位进行污染物接收作业的，其船舶经营人应当在作业前明确指定所委托的船舶污染物接收单位。

第十五条 船舶污染物接收单位进行船舶垃圾、残油、含油污水、含有毒有害物质污水接收作业，应当具有与其作业风险相适应的预防和清除污染的能力，并经海事管理机构批准。

第十六条 船舶污染物接收作业单位应当落实安全与防污染管理制度。进行污染物接收作业的，应当遵守国家有关标准、规程，并采取有效的防污染措施，防止污染物溢漏。

第十七条 船舶污染物接收单位应当在污染物接收作业完毕后，向船舶出具污染物接收单证，如实填写所接收的污染物种类和数量，并由船长签字确认。船舶污染物接收单证上应当注明作业单位名称，作业双方船名，作业开始和结束的时间、地点，以及污染物种类、数量等内容。

船舶应当携带相应的记录簿和船舶污染物接收单证到海事管理机构办理船舶污染物接收证明，并将船舶污染物接收证明保存在相应的记录簿中。

第十八条 国际航行船舶在驶离国内港口前应当将船上污染物清理干净，并在办理出口岸手续时向海事管理机构出示有效的污染物接收证明。

第十九条 船舶进行涉及污染物处置的作业,应当在相应的记录簿内规范填写、如实记录,真实反映船舶运行过程中产生的污染物数量、处置过程和去向。按照法律、行政法规、国务院交通运输主管部门的规定以及中华人民共和国缔结或者加入的国际条约的要求,不需要配备记录簿的,应当将有关情况在作业当日的航海日志或者轮机日志中如实记载。

船舶应当将使用完毕的船舶垃圾记录簿在船舶上保留 2 年;将使用完毕的含油污水、含有毒有害物质污水记录簿在船舶上保留 3 年。

第二十条 船舶污染物接收单位应当将接收的污染物交由具有国家规定资质的污染物处理单位进行处理,并每月将船舶污染物的接收和处理情况报海事管理机构备案。

第二十一条 接收处理含有有毒有害物质或者其他危险成分的船舶污染物的,应当符合国家有关危险废物的管理规定。来自疫区船舶产生的污染物,应当经有关检疫部门检疫处理后方可进行接收和处理。

第二十二条 船舶应当配备有盖、不渗漏、不外溢的垃圾储存容器,或者对垃圾实行袋装。

船舶应当对垃圾进行分类收集和存放,对含有有毒有害物质或者其他危险成分的垃圾应当单独存放。

船舶将含有有毒有害物质或者其他危险成分的垃圾排入港口接收设施或者委托船舶污染物接收单位接收的,应当向对方说明此类垃圾所含物质的名称、性质和数量等情况。

第二十三条 船舶应当按照国家有关规定以及中华人民共和国缔结或者加入的国际条约的要求,设置与生活污水产生量相适应的处理装置或者储存容器。

第四章 船舶载运污染危害性货物及其有关作业

第二十四条 本规定所称污染危害性货物,是指直接或者间接进入水体,会损害水体质量和环境质量,从而产生损害生物资源、危害人体健康等有害影响的货物。

国家海事管理机构应当向社会公布污染危害性货物的名录,并根据需要及时更新。

第二十五条 船舶载运污染危害性货物进出港口,承运人或者代理人应当在进出港 24 小时前(航程不足 24 小时的,在驶离上一港口时)向海事管理机构办理船舶适载申报手续;货物所有人或者代理人应当在船舶适载申报之前向海事管理机构办理货物适运申报手续。

货物适运申报和船舶适载申报经海事管理机构审核同意后,船舶方可进出港口、过境停留或者进行装卸作业。

第二十六条 交付运输的污染危害性货物的特性、包装以及针对货物采取的风险防范和应急措施等应当符合国家有关标准、规定以及中华人民共和国缔结或者加入的国际条约的要求;需要经国家有关主管部门依法批准后方可载运的,还需要取得有关主管部门的批准。

船舶适载的条件按照《中华人民共和国海事行政许可条件规定》关于船舶载运危险货物的适载条件执行。

第二十七条 货物所有人或者代理人办理货物适运申报手续的,应当向海事管理机构提交下列材料:

(一)货物适运申报单,包括货物所有人或者代理人有关情况以及货物名称、种类、特性等基本信息;

(二)由代理人办理货物适运申报手续的,应当提供货物所有人出具的有效授权证明;

(三)相应的污染危害性货物安全技术说明书,安全作业注意事项、防范和应急措施等有关材料；

（四）需要经国家有关主管部门依法批准后方可载运的污染危害性货物，应当持有有效的批准文件；

（五）交付运输下列污染危害性货物的，还应当提交下列材料：

1. 载运包装污染危害性货物的，应当提供包装和中型散装容器检验合格证明或者压力容器检验合格证明；

2. 使用可移动罐柜装载污染危害性货物的，应当提供罐柜检验合格证明；

3. 载运放射性污染危害性货物的，应当提交放射性剂量证明；

4. 货物中添加抑止剂或者稳定剂的，应当提交抑止剂或者稳定剂的名称、数量、温度、有效期以及超过有效期时应当采取的措施；

5. 载运限量污染危害性货物的，应当提交限量危险货物证明；

6. 载运污染危害性不明货物的，应当提交符合第三十一条规定的污染危害性评估报告。

第二十八条 承运人或者代理人办理船舶适载申报手续的，应当向海事管理机构提交下列材料：

（一）船舶载运污染危害性货物申报单，包括承运人或者代理人有关情况以及货物名称、种类、特性等基本信息；

（二）海事管理机构批准的货物适运证明；

（三）由代理人办理船舶适载申报手续的，应当提供承运人出具的有效授权证明；

（四）防止油污证书、船舶适载证书、船舶油污损害民事责任保险或者其他财务保证证书；

（五）载运污染危害性货物的船舶在运输途中发生过意外情况的，还应当在船舶载运污染危害性货物申报单内扼要说明所发生意外情况的原因、已采取的控制措施和目前状况等有关情况，并于抵港后送交详细报告；

（六）列明实际装载情况的清单、舱单或者积载图；

（七）拟进行装卸作业的港口、码头、装卸站。

定船舶、定航线、定货种的船舶可以办理不超过一个月期限的船舶定期适载申报手续。办理船舶定期适载申报手续的，除应当提交本条第一款规定的材料外，还应当提交能够证明固定船舶在固定航线上运输固定污染危害性货物的有关材料。

第二十九条 海事管理机构收到货物适运申报、船舶适载申报后，应当根据第二十六条规定的条件在24小时内做出批准或者不批准的决定；办理船舶定期适载申报的，应当在7日内做出批准或者不批准的决定。

第三十条 货物所有人或者代理人交付船舶载运污染危害性货物，应当采取有效的防治污染措施，确保货物的包装与标志的规格、比例、色度、持久性等符合国家有关安全与防治污染的要求，并在运输单证上如实注明该货物的技术名称、数量、类别、性质、预防和应急措施等内容。

第三十一条 货物所有人或者代理人交付船舶载运污染危害性不明的货物，应当由国家海事管理机构认定的评估机构进行污染危害性评估，明确货物的污染危害性质和船舶载运技术条件，并经海事管理机构确认后方可交付船舶运输。

国家海事管理机构应当根据下列标准认定并定期公布本条第一款规定的评估机构名单：

（一）有固定的办公场所，并配备必要的检测、鉴定等设施、设备；

(二)具有与污染危害性货物评估相适应技术能力的专业人员;

(三)有符合污染危害性货物评估要求的管理制度。

第三十二条 曾经载运污染危害性货物的空容器和运输组件,应当彻底清洗并消除危害,取得由具有国家规定资质的检测机构出具的清洁证明后,方可按照普通货物交付船舶运输。在未彻底清洗并消除危害之前,应当按照原所装货物的要求进行运输。

第三十三条 海事管理机构认为交付船舶载运的货物应当按照污染危害性货物申报而未申报的,或者申报的内容不符合实际情况的,经海事管理机构负责人批准,可以采取开箱等方式查验。

海事管理机构在实施开箱查验时,货物所有人或者代理人应当到场,并负责搬移货物,开拆和重封货物的包装。海事管理机构认为必要时,可以径行开验、复验或者提取货样。有关单位和个人应当配合。

第三十四条 船舶不符合污染危害性货物适载要求的,不得载运污染危害性货物,码头、装卸站不得为其进行装卸作业。

发现船舶及其有关作业活动可能对海洋环境造成污染危害的,码头、装卸站、船舶应当立即采取相应的应急措施,并向海事管理机构报告。

第三十五条 从事污染危害性货物装卸作业的码头、装卸站,应当符合安全装卸和污染物处理的相关标准,并向海事管理机构提交安全装卸和污染物处理能力情况的有关材料。海事管理机构应当将具有相应安全装卸和污染物处理能力的码头、装卸站向社会公布。

载运污染危害性货物的船舶应当在海事管理机构公布的具有相应安全装卸和污染物处理能力的码头、装卸站进行装卸作业。

第三十六条 船舶进行散装液体污染危害性货物过驳作业的,应当符合国家海上交通安全和防治船舶海洋污染环境的管理规定和技术规范,选择缓流、避风、水深、底质等条件较好的水域,远离人口密集区、船舶通航密集区、航道、重要的民用目标或者设施、军用水域,制定安全和防治污染的措施和应急计划并保证有效实施。

第三十七条 进行散装液体污染危害性货物过驳作业的船舶,其承运人、货物所有人或者代理人应当向海事管理机构提交下列申请材料:

(一)船舶作业申请书,内容包括作业船舶资料、联系人、联系方式、作业时间、作业地点、过驳种类和数量等基本情况;

(二)船舶作业方案、拟采取的监护和防治污染措施;

(三)船舶作业应急预案;

(四)对船舶作业水域通航安全和污染风险的分析报告;

(五)与具有相应资质的污染清除作业单位签订的污染清除作业协议。

以过驳方式进行油料供受作业的,应当提交本条第一款第(一)、(二)、(三)、(五)项规定的材料。

海事管理机构应当自受理申请之日起2日内根据第三十六条规定的条件做出批准或者不予批准的决定。2日内无法做出决定的,经海事管理机构负责人批准,可以延长5日。

第三十八条 从事船舶油料供受作业的单位应当向海事管理机构备案,并提交下列备案材料:

(一)工商营业执照;

（二）安全与防治污染制度文件、应急预案、应急设备物资清单、输油软管耐压检测证明以及作业人员参加培训情况；

（三）通过船舶进行油料供受作业的，还应当提交船舶相关证书、船上油污应急计划、作业船舶油污责任保险凭证以及船员适任证书；

（四）燃油质量承诺书；从事成品油供受作业的单位应当同时提交有关部门依法批准的成品油批发或者零售经营的证书。

第三十九条 进行船舶油料供受作业的，作业双方应当采取满足安全和防治污染要求的供受油作业管理措施，同时应当遵守下列规定：

（一）作业前，应当做到：

1. 检查管路、阀门，做好准备工作，堵好甲板排水孔，关好有关通海阀；

2. 检查油类作业的有关设备，使其处于良好状态；

3. 对可能发生溢漏的地方，设置集油容器；

4. 供受油双方以受方为主商定联系信号，双方均应切实执行。

（二）作业中，要有足够人员值班，当班人员要坚守岗位，严格执行操作规程，掌握作业进度，防止跑油、漏油；

（三）停止作业时，必须有效关闭有关阀门；

（四）收解输油软管时，必须事先用盲板将软管有效封闭，或者采取其他有效措施，防止软管存油倒流入海。

海事管理机构应当对船舶油料供受作业进行监督检查，发现不符合安全和防治污染要求的，应当予以制止。

第四十条 船舶燃油供给单位应当如实填写燃油供受单证，并向船舶提供燃油供受单证和燃油样品。燃油供受单证应当包括受油船船名，船舶识别号或国际海事组织编号，作业时间、地点，燃油供应商的名称、地址和联系方式以及燃油种类、数量、密度和含硫量等内容。船舶和燃油供给单位应当将燃油供受单证保存3年，将燃油样品妥善保存1年。

燃油供给单位应当确保所供燃油的质量符合相关标准要求，并将所供燃油送交取得国家规定资质的燃油检测单位检测。燃油质量的检测报告应当留存在作业船舶上备查。

第四十一条 船舶从事300吨及以上的油类或者比重小于1且不溶、微溶于水的散装有毒液体物质的装卸、过驳作业，应当布设围油栏。

布设围油栏方案应当在作业前报海事管理机构备案。因受自然条件或者其他原因限制，不适合布设围油栏的，可以采用其他防治污染替代措施，但应当将拟采取的替代措施和理由在作业前报海事管理机构同意。

第四十二条 载运污染危害性货物的船舶进出港口和通过桥区、交通管制区、通航密集区以及航行条件受限制的区域，或者载运剧毒、爆炸、放射性货物的船舶进出港口，应当遵守海事管理机构的特别规定，并采取必要的安全和防治污染保障措施。

第四十三条 船舶载运散发有毒有害气体或者粉尘物质等货物的，应当采取密闭或者其他防护措施。对有封闭作业要求的污染危害性货物，在运输和作业过程中应当采取措施回收有毒有害气体。

第五章　船舶拆解、打捞、修造和其他水上水下船舶施工作业

第四十四条　禁止采取冲滩方式进行船舶拆解作业。

第四十五条　进行船舶拆解、打捞、修造和其他水上水下船舶施工作业的,应当遵守相关操作规程,并采取必要的安全和防治污染措施。

第四十六条　在进行船舶拆解和船舶油舱修理作业前,作业单位应当将船舶上的残余物和废弃物进行有效处置,将燃油舱、货油舱中的存油驳出,进行洗舱、清舱、测爆等工作,并按照规定取得船舶污染物接收证明和有效的测爆证书。

船舶燃油舱、货油舱中的存油需要通过过驳方式交付储存的,应当交由船舶污染物接收单位或者依法获得船舶油料供受作业资质的单位储存,并按照第三十七条的规定经过海事管理机构的批准。

第四十七条　在船坞内进行船舶修造作业的,修造船厂应当将坞内污染物清理完毕,确认不会造成水域污染后,方可沉起浮船坞或者开启坞门。

第四十八条　船舶拆解、打捞、修造或者其他水上水下船舶施工作业结束后,应当及时清除污染物,并将作业全过程产生的污染物的清除处理情况一并向海事管理机构报告,海事管理机构可以视情况进行现场核实。

第六章　法律责任

第四十九条　海事管理机构发现船舶、有关作业单位存在违反本规定行为的,应当责令改正;拒不改正的,海事管理机构可以责令停止作业、强制卸载,禁止船舶进出港口、靠泊、过境停留,或者责令停航、改航、离境、驶向指定地点。

第五十条　违反本规定,船舶的结构不符合国家有关防治船舶污染海洋环境的船舶检验规范或者有关国际条约要求的,由海事管理机构处10万元以上30万元以下的罚款。

第五十一条　违反本规定,船舶、港口、码头和装卸站未配备防治污染设施、设备、器材,有下列情形之一的,由海事管理机构予以警告,或者处2万元以上10万元以下的罚款:

(一)配备的防治污染设施、设备、器材数量不能满足法律、行政法规、规章、有关标准以及我国缔结或者参加的国际条约要求的;

(二)配备的防治污染设施、设备、器材技术性能不能满足法律、行政法规、规章、有关标准以及我国缔结或者参加的国际条约要求的。

第五十二条　违反本规定,船舶未持有防治船舶污染海洋环境的证书、文书的,由海事管理机构予以警告,或者处2万元以下的罚款。

第五十三条　违反本规定,船舶向海域排放本规定禁止排放的污染物的,由海事管理机构处3万元以上20万元以下的罚款。

第五十四条　违反本规定,船舶排放或者处置污染物,有下列情形之一的,由海事管理机构处2万元以上10万元以下的罚款:

(一)超过标准向海域排放污染物的;

(二)未按照规定在船上留存船舶污染物排放或者处置记录的;

(三)船舶污染物处置记录与船舶运行过程中产生的污染物数量不符合的。

第五十五条　违反本规定,船舶污染物接收单位未经海事管理机构批准,擅自进行船舶垃

圾、残油、含油污水、含有毒有害物质污水接收作业的，由海事管理机构处 1 万元以上 5 万元以下的罚款；造成海洋环境污染的，处 5 万元以上 25 万元以下的罚款。

第五十六条 违反本规定，船舶、船舶污染物接收单位接收处理污染物，有下列第（一）项情形的，由海事管理机构予以警告，或者处 2 万元以下的罚款；有下列第（二）项、第（三）项情形的，由海事管理机构处 2 万元以下的罚款：

（一）船舶未如实记录污染物处置情况的；

（二）船舶未按照规定办理污染物接收证明的；

（三）船舶污染物接收单位未按照规定将船舶污染物的接收和处理情况报海事管理机构备案的。

第五十七条 违反本规定，未经海事管理机构批准，船舶载运污染危害性货物进出港口、过境停留、进行装卸的，由海事管理机构对其承运人、货物所有人或者代理人处 1 万元以上 5 万元以下的罚款；未经海事管理机构批准，船舶进行散装液体污染危害性货物过驳作业的，由海事管理机构对船舶处 1 万元以上 5 万元以下的罚款。

第五十八条 违反本规定，有下列第（一）项情形的，由海事管理机构予以警告，或者处 2 万元以上 10 万元以下的罚款；有下列第（二）项、第（三）项、第（四）项情形的，由海事管理机构处 2 万元以上 10 万元以下的罚款：

（一）船舶载运的污染危害性货物不具备适运条件的；

（二）载运污染危害性货物的船舶不符合污染危害性货物适载要求的；

（三）载运污染危害性货物的船舶未在具有相应安全装卸和污染物处理能力的码头、装卸站进行装卸作业的；

（四）货物所有人或者代理人未按照规定对污染危害性不明的货物进行污染危害性评估的。

第五十九条 违反本规定，有下列情形之一的，由海事管理机构处 2 000 元以上 1 万元以下的罚款：

（一）船舶未按照规定保存污染物接收证明的；

（二）船舶油料供受单位未如实填写燃油供受单证的；

（三）船舶油料供受单位未按照规定向船舶提供燃油供受单证和燃油样品的；

（四）船舶和船舶油料供受单位未按照规定保存燃油供受单证和燃油样品的。

第六十条 违反本规定，进行船舶水上拆解、旧船改装、打捞和其他水上水下船舶施工作业，造成海洋环境污染损害的，由海事管理机构予以警告，或者处 5 万元以上 20 万元以下的罚款。

第七章 附 则

第六十一条 军事船舶以及国务院交通运输主管部门所辖港区水域外渔业船舶污染海洋环境的防治工作，不适用本规定。

第六十二条 本规定自 2011 年 2 月 1 日起施行。

八、中华人民共和国船员条例

（2014 年 7 月 29 日修正版）

第一章　总　则

第一条　为了加强船员管理，提高船员素质，维护船员的合法权益，保障水上交通安全，保护水域环境，制定本条例。

第二条　中华人民共和国境内的船员注册、任职、培训、职业保障以及提供船员服务等活动，适用本条例。

第三条　国务院交通主管部门主管全国船员管理工作。

国家海事管理机构依照本条例负责统一实施船员管理工作。

负责管理中央管辖水域的海事管理机构和负责管理其他水域的地方海事管理机构（以下统称“海事管理机构”），依照各自职责具体负责船员管理工作。

第二章　船员注册和任职资格

第四条　本条例所称船员，是指依照本条例的规定经船员注册取得船员服务簿的人员，包括船长、高级船员、普通船员。

本条例所称船长，是指依照本条例的规定取得船长任职资格，负责管理和指挥船舶的人员。

本条例所称高级船员，是指依照本条例的规定取得相应任职资格的大副、二副、三副、轮机长、大管轮、二管轮、三管轮、通信人员以及其他在船舶上任职的高级技术或者管理人员。

本条例所称普通船员，是指除船长、高级船员外的其他船员。

第五条　申请船员注册，应当具备下列条件：

（一）年满 18 周岁（在船实习、见习人员年满 16 周岁）但不超过 60 周岁；

（二）符合船员健康要求；

（三）经过船员基本安全培训，并经海事管理机构考试合格。

申请注册国际航行船舶船员的，还应当通过船员专业外语考试。

第六条　申请船员注册，可以由申请人或者其代理人向任何海事管理机构提出书面申请，并附送申请人符合本条例第五条规定条件的证明材料。

海事管理机构应当自受理船员注册申请之日起 10 日内做出注册或者不予注册的决定。对符合本条例第五条规定条件的，应当给予注册，发给船员服务簿，但是申请人被依法吊销船员服务簿未满 5 年的，不予注册。

第七条　船员服务簿是船员的职业身份证件，应当载明船员的姓名、住所、联系人、联系方式以及其他有关事项。

船员服务簿记载的事项发生变更的，船员应当向海事管理机构办理变更手续。

第八条 船员有下列情形之一的,海事管理机构应当注销船员注册,并予以公告:

(一)死亡或者被宣告失踪的;

(二)丧失民事行为能力的;

(三)被依法吊销船员服务簿的;

(四)本人申请注销注册的。

第九条 参加航行和轮机值班的船员,应当依照本条例的规定取得相应的船员适任证书。

申请船员适任证书,应当具备下列条件:

(一)已经取得船员服务簿;

(二)符合船员任职岗位健康要求;

(三)经过相应的船员适任培训、特殊培训;

(四)具备相应的船员任职资历,并且任职表现和安全记录良好。

第十条 申请船员适任证书,应当向海事管理机构提出书面申请,并附送申请人符合本条例第九条规定条件的证明材料。对符合规定条件并通过国家海事管理机构组织的船员任职考试的,海事管理机构应当发给相应的船员适任证书。

第十一条 船员适任证书应当注明船员适任的航区(线)、船舶类别和等级、职务以及有效期限等事项。

船员适任证书的有效期不超过5年。

第十二条 中国籍船舶的船长应当由中国籍船员担任。

第十三条 中国籍船舶在境外遇有不可抗力或者其他特殊情况,无法满足船舶最低安全配员要求,需要由本船下一级船员临时担任上一级职务时,应当向海事管理机构提出申请。海事管理机构根据拟担任上一级船员职务船员的任职资历、任职表现和安全记录,出具相应的证明文件。

第十四条 曾经在军用船舶、渔业船舶上工作的人员,或者持有其他国家、地区船员适任证书的船员,依照本条例的规定申请船员适任证书的,海事管理机构可以免除船员培训和考试的相应内容。具体办法由国务院交通主管部门另行规定。

第十五条 以海员身份出入国境和在国外船舶上从事工作的中国籍船员,应当向国家海事管理机构指定的海事管理机构申请中华人民共和国海员证。

申请中华人民共和国海员证,应当符合下列条件:

(一)是中华人民共和国公民;

(二)持有国际航行船舶船员适任证书或者有确定的船员出境任务;

(三)无法律、行政法规规定禁止出境的情形。

第十六条 海事管理机构应当自受理申请之日起7日内做出批准或者不予批准的决定。予以批准的,发给中华人民共和国海员证;不予批准的,应当书面通知申请人并说明理由。

第十七条 中华人民共和国海员证是中国籍船员在境外执行任务时表明其中华人民共和国公民身份的证件。中华人民共和国海员证遗失、被盗或者损毁的,应当向海事管理机构申请补发。船员在境外的,应当向中华人民共和国驻外使馆、领馆申请补发。

中华人民共和国海员证的有效期不超过5年。

第十八条 持有中华人民共和国海员证的船员,在其他国家、地区享有按照当地法律、有关国际条约以及中华人民共和国与有关国家签订的海运或者航运协定规定的权利和通行便利。

第十九条 在中国籍船舶上工作的外国籍船员,应当依照法律、行政法规和国家其他有关规定取得就业许可,并持有国务院交通主管部门规定的相应证书和其所属国政府签发的相关身份证件。

在中华人民共和国管辖水域航行、停泊、作业的外国籍船舶上任职的外国籍船员,应当持有中华人民共和国缔结或者加入的国际条约规定的相应证书和其所属国政府签发的相关身份证件。

第三章 船员职责

第二十条 船员在船工作期间,应当符合下列要求:

(一)携带本条例规定的有效证件;

(二)掌握船舶的适航状况和航线的通航保障情况,以及有关航区气象、海况等必要的信息;

(三)遵守船舶的管理制度和值班规定,按照水上交通安全和防治船舶污染的操作规则操纵、控制和管理船舶,如实填写有关船舶法定文书,不得隐匿、篡改或者销毁有关船舶法定证书、文书;

(四)参加船舶应急训练、演习,按照船舶应急部署的要求,落实各项应急预防措施;

(五)遵守船舶报告制度,发现或者发生险情、事故、保安事件或者影响航行安全的情况,应当及时报告;

(六)在不严重危及自身安全的情况下,尽力救助遇险人员;

(七)不得利用船舶私载旅客、货物,不得携带违禁物品。

第二十一条 船长在其职权范围内发布的命令,船舶上所有人员必须执行。

高级船员应当组织下属船员执行船长命令,督促下属船员履行职责。

第二十二条 船长管理和指挥船舶时,应当符合下列要求:

(一)保证船舶和船员携带符合法定要求的证书、文书以及有关航行资料;

(二)制订船舶应急计划并保证其有效实施;

(三)保证船舶和船员在开航时处于适航、适任状态,按照规定保障船舶的最低安全配员,保证船舶的正常值班;

(四)执行海事管理机构有关水上交通安全和防治船舶污染的指令,船舶发生水上交通事故或者污染事故的,向海事管理机构提交事故报告;

(五)对本船船员进行日常训练和考核,在本船船员的船员服务簿内如实记载船员的服务资历和任职表现;

(六)船舶进港、出港、靠泊、离泊,通过交通密集区、危险航区等区域,或者遇有恶劣天气和海况,或者发生水上交通事故、船舶污染事故、船舶保安事件以及其他紧急情况时,应当在驾驶台值班,必要时应当直接指挥船舶;

(七)保障船舶上人员和临时上船人员的安全;

(八)船舶发生事故,危及船舶上人员和财产安全时,应当组织船员和船舶上其他人员尽力施救;

(九)弃船时,应当采取一切措施,首先组织旅客安全离船,然后安排船员离船,船长应当最后离船，在离船前，船长应当指挥船员尽力抢救航海日志、机舱日志、油类记录簿、无线电台日志、本航次使用过的航行图和文件，以及贵重物品、邮件和现金。

第二十三条 船长、高级船员在航次中，不得擅自辞职、离职或者中止职务。

第二十四条 船长在保障水上人身与财产安全、船舶保安、防治船舶污染水域方面，具有独立决定权，并负有最终责任。

船长为履行职责，可以行使下列权力：

（一）决定船舶的航次计划，对不具备船舶安全航行条件的，可以拒绝开航或者续航；

（二）对船员用人单位或者船舶所有人下达的违法指令，或者可能危及有关人员、财产和船舶安全或者可能造成水域环境污染的指令，可以拒绝执行；

（三）发现引航员的操纵指令可能对船舶航行安全构成威胁或者可能造成水域环境污染时，应当及时纠正、制止，必要时可以要求更换引航员；

（四）当船舶遇险并严重危及船舶上人员的生命安全时，船长可以决定撤离船舶；

（五）在船舶的沉没、毁灭不可避免的情况下，船长可以决定弃船，但是，除紧急情况外，应当报经船舶所有人同意；

（六）对不称职的船员，可以责令其离岗。

船舶在海上航行时，船长为保障船舶上人员和船舶的安全，可以依照法律的规定对在船舶上进行违法、犯罪活动的人采取禁闭或者其他必要措施。

第四章 船员职业保障

第二十五条 船员用人单位和船员应当按照国家有关规定参加工伤保险、医疗保险、养老保险、失业保险以及其他社会保险，并依法按时足额缴纳各项保险费用。

船员用人单位应当为在驶往或者驶经战区、疫区或者运输有毒、有害物质的船舶上工作的船员，办理专门的人身、健康保险，并提供相应的防护措施。

第二十六条 船舶上船员生活和工作的场所，应当符合国家船舶检验规范中有关船员生活环境、作业安全和防护的要求。

船员用人单位应当为船员提供必要的生活用品、防护用品、医疗用品，建立船员健康档案，并为船员定期进行健康检查，防治职业疾病。

船员在船工作期间患病或者受伤的，船员用人单位应当及时给予救治；船员失踪或者死亡的，船员用人单位应当及时做好相应的善后工作。

第二十七条 船员用人单位应当依照有关劳动合同的法律、法规和中华人民共和国缔结或者加入的有关船员劳动与社会保障国际条约的规定，与船员订立劳动合同。

船员用人单位不得招用未取得本条例规定证件的人员上船工作。

第二十八条 船员工会组织应当加强对船员合法权益的保护，指导、帮助船员与船员用人单位订立劳动合同。

第二十九条 船员用人单位应当根据船员职业的风险性、艰苦性、流动性等因素，向船员支付合理的工资，并按时足额发放给船员。任何单位和个人不得克扣船员的工资。

船员用人单位应当向在劳动合同有效期内的待派船员，支付不低于船员用人单位所在地人民政府公布的最低工资。

第三十条 船员在船工作时间应当符合国务院交通主管部门规定的标准，不得疲劳值班。

船员除享有国家法定节假日的假期外,还享有在船舶上每工作2个月不少于5日的年休假。

船员用人单位应当在船员年休假期间,向其支付不低于该船员在船工作期间平均工资的报酬。

第三十一条 船员在船工作期间,有下列情形之一的,可以要求遣返:

(一)船员的劳动合同终止或者依法解除的;

(二)船员不具备履行船上岗位职责能力的;

(三)船舶灭失的;

(四)未经船员同意,船舶驶往战区、疫区的;

(五)由于破产、变卖船舶、改变船舶登记或者其他原因,船员用人单位、船舶所有人不能继续履行对船员的法定或者约定义务的。

第三十二条 船员可以从下列地点中选择遣返地点:

(一)船员接受招用的地点或者上船任职的地点;

(二)船员的居住地、户籍所在地或者船籍登记国;

(三)船员与船员用人单位或者船舶所有人约定的地点。

第三十三条 船员的遣返费用由船员用人单位支付。遣返费用包括船员乘坐交通工具的费用、旅途中合理的食宿及医疗费用和30千克行李的运输费用。

第三十四条 船员的遣返权利受到侵害的,船员当时所在地民政部门或者中华人民共和国驻境外领事机构,应当向船员提供援助;必要时,可以直接安排船员遣返。民政部门或者中华人民共和国驻境外领事机构为船员遣返所垫付的费用,船员用人单位应当及时返还。

第五章 船员培训和船员服务

第三十五条 申请在船舶上工作的船员,应当按照国务院交通主管部门的规定,完成相应的船员基本安全培训、船员适任培训。

在危险品船、客船等特殊船舶上工作的船员,还应当完成相应的特殊培训。

第三十六条 依法设立的培训机构从事船员培训,应当符合下列条件:

(一)有符合船员培训要求的场地、设施和设备;

(二)有与船员培训相适应的教学人员、管理人员;

(三)有健全的船员培训管理制度、安全防护制度;

(四)有符合国务院交通主管部门规定的船员培训质量控制体系。

第三十七条 依法设立的培训机构从事船员培训业务,应当向国家海事管理机构提出申请,并附送符合本条例第三十六条规定条件的证明材料。

国家海事管理机构应当自受理申请之日起30日内,做出批准或者不予批准的决定。予以批准的,发给船员培训许可证;不予批准的,书面通知申请人并说明理由。

第三十八条 从事船员培训业务的机构,应当按照国务院交通主管部门规定的船员培训大纲和水上交通安全、防治船舶污染、船舶保安等要求,在核定的范围内开展船员培训,确保船员培训质量。

第三十九条 从事代理船员办理申请培训、考试、申领证书(包括外国船员证书)等有关手续,代理船员用人单位管理船员事务,提供船舶配员等船员服务业务的机构,应当符合下列条件：

（一）在中华人民共和国境内依法设立的法人；

（二）有2名以上具有高级船员任职资历的管理人员；

（三）有符合国务院交通主管部门规定的船员服务管理制度；

（四）具有与所从事业务相适应的服务能力。

第四十条　从事船员服务业务的机构（以下简称船员服务机构），应当向海事管理机构提交书面申请，并附送符合本条例第三十九条规定条件的证明材料。

海事管理机构应当自受理申请之日起30日内做出批准或者不予批准的决定。予以批准的，发给相应的批准文件；不予批准的，书面通知申请人并说明理由。

第四十一条　船员服务机构应当建立船员档案，加强船舶配员管理，掌握船员的培训、任职资历、安全记录、健康状况等情况，并将上述情况定期报海事管理机构备案。

船员用人单位直接招用船员的，应当遵守前款的规定。

第四十二条　船员服务机构应当向社会公布服务项目和收费标准。

第四十三条　船员服务机构为船员提供服务，应当诚实守信，不得提供虚假信息，不得损害船员的合法权益。

第四十四条　船员服务机构为船员用人单位提供船舶配员服务，应当督促船员用人单位与船员依法订立劳动合同。船员用人单位未与船员依法订立劳动合同的，船员服务机构应当终止向船员用人单位提供船员服务。

船员服务机构为船员用人单位提供的船员失踪或者死亡的，船员服务机构应当配合船员用人单位做好善后工作。

第六章　监督检查

第四十五条　海事管理机构应当建立健全船员管理的监督检查制度，重点加强对船员注册、任职资格、履行职责、安全记录，船员培训机构培训质量，船员服务机构诚实守信以及船员用人单位保护船员合法权益等情况的监督检查，督促船员用人单位、船舶所有人以及相关的机构建立健全船员在船舶上的人身安全、卫生、健康和劳动安全保障制度，落实相应的保障措施。

第四十六条　海事管理机构对船员实施监督检查时，应当查验船员必须携带的证件的有效性，检查船员履行职责的情况，必要时可以进行现场考核。

第四十七条　依照本条例的规定，取得船员服务簿、船员适任证书、中华人民共和国海员证的船员以及取得从事船员培训业务许可、船员服务业务许可的机构，不再具备规定条件的，由海事管理机构责令限期改正；拒不改正或者无法改正的，海事管理机构应当撤销相应的行政许可决定，并依法办理有关行政许可的注销手续。

第四十八条　海事管理机构对有违反水上交通安全和防治船舶污染水域法律、行政法规行为的船员，除依法给予行政处罚外，实行累计记分制度。海事管理机构对累计记分达到规定分值的船员，应当扣留船员适任证书，责令其参加水上交通安全、防治船舶污染等有关法律、行政法规的培训并进行相应的考试；考试合格的，发还其船员适任证书。

第四十九条　船舶违反本条例和有关法律、行政法规规定的，海事管理机构应当责令限期改正；在规定期限内未能改正的，海事管理机构可以禁止船舶离港或者限制船舶航行、停泊、作业。

第五十条 海事管理机构实施监督检查时,应当有2名以上执法人员参加,并出示有效的执法证件。

海事管理机构实施监督检查,可以询问当事人,向有关单位或者个人了解情况,查阅、复制有关资料,并保守被调查单位或者个人的商业秘密。

接受海事管理机构监督检查的有关单位或者个人,应当如实提供有关资料或者情况。

第五十一条 海事管理机构应当公开管理事项、办事程序、举报电话号码、通信地址、电子邮件信箱等信息,自觉接受社会的监督。

第五十二条 劳动保障行政部门应当加强对船员用人单位遵守劳动和社会保障的法律、法规和国家其他有关规定情况的监督检查。

第七章 法律责任

第五十三条 违反本条例的规定,以欺骗、贿赂等不正当手段取得船员服务簿、船员适任证书、船员培训合格证书、中华人民共和国海员证的,由海事管理机构吊销有关证件,并处2 000元以上2万元以下罚款。

第五十四条 违反本条例的规定,伪造、变造或者买卖船员服务簿、船员适任证书、船员培训合格证书、中华人民共和国海员证的,由海事管理机构收缴有关证件,处2万元以上10万元以下罚款,有违法所得的,还应当没收违法所得。

第五十五条 违反本条例的规定,船员服务簿记载的事项发生变更,船员未办理变更手续的,由海事管理机构责令改正,可以处1 000元以下罚款。

第五十六条 违反本条例的规定,船员在船工作期间未携带本条例规定的有效证件的,由海事管理机构责令改正,可以处2 000元以下罚款。

第五十七条 违反本条例的规定,船员有下列情形之一的,由海事管理机构处1 000元以上1万元以下罚款;情节严重的,并给予暂扣船员服务簿、船员适任证书6个月以上2年以下直至吊销船员服务簿、船员适任证书的处罚:

(一)未遵守值班规定擅自离开工作岗位的;

(二)未按照水上交通安全和防治船舶污染操作规则操纵、控制和管理船舶的;

(三)发现或者发生险情、事故、保安事件或者影响航行安全的情况未及时报告的;

(四)未如实填写或者记载有关船舶法定文书的;

(五)隐匿、篡改或者销毁有关船舶法定证书、文书的;

(六)不依法履行救助义务或者肇事逃逸的;

(七)利用船舶私载旅客、货物或者携带违禁物品的。

第五十八条 违反本条例的规定,船长有下列情形之一的,由海事管理机构处2 000元以上2万元以下罚款;情节严重的,并给予暂扣船员适任证书6个月以上2年以下直至吊销船员适任证书的处罚:

(一)未保证船舶和船员携带符合法定要求的证书、文书以及有关航行资料的;

(二)未保证船舶和船员在开航时处于适航、适任状态,或者未按照规定保障船舶的最低安全配员,或者未保证船舶的正常值班的;

(三)未在船员服务簿内如实记载船员的服务资历和任职表现的;

(四)船舶进港、出港、靠泊、离泊,通过交通密集区、危险航区等区域,或者遇有恶劣天气和海况，或者发生水上交通事故、船舶污染事故、船舶保安事件以及其他紧急情况时，未在驾驶台值班的；

（五）在弃船或者撤离船舶时未最后离船的。

第五十九条　船员适任证书被吊销的，自被吊销之日起2年内，不得申请船员适任证书。

第六十条　违反本条例的规定，船员用人单位、船舶所有人有下列行为之一的，由海事管理机构责令改正，处3万元以上15万元以下罚款：

（一）招用未依照本条例规定取得相应有效证件的人员上船工作的；

（二）中国籍船舶擅自招用外国籍船员担任船长的；

（三）船员在船舶上生活和工作的场所不符合国家船舶检验规范中有关船员生活环境、作业安全和防护要求的；

（四）不履行遣返义务的；

（五）船员在船工作期间患病或者受伤，未及时给予救治的。

第六十一条　违反本条例的规定，未取得船员培训许可证擅自从事船员培训的，由海事管理机构责令改正，处5万元以上25万元以下罚款，有违法所得的，还应当没收违法所得。

第六十二条　违反本条例的规定，船员培训机构不按照国务院交通主管部门规定的培训大纲和水上交通安全、防治船舶污染等要求，进行培训的，由海事管理机构责令改正，可以处2万元以上10万元以下罚款；情节严重的，给予暂扣船员培训许可证6个月以上2年以下直至吊销船员培训许可证的处罚。

第六十三条　违反本条例的规定，未经批准擅自从事船员服务的，由海事管理机构责令改正，处5万元以上25万元以下罚款，有违法所得的，还应当没收违法所得。

第六十四条　违反本条例的规定，船员服务机构和船员用人单位未将其招用或者管理的船员的有关情况定期报海事管理机构备案的，由海事管理机构责令改正，处5 000元以上2万元以下罚款。

第六十五条　违反本条例的规定，船员服务机构在提供船员服务时，提供虚假信息，欺诈船员的，由海事管理机构责令改正，处3万元以上15万元以下罚款；情节严重的，并给予暂停船员服务6个月以上2年以下直至吊销船员服务许可的处罚。

第六十六条　违反本条例的规定，船员服务机构在船员用人单位未与船员订立劳动合同的情况下，向船员用人单位提供船员的，由海事管理机构责令改正，处5万元以上25万元以下罚款；情节严重的，给予暂停船员服务6个月以上2年以下直至吊销船员服务许可的处罚。

第六十七条　海事管理机构工作人员有下列情形之一的，依法给予处分：

（一）违反规定签发船员服务簿、船员适任证书、中华人民共和国海员证，或者违反规定批准船员培训机构、船员服务机构从事相关活动的；

（二）不依法履行监督检查职责的；

（三）不依法实施行政强制或者行政处罚的；

（四）滥用职权、玩忽职守的其他行为。

第六十八条　违反本条例的规定，情节严重，构成犯罪的，依法追究刑事责任。

第八章　附　则

第六十九条　申请参加取得船员服务簿、船员适任证书考试，应当按照国家有关规定交纳考试费用。

第七十条 引航员的培训和任职资格依照本条例有关船员培训和任职资格的规定执行。具体办法由国务院交通主管部门制定。

第七十一条 军用船舶船员的管理,按照国家和军队有关规定执行。

渔业船员的管理由国务院渔业行政主管部门负责,具体管理办法由国务院渔业行政主管部门参照本条例另行规定。

第七十二条 除本条例对船员用人单位及船员的劳动和社会保障有特别规定外,船员用人单位及船员应当执行有关劳动和社会保障的法律、行政法规以及国家有关规定。

船员专业技术职称的取得和专业技术职务的聘任工作,按照国家有关规定实施。

第七十三条 本条例自 2007 年 9 月 1 日起施行。

九、中华人民共和国船舶最低安全配员规则

第一章 总 则

第一条 为确保船舶的船员配备,足以保证船舶安全航行、停泊和作业,防治船舶污染环境,依据《中华人民共和国海上交通安全法》《中华人民共和国内河交通安全管理条例》和中华人民共和国缔结或者参加的有关国际条约,制定本规则。

第二条 中华人民共和国国籍的机动船舶的船员配备和管理,适用本规则。

本规则对外国籍船舶做出规定的,从其规定。

军用船舶、渔船、体育运动船艇以及非营业的游艇,不适用本规则。

第三条 中华人民共和国海事局是船舶安全配员管理的主管机关。各级海事管理机构依照职责负责本辖区内的船舶安全配员的监督管理工作。

第四条 本规则所要求的船舶安全配员标准是船舶配备船员的最低要求。

第五条 船舶所有人(或者其船舶经营人、船舶管理人,下同)应当按照本规则的要求,为所属船舶配备合格的船员,但是并不免除船舶所有人为保证船舶安全航行和作业增加必要船员的责任。

第二章 最低安全配员原则

第六条 确定船舶最低安全配员标准应综合考虑船舶的种类、吨位、技术状况、主推进动力装置功率、航区、航程、航行时间、通航环境和船员值班、休息制度等因素。

第七条 船舶在航行期间,应配备不低于按本规则附录一、附录二、附录三①所确定的船员构成及数量。高速客船的船员最低安全配备应符合交通部颁布的《高速客船安全管理规则》(交通部令 1996 年第 13 号)的要求。

第八条 本规则附录一、附录二、附录三列明的减免规定是根据各类船舶在一般情况下制定的,海事管理机构在核定具体船舶的最低安全配员数额时,如认为配员减免后无法保证船舶安全时,可不予减免或者不予足额减免。

第九条 船舶所有人可以根据需要增配船员,但船上总人数不得超过经中华人民共和国海事局认可的船舶检验机构核定的救生设备定员标准。

第三章 最低安全配员管理

第十条 中国籍船舶配备外国籍船员应当符合以下规定:

(一)在中国籍船舶上工作的外国籍船员,应当依照法律、行政法规和国家其他有关规定取得就业许可;

---

① 附录一、附录二、附录三略。

(二)外国籍船员持有合格的船员证书,且所持船员证书的签发国与我国签订了船员证书认可协议;

(三)雇佣外国籍船员的航运公司已承诺承担船员权益维护的责任。

第十一条 中国籍船舶应当按照本规则的规定,持有海事管理机构颁发的《船舶最低安全配员证书》。

在中华人民共和国内水、领海及管辖海域的外国籍船舶,应当按照中华人民共和国缔结或者参加的有关国际条约的规定,持有其船旗国政府主管机关签发的《船舶最低安全配员证书》或者等效文件。

第十二条 船舶所有人应当在申请船舶国籍登记时,按照本规则的规定,对其船舶的最低安全配员如何适用本规则附录相应标准予以陈述,并可以包括对减免配员的特殊说明。

海事管理机构应当在依法对船舶国籍登记进行审核时,核定船舶的最低安全配员,并在核发船舶国籍证书时,向当事船舶配发《船舶最低安全配员证书》。

第十三条 在境外建造或者购买并交接的船舶,船舶所有人应持船舶买卖合同或者建造合同及交接文件、船舶技术和其他相关资料的副本(复印件)到所辖的海事管理机构办理《船舶最低安全配员证书》。

第十四条 海事管理机构核定船舶最低安全配员时,除查验有关船舶证书、文书外,可以就本规则第六条所述的要素对船舶的实际状况进行现场核查。

第十五条 船舶在航行、停泊、作业时,必须将《船舶最低安全配员证书》妥善存放在船备查。

船舶不得使用涂改、伪造以及采用非法途径或者舞弊手段取得的《船舶最低安全配员证书》。

第十六条 船舶所有人应当按照本规则的规定和《船舶最低安全配员证书》载明的船员配备要求,为船舶配备合格的船员。

第十七条 船舶所有人应当在《船舶最低安全配员证书》有效期截止前1年以内,或者在船舶国籍证书重新核发或者相关内容发生变化时,凭原证书到船籍港的海事管理机构办理换发证书手续。

第十八条 证书污损不能辨认的,视为无效,船舶所有人应当向所辖的海事管理机构申请换发。证书遗失的,船舶所有人应当书面说明理由,附具有关证明文件,到船籍港的海事管理机构办理补发证书手续。

换发或者补发的《船舶最低安全配员证书》的有效期,不超过原发的《船舶最低安全配员证书》的有效期。

第十九条 船舶状况发生变化需改变证书所载内容时,船舶所有人应当到船籍港的海事管理机构重新办理《船舶最低安全配员证书》。

第二十条 在特殊情况下,船舶需要在船籍港以外换发或者补发《船舶最低安全配员证书》,经船籍港海事管理机构同意,船舶当时所在港口的海事管理机构可以按照本规定予以办理并通报船籍港海事管理机构。

第四章 监督检查

第二十一条 中国籍、外国籍船舶在办理进、出港口或者口岸手续时,应当交验《船舶最低安全配员证书》。

第二十二条 中国籍、外国籍船舶在停泊期间，均应配备足够的掌握相应安全知识并具有熟练操作能力能够保持对船舶及设备进行安全操纵的船员。

无论何时，500 总吨及以上（或者 750 千瓦及以上）海船、600 总吨及以上（或者 441 千瓦及以上）内河船舶的船长和大副，轮机长和大管轮不得同时离船。

第二十三条 船舶未持有《船舶最低安全配员证书》或者实际配员低于《船舶最低安全配员证书》要求的，对中国籍船舶，海事管理机构应当禁止其离港直至船舶满足本规则要求；对外国籍船舶，海事管理机构应当禁止其离港，直至船舶按照《船舶最低安全配员证书》的要求配齐人员，或者向海事管理机构提交由其船旗国主管当局对其实际配员做出的书面认可。

第二十四条 对违反本规则的船舶和人员，依法应当给予行政处罚的，由海事管理机构依据有关法律、行政法规和规章的规定给予相应的处罚。

第二十五条 海事管理机构的工作人员滥用职权、徇私舞弊、玩忽职守的，由所在单位或者上级机关给予行政处分；构成犯罪的，依法追究刑事责任。

第五章 附 则

第二十六条 《船舶最低安全配员证书》由中华人民共和国海事局统一印制。

《船舶最低安全配员证书》的编号应与船舶国籍证书的编号一致。《船舶最低安全配员证书》有效期的截止日期与船舶国籍证书有效期的截止日期相同。

第二十七条 本规则附录一、附录二、附录三的内容，可由中华人民共和国海事局根据有关法律、行政法规和相关国际公约进行修改。

第二十八条 本规则自 2004 年 8 月 1 日起施行。

十、中华人民共和国海船船员适任考试和发证规则

第一章　总　则

第一条　为了提高海船船员素质,保障海上人命和财产安全,保护海洋环境,根据《中华人民共和国海上交通安全法》《中华人民共和国船员条例》以及我国缔结或者加入的有关国际公约,制定本规则。

第二条　本规则适用于为取得中华人民共和国海船船员适任证书(以下简称“适任证书”)而进行的考试以及适任证书、适任证书特免证明和外国适任证书承认签证的签发与管理。

第三条　国务院交通运输主管部门主管全国海船船员适任考试和发证工作。

国家海事管理机构在国务院交通运输主管部门的领导下,对海船船员适任考试和发证工作进行统一管理。

国家海事管理机构所属的各级海事管理机构按照国家海事管理机构确定的职责范围具体负责海船船员适任考试和发证工作。

第四条　海船船员适任考试和发证应当遵循公平、公正、公开、便民的原则。

第二章　适任证书

第一节　适任证书基本信息

第五条　适任证书包含以下基本内容:

(一)持证人姓名、性别、出生日期、国籍、持证人签名及照片;

(二)证书等级、编号;

(三)有关国际公约的适用条款;

(四)持证人适任的航区、职务、职能;

(五)持证人适任的船舶种类、主推进动力装置、特殊设备操作等项目;

(六)发证日期和有效期截止日期;

(七)签发机关名称和签发官员署名;

(八)规定需要载明的其他内容。

第六条　持证人适任的航区分为无限航区和沿海航区,但无线电操作人员适任的航区分为A1、A2、A3和A4海区。

第七条　适任证书等级分为:

(一)船长、驾驶员、轮机长和轮机员适任证书等级分为:

1. 无限航区适任证书分为二个等级:

(1)一等适任证书:适用于总吨位3 000及以上或者主推进动力装置3 000千瓦及以上的

船舶；

(2)二等适任证书:适用于总吨位500及以上至总吨位3 000或者主推进动力装置750千瓦及以上至3 000千瓦的船舶。

2.沿海航区适任证书分为三个等级：

(1)一等适任证书:适用于总吨位3000及以上或者主推进动力装置3 000千瓦及以上的船舶；

(2)二等适任证书:适用于总吨位500及以上至总吨位3 000或者主推进动力装置750千瓦及以上至3 000千瓦的船舶；

(3)三等适任证书:适用于总吨位未满500或者主推进动力装置未满750千瓦的船舶。

(二)高级值班水手、高级值班机工适任证书适用于总吨位500及以上或者主推进动力装置750千瓦及以上的船舶。

(三)值班水手、值班机工适任证书等级分为：

1.无限航区适任证书适用于总吨位500及以上或者主推进动力装置750千瓦及以上的船舶；

2.沿海航区适任证书分为二个等级：

(1)一等适任证书:适用于总吨位500及以上或者主推进动力装置750千瓦及以上的船舶；

(2)二等适任证书:适用于总吨位未满500或者主推进动力装置未满750千瓦的船舶。

(四)电子电气员和电子技工适任证书适用于主推进动力装置750千瓦及以上的船舶。

在拖轮上任职的船长和甲板部船员所持适任证书等级与该拖轮的主推进动力装置功率的等级相对应。

第八条 船员职务根据服务部门分为：

(一)船长；

(二)甲板部船员:大副、二副、三副、高级值班水手、值班水手,其中大副、二副、三副统称为驾驶员；

(三)轮机部船员:轮机长、大管轮、二管轮、三管轮、电子电气员、高级值班机工、值班机工、电子技工,其中大管轮、二管轮、三管轮统称为轮机员；

(四)无线电操作人员:一级无线电电子员、二级无线电电子员、通用操作员、限用操作员。

第九条 船员职能根据分工分为：

(一)航行；

(二)货物操作和积载；

(三)船舶作业和人员管理；

(四)轮机工程；

(五)电气、电子和控制工程；

(六)维护和修理；

(七)无线电通信。

船员职能根据技术要求分为：

(一)管理级；

(二)操作级；

(三)支持级。

第十条 适任证书持有人应当在适任证书适用范围内担任职务或者担任低于适任证书适用范围的职务。但担任值班水手职务的船员必须持有值班水手或者高级值班水手适任证书,担任值班机工职务的船员必须持有值班机工或者高级值班机工适任证书。

第二节 适任证书的签发

第十一条 取得适任证书,应当具备下列条件:

(一)持有有效的船员服务簿;

(二)符合国家海事管理机构规定的海船船员任职岗位健康标准;

(三)完成本规则附件①规定的适任培训;

(四)具备本规则附件规定的海上任职资历,并且任职表现和安全记录良好;

(五)通过相应的适任考试。

拟在油船、化学品船、液化气船、客船、高速船等特殊类型船舶上任职的船员,还应当具备本章第三节规定的培训、资历等特殊要求。

第十二条 申请海船船员适任证书的,应当提交下列材料:

(一)海船船员适任证书申请表;

(二)船员服务簿;

(三)海船船员健康证书;

(四)身份证件;

(五)符合海事管理机构要求的照片;

(六)岗位适任培训证明或者航海教育毕业证书;

(七)船上见习记录簿;

(八)现持有的适任证书;

(九)专业技能适任培训合格证;

(十)适任考试的合格证明。

持有三副、三管轮适任证书申请二副、二管轮适任证书者,免于向海事管理机构提交本条第一款第(六)、(七)、(九)、(十)项规定的材料;

按照本规则规定免于船上见习者,免于向海事管理机构提交本条第一款第(七)项规定的材料;

初次申请海船船员适任证书者,免于向海事管理机构提交本条第一款第(八)项规定的材料。

按照第二十条规定拟在特殊类型船舶上任职的,还应当提供相应的特殊培训合格证。

申请适任证书再有效的,还应当提交经过相应知识更新的材料,但按照第十五条规定申请适任证书再有效的,免于提交本条第一款(六)、(七)、(九)、(十)项规定的材料,按照第十六条规定申请适任证书再有效的,免于提交本条第一款(六)、(九)项规定的材料。

第十三条 海事管理机构对于发证申请,经审核符合本规则规定条件的,应当按照《行政许可法》《交通行政许可实施程序规定》的要求签发相应的适任证书。

第十四条 适任证书有效期不超过 5 年,有效期截止日期不超过持证人 65 周岁生日。

---

① 附件略。

第十五条 持有船长和高级船员适任证书者在证书有效期内，满足下列条件之一，并经过与其职务相适应的知识更新培训，可以在适任证书有效期届满前12个月内向有相应管理权限的海事管理机构申请适任证书再有效：

（一）从申请之日起向前计算5年内具有与其适任证书所记载范围相应的不少于12个月的海上服务资历，且任职表现和安全记录良好；

（二）从申请之日起向前计算6个月内具有与其适任证书所记载范围相应的累计不少于3个月的海上服务资历，且任职表现和安全记录良好。

第十六条 未满足本规则第十五条规定的船长和高级船员，申请适任证书再有效的，应当符合下列规定：

（一）未满足第十五条（一）、（二）项规定，或者适任证书过期5年以内的，应当参加模拟器培训和知识更新培训，并通过相应的抽查项目的评估；

（二）适任证书过期5年及以上10年以下的，应当参加模拟器培训和知识更新培训，并通过相应的抽查科目的理论考试和项目的评估；

（三）适任证书过期10年及以上的，应当参加模拟器培训和知识更新培训，通过相应的抽查科目的理论考试和项目的评估，并在适任证书记载的相应航区、等级范围内按照《船上见习记录簿》规定完成不少于3个月的船上见习。

第十七条 适任证书损坏或者遗失时，持证人除应当向原证书签发的海事管理机构提交补发申请及本规则第十二条第（一）、（四）、（五）项要求的材料外，还应当满足下列要求：

（一）适任证书损坏的，应当缴回被损坏的证书原件；

（二）适任证书遗失的，应当在发行范围覆盖全国的报纸上登载适任证书遗失公告，或者提交原证书签发海事管理机构所在地公证机关出具的公证书；登载适任证书遗失公告的，自公告之日起满30日后方可申请。

补发的适任证书的有效期截止日期与原适任证书的有效期截止日期相同。

第十八条 因违反海事行政管理规定被吊销适任证书者，自证书被吊销之日起2年后，通过低一职务的适任考试，可以按照本规则第十二条的规定提交相应材料，向原签发适任证书的海事管理机构申请低一职务的适任证书。

海事管理机构对通过适任考试，且安全记录良好的，应当签发其相应的适任证书。

第十九条 曾在内河船舶、海洋渔业船舶或者军事船舶上任职的人员，具备下列条件的，可以按照国家海事管理机构的规定申请相应的适任证书：

（一）拟申请证书的等级和职务不高于其在内河船舶、海洋渔业船舶或者军事船舶上相应的证书等级和职务，其中可以申请的职务最高为大副或者大管轮；

（二）在内河船舶、海洋渔业船舶或者军事船舶上的水上服务资历能够与本规则规定的海上服务资历相适应，且任职表现和安全记录良好；

（三）参加相应的岗位适任培训，并通过与申请职务相应的理论考试和评估。

第三节 特殊类型船舶船员的特殊要求

第二十条 拟在油船、化学品船、液化气船、客船、高速船等特殊类型船舶上任职的，还应当完成相应的特殊培训，并取得培训合格证。

第二十一条 在两港间航程50海里及以上的客船上服务的船长和高级船员应当持有适

用于相应航区总吨位 3 000 及以上或者 3 000 千瓦及以上船舶的适任证书。

第二十二条 申请适用于两港间航程 50 海里及以上客船驾驶员、船长适任证书的,应当具备下列条件:

(一)申请适用于客船三副适任证书者,应当在其他种类的总吨位 3 000 及以上海船上担任三副满 12 个月,任职表现和安全记录良好,并至少在客船上任见习三副 3 个月;或者通过三副适任考试,在客船上完成 18 个月的船上见习,任职表现和安全记录良好。

(二)申请适用于客船二副适任证书者,应当在其他种类的总吨位 3 000 及以上海船上担任二副满 12 个月,任职表现和安全记录良好,并至少在客船上任见习二副 3 个月;或者持有客船三副适任证书并在相应航区、船舶等级的海船上担任三副不少于 18 个月,任职表现和安全记录良好,其中曾经担任客船三副至少 6 个月。

(三)申请适用于客船大副适任证书者,应当在其他种类的总吨位 3 000 及以上海船上担任大副满 24 个月,任职表现和安全记录良好,并至少在客船上任见习大副 3 个月;或者持有客船二副适任证书并在相应航区、船舶等级的海船上担任二副不少于 12 个月,其中曾经担任客船二副至少 6 个月,通过大副考试,至少在客船上任见习大副 3 个月,任职表现和安全记录良好。

(四)申请适用于客船船长适任证书者,应当在其他种类的总吨位 3 000 及以上海船上担任船长满 24 个月,任职表现和安全记录良好,并至少在客船上任见习船长 3 个月;或者持有客船大副适任证书并在相应航区、船舶等级的海船上担任大副不少于 18 个月,任职表现和安全记录良好,其中曾经担任客船大副至少 6 个月,通过船长考试,且至少在客船上任见习船长 3 个月。

第二十三条 初次申请适用于两港间航程 50 海里及以上客船轮机长、轮机员适任证书者,应当在其他种类的 3 000 千瓦及以上海船上担任相应职务满 12 个月,任职表现和安全记录良好,并在客船上任相应见习职务 3 个月。

通过三管轮适任考试者,在客船上完成规定的 18 个月船上见习,任职表现和安全记录良好,可以申请适用于客船的三管轮适任证书。

第三章 适任考试

第二十四条 海船船员的适任考试包括理论考试和评估。

理论考试以理论知识为主要考试内容,重点对海船船员专业知识的掌握和理解程度进行测试。

评估通过对相应船舶、模拟器或者其他设备的操作,国际通用语言听力测验与口试等方式,重点对海船船员专业知识综合运用、操作及应急等能力进行技能测评。

第二十五条 适任考试科目、大纲由国家海事管理机构统一制定并公布。相关海事管理机构应当在职责范围内制定并公布适任考试具体计划,明确适任考试的时间、地点、申请程序等相关信息。

第二十六条 申请参加适任考试的,应当按照公布的申请程序向有相应权限的海事管理机构提供下列信息:

(一)身份证件;

(二)所申请考试的适任证书航区、等级、职务;

(三)符合海事管理机构要求的照片。

第二十七条 海事管理机构应当于适任考试开始 5 日前向申请人发放准考证,并告知申请人查询适任考试成绩的途径等事项。

第二十八条 适任考试有科目或者项目不及格的,可以在初次适任考试准考证签发之日起 3 年内申请 5 次补考。逾期不能通过全部适任考试的,所有适任考试成绩失效。

第二十九条 海事管理机构应当在考试结束后 30 日内公布成绩。适任考试成绩自全部理论考试和评估成绩均合格之日起 5 年内有效。

第四章 特免证明

第三十条 中国籍船舶在境外遇有不可抗力或者其他导致持证船员不能履行职务的特殊情况,无法满足船舶最低安全配员要求,需要由本船下一级船员临时担任上一级职务时,应当向海事管理机构申请签发特免证明。

第三十一条 申请船长、驾驶员、轮机长、轮机员特免证明的,应当符合下列条件:

(一)申请船长、轮机长特免证明的,应当持有大副或者大管轮适任证书并在自申请之日起前 5 年内,具有不少于 12 个月的不低于其适任证书所记载船舶、航区、职务的任职资历,任职表现和安全记录良好,且船长、轮机长不能履行职务的情况是因不可抗力原因造成;

(二)申请大副、大管轮特免证明的,应当持有二副、二管轮适任证书,并在自申请之日起前 5 年内,具有不少于 12 个月的不低于其适任证书所记载船舶、航区、职务的任职资历,且任职表现和安全记录良好;

(三)申请二副、二管轮特免证明的,应当持有三副、三管轮适任证书,并在自申请之日起前 5 年内,具有不少于 12 个月的不低于其适任证书所记载船舶、航区、职务的任职资历,且任职表现和安全记录良好;

(四)申请三副、三管轮特免证明的,应当持有高级值班水手、值班水手或者高级值班机工、值班机工适任证书,并在自申请之日起前 5 年内,具有不少于 12 个月的不低于其适任证书所记载船舶、航区、职务的任职资历,任职表现和安全记录良好。

本条第一款规定的船员以外的其他船员,不予签发特免证明。

第三十二条 申请特免证明的,应当向海事管理机构提交包含下列内容的申请报告:

(一)申请理由;

(二)船舶名称、航行区域、停泊港口;

(三)拟申请签发对象的资历情况;

(四)相关证明材料。

第三十三条 受理申请的海事管理机构应当在受理之日起 3 日内核实有关情况并报国家海事管理机构批准,对符合第三十一条规定条件的,国家海事管理机构应当签发有效期不超过 6 个月的特免证明,但船长或者轮机长特免证明的有效期不超过 3 个月。不符合条件的,应当在受理申请之日起 3 日内告知申请人不予签发的决定及理由。

第三十四条 一艘船舶上同时持特免证明的船长和高级船员总共不得超过 3 名。

第三十五条 当事船舶抵达中国第一个港口后,特免证明自动失效。失效的特免证明应当及时缴回原签发的海事管理机构。

第五章 承认签证

第三十六条 持有经修正的《1978 年海员培训、发证和值班标准国际公约》(以下简称

STCW 公约)缔约国签发的外国适任证书的船员在中国籍船舶上任职的,应当取得由国家海事管理机构签发的外国适任证书的承认签证。

第三十七条 申请承认签证的,应当向国家海事管理机构提交下列材料:

(一)所属缔约国签发的适任证书原件;

(二)表明申请人符合 STCW 公约和所属缔约国有关船员管理规定的证明文件;

(三)申请人的海船船员身份证件。

第三十八条 国家海事管理机构应当按照 STCW 公约和本规则规定的标准、条件等内容,对申请承认签证船员所属缔约国的有关船员管理制度从下列方面进行评价:

(一)有关船员适任培训、考试及发证制度是否符合 STCW 公约要求;

(二)是否按照 STCW 公约要求建立了有效的船员质量标准控制体系;

(三)船员适任条件等相关要求是否低于本规则规定的相关标准。

按照本条第一款进行评价的结果应当作为签发承认签证的依据,对于评价结果表明该缔约国的有关船员管理制度不低于 STCW 公约及本规则相关要求,且申请人按照第三十七条提供的材料真实、全面的,国家海事管理机构应当签发相应的承认签证。其中,签发船长、大副、轮机长、大管轮适任证书承认签证前,申请人还应当参加与申请职务相应的海上交通安全、环境保护等方面的培训,并经海事管理机构考核合格。

第三十九条 承认签证的有效期不得超过被承认适任证书的有效期,且最长不得超过 5 年。当被承认适任证书失效时,相应的承认签证自动失效。

第六章 航运公司及相关机构的责任

第四十条 航运公司及相关机构应当保证被指派任职的船员满足下列要求:

(一)持有适当、有效的适任证书,熟悉自身岗位职责;

(二)熟悉船舶的布置、装置、设备、工作程序、特性和局限性等相关情况;

(三)具有良好工作语言运用及沟通能力,确保在紧急情况下和执行安全、防污染和保安职能时,能够有效履行职责。

第四十一条 航运公司及相关机构应当建立并完善船员培训制度,按照以下要求加强对本公司、机构船员的培训:

(一)按照国家海事管理机构的规定制定并执行有关培训、见习等方面的培训计划,并在培训、见习记录簿内如实填写或者记载;

(二)采取有效措施,确保应当由本公司、机构负责的其他各类船员培训有效实施。

第四十二条 航运公司及相关机构应当备有完整、最新的船员管理法规和相关国际公约。

航运公司及相关机构应当建立船员档案,对船员录用、培训、资历、健康状况以及有关船员考试、证书持有情况等信息进行连续有效的记录和管理,并确保可以供随时查询。

第七章 监督管理

第四十三条 海事管理机构应当对船员履行职责、安全记录等情况进行监督检查,加强对船员适任能力的监管。

第四十四条 有下列情形之一的,海事管理机构可以组织对船员适任能力进行考核:

(一)船舶发生碰撞、搁浅或者触礁的;

（二）在航行、锚泊或者靠泊时，从船上非法排放物质的；

（三）违反航行规则的；

（四）以其他危及海上人命、财产安全和海洋环境的方式操作船舶的。

按照本条第一款对船员进行适任能力考核的，应当根据本规则规定的船员适任要求通过抽考、现场考核等方式进行。对于考核结果表明船员不再符合适任条件的，海事管理机构应当注销其适任证书或者承认签证。

第四十五条 按照第四十四条被注销适任证书的船员，可以按照海事管理机构的要求参加低等级、职务或者航区的评估，海事管理机构签发与其考核结果相适应的适任证书。

第四十六条 负责船员适任考试和发证的海事管理机构应当配备满足适任考试、发证要求的人员、设备、场地和资料，建立相关的质量管理体系并通过国家海事管理机构的审核。

第四十七条 海事管理机构应当加强对从事船员适任考试、发证工作人员岗位培训和考核。不符合上岗条件的，不得从事船员适任考试、发证工作。

第四十八条 海事管理机构应当建立船员信息数据库、船员证书电子登记系统等船员档案，并按照国家海事管理机构的规定具备相应信息的查询功能。

第四十九条 海事管理机构应当公开海船船员适任考试和发证管理的事项、办事程序、举报电话等信息，自觉接受社会的监督。

第五十条 除海事管理机构依法实施外，任何机构和个人不得以任何理由扣留或者吊销船员适任证书。

第八章 法律责任

第五十一条 隐瞒有关情况或者提供虚假材料申请适任证书、特免证明、承认签证的，海事管理机构不予受理或者不予签发适任证书、特免证明、承认签证，并给予警告；申请人在1年内不得再次申请与前次申请等级、职务资格、航区相同的适任证书、特免证明、承认签证。

第五十二条 以欺骗、贿赂等不正当手段取得适任证书、特免证明、承认签证的，由签发证书的海事管理机构或者其上级海事管理机构吊销有关证书，并处2 000元以上2万元以下的罚款。

第五十三条 伪造、变造或者买卖适任证书、特免证明、承认签证的，由海事管理机构收缴有关证书，处2万元以上10万元以下罚款，有违法所得的，还应当没收违法所得。

第五十四条 船员未在培训、见习记录簿内做出如实填写或者记载的，由海事管理机构处1 000元以上1万元以下罚款；情节严重的，并给予暂扣船员服务簿、船员适任证书6个月以上2年以下直至吊销船员服务簿、船员适任证书的处罚。

第五十五条 船长未在船员服务簿内如实记载船员的服务资历和任职表现，由海事管理机构处2 000元以上2万元以下罚款；情节严重的，并给予暂扣适任证书6个月以上2年以下直至吊销适任证书的处罚。

第五十六条 因违反本规则或者其他水上交通安全法规的规定，被海事管理机构吊销适任证书的，自被吊销之日起2年内，不得申请适任证书。

第五十七条 海事管理机构有下列情形之一的，由国家海事管理机构责令改正；情节严重的，限制或者取消其开展适任考试和发证的权限：

（一）违反行政许可法规规定的程序开展适任考试和发证工作的；

(二)超越权限开展适任考试或者签发适任证书的;

(三)对不具备条件的申请人签发适任证书的。

第九章 附 则

第五十八条 适任证书、特免证明、承认签证由国家海事管理机构统一印制。

船上培训、见习记录簿的具体格式和内容由国家海事管理机构统一规定。

第五十九条 本规则下列用语的含义:

(一)海船,是指航行于海上以及江海直达的各类船舶,但不包括军事船舶、渔业船舶、体育运动船舶和非营业性游艇;

(二)无限航区,是指海上任何通航水域,包括世界各国的开放港口和国际通航运河及河流;

(三)沿海航区,是指我国沿海的港口、内水和领海以及国家管辖的一切其他通航海域;

(四)A1 海区,是指至少由一个具有连续数字选择呼叫(即 DSC)报警能力的甚高频(VHF)岸台的无线电话所覆盖的区域;

(五)A2 海区,是指除 A1 海区以外,至少由一个具有连续 DSC 报警能力的中频(MF)岸台的无线电话所覆盖的区域;

(六)A3 海区,是指除 A1 和 A2 海区以外,由具有连续报警能力的国际海事卫星组织(INMARSAT)静止卫星所覆盖的区域;

(七)A4 海区,是指除 A1、A2 和 A3 海区以外的海区;

(八)非运输船,是指工程船舶、拖船等不从事货物(或者旅客)运输的机动船舶;

(九)安全记录良好,是指自申请之日起向前计算 5 年内未发生负有主要责任的大事故及以上等级事故;

(十)实践教学,是指航海类院校或者培训机构组织实施的实验教学、工厂实习教学和船上实习;

(十一)航运公司,是指船舶所有人、经营人、管理人或者光船承租人;

(十二)相关机构,是指海船船员服务机构和海员外派机构。

第六十条 下列船舶船员的适任考试和发证不适用本规则,按照国家海事管理机构的相关规定执行:

(一)在两港间航程不足 50 海里的客船或者滚装客船上任职的船长和高级船员;

(二)在总吨位未满 100 船舶上任职的船长和甲板部船员;

(三)在主推进动力装置未满 220 千瓦船舶上任职的轮机部船员;

(四)仅在船籍港和船籍港附近水域航行和作业的船舶上任职的船员;

(五)在公务船、水上飞机、地效翼船、非营业性游艇、摩托艇、非自航船上任职的船员。

第六十一条 海船在内河行驶,其船长、驾驶员应当按照国家海事管理机构规定取得相应航线的“海船船员内河航线行驶资格证明”证书,但申请引航的除外。

第六十二条 我国缔结或者加入的国际公约对普通船员适任证书有效期有特别规定的,按照其规定执行。

第六十三条 本规则施行前已经取得海船船员适任证书和正在接受海船船员教育、培训的人员的考试和发证工作,由国家海事管理机构在相关国际公约规定的时间内,采取相应的过渡措施,逐步进行规范。

第六十四条 本规则自2012年3月1日起施行。2004年8月1日由原交通部颁布的《中华人民共和国海船船员适任考试、评估和发证规则》(交通部令2004年第6号)同时废止。

附件:申请海船船员适任证书的培训、海上任职资历和适任考试要求(略)。

表注

1. 表中“海上服务资历”一列中规定的海上服务资历须在参加岗位适任培训前取得,其中申请无限航区适任证书职务晋升所要求的海上服务资历至少有6个月是在无限航区的船舶上任职,其余时间可以在沿海航区的船舶上任职;船长和高级船员船上见习需在适任考试所有科目和项目全部通过后进行,并在船上见习记录簿中记载;申请适任证书的航区扩大、吨位或者功率提高的,可以免予船上见习。

2. 已持有适用于货物运输船舶适任证书的船员在各类非运输船舶上的海上服务资历可以视为在货物运输船舶的海上服务资历;在两港间航程50海里及以上的客船上服务的船长和高级船员的海上服务资历按照所持适任证书适用的航区、船舶等级确定。

3. 申请适任证书航区扩大者,应当持有有效的沿海航区相同船舶等级和职务的适任证书,并实际担任其职务不少于12个月,并完成相应的岗位适任培训;申请适任证书吨位或者功率提高者,应当持有有效的与所申请的吨位或者功率较低一级但航区和职务相同的适任证书,并实际担任其职务满12个月,并完成相应的岗位适任培训。

4. 接受航海类教育和岗位适任培训的学员,可以按照以下情形参加适任考试:

(1)接受不少于2年的全日制航海类中职/中专及以上教育的学生或者接受不少于2年三副、三管轮、电子电气员岗位适任培训的学员,完成全部理论和实践教学内容后,可以相应地申请沿海航区三副、三管轮、电子电气员的适任考试;或者具有不少于12个月的海上服务资历后,可以相应地申请无限航区三副、三管轮、电子电气员适任考试。

(2)接受全日制航海类高职/高专及以上教育的学生,或者完成全日制非航海类大专及以上教育并接受不少于18个月三副、三管轮、电子电气员岗位适任培训的学员,完成全部理论和实践教学内容后,可以相应地申请无限航区三副、三管轮、电子电气员的适任考试。

(3)经国家海事管理机构认可,教育培训质量良好的航海院校的全日制航海类本科教育学生,完成全部理论和实践教学内容后,可以相应地申请无限航区二副、二管轮的适任考试。

(4)正在接受航海类教育的学生和三副、三管轮、电子电气员岗位适任培训的学员,可以在毕业或者结业前6个月内相应地申请参加值班水手、值班机工、电子技工适任考试,免于参加相应的值班水手、值班机工、电子技工岗位适任培训。

接受航海类教育或者岗位适任培训的学员通过三副、二副、三管轮、二管轮适任考试后,应当在相应航区相应等级或者低一航区或者低一等级的船舶上完成不少于12个月的船上见习,其中至少应当有6个月是在船长或者高级船员的指导下履行了驾驶台或者机舱值班职责;接受电子电气员航海类教育和适任培训的学员通过适任考试后,应当在相应等级的船舶上完成不少于12个月的船上见习。

5. 国家海事管理机构可以认可教育质量管理体系运行良好的航海类教育机构按照本规则开展的海船船员适任考试。

十一、中华人民共和国船舶签证管理规则

第一章　总　则

第一条　为规范船舶签证行为,保障水上交通安全,依据《中华人民共和国海上交通安全法》和《中华人民共和国内河交通安全管理条例》,制定本规则。

第二条　国内航行船舶在中华人民共和国管辖水域内办理船舶签证,适用本规则。

本规则不适用于军事船舶、渔船、体育运动船舶。但是前述船舶从事营业性运输时,应当按照本规则办理船舶签证。

本规则所称船舶签证,是指海事管理机构根据船舶或者其经营人的申请,经依法审查,对符合船舶签证条件的,准予其航行的行政许可行为。

第三条　中华人民共和国海事局主管全国的船舶签证管理工作。各级海事管理机构具体负责本辖区内的船舶签证管理工作。

第四条　船舶签证管理工作应当符合高效、便民的原则。

第二章　船舶签证

第一节　一般规定

第五条　除本规则另有规定外,船舶有下列情形之一的,应当向海事管理机构申请航次船舶签证:

(一)由港内驶出港外;

(二)由港外驶入港内;

(三)因作业需要在港内航行驶出港内泊位;

(四)因作业需要在港内航行驶入港内泊位;

(五)驶出船舶修造(厂)点、港外作业点、海上作业平台;

(六)驶入船舶修造(厂)点、港外作业点、海上作业平台。

本条第一款第(一)、(三)、(五)项船舶签证统称出港签证,申请人应当在船舶开航前24小时内办理。本条第一款第(二)、(四)、(六)项船舶签证统称进港签证,申请人应当在船舶抵达后24小时内办理。船舶抵达前24小时内已经向拟抵达地海事管理机构报告船舶情况的,进港签证可以与出港签证合并办理。

第六条　船舶签证应当由船舶或者其经营人申请办理。被拖船可由被拖船或者其经营人申请,也可由拖船或者其经营人代为申请。

申请人可以委托代理人办理船舶签证。

第七条　申请办理出港签证的船舶,应当处于适航或者适拖状态。

船舶或者其经营人申请办理航次船舶签证,应当向海事管理机构提交以下材料:

(一)船舶签证簿;
(二)船舶电子信息卡(适用的船舶);
(三)船舶国籍证书;
(四)船舶检验证书;
(五)船舶最低安全配员证书;
(六)船员适任证书;
(七)防止油污证书(适用的船舶);
(八)船舶安全管理证书和公司安全管理体系符合证明副本(适用的船舶);
(九)船舶安全检查记录簿;
(十)船舶港务费缴纳或者免于缴纳证明;
(十一)经批准的船舶载运危险货物申报单(适用的船舶);
(十二)船长开航前声明和车辆安全装载记录(适用的船舶);
(十三)护航申请书(适用的船舶);
(十四)船舶营运证。

第二款第(三)项至第(八)项所列证书信息已经由海事管理机构在船舶签证簿内记载或者存储在船舶电子信息卡的,可以免于提交。

第二款第(十四)项所指船舶营运证仅要求从事国内运输的老旧运输船舶在办理船舶签证时提供。船舶营运证的发证机关应当向海事管理机构提供船舶营运证的相关信息。

第八条 船舶或者其经营人向海事管理机构提交申请材料应当如实反映情况,并对申报内容的真实性负责。

船舶或者其经营人可以通过传真、电子邮件、电子数据交换(EDI)等方式办理船舶签证,可以采用电报、电传、传真、手机信息、电子邮件、电子数据交换(EDI)等方式报告船舶进港情况,并在船舶航海(行)日志内做相应的记载。

报告的内容应当包括船舶名称、种类、尺度、总吨、吃水、客货载运情况、拟靠泊地点。

第九条 海事管理机构负责审查船舶签证的申请材料是否齐全、是否符合申报要求,是否有明显涂改或者伪造现象、是否在有效期内等形式要件。

海事管理机构对船舶签证申请材料内容的真实性有怀疑或者接到相关举报的,应当派执法人员进行现场核查。

第十条 海事管理机构收到船舶签证申请后,应当按照《交通行政许可实施程序规定》的有关规定办理。

海事管理机构对航次船舶签证应当当场办理。签证人员应当在船舶签证簿内签注是否准予签证的意见、海事行政执法证编号、日期、加盖船舶签证专用章。不予签证的,还应当在船舶签证簿内签注不予签证的理由。

第十一条 船舶有下列情形之一的,应当重新申请出港签证:
(一)船长或者履行相应职责的船员发生变动;
(二)船舶结构、有关航行安全的重要设备发生重大变化;
(三)改变船舶航行区域、航线;
(四)出港签证办妥后48小时内未能出港。

第十二条 船舶由于抢险、救生等紧急事由,不能按照规定程序办理船舶签证的,应当在开航前向海事管理机构报告,并在任务完成后24小时内补办船舶签证。

第十三条 船舶因避风、候潮、补给等原因临时进港或者航经港区水域的,免于办理船舶签证。但有下列情形之一的除外:

(一)船长或者履行相应职责的船员发生变动;

(二)上下旅客;

(三)装卸货物。

第十四条 拖驳船队在中途要加解驳船时,加、解的船舶应当申请船舶签证,拖驳船队其他船舶不再办理船舶签证。

第二节 特别规定

第十五条 符合下列情形之一的船舶可以申请短期定期船舶签证取代航次船舶签证:

(一)在固定水域范围内航行的船舶;

(二)定线航行的船舶。

在固定水域范围内航行的船舶,应当向对该固定水域有管辖权的任一海事管理机构提出申请;定线航行的船舶应当向航线始发港和终点港所在地海事管理机构分别提出申请。

第十六条 符合下列情形的船舶可以向船籍港所在地的交通部直属的海事管理机构或者省级交通主管部门所属的海事管理机构申请年度定期船舶签证取代航次船舶签证:

(一)安全诚信船舶;

(二)安装并按规定使用船舶自动识别系统;

(三)在前一个年度签证期内按照规定递交进出港报告;

(四)已经与有关金融机构签订船舶港务费交纳协议。

第十七条 办理定期船舶签证,除需要提交本规则第七条规定的材料外,还应当提交证明其符合第十五条或者第十六条规定情形的证明材料。

第十八条 海事管理机构应当在受理申请之日起7个工作日内办结短期定期船舶签证,在20个工作日内办结年度定期船舶签证。准予定期船舶签证的,还应当在船舶签证簿内注明签证的有效期限、航行区域或者航线。

短期定期船舶签证的有效期限最长不超过3个月。年度定期船舶签证在全国范围内有效,有效期限为12个月。

客船、载运危险货物的船舶只能办理有效期限不超过1个月的短期定期船舶签证。

第十九条 船舶超出定期船舶签证的有效期限、核定航区或者航线航行的,或者签证核定的其他内容发生变化的,应当按照本章第一节的规定申请航次船舶签证。

第二十条 获得定期船舶签证的船舶,在从事本规则第五条规定的活动时,应当按照本规则第八条第二款、第三款规定的方式和内容,向海事管理机构报告船舶情况。

第三章 船舶签证簿

第二十一条 船舶签证簿是办理船舶签证的专用文书,是记载船舶办理签证情况的证明文件,必须随船妥善保管。除海事管理机构外,任何单位、人员不得扣留、收缴船舶签证簿,也不得在船舶签证簿上签注。

船舶签证簿的格式、内容和船舶签证印章的样式由中华人民共和国海事局统一规定。

第二十二条 船舶签证簿由船舶或者其经营人向海事管理机构书面申请核发、换发、补发。

船舶首次申领船舶签证簿以及船舶所有人、船舶经营人、船舶名称变更后申领新船舶签证簿的,应当向船籍港海事管理机构申请核发。

船舶签证簿遗失、灭失的,应当向船籍港海事管理机构申请补发。申请补发时,应当提交最近一次经海事管理机构签证的船舶签证申请单复印件。

船舶签证簿使用完毕或者污损不能使用的,可向船籍港或者签证地海事管理机构申请换发。申请换发时,应当交验前一本船舶签证簿。

第二十三条 符合本规则要求的,海事管理机构应当当场核发、换发、补发船舶签证簿。

海事管理机构核发、换发、补发船舶签证簿,应当将船舶概况填写在船舶签证簿内,并加盖海事管理机构的印章。非船籍港海事管理机构换发的,应当将换发情况书面通报船籍港海事管理机构。

第二十四条 船舶可以向船籍港或者签证地海事管理机构申请在船舶签证簿内记载船舶证书和船员证书的信息,并应当在申请时交验相应证书。

对符合要求的申请,海事管理机构应当在船舶签证簿内记载船舶证书和船员证书的信息,并签署记载人的海事执法证编号、日期并加盖海事管理机构的印章。

第二十五条 船舶签证簿应当连续使用,保持完整,不得缺页或者擅自涂改。使用完毕后,应当在船保存2年。

船舶报废、灭失或者船舶所有人、船舶经营人、船舶名称变更时,船舶应当将船舶签证簿交回船籍港海事管理机构注销。

第二十六条 船舶不得伪造、变造、租借、冒用、骗取船舶签证簿。

第四章 监督检查与法律责任

第二十七条 海事管理机构应当加强对船舶签证的监督检查。海事管理机构实施监督检查时,有关单位和个人应当予以协助和配合,不得拒绝、妨碍或者阻挠。

第二十八条 发现船舶未按照规定办理船舶签证的,海事管理机构应当责令船舶办理签证,并可以责令船舶到指定地点接受查处;拒不改正的,可以采取禁止进港、离港或者停止航行等措施。

第二十九条 发现船舶不再满足办理定期船舶签证条件的,应当要求船舶按照第二章第一节的规定办理航次船舶签证,并通知准予定期船舶签证的海事管理机构撤销有关船舶的定期船舶签证。

第三十条 发现船舶以不正当手段取得船舶签证,尚未出港的,海事管理机构应当撤销船舶签证,并在船舶签证簿内签注撤销的原因、日期,加盖印章;已经出港的,海事管理机构应当进行调查处理或者通知下一抵达地的海事管理机构进行调查处理。

第三十一条 海事管理机构在监督检查过程中对下列事项应当在船舶签证簿中予以记载,并通报船籍港海事管理机构:

(一)船舶受到海事行政处罚的;

(二)船舶发生水上交通事故和船舶污染事故的;

(三)船舶被禁止离港的。

船籍港海事管理机构对收到的上述信息应当予以记录,并协助调查处理。

第三十二条 船舶违反船舶签证管理规定应当给予行政处罚的,按照交通部颁布的海事行政处罚规定执行。

第三十三条 海事管理机构的工作人员有滥用职权、徇私舞弊、玩忽职守等行为的,由其所在单位或者上级机关依法给予行政处分;构成犯罪的,由司法机关依法追究刑事责任。

第五章 附 则

第三十四条 本规则所称安全诚信船舶,是指符合下列条件,被中华人民共和国海事局评定为安全诚信的船舶:

(一)12 个月内最近一次船舶安全检查或者港口国监督检查记录良好,无严重缺陷;

(二)取得船舶安全管理证书(SMC)2 年以上,且在最近 3 年内未被实施跟踪审核或者附加审核;

(三)最近 3 年未发生安全、污染责任事故;

(四)最近 3 年未受到海事行政处罚;

(五)船龄为 12 年及以下的船舶,最近 3 年内船舶安全检查或者港口国监督检查中未发生滞留;船龄为 12 年以上的船舶,最近 5 年内船舶安全检查或者港口国监督检查中未发生滞留。

第三十五条 海事管理机构应当逐步建立、完善有关办理船舶签证所需的船舶、船员管理等基础数据平台,方便船舶或者其经营人办理签证和进出港报告。

第三十六条 交通部对高速客船、滚装船等特殊船舶的签证有特别规定的,适用特别规定。

第三十七条 本规则自 2007 年 10 月 1 日起施行。1993 年 5 月 17 日交通部发布的《中华人民共和国船舶签证管理规则》(交通部令 1993 年第 3 号)同时废止。

十二、中华人民共和国船舶载运危险货物安全监督管理规定

第一章 总 则

第一条 为加强船舶载运危险货物监督管理,保障水上人命、财产安全,防止船舶污染环境,依据《中华人民共和国海上交通安全法》《中华人民共和国海洋环境保护法》《中华人民共和国港口法》《中华人民共和国内河交通安全管理条例》《中华人民共和国危险化学品安全管理条例》和有关国际公约的规定,制定本规定。

第二条 本规定适用于船舶在中华人民共和国管辖水域载运危险货物的活动。

第三条 交通部主管全国船舶载运危险货物的安全管理工作。中华人民共和国海事局负责船舶载运危险货物的安全监督管理工作。

交通部直属和地方人民政府交通主管部门所属的各级海事管理机构依照有关法律、法规和本规定,具体负责本辖区船舶载运危险货物的安全监督管理工作。

第四条 船舶载运危险货物,必须符合国家安全生产、水上交通安全、防治船舶污染的规定,保证船舶人员和财产的安全,防止对环境、资源以及其他船舶和设施造成损害。

第五条 禁止利用内河以及其他封闭水域等航运渠道运输剧毒化学品以及交通部规定禁止运输的其他危险化学品。

禁止在普通货物中夹带危险货物,不得将危险货物匿报或者报为普通货物。

禁止未取得危险货物适装证书的船舶以及超过交通部规定船龄的船舶载运危险货物。

第二章 通航安全和防污染管理

第六条 载运危险货物的船舶在中国管辖水域航行、停泊、作业,应当遵守交通部公布的以及海事管理机构在其职权范围内依法公布的水上交通安全和防治船舶污染的规定。

对在中国管辖水域航行、停泊、作业的载运危险货物的船舶,海事管理机构应当进行监督。

第七条 载运危险货物的船舶应当选择符合安全要求的通航环境航行、停泊、作业,并顾及在附近航行、停泊、作业的其他船舶以及港口和近岸设施的安全,防止污染环境。海事管理机构规定危险货物船舶专用航道、航路的,载运危险货物的船舶应当遵守规定航行。

载运危险货物的船舶通过狭窄或者拥挤的航道、航路,或者在气候、风浪比较恶劣的条件下航行、停泊、作业,应当加强瞭望,谨慎操作,采取相应的安全、防污措施。必要时,还应当落实辅助船舶待命防护等应急预防措施,或者向海事管理机构请求导航或者护航。

载运爆炸品、放射性物品、有机过氧化物、闪点28℃以下易燃液体和液化气的船,不得与其他驳船混合编队拖带。

对操作能力受限制的载运危险货物的船舶,海事管理机构应当疏导交通,必要时可实行相应的交通管制。

第八条 载运危险货物的船舶在航行、停泊、作业时应当按规定显示信号。

其他船舶与载运危险货物的船舶相遇,应当注意按照航行和避碰规则的规定,尽早采取相应的行动。

第九条 在船舶交通管理(VTS)中心控制的水域,船舶应当按照规定向交通管理(VTS)中心报告,并接受该中心海事执法人员的指令。

对报告进入船舶交通管理(VTS)中心控制水域的载运危险货物的船舶,海事管理机构应当进行标注和跟踪,发现违规航行、停泊、作业的,或者认为可能影响其他船舶安全的,海事管理机构应当及时发出警告,必要时依法采取相应的措施。

船舶交通管理(VTS)中心应当为向其报告的载运危险货物的船舶提供相应的水上交通安全信息服务。

第十条 在实行船舶定线制的水域,载运危险货物的船舶应当遵守船舶定线制规定,并使用规定的通航分道航行。

在实行船位报告制的水域,载运危险货物的船舶应当按照海事管理机构的规定,加入船位报告系统。

第十一条 载运危险货物的船舶从事水上过驳作业,应当符合国家水上交通安全和防止船舶污染环境的管理规定和技术规范,选择缓流、避风、水深、底质等条件较好的水域,尽量远离人口密集区、船舶通航密集区、航道、重要的民用目标或者设施、军用水域,制定安全和防治污染的措施和应急计划并保证有效实施。

第十二条 载运危险货物的船舶在港口水域内从事危险货物过驳作业,应当根据交通部有关规定向港口行政管理部门提出申请。港口行政管理部门在审批时,应当就船舶过驳作业的水域征得海事管理机构的同意。

载运散装液体危险性货物的船舶在港口水域外从事海上危险货物过驳作业,应当由船舶或者其所有人、经营人或者管理人依法向海事管理机构申请批准。

船舶从事水上危险货物过驳作业的水域,由海事管理机构发布航行警告或者航行通告予以公布。

第十三条 申请从事港口水域外海上危险货物单航次过驳作业的,申请人应当提前24小时向海事管理机构提出申请;申请在港口水域外特定海域从事多航次危险货物过驳作业的,申请人应当提前7日向海事管理机构提出书面申请。

船舶提交上述申请,应当申明船舶的名称、国籍、吨位,船舶所有人或者其经营人或者管理人、船员名单,危险货物的名称、编号、数量,过驳的时间、地点等,并附表明其业已符合本规定第十一条规定的相应材料。

海事管理机构收到齐备、合格的申请材料后,对单航次作业的船舶,应当在24小时内做出批准或者不批准的决定;对在特定水域多航次作业的船舶,应当在7日内做出批准或者不批准的决定。海事管理机构经审核,对申请材料显示船舶及其设备、船员、作业活动及安全和环保措施、作业水域等符合国家水上交通安全和防治船舶污染环境的管理规定和技术规范的,应当予以批准并及时通知申请人。对未予批准的,应当说明理由。

第十四条 载运危险货物的船舶排放压载水、洗舱水,排放其他残余物或者残余物与水的混合物,应当按照国家有关规定进行排放。

禁止船舶在海事管理机构依法设定并公告的禁止排放水域内,向水体排放任何禁排物品。

第十五条　载运危险货物的船舶发生水上险情、交通事故、非法排放事件，应当按照规定向海事管理机构报告，并及时启动应急计划和采取应急措施，防止损害、危害的扩大。

海事管理机构接到报告后，应当启动相应的应急救助计划，支援当事船舶尽量控制并消除损害、危害的态势和影响。

第三章　船舶管理

第十六条　从事危险货物运输的船舶所有人或者其经营人或者管理人，应当根据国家水上交通安全和防治船舶污染环境的管理规定，建立和实施船舶安全营运和防污染管理体系。

第十七条　载运危险货物的船舶，其船体、构造、设备、性能和布置等方面应当符合国家船舶检验的法律、行政法规、规章和技术规范的规定，国际航行船舶还应当符合有关国际公约的规定，具备相应的适航、适装条件，经中华人民共和国海事局认可的船舶检验机构检验合格，取得相应的检验证书和文书，并保持良好状态。

载运危险货物的船用集装箱、船用刚性中型散装容器和船用可移动罐柜，应当经中华人民共和国海事局认可的船舶检验机构检验合格后，方可在船上使用。

第十八条　曾装运过危险货物的未清洁的船用载货空容器，应当作为盛装有危险货物的容器处理，但经采取足够措施消除了危险性的除外。

第十九条　载运危险货物的船舶应当制定保证水上人命、财产安全和防治船舶污染环境的措施，编制应对水上交通事故、危险货物泄漏事故的应急预案以及船舶溢油应急计划，配备相应的应急救护、消防和人员防护等设备及器材，并保证落实和有效实施。

第二十条　载运危险货物的船舶应当按照国家有关船舶安全、防污染的强制保险规定，参加相应的保险，并取得规定的保险文书或者财务担保证明。

载运危险货物的国际航行船舶，按照有关国际公约的规定，凭相应的保险文书或者财务担保证明，由海事管理机构出具表明其业已办理符合国际公约规定的船舶保险的证明文件。

第二十一条　船舶载运危险货物，应当符合有关危险货物积载、隔离和运输的安全技术规范，并只能承运船舶检验机构签发的适装证书中所载明的货种。

国际航行船舶应当按照《国际海运危险货物规定》，国内航行船舶应当按照《水路危险货物运输规定》，对承载的危险货物进行正确分类和积载，保障危险货物在船上装载期间的安全。

对不符合国际、国内有关危险货物包装和安全积载规定的，船舶应当拒绝受载、承运。

第二十二条　船舶进行洗(清)舱、驱气或者置换，应当选择安全水域，远离通航密集区、船舶定线制区、禁航区、航道、渡口、客船码头、危险货物码头、军用码头、船闸、大型桥梁、水下通道以及重要的沿岸保护目标，并在作业之前报海事管理机构核准，核准程序和手续按本规定第十三条关于单航次海上危险货物过驳作业的规定执行。

船舶从事本条第一款所述作业活动期间，不得检修和使用雷达、无线电发报机、卫星船站；不得进行明火、拷铲及其他易产生火花的作业；不得使用供应船、车进行加油、加水作业。

第四章　申报管理

第二十三条　船舶载运危险货物进、出港口，或者在港口过境停留，应当在进、出港口之前提前24小时，直接或者通过代理人向海事管理机构办理申报手续，经海事管理机构批准后，方可进、出港口。国际航行船舶，还应当按照国务院颁布的《国际航行船舶进出中华人民共和国口岸检查办法》第六条规定的时间提前预报告。

定船舶、定航线、定货种的船舶可以办理定期申报手续。定期申报期限不超过一个月。

船舶载运尚未在《危险货物品名表》(国家标准 GB 12268)或者国际海事组织制定的《国际海运危险货物规则》内列明但具有危险物质性质的货物，应当按照载运危险货物的管理规定办理进、出港口申报。海事管理机构接到报告后，应当及时将上述信息通报港口所在地的港口行政管理部门。

办理申报手续可以采用电子数据处理(EDP)或者电子数据交换(EDI)的方式。

第二十四条 载运危险货物的船舶办理进、出港口申报手续，申报内容应至少包括：船名、预计进出港口的时间以及所载危险货物的正确名称、编号、类别、数量、特性、包装、装载位置等，并提供船舶持有安全适航、适装、适运、防污染证书或者文书的情况。

对于装有危险货物的集装箱，船舶需提供集装箱装箱检查员签名确认的“集装箱装箱证明书”。

对于易燃、易爆、易腐蚀、剧毒、放射性、感染性、污染危害性等危险品，船舶应当在申报时附具相应的危险货物安全技术说明书、安全作业注意事项、人员防护、应急急救和泄漏处置措施等资料。

第二十五条 海事管理机构收到船舶载运危险货物进、出港口的申报后，应当在 24 小时内做出批准或者不批准船舶进、出港口的决定。

对于申报资料明确显示船舶处于安全适航、适装状态以及所载危险货物属于安全状态的，海事管理机构应当批准船舶进、出港口。对有下列情形之一的，海事管理机构应当禁止船舶进、出港口：

(一)船舶未按规定办理申报手续；

(二)申报显示船舶未持有有效的安全适航、适装证书和防污染证书，或者货物未达到安全适运要求或者单证不全；

(三)按规定尚需国家有关主管部门或者进出口国家的主管机关同意后方能载运进、出口的货物，在未办理完有关手续之前；

(四)船舶所载危险货物系国家法律、行政法规禁止通过水路运输的；

(五)本港尚不具备相应的安全航行、停泊、作业条件或者相应的应急、防污染、保安等措施的；

(六)交通部规定不允许船舶进出港口的其他情形。

第二十六条 船舶载运需经国家其他有关主管部门批准的危险货物，或者载运需经两国或者多国有关主管部门批准的危险货物，应在装货前取得相应的批准文书并向海事管理机构备案。

第二十七条 船舶从境外载运有害废料进口，国内收货单位应事先向预定抵达港的海事管理机构提交书面报告并附送出口国政府准许其迁移以及我国政府有关部门批准其进口的书面材料，提供承运的单位、船名、船舶国籍和呼号以及航行计划和预计抵达时间等情况。

船舶出口有害废弃物，托运人应提交我国政府有关部门批准其出口，以及最终目的地国家政府准许其进口的书面材料。

第二十八条 核动力船舶、载运放射性危险货物的船舶以及总吨位 5 万以上的油船、散装化学品船、散装液化气船从境外驶向我国领海的，不论其是否挂靠中国港口，均应当在驶入中国领海之前，向中国船位报告中心通报：船名、危险货物的名称、装载数量、预计驶入的时间和概位、挂靠中国的第一个港口或者声明过境。挂靠中国港口的，还应当按照本规定第二十三条的规定申报。

第五章 人员管理

第二十九条 载运危险货物船舶的船员，应当持有海事管理机构颁发的适任证书和相应的培训合格证，熟悉所在船舶载运危险货物安全知识和操作规程。

第三十条 载运危险货物船舶的船员应当事先了解所运危险货物的危险性和危害性及安全预防措施，掌握安全载运的相关知识。发生事故时，应遵循应急预案，采取相应的行动。

第三十一条 从事原油洗舱作业的指挥人员，应当按照规定参加原油洗舱的特殊培训，具备船舶安全与防污染知识和专业操作技能，经海事管理机构考试、评估，取得合格证书后，方可上岗作业。

第三十二条 按照本规定办理船舶申报手续的人员，应当熟悉船舶载运危险货物的申报程序和相关要求。

第六章 法律责任

第三十三条 海事管理机构依法对载运危险货物的船舶实施监督检查，对违法的船舶、船员依法采取相应的措施。

海事管理机构发现载运危险货物的船舶存在安全或者污染隐患的，应当责令立即消除或者限期消除隐患；有关单位和个人不立即消除或者逾期不消除的，海事管理机构可以采取责令其临时停航、停止作业，禁止进港、离港，责令驶往指定水域，强制卸载，滞留船舶等强制性措施。

对有下列情形之一的，海事管理机构应当责令当事船舶立即纠正或者限期改正：

（一）经核实申报内容与实际情况不符的；

（二）擅自在非指定泊位或者水域装卸危险货物的；

（三）船舶或者其设备不符合安全、防污染要求的；

（四）危险货物的积载和隔离不符合规定的；

（五）船舶的安全、防污染措施和应急计划不符合规定的；

（六）船员不符合载运危险货物的船舶的适任资格的。

本规定第二十八条所述船舶违反国家水上交通安全和防治船舶污染环境的法律、行政法规以及《联合国海洋法公约》有关规定的，海事管理机构有权禁止其进入中国领海、内水、港口，或者责令其离开或者驶向指定地点。

第三十四条 载运危险货物的船舶违反本规定以及国家水上交通安全、防治船舶污染环境的规定，应当予以行政处罚的，由海事管理机构按照有关法律、行政法规和交通部公布的有关海事行政处罚的规定给予相应的处罚。

涉嫌构成犯罪的，由海事管理机构依法移送国家司法机关。

第三十五条 海事管理机构的工作人员有滥用职权、徇私舞弊、玩忽职守等严重失职行为的，由其所在单位或者上级机关给予行政处分；情节严重构成犯罪的，由司法机关依法追究刑事责任。

第七章　附　则

第三十六条　本规定所称“危险货物”,系指具有爆炸、易燃、毒害、腐蚀、放射性、污染危害性等特性,在船舶载运过程中,容易造成人身伤害、财产损失或者环境污染而需要特别防护的物品。

第三十七条　本规定自 2004 年 1 月 1 日生效。1981 年交通部颁布的《船舶装载危险货物监督管理规定》(〔81〕交港监字 2060 号)同时废止。

十三、中华人民共和国海事行政许可条件规定

第一章 总 则

第一条 为依法实施海事行政许可,维护海事行政许可各方当事人的合法权益,根据《中华人民共和国行政许可法》和有关海事管理的法律、行政法规以及中华人民共和国缔结或者加入的有关国际海事公约,制定本规定。

第二条 申请及受理、审查、决定海事行政许可所依照的海事行政许可条件,应当遵守本规定。

本规定所称海事行政许可,是指依据有关水上交通安全、防治船舶污染水域等海事管理的法律、行政法规、国务院决定设定的,由海事管理机构实施,或者由交通运输部实施、海事管理机构具体办理的行政许可。

第三条 海事管理机构在审查、决定海事行政许可时,不得擅自增加、减少或者变更海事行政许可条件。不符合本规定相应条件的,不得做出准予的海事行政许可决定。

第四条 海事行政许可条件应当按照《交通行政许可实施程序规定》予以公示。申请人要求对海事行政许可条件予以说明的,海事管理机构应当予以说明。

第五条 国家海事管理机构应当根据海事行政许可条件,统一明确申请人应当提交的材料。有关海事管理机构应当将材料目录予以公示。

申请人申请海事行政许可时,应当按照规定提交申请书和相关的材料,并对所提交材料的真实性和有效性负责。

申请变更海事行政许可、延续海事行政许可期限的,申请人可以仅就发生变更的事项或者情况提交相关的材料;已提交过的材料情况未发生变化的可以不再提交。

第二章 海事行政许可条件

第六条 通航水域岸线安全使用许可的条件:

(一)涉及使用岸线的工程、作业、活动已完成可行性研究;

(二)已经岸线安全使用的技术评估,符合水上交通安全的技术规范和要求;

(三)对影响水上交通安全的因素,已制定足以消除影响的措施。

第七条 通航水域水上水下活动许可的条件:

(一)水上水下活动已依法办理了其他相关手续;

(二)水上水下活动的单位、人员、船舶、设施符合安全航行、停泊和作业的要求;

(三)已制定水上水下活动的方案,包括起止时间、地点和范围、进度安排等;

(四)对安全和防污染有重大影响的,已通过通航安全评估;

(五)已建立安全、防污染的责任制,并已制定符合水上交通安全和防污染要求的保障措施和应急预案。

第八条 打捞或者拆除沿海水域内沉船沉物审批的条件：
(一)参与打捞或者拆除的单位、人员具备相应能力；
(二)已依法签订沉船沉物打捞或者拆除协议；
(三)从事打捞或者拆除作业的船舶、设施符合安全航行、停泊和作业的要求；
(四)已制订打捞或者拆除作业计划和方案，包括起止时间、地点和范围、进度安排等；
(五)对安全和防污染有重大影响的，已通过通航安全评估；
(六)已建立安全和防污染责任制，并已制定符合水上交通安全和防污染要求的措施和应急预案。

第九条 沿海水域划定禁航区和安全作业区审批的条件：
(一)就划定水域的需求，有明确的事实和必要的理由；
(二)符合附近军用或者重要民用目标的保护要求；
(三)对水上交通安全和防污染有重大影响的，已通过通航安全和环境影响技术评估；
(四)用于设置航路和锚地的水域已进行勘测或者测量，水域的底质、水文、气象等要素满足通航安全的要求；
(五)符合水上交通安全与防污染要求，并已制定安全、防污染措施。

第十条 船舶进入或者穿越禁航区许可的条件：
(一)有因人命安全、防污染、保安等特殊需要进入和穿越禁航区的明确事实和必要理由；
(二)禁航区的安全和防污染条件适合船舶进入或者穿越；
(三)船舶满足禁航区水上交通安全和防污染的特殊要求，并已制定保障安全、防治污染和保护禁航区的措施和应急预案；
(四)进入或者穿越军事禁航区的，已经军事主管部门同意。

第十一条 大型设施、移动式平台、超限物体水上拖带审批的条件：
(一)确有拖带的需求和必要的理由；
(二)拖船适航、适拖，船员适任；
(三)海上拖带已经拖航检验，在内河拖带超限物体的，已通过安全技术评估；
(四)已制订拖带计划和方案，有明确的拖带预计起止时间和地点及航经的水域；
(五)满足水上交通安全和防污染要求，并已制定保障水上交通安全、防污染的措施以及应急预案。

第十二条 外国籍船舶或飞机入境从事海上搜救审批的条件：
(一)入境是出于海上人命搜寻救助的目的；
(二)有明确的搜救计划、方案，包括时间、地点、范围以及投入搜救的船舶与飞机的基本情况；
(三)派遣的搜救飞机和船舶如为军用的，已经军事主管部门批准。

第十三条 专用航标的设置、撤除、位移和其他状况改变审批的条件：
(一)拟设置、撤除、位移和其他状况改变的航标属于依法由公民、法人或者其他组织自行设置且属于海事管理机构管理职责范围内的专用航标；
(二)航标的设置、撤除、位移和其他状况改变符合航行安全、经济、便利等要求及航标正常使用的要求；
(三)航标及其配布符合国家有关技术规范和标准；

（四）航标设计、施工方案，已经专门的技术评估或者专家论证；

（五）申请设置航标的，已制定航标维护方案，方案中确定的维护单位已建立航标维护质量保证体系。

第十四条 外国籍船舶进入或者临时进入非对外开放水域许可的条件：

（一）外国籍船舶临时进入非对外开放水域已经当地口岸检查机关、军事主管部门、地方人民政府同意；

（二）拟临时对外开放水域适合外国籍船舶进入，具备船舶航行、停泊、作业的安全、防污染和保安条件；

（三）船舶状况满足拟进入水域的水上交通安全、防污染和保安要求；

（四）船舶已制定保障水上交通安全、防污染和保安的措施以及应急预案。

第十五条 国际航行船舶进出口岸审批的条件：

国际航行船舶进口岸审批的条件：

（一）船舶具有齐备、有效的证书、文书与资料；

（二）船舶配员符合最低安全配员的要求，船员具备适任资格；

（三）船舶状况符合航行、停泊、作业的安全、防污染和保安等要求，并已制定各项安全、防污染和保安措施与应急预案。需要护航的，已经向海事管理机构申请；

（四）船舶拟进入、通过的水域为对国际航行船舶开放水域，停靠的码头、泊位、港外装卸点满足安全、防污染和保安要求；

（五）载运货物的船舶，符合安全积载和系固的要求，并且没有国家禁止入境的货物或者物品；载运危险货物的船舶按规定已办理船舶载运危险货物申报手续；

（六）核动力船舶或者其他特定的船舶，符合我国法律、行政法规、规章的相关规定。

国际航行船舶出口岸审批的条件：

（一）船舶具有齐备、有效的证书、文书与资料；

（二）船舶配员符合最低安全配员的要求，船员具备适任资格；

（三）船舶状况符合航行、停泊、作业的安全、防污染和保安等要求，并已制定各项安全、防污染和保安措施与应急预案。需要护航的，已经向海事管理机构申请；

（四）载运危险货物的船舶，已办妥适装许可，载运情况符合船舶载运危险货物的安全、防污染和保安管理要求；

（五）船舶船旗国或者港口国对船舶的安全检查情况和缺陷纠正情况符合规定的要求，对海事管理机构的警示，已经采取有效的措施；

（六）已依法缴纳税、费和其他应当在开航前交付的费用，或者已提供适当的担保；

（七）违反海事行政管理的行为已经依法予以处理；

（八）禁止船舶航行的司法或者行政强制措施已经依法解除；

（九）核动力船舶或者其他特定的船舶，符合我国法律、行政法规、规章的相关规定；

（十）已经其他口岸检查机关同意。

第十六条 国内航行船舶进出港签证的条件：

国内航行船舶进港签证的条件：

（一）船舶具有齐备、有效的证书、文书与资料；

（二）船舶配员符合最低安全配员的要求，船员具备适任资格；

(三)船舶状况符合航行、停泊、作业的安全和防污染等要求,并已制定各项安全和防污染措施与应急预案,需要护航的,已经向海事管理机构申请;

(四)船舶拟进入、通过的水域和停靠的码头、泊位均满足安全和防污染的要求;

(五)载运货物的船舶,符合安全积载和系固的要求,载运危险货物船舶按规定已办理船舶载运危险货物申报手续;

(六)核动力船舶或者其他特定种类的船舶,符合我国法律、行政法规、规章的相关规定。

国内航行船舶出港签证的条件:

(一)船舶具有齐备、有效的证书、文书与资料;

(二)船舶配员符合最低安全配员的要求,船员具备适任资格;

(三)船舶状况符合航行、停泊、作业的安全和防污染等要求,并已制定各项安全和防污染措施与应急预案,需要护航的,已经向海事管理机构申请;

(四)载运危险货物的船舶,已办妥适装许可,载运情况符合船舶载运危险货物的安全和防污染的管理要求;

(五)船舶的安全检查情况和缺陷纠正情况符合规定的要求,对海事管理机构的安全警示,已经采取有效的措施;

(六)已依法缴纳税、费和其他应当在开航前交付的费用,或者已提供适当的担保;

(七)违反海事行政管理的行为已经依法予以处理;

(八)禁止船舶航行的司法或者行政强制措施已经依法解除;

(九)核动力船舶或者其他特定种类的船舶,符合我国法律、行政法规、规章的相关规定。

第十七条 船舶国籍证书核发的条件:

船舶国籍证书签发的条件:

(一)船舶已依法办理船舶所有权登记;

(二)船舶具备适航技术条件,并经船舶检验机构检验合格;

(三)船舶不具有造成双重国籍或者两个及以上船籍港的情形;

(四)船舶国籍的登记人为船舶所有人、经营人。

船舶临时国籍证书签发的条件:

(一)申请签发临时国籍证书的船舶属于下列情形之一:

1. 向境外出售的船舶,或者由境外公民、法人、其他组织在中华人民共和国境内订造的新船,属于境外到岸交船的;

2. 中华人民共和国公民、法人、政府或其他组织从境外购买或者订造的船舶,属于境外离岸交船的;

3. 中华人民共和国公民、法人、政府或者其他组织以光船条件租赁的境外登记的船舶;

4. 需要办理临时国籍登记的境内新造船舶;

5. 境内新造船舶试航的。

(二)已取得船舶所有权或者签订了生效的光船租赁合同;

(三)船舶国籍的登记人为船舶所有人或者以光船租赁形式经营境外登记船舶的承租人;

(四)船舶具备相应的适航技术条件,并经船舶检验机构检验合格;

(五)船舶不具有造成双重国籍或者两个及以上船籍港的情形;

(六)船舶已取得经海事管理机构核定的船名和船舶识别号。

第十八条 国际船舶保安证书核发的条件：

船舶保安计划批准的条件：

(一)船舶已通过船舶保安评估；

(二)船舶保安计划由船公司或者规定的保安组织编制；

(三)船舶保安计划符合相应的编制规范和船舶的保安要求；

(四)已对船舶保安评估发现的缺陷予以纠正或者做出妥善的安排。

国际船舶保安证书的条件：

(一)船舶具备有效的船舶国籍证书和《连续概要记录》；

(二)船舶按照规定标注了永久识别号，并按规定配备了满足《1974年国际海上人命安全公约》要求的船舶保安报警系统；

(三)船舶按照规定配备了合格的船舶保安员；

(四)船舶具有经批准的《船舶保安计划》；

(五)船舶已通过保安核验。

临时国际船舶保安证书的条件：

(一)符合下列情形之一：

1. 船舶在交船时或者在投入营运、重新投入营运之前，尚未取得《国际船舶保安证书》；

2. 船舶的国籍从非中国籍变更为中国籍；

3. 船舶由以前未经营过这类船舶的公民、法人或者其他组织承担了经营责任。

(二)船舶已通过船舶保安评估。

(三)船上配有符合要求且已提交审核、报批并已付诸实施的《船舶保安计划》副本。

(四)船舶按照规定标注了永久识别号，并按规定配备了满足《1974年国际海上人命安全公约》要求的船舶保安报警系统。

(五)公司保安员对船舶保安核验工作已作计划与安排，并承诺船舶将在6个月内通过保安核验。

(六)船舶已配备符合保安要求的船舶保安员。

(七)船长、船舶保安员和承担具体保安职责的其他船舶人员熟悉保安职责和责任，熟悉《船舶保安计划》的有关规定。

第十九条 船舶油污损害民事责任保险或其他财务保证证书核发的条件：

(一)船舶为海事管理机构登记的本船籍港船舶；

(二)其所持的油污保险或其他财务保证证书，为具有相应赔偿能力的金融机构或者互助性保险机构办理；

(三)其保险金额不得低于《中华人民共和国船舶油污损害民事责任保险实施办法》的规定。

第二十条 船舶污染物接收单位从事船舶垃圾、残油、含油污水、含有毒有害物质污水接收作业审批的条件：

(一)作业单位具备相关作业的接收和处理能力；

(二)从事污染危害物接收作业的人员具备从事相关作业的能力；

(三)来自疫区的船舶污染物已经过检验检疫部门的处理；

(四)已制定相关作业的安全、防污染措施和应急反应预案；

(五)对污染危害物的处理方案符合防治水域污染的有关规定。

第二十一条 防止船舶污染港区水域作业许可的条件:

船舶、码头、设施使用化学消油剂的许可条件:

(一)申请使用的化学消油剂已经过专业机构的型号认可;

(二)符合规定的使用范围和规范的使用方法;

(三)申请使用的剂量与消油的数量相当,与防止水域环境污染的要求相符;

(四)有防止水域污染和保障安全的措施或应急预案。

船舶在沿海港口使用焚烧炉的许可条件:

(一)港口不具备相应污染物接收处理能力;

(二)船舶贮存设备不能满足下一航次的需要;

(三)焚烧炉已经专业机构的型号认可并检验合格;

(四)焚烧物为本船舶产生的船舶垃圾或残油;

(五)符合安全与防污染的有关要求;

(六)已制定防止水域污染和保障安全的措施或应急预案。

船舶在港区水域洗舱、清舱、驱气的许可条件:

(一)已制定符合安全与防污染要求的作业方案、保障措施和应急计划;

(二)使用的设备适用于相应用途并经检验合格;

(三)作业人员经过相应的安全和防污染培训;

(四)作业单位具有相应的能力;

(五)船舶驱气作业水域符合相应的水上交通安全、防污染条件;

(六)对作业产生的污染物处理方案符合防止水域污染的有关规定。

船舶在港区水域排放压载水、洗舱水、残油、含油污水的许可条件:

(一)排入接收船舶或接收设施的,接收船舶或接收设施具有相应的接收处理能力,从事污染危害物接收作业的人员已经过相应培训;

(二)排入水域的,符合相应的排放标准;

(三)来自疫区的压载水、洗舱水已经过检验检疫部门的处理,不造成水域污染;

(四)已制定相应作业的安全、防污染措施和应急反应预案;

(五)对洗舱水、残油、油污水等污染危害物的处理方案符合防止水域污染的有关规定。

沿海港口船舶舷外拷铲及油漆作业的许可条件:

(一)已制定相应的安全与防污染措施;

(二)船舶未进行危险货物装卸作业;

(三)进行拷铲作业的船舶未装载危险货物。

冲洗沾有污染物、有毒有害物质的甲板的许可条件:

(一)甲板上沾有的污染物、有毒有害物质已进行充分回收处理;

(二)排放入水的冲洗物符合排放标准;

(三)排放的水域不是海事管理机构公布的保护水域或者禁止排放水域;

(四)已制定相应的防污染措施和应急预案。

船舶水上拆解、海上修造船舶作业的许可条件:

(一)拆船、修造船作业地点符合防止污染的有关规定,并通过专业机构的评估;

（二）作业方案及保障措施符合水上交通安全与防污染的要求；

（三）拆船、船舶修造单位已按规定制订溢油污染应急计划和配备相应的设备和器材；

（四）需要测爆的，持有有效的测爆证书；

（五）拆船申请人已依法办理废钢船的所有权登记；

（六）船舶残油、污油水、生活污水、垃圾、货物残余物、臭氧消耗型物质等可在拆船前清除的船舶污染物已清除完毕。

第二十二条　载运危险货物和污染危害性货物进出港口审批的条件：

（一）船舶持有齐备、有效的证书、文书与资料；

（二）申报的危险货物、污染危害性货物符合船舶的适装要求，且不属于国家规定禁止通过水路运输的货物；

（三）船舶的设施、装备满足载运危险货物、污染危害性货物的要求，船舶的装载符合载运危险货物和污染危害性货物安全、防污染和保安的管理规定和技术规范；

（四）拟进行危险货物和污染危害性货物装卸作业的港口、码头、泊位，具备危险货物和污染危害性货物作业的法定资质，符合危险货物和污染危害性货物作业的安全和防污染要求；

（五）需要办理货物进出口手续的已按有关规定办理；船舶载运的污染危害性货物同时属于危险货物的，其货物所有人、承运人或者代理人可将污染危害性货物申报和危险货物申报合并办理；

对于过境停留的污染危害性货物，免予办理货物适运申报。

第二十三条　船舶进行散装液体危险货物水上过驳作业审批的条件：

（一）拟进行过驳作业的船舶或者浮动设施满足水上交通安全与防污染的要求；

（二）拟作业的货物适合过驳；

（三）参加过驳的人员具备从事过驳作业的能力；

（四）作业水域及其底质和周边环境适宜过驳作业的正常进行；

（五）过驳作业对水域环境、资源以及附近的军事目标、重要民用目标不构成威胁；

（六）已制定过驳作业方案、保障措施和应急预案，并符合水上交通安全与防污染的要求。

第二十四条　危险化学品水路运输人员资格注册认可的条件：

申报人员资格注册认可的条件：

（一）具有中华人民共和国国籍；

（二）年满 18 周岁，具有完全民事行为能力；

（三）已接受过能够满足《国际海运危险货物运输规则》第 1.3 章要求的培训，并通过危险货物申报人员资格考试，持有有效的合格证明；

（四）已与具有船舶代理、货运代理资格的申报单位签订合法有效的劳动合同关系。首次申请危险货物申报人员资格注册的，应当经过在同一个危险货物申报单位连续 3 个月的危险货物申报业务实习；

（五）无《危险货物申报员/装箱检查员资格证书》被停止使用的情形。

集装箱装箱现场检查员资格注册认可的条件：

（一）具有中华人民共和国国籍；

（二）年满 18 周岁，具有完全民事行为能力；

（三）具有正常辨色力：无红、绿、蓝色盲；

(四)已接受过能够满足《国际海运危险货物规则》第 1.3 章要求的培训,并通过危险货物装箱检查人员资格考试,持有有效的合格证明;

(五)已与装箱单位签订合法有效的劳动合同关系;首次申请危险货物装箱检查人员资格注册的,应当经过在同一个装箱单位连续 3 个月的危险货物装箱业务实习;

(六)无"危险货物申报员/装箱检查员资格证书"被停止使用的情形。

第二十五条 船舶所有人、经营人或者管理人防治船舶有关作业活动污染海洋环境应急预案审批的条件:

(一)应急预案审批的申请主体为船舶所有人、经营人或者管理人;

(二)船舶系总吨位 150 及以上的油船或者总吨位 400 及以上的非油船;

(三)应急预案内容符合防治污染海洋环境和船上油污应急计划编制的相关要求。

第二十六条 船员服务簿签发的条件:

(一)满足规定的年龄要求;

(二)经体检符合交通运输部公布的船员体检标准;

(三)已完成规定的船员基本安全培训,并通过海事管理机构的考试或者考核。

第二十七条 船员(引航员)适任证书核发的条件:

(一)已取得船员服务簿;

(二)满足规定的年龄要求,符合船员体检标准,海船船员需持有相应的健康证明;

(三)完成规定的适任培训并通过适任考试和评估以及已完成规定的船上培训或见(实)习,持有相应的培训合格证、特殊培训合格证;

(四)满足规定的服务资历,适任状况和安全记录良好。

第二十八条 海员证核发的条件:

(一)年满 18 周岁并享有中华人民共和国国籍的公民;

(二)已依法取得船员服务簿;

(三)符合规定的船员体检标准;

(四)有确定的海员出境任务;

(五)无法律、行政法规规定的禁止出境的情形。

第二十九条 从事海船船员服务业务审批的条件:

从事甲级海船船员服务业务的机构的条件:

(一)在中华人民共和国境内依法设立的法人;

(二)有不少于 300 平方米的固定办公场所;

(三)有 2 名以上具有海船无限航区高级船员任职资历的专职管理人员和 5 名以上专职业务人员;

(四)从事乙级海船船员服务业务 3 年以上,并且最近 3 年来为国内沿海船舶提供配员 500 人以上;

(五)按照中华人民共和国海事局的规定,建立船员服务质量管理制度、人员和资源保障制度、教育培训制度、应急处理制度和服务业务报告制度等海船船员服务管理制度。

从事乙级海船船员服务业务的机构的条件:

(一)在中华人民共和国境内依法设立的法人;

(二)有不少于 150 平方米的固定办公场所;

（三）有2名以上具有海船无限航区或者沿海航区高级船员任职资历的专职管理人员和2名以上专职业务人员；

（四）按照中华人民共和国海事局的规定，建立船员服务质量管理制度、人员和资源保障制度、教育培训制度、应急处理制度和服务业务报告制度等海船船员服务管理制度。

第三十条 培训机构从事船员（引航员）培训业务审批的条件：

培训机构从事海船船员培训业务的条件：

（一）有符合船员培训项目要求的场地、设施和设备；

（二）有符合要求的与船员培训项目相适应的教学人员，教学人员总数的80%应当通过国家海事管理机构组织的考试，并取得相应证明；

（三）有与船员培训项目相适应的管理人员：

1. 配备专职教学管理人员、教学设施设备管理人员、培训发证管理人员和档案管理人员；

2. 教学管理人员至少2人，具有航海类中专以上学历或者其他专业大专以上学历，熟悉相关法规，熟悉所管理的培训项目；

3. 教学设施设备管理人员至少1人，具有中专以上学历，能够熟练操作所管理的设施、设备；

（四）有健全的船员培训管理制度，具体包括学员管理制度、教学人员管理制度、培训证明发放制度、教学设施设备管理制度和档案管理制度；

（五）有健全的安全防护制度，具体包括人身安全防护制度和突发事件应急制度等；

（六）有符合交通运输部规定的船员培训质量控制体系。

培训机构从事内河船舶船员培训业务的条件：

（一）有符合船员培训项目要求的场地、设施和设备；

（二）有符合要求的与船员培训项目相适应的教学人员，教学人员总数的80%应当通过国家海事管理机构组织的考试，并取得相应证明；

（三）有与船员培训项目相适应的管理人员：

1. 配备专职教学管理人员、教学设施设备管理人员、培训发证管理人员和档案管理人员；

2. 教学管理人员至少2人，具有水运类中专以上学历，或者其他专业大专以上学历，熟悉相关国内法规，熟悉所管理的培训项目；

3. 教学设施设备管理人员至少1人，具有中专以上学历，能够熟练操作所管理的设施、设备；

（四）有健全的船员培训管理制度，具体包括学员管理制度、教学人员管理制度、培训证明发放制度、教学设施设备管理制度、档案管理制度；

（五）有健全的安全防护制度，具体包括人身安全防护制度和突发事件应急制度等；

（六）有符合交通运输部规定的船员培训质量控制体系。

第三十一条 从事海员外派业务审批的条件：

（一）在中华人民共和国境内依法设立的法人；

（二）有与外派规模相适应的固定办公场所；

（三）有至少2名具有国际航行海船管理级船员任职资历的专职管理人员和至少3名具有2年以上海员外派相关从业经历的管理人员；

（四）具有进行外派海员任职前培训和岗位技能训练及处理海员外派相关法律事务的

能力;

（五）按照国家海事管理机构的规定，建立船员服务质量管理制度、人员和资源保障制度、教育培训制度、应急处理制度和服务业务报告制度等海员外派管理制度；

（六）具有自有外派海员100人以上；

（七）注册资本不低于600万元人民币；

（八）具有足额交纳100万元人民币海员外派备用金的能力；

（九）机构及其法定代表人具有良好的商业信誉，最近3年内没有重大违约行为和重大违法记录。

第三十二条 航运公司安全营运与防污染能力符合证明核发的条件：

公司《临时符合证明》签发的条件：

（一）具有法人资格；

（二）新建立或者重新运行安全管理体系，或者在公司《临时符合证明》或者《符合证明》上增加新的船舶种类；

（三）已做出在取得《临时符合证明》后6个月内运行安全管理体系的计划安排；

（四）已通过相关机构对公司的安全管理体系审核；

（五）申请人如是《符合证明》或者《临时符合证》失效的公司，还应当满足距前一《符合证明》或者《临时符合证明》失效日已超过6个月。

公司《符合证明》签发的条件：

（一）具有法人资格；

（二）安全管理体系已在岸基和每一船种至少1艘船上运行3个月；

（三）持有有效的《临时符合证明》；

（四）已通过相关机构对公司的安全管理体系审核。

船舶《临时安全管理证书》签发的条件：

（一）新纳入或者重新纳入公司安全管理体系进行管理；

（二）已配备公司制定的适用于本船的安全管理体系文件；

（三）公司已取得适用于该船舶种类的《临时符合证明》或《符合证明》；

（四）在船舶所有人未变更的情况下，前两次未连续持有《临时安全管理证书》；

（五）船舶委托管理的，负责管理船舶的公司与船舶所有人或者经营人签订了船舶管理书面协议；

（六）已通过相关机构对船舶的安全管理体系审核。

船舶《安全管理证书》签发的条件：

（一）已配备公司制定的适用于本船的安全管理体系文件；

（二）安全管理体系已在本船运行至少3个月；

（三）公司已取得适用于该船种的《符合证明》；

（四）持有有效的《临时安全管理证书》；

（五）已通过相关机构对船舶的安全管理体系审核。

第三十三条 设立验船机构审批的条件：

（一）具有与拟从事的船舶检验业务相适应的检验场所、设备、仪器、资料；

（二）具有拟从事的船舶检验业务的验船能力和责任能力；

（三）具有与拟从事的船舶检验业务相适应的执业验船人员；

（四）具有相应的检验工作制度和保证船舶检验质量的管理体系；

（五）拟从事的船舶检验业务范围符合交通运输部的规定；

（六）需要设立分支机构的，设置方案和管理制度符合船舶检验管理的要求；

（七）外国船舶检验机构在我国设立验船公司的，除满足上述条件外，验船公司雇佣的外国公民应当符合相应国家机关规定的资格和符合我国关于外国人从业的规定，并持有船旗国政府允许在华从事法定船舶检验业务的授权文件。

第三章 附 则

第三十四条 本规定自2015年7月1日起施行。2006年1月9日以交通部令2006年第1号公布的《中华人民共和国海事行政许可条件规定》同时废止。

十四、中华人民共和国海事行政强制实施程序规定

第一章　总　则

第一条　为规范海事行政强制行为,保护公民、法人和其他组织的合法权益,根据《中华人民共和国行政强制法》等法律法规制定本规定。

第二条　海事管理机构实施海事行政强制,适用本规定。

海事行政强制包括海事行政强制措施和海事行政强制执行。

海事管理机构依法采取应急措施或者临时措施处置突发事件不适用本规定。

第三条　中华人民共和国海事局是海事行政强制的主管机关。

各级海事管理机构有权依法做出各类行政强制决定。

各省级地方海事管理机构、直属海事管理机构可根据实际对所属海事管理机构的具体权限做出限定。

第四条　各级海事管理机构实施海事行政强制时,应当遵循合法、适当、教育与强制相结合的原则。

第二章　海事行政强制措施实施程序

第一节　一般规定

第五条　海事管理机构实施海事行政强制措施时,应当由 2 名以上海事执法人员实施,出示海事行政执法证件。

第六条　海事管理机构采取海事行政强制措施前,海事执法人员应当制作《海事行政强制审批表》(附件 1-1)①,报海事管理机构负责人批准。

经批准同意采取海事行政强制措施的,海事执法人员应当制作《海事行政强制措施决定书》(附件 1-2)①。

第七条　实施海事行政强制措施时,应当通知当事人到场,当场送达《海事行政强制措施决定书》。

当事人不到场的,应当邀请与当事人以及案件无利害关系的见证人到场。

第八条　当事人进行陈述和申辩的,应当充分听取当事人的意见,对当事人提出的事实、理由和证据进行复核;当事人提出的事实、理由或者证据成立的,海事管理机构应当采纳。

第九条　实施海事行政强制措施时,应当制作《海事行政强制现场笔录》(附件 1-3)①,记录送达、当事人陈述申辩和海事行政强制措施实施的情况,并由当事人和海事执法人员签名(盖章)。

---

①　附件略。

当事人拒绝签名(盖章)的,在笔录中予以注明;当事人未到场的,由见证人签名(盖章)。

第二节 查封、扣押程序

第十条 海事管理机构决定对当事人的船舶、设施、货物等实施查封、扣押措施的,除按照本章一般规定外,还应当遵守本节规定。

第十一条 海事管理机构采取查封、扣押措施的,应当制作《海事行政强制措施决定书》和查封、扣押清单。

查封、扣押清单应当由执法人员、当事人或者见证人签字(盖章),并详细载明查封、扣押的时间和地点,查封、扣押的船舶、货物、设施的基本信息、数量及状况等事项。

第十二条 海事管理机构采取查封、扣押措施后,应当及时查清事实,在三十日内做出处理决定。情况复杂,需要延长期限的,应当填写《海事行政强制审批表》,报海事管理机构负责人批准,但是延长期限最长不得超过三十日。

第十三条 对查封、扣押的船舶、设施、货物等做出以下处理前,海事管理机构应当制作并送达《查封/扣押告知书》(附件1-4)①:

(一)延长查封、扣押期限的;

(二)进行检测、检验、检疫或者技术鉴定的;

(三)依法没收或者销毁的。

第十四条 按《中华人民共和国行政强制法》第二十八条规定解除查封、扣押的,海事管理机构应当及时制作《解除查封/扣押决定书》(附件1-5)①和退还物品清单,经海事管理机构负责人批准后送达当事人。

退还物品清单应当由执法人员、当事人或者见证人签字(盖章),并载明退还时间、地点,退还查封、扣押的船舶、货物、设施等财物的基本信息、数量及状况等事项。

第三节 简易程序

第十五条 因情况紧急,有下列情形之一,可以按照本节规定当场实施海事行政强制措施:

(一)造成或者可能造成水上交通安全或者水域污染事故的,属于突发事件的除外;

(二)造成或者可能造成违法行为证据灭失的;

(三)其他可能对人身、财产、社会公共利益造成影响的紧急情况。

第十六条 当场实施海事行政强制措施的,海事执法人员应当当场告知当事人采取行政强制措施的理由、依据以及当事人依法享有的权利、救济途径,制作《海事行政强制现场笔录》,并在(返回岸上后)二十四小时内制作《海事行政强制审批表》,补办批准手续。

海事管理机构负责人认为不应当采取海事行政强制措施的,应当立即解除。

---

① 附件略。

第三章　海事行政强制执行实施程序

第一节　代履行

第十七条　海事管理机构依法做出要求当事人履行排除妨碍、恢复原状等义务的行政决定,当事人逾期不履行,经催告仍不履行,其后果已经或者将危害水上交通安全、造成水域污染或者破坏自然资源的,海事管理机构可以代履行,或者委托没有利害关系的第三人代履行。

第十八条　海事管理机构催告当事人履行排除妨碍、恢复原状等义务的行政决定时,应当制作《催告通知书》(附件1-6)①。

对违法船舶、设施等需要强制拆除的,海事管理机构在实施代履行前,除按前款规定催告外,还应当同时以适当方式予以公告,限期当事人自行拆除。

第十九条　当事人收到《催告通知书》后有权进行陈述和申辩。海事管理机构应当充分听取当事人的意见,对当事人提出的事实、理由和证据,应当进行记录、复核。当事人提出的事实、理由或者证据成立的,应当予以采纳。

第二十条　经催告,当事人在规定的期限内履行其应当承担义务的,海事管理机构不再实施代履行。

第二十一条　经催告,当事人逾期仍不履行行政决定,且无正当理由的,海事管理机构应当报海事管理机构负责人批准后,制作《海事行政强制代履行决定书》(附件1-7)①,送达当事人。

第二十二条　代履行三日前,海事管理机构应当制作《催告通知书》并送达当事人,催告当事人履行;当事人履行的,停止代履行。

第二十三条　代履行时,海事管理机构应当通知当事人到场,并派海事执法人员到场监督。

当事人不到场的,邀请见证人到场。

第二十四条　代履行实施完毕后,海事执法人员应当制作《海事行政强制现场笔录》,记载代履行情况,交当事人或者见证人、代履行人签名(盖章)。当事人拒绝签名(盖章)的,在笔录中予以注明。

第二十五条　需要立即清除水上、水下碍航物或者污染物的,海事管理机构可以按以下简易程序实施代履行:

(一)制作《海事行政强制代履行决定书》;

(二)当事人在场的,责令当事人立即予以清除;

(三)当事人不能立即清除或者不在场的,立即实施代履行;

(四)代履行实施完毕后,制作《海事行政强制现场笔录》。

当事人不在场的,应当事后立即通知当事人。

第二十六条　实施代履行时,有符合《中华人民共和国行政强制法》规定的中止或者终结情形的,海事管理机构应当及时中止或者终结,制作《海事行政强制中止执行决定书》(附件

---

①　附件略。

1-8)①或者《海事行政强制终结执行决定书》(附件1-9)①,送达当事人。

第二节 申请人民法院强制执行

第二十七条 海事管理机构向人民法院申请强制执行,应当符合以下条件:

(一)海事管理机构没有行政强制执行权;

(二)行政决定已生效并具有可执行的内容;

(三)当事人在法定期限内不申请行政复议或者提起行政诉讼,又不履行行政决定;

(四)当事人是行政决定所确定的义务人;

(五)海事管理机构自法定期限届满之日起三个月内提出书面申请。

第二十八条 拟申请人民法院强制执行,海事执法人员应当制作《海事行政强制审批表》,报海事管理机构负责人批准。

第二十九条 经海事管理机构负责人批准后,海事管理机构应当制作《催告通知书》,并送达当事人。

第三十条 《催告通知书》送达十日后当事人仍未履行义务的,海事管理机构可以制作《海事行政强制执行申请书》(附件1-10)①,并按照《中华人民共和国行政强制法》第五十五条规定提供材料,向有管辖权的人民法院申请强制执行。

第三十一条 向人民法院申请强制执行的案件,海事执法人员应当将海事行政决定、《海事行政强制审批表》、《催告通知书》及《海事行政强制执行申请书》等相关申请材料报海事管理机构法制部门审核。

经海事管理机构法制部门审核后,《海事行政强制执行申请书》应当由海事管理机构负责人签名,加盖海事管理机构印章,并注明日期。

第三十二条 海事管理机构对人民法院不予受理或者不予执行的裁定有异议的,可以自收到裁定之日起十五日内向上一级人民法院申请复议。

第四章 附 则

第三十三条 本规定所称突发事件系指突然发生,造成或者可能造成水上交通中断或者阻塞,重大船舶、设施安全或者污染事故等紧急情况,需要采取应急处置措施的自然灾害、事故灾难、公共卫生和社会安全事件。

第三十四条 海事行政强制实施完毕后应当将有关材料按照档案管理的规定立卷归档。

第三十五条 本规定中需要送达的强制文书,应当按照《中华人民共和国民事诉讼法》的规定送达,并在《海事行政强制文书送达回证》(附件1-11)①予以记录。

当事人要求使用电子邮件、传真、无线电甚高频(VHF)等方式送达的,海事管理机构可以按照当事人要求的方式送达。有证据表明当事人收悉的,海事执法人员应当在送达回证上记明相关情况,并妥善保存相关证据。

第三十六条 本规定自印发之日起施行,《中华人民共和国海事行政强制实施程序暂行规定》(海法规〔2004〕515号)同时废止。

---

① 附件略。

十五、中华人民共和国海上海事行政处罚规定

第一章　总　则

第一条　为规范海上海事行政处罚行为,保护当事人的合法权益,保障和监督海上海事行政管理,维护海上交通秩序,防止船舶污染水域,根据《海上交通安全法》《海洋环境保护法》《行政处罚法》及其他有关法律、行政法规,制定本规定。

第二条　对在中华人民共和国(简称"中国")管辖沿海水域及相关陆域发生的,或者在中国管辖沿海水域及相关陆域外但属于中国籍的海船发生的违反海事行政管理秩序的行为实施海事行政处罚,适用本规定。

中国籍船员在中国管辖沿海水域及相关陆域外违反海事行政管理秩序,并且按照中国有关法律、行政法规应当处以行政处罚的行为实施海事行政处罚,适用本规定。

第三条　实施海事行政处罚,应当遵循合法、公开、公正,处罚与教育相结合的原则。

第四条　海事行政处罚,由海事管理机构依法实施。

第二章　海事行政处罚的适用

第五条　海事管理机构实施海事行政处罚时,应当责令当事人改正或者限期改正海事行政违法行为。

第六条　对有两个或者两个以上海事行政违法行为的同一当事人,应当分别处以海事行政处罚,合并执行。

对有共同海事行政违法行为的当事人,应当分别处以海事行政处罚。

第七条　实施海事行政处罚,应当与海事行政违法行为的事实、性质、情节以及社会危害程度相适应。

第八条　海事行政违法行为的当事人有下列情形之一的,应当依照《行政处罚法》第二十七条的规定,从轻或者减轻给予海事行政处罚:

(一)主动消除或者减轻海事行政违法行为危害后果的;

(二)受他人胁迫实施海事行政违法行为的;

(三)配合海事管理机构查处海事行政违法行为有立功表现的;

(四)法律、行政法规规定应当依法从轻或者减轻行政处罚的情形。

海事行政违法行为轻微并及时得到纠正,没有造成危害后果的,不予海事行政处罚。

本条第一款所称依法从轻给予海事行政处罚,是指在法定的海事行政处罚种类、幅度范围内给予较轻的海事行政处罚。

本条第一款所称依法减轻给予海事行政处罚,是指在法定的海事行政处罚种类、幅度最低限以下给予海事行政处罚。

有海事行政违法行为的中国籍船舶和船员在境外已经受到处罚的,不得重复给予海事行

政处罚。

第九条 海事行政违法行为的当事人有下列情形之一的,应当从重处以海事行政处罚:

(一)造成较为严重后果或者情节恶劣;

(二)一年内因同一海事行政违法行为受过海事行政处罚;

(三)胁迫、诱骗他人实施海事行政违法行为;

(四)伪造、隐匿、销毁海事行政违法行为证据;

(五)拒绝接受或者阻挠海事管理机构实施监督管理;

(六)法律、行政法规规定应当从重处以海事行政处罚的其他情形。

本条第一款所称从重给予海事行政处罚,是指在法定的海事行政处罚种类、幅度范围内给予较重的海事行政处罚。

本条第一款第(二)项所称的一年内是指自该违法行为发生日之前12个月内。

第十条 对当事人的同一个海事行政违法行为,不得给予两次以上海事行政处罚。

当事人未按照海事管理机构规定的期限和要求改正海事行政违法行为的,属于新的海事行政违法行为。

第三章 海事行政违法行为和行政处罚

第一节 违反安全营运管理秩序

第十一条 违反船舶安全营运管理秩序,有下列行为之一的,对船舶所有人或者船舶经营人处以5 000元以上3万元以下罚款:

(一)未按规定取得安全营运与防污染管理体系符合证明或者临时符合证明从事航行或者其他有关活动;

(二)隐瞒事实真相或者提供虚假材料或者以其他不正当手段骗取安全营运与防污染管理体系符合证明或者临时符合证明;

(三)伪造、变造安全营运与防污染管理体系审核的符合证明或者临时符合证明;

(四)转让、买卖、租借、冒用安全营运与防污染管理体系审核的符合证明或者临时符合证明。

第十二条 违反船舶安全营运管理秩序,有下列行为之一的,对船舶所有人或者船舶经营人处以5 000元以上3万元以下罚款;对船长处以2 000元以上2万元以下的罚款,情节严重的,并给予扣留船员适任证书6个月至24个月直至吊销船员适任证书的处罚:

(一)未按规定取得船舶安全管理证书或者临时船舶安全管理证书从事航行或者其他有关活动;

(二)隐瞒事实真相或者提供虚假材料或者以其他不正当手段骗取船舶安全管理证书或者临时船舶安全管理证书;

(三)伪造、变造船舶安全管理证书或者临时船舶安全管理证书;

(四)转让、买卖、租借、冒用船舶安全管理证书或者临时船舶安全管理证书。

第十三条 违反安全营运管理秩序,有下列情形之一,造成严重后果的,对船舶所有人或者船舶经营人吊销安全营运与防污染管理体系(临时)符合证明:

(一)不掌控船舶安全配员;

(二)不掌握船舶动态;

(三)不掌握船舶装载情况;

(四)船舶管理人不实际履行安全管理义务;

(五)安全管理体系运行存在重大问题。

第二节　违反船舶、海上设施检验和登记管理秩序

第十四条　违反《海上交通安全法》第四条的规定,船舶和船舶上有关航行安全、防治污染等重要设备无相应的有效的检验证书的,依照《海上交通安全法》第四十四条的规定,对船舶所有人或者船舶经营人处以2 000元以上3万元以下罚款。

本条前款所称船舶和船舶上有关重要设备无相应的有效的检验证书,包括下列情形:

(一)没有取得相应的检验证书;

(二)持有的检验证书属于伪造、变造、转让、买卖或者租借的;

(三)持有的检验证书失效;

(四)检验证书损毁、遗失但不按照规定补办。

第十五条　违反《海上交通安全法》第十六条规定,大型设施和移动式平台的海上拖带,未经船舶检验机构进行拖航检验,并报海事管理机构核准,依照《海上交通安全法》第四十四条的规定,对船舶、设施所有人或者经营人处以2 000元以上2万元以下罚款,对船长处以1 000元以上1万元以下罚款,并扣留船员适任证书6个月至12个月,对设施主要负责人处以1 000元以上1万元以下罚款。

第十六条　违反《海上交通安全法》第十七条规定,船舶的实际状况同船舶检验证书所载不相符合,船舶未按照海事管理机构的要求申请重新检验或者采取有效的安全措施,依照《海上交通安全法》第四十四条的规定,对船舶所有人或者船舶经营人处以2 000元以上3万元以下罚款;对船长处以1 000元以上1万元以下罚款,并扣留船员适任证书6个月至12个月。

第十七条　船舶检验机构的检验人员违反《船舶和海上设施检验条例》的规定,有下列行为之一的,依照《船舶和海上设施检验条例》第二十八条的规定,按其情节给予警告、吊销验船人员注册证书的处罚:

(一)超越职权范围进行船舶、设施检验;

(二)未按照规定的检验规范进行船舶、设施检验;

(三)未按照规定的检验项目进行船舶、设施检验;

(四)未按照规定的检验程序进行船舶、设施检验;

(五)所签发的船舶检验证书或者检验报告与船舶、设施的实际情况不符。

第十八条　违反《海上交通安全法》第五条的规定,船舶未持有有效的船舶国籍证书航行的,依照《海上交通安全法》第四十四条的规定,对船舶所有人或者船舶经营人处以3 000元以上2万元以下罚款;对船长处以2 000元以上2万元以下的罚款,情节严重的,并给予扣留船员适任证书6个月至24个月直至吊销船员适任证书的处罚。

第三节　违反船员管理秩序

第十九条　违反《海上交通安全法》第七条的规定,未取得合格的船员职务证书或者未通过船员培训,擅自上船服务的,依照《海上交通安全法》第四十四条和《船员条例》第六十条的

规定，责令其立即离岗，处以 2 000 元以上 2 万元以下罚款，并对聘用单位处以 3 万元以上 15 万元以下罚款。

前款所称未取得合格的船员职务证书，包括下列情形：

（一）未经水上交通安全培训并取得相应合格证明；

（二）未持有船员适任证书或者其他适任证件；

（三）持采取弄虚作假的方式取得的船员职务证书；

（四）持伪造、变造的船员职务证书；

（五）持转让、买卖或者租借的船员职务证书；

（六）所服务的船舶的航区、种类和等级或者所任职务超越所持船员职务证书限定的范围；

（七）持已经超过有效期限的船员职务证书；

（八）未按照规定持有船员服务簿。

对本条第二款第（三）项、第（五）项规定的违法行为，除处以罚款外，并处吊销船员职务证书。对本条第二款第（五）项规定的持租借船员职务证书的情形，还应对船员职务证书出借人处以2 000元以上 2 万元以下罚款。

对本条第二款第（四）项规定的违法行为，除处以罚款外，并收缴相关证书。

对本条第二款第（六）项规定的违法行为，除处以罚款外，并处扣留船员职务证书 3 个月至 12 个月。

第二十条　船员用人单位、船舶所有人有下列未按照规定招用外国籍船员在中国籍船舶上任职情形的，依照《船员条例》第六十条的规定，责令改正，并处以 3 万元以上 15 万元以下罚款：

（一）未依照法律、行政法规和国家其他有关规定取得就业许可；

（二）未持有合格的且签发国与我国签订了船员证书认可协议的船员证书；

（三）雇佣外国籍船员的航运公司未承诺承担船员权益维护的责任。

第二十一条　船员服务机构和船员用人单位未将其招用或者管理的船员的有关情况定期向海事管理机构备案的，按照《船员条例》第六十四条的规定，对责任单位处以 5 000 元以上 2 万元以下罚款。

前款所称船员服务机构包括海员外派机构。

本条第一款所称船员服务机构和船员用人单位未定期向海事管理机构备案，包括下列情形：

（一）未按规定进行备案，或者备案内容不全面、不真实；

（二）未按照规定时间备案；

（三）未按照规定的形式备案。

第二十二条　违反《海上交通安全法》第八条的规定，设施未按照国家规定配备掌握避碰、信号、通信、消防、救生等专业技能的人员，依照《海上交通安全法》第四十四条的规定，对设施所有人或者设施经营人处以 1 000 元以上 1 万元以下罚款；对设施主要负责人和直接责任人员处以 1 000 元以上 8 000 元以下罚款。

第四节　违反航行、停泊和作业管理秩序

第二十三条　违反《海上交通安全法》第六条的规定,船舶未按照标准定额配备足以保证船舶安全的合格船员,依照《海上交通安全法》第四十四条的规定,对船舶所有人或者船舶经营人处以3 000元以上 2 万元以下罚款;对船长处以 2 000 元以上 2 万元以下罚款;情节严重的,并给予扣留船员适任证书 3 个月至 12 个月的处罚。

本条第一款所称未按照标准定额配备足以保证船舶安全的合格船员,包括下列情形:

(一)船舶所配船员的数量低于船舶最低安全配员证书规定的定额要求;

(二)船舶未持有有效的船舶最低安全配员证书。

第二十四条　违反《海上交通安全法》第九条的规定,船舶、设施上的人员不遵守有关海上交通安全的规章制度和操作规程,依照《海上交通安全法》第四十四条和《船员条例》第五十七条的规定,处以 1 000 元以上 1 万元以下罚款;情节严重的,并给予扣留船员适任证书 6 个月至 24 个月直至吊销船员适任证书的处罚。发生事故的,按照第二十五条的规定给予扣留或者吊销船员适任证书的处罚。

本条前款所称不遵守有关海上交通安全的规章制度,包括下列情形:

(一)在船上履行船员职务,未按照船员值班规则实施值班;

(二)未获得必要的休息上岗操作;

(三)在船上值班期间,体内酒精含量超过规定标准;

(四)在船上履行船员职务,服食影响安全值班的违禁药物;

(五)不采用安全速度航行;

(六)不按照规定的航路航行;

(七)未按照要求保持正规瞭望;

(八)不遵守避碰规则;

(九)不按照规定停泊、倒车、掉头、追越;

(十)不按照规定显示信号;

(十一)不按照规定守听航行通信;

(十二)不按照规定保持船舶自动识别系统处于正常工作状态,或者不按照规定在船舶自动识别设备中输入准确信息,或者船舶自动识别系统发生故障未及时向海事管理机构报告;

(十三)不按照规定进行试车、试航、测速、辨校方向;

(十四)不按照规定测试、检修船舶设备;

(十五)不按照规定保持船舱良好通风或者清洁;

(十六)不按照规定使用明火;

(十七)不按照规定填写航海日志;

(十八)不按照规定采取保障人员上、下船舶、设施安全的措施;

(十九)不按照规定载运易流态化货物,或者不按照规定向海事管理机构备案。

第二十五条　违反《海上交通安全法》第九条的规定,船舶、设施上的人员不遵守有关海上交通安全的规章制度和操作规程,造成海上交通事故的,还应当按照下列规定给予处罚:

(一)造成特别重大事故的,对负有全部责任、主要责任的船员吊销适任证书或者其他适任证件,对负有次要责任的船员扣留适任证书或者其他适任证件 12 个月直至吊销适任证书或

者其他适任证件;责任相当的,对责任船员扣留适任证书或者其他适任证件 24 个月或者吊销适任证书或者其他适任证件。

(二)造成重大事故的,对负有全部责任、主要责任的船员吊销适任证书或者其他适任证件;对负有次要责任的船员扣留适任证书或者其他适任证件 12 个月至 24 个月;责任相当的,对责任船员扣留适任证书或者其他适任证件 18 个月或者吊销适任证书或者其他适任证件。

(三)造成较大事故的,对负有全部责任、主要责任的船员扣留船员适任证书 12 个月至 24 个月或者吊销船员适任证书,对负有次要责任的船员扣留船员适任证书 6 个月;责任相当的,对责任船员扣留船员适任证书 12 个月。

(四)造成一般事故的,对负有全部责任、主要责任的船员扣留船员适任证书 9 个月至 12 个月,对负有次要责任的船员扣留船员适任证书 6 个月至 9 个月;责任相当的,对责任船员扣留船员适任证书 9 个月。

第二十六条 违反《海上交通安全法》第十条的规定,船舶、设施不遵守有关法律、行政法规和规章,依照《海上交通安全法》第四十四条的规定,对船舶、设施所有人或经营人处以3 000 元以上 1 万元以下罚款;对船长或设施主要负责人处以 2 000 元以上 1 万元以下罚款并对其他直接责任人员处以 1 000 元以上 1 万元以下罚款; 情节严重的,并给予扣留船员适任证书 6 个月至 24 个月直至吊销船员适任证书的处罚。

本条前款所称船舶、设施不遵守有关法律、行政法规和规章,包括下列情形:

(一)不按照规定检修、检测影响船舶适航性能的设备;

(二)不按照规定检修、检测通信设备和消防设备;

(三)不按照规定载运旅客、车辆;

(四)超过核定载重线载运货物;

(五)不符合安全航行条件而开航;

(六)不符合安全作业条件而作业;

(七)未按照规定进行夜航;

(八)强令船员违规操作;

(九)强令船员疲劳上岗操作;

(十)未按照船员值班规则安排船员值班;

(十一)超过核定航区航行;

(十二)未按照规定的航路行驶;

(十三)不遵守避碰规则;

(十四)不采用安全速度航行;

(十五)不按照规定停泊、倒车、掉头、追越;

(十六)不按照规定进行试车、试航、测速、辨校方向;

(十七)不遵守航行、停泊和作业信号规定;

(十八)不遵守强制引航规定;

(十九)不遵守航行通信和无线电通信管理规定;

(二十)不按照规定保持船舱良好通风或者清洁;

(二十一)不按照规定采取保障人员上、下船舶、设施安全的措施;

(二十二)不遵守有关明火作业安全操作规程;

(二十三)未按照规定拖带或者非拖带船从事拖带作业;

(二十四)违反船舶并靠或者过驳有关规定;

(二十五)不按照规定填写航海日志;

(二十六)未按照规定报告船位、船舶动态;

(二十七)未按照规定标记船名、船舶识别号;

(二十八)未按照规定配备航海图书资料。

第二十七条 违反《海上交通安全法》第十一条规定,外国籍非军用船舶未经中国海事管理机构批准进入中国的内水和港口或者未按规定办理进出口岸手续,依照《海上交通安全法》第四十四条的规定,对船舶所有人或者船舶经营人处以3万元罚款,对船长处以1万元罚款。

第二十八条 违反《海上交通安全法》第十一条规定,外国籍非军用船舶进入中国的内水和港口不听从海事管理机构指挥,依照《海上交通安全法》第四十四条的规定,对船舶所有人或者船舶经营人处以警告或者2 000元以上2万元以下罚款,对船长处以警告或者1 000元以上1万元以下罚款。

第二十九条 违反《海上交通安全法》第十三条规定,外国籍船舶进出中国港口或者在港内航行、移泊以及靠离港外系泊点、装卸站等,不按照规定申请指派引航员引航,或者不使用按照规定指派的引航员引航的,依照《海上交通安全法》第四十四条的规定,对船舶所有人或者船舶经营人处以警告或者2 000元以上1万元以下罚款,对船长处以警告或者1 000元以上1万元以下罚款。

第三十条 违反《海上交通安全法》第十四条规定,船舶进出港口或者通过交通管制区、通航密集区和航行条件受到限制的区域时,不遵守中国政府或者海事管理机构公布的特别规定的,依照《海上交通安全法》第四十四条的规定,对船舶所有人或者船舶经营人处以警告或者1 000元以上1万元以下罚款,对船长处以警告或者500元以上1万元以下罚款,并可扣留船员适任证书3个月至12个月。

第三十一条 违反《海上交通安全法》第十五条规定,船舶无正当理由进入或者穿越禁航区,依照《海上交通安全法》第四十四条的规定,对船舶所有人或者船舶经营人处以警告或者2 000元以上1万元以下罚款,对船长处以警告或者1 000元以上1万元以下罚款,并扣留船员适任证书3个月至12个月。

第三十二条 违反《海上交通安全法》第十二条规定,国际航行船舶进出中国港口,拒不接受海事管理机构的检查,依照《海上交通安全法》第四十四条的规定,对船舶所有人或者船舶经营人处以1 000元以上1万元以下的罚款;情节严重的,处以1万元以上3万元以下的罚款。对船长或者其他责任人员处以100元以上1 000元以下的罚款;情节严重的,处以1 000元以上3 000元以下的罚款,并可扣留船员适任证书6个月至12个月。

本条前款所称拒不接受海事管理机构的检查,包括下列情形:

(一)拒绝或者阻挠海事管理机构实施安全检查;

(二)中国籍船舶接受海事管理机构实施安全检查时不提交《船旗国安全检查记录簿》;

(三)在接受海事管理机构实施安全检查时弄虚作假;

(四)未按照海事管理机构的安全检查处理意见进行整改。

第三十三条 违反《海上交通安全法》第十二条的规定,中国籍国内航行船舶进出港口不按照规定办理进出港签证的,依照《海上交通安全法》第四十四条的规定,对船舶所有人或者船舶经营人处以 2 000 元以上 1 万元以下罚款；对船长处以 1 000 元以上 1 万元以下罚款，并可扣留船员适任证书 6 个月至 24 个月。

第三十四条　违反《港口建设费征收使用管理办法》，不按规定缴纳或少缴纳港口建设费的，依照《财政违法行为处罚处分条例》第十三条规定，责令改正，并处未缴纳或者少缴纳的港口建设费的 10% 以上 30% 以下的罚款；对直接负责的主管人员和其他责任人处以 3 000 元以上 5 万元以下罚款。

对于未缴清港口建设费的国内外进出口货物，港口经营人、船舶代理公司或者货物承运人违规办理了装船或者提离港口手续的，禁止船舶离港、责令停航、改航、责令停止作业，并可对直接负责的主管人员和其他责任人处以 3 000 元以上 3 万元以下罚款。

第三十五条　违反船舶港务费征收管理秩序，不按照规定及时足额缴纳船舶港务费的，由海事管理机构责令限期缴纳，并从结算的次日起，按日核收应缴船舶港务费 5‰的滞纳金；对偷缴、抗缴船舶港务费的，可以禁止船舶离港，或者责令其停航、改航、停止作业，并处以欠缴船舶港务费的 1 倍以上 3 倍以下、最高不超过 3 万元的罚款。

第三十六条　违反《海上航行警告和航行通告管理规定》第八条规定，海上航行警告、航行通告发布后，申请人未在国家主管机关或者区域主管机关核准的时间和区域内进行活动，或者需要变更活动时间或者改换活动区域的，未按规定重新申请发布海上航行警告、航行通告，依照《海上航行警告和航行通告管理规定》第十七条的规定，责令其停止活动，并可以处 2 000 元以下罚款。

第三十七条　违反《海上航行警告和航行通告管理规定》，造成海上交通事故的，依照《海上航行警告和航行通告管理规定》第二十条，对船舶、设施所有人或者经营人处以 3 000 元以上 1 万元以下罚款；对船长或者设施主要负责人处以 2 000 元以上 1 万元以下罚款并对其他直接责任人员处以 1 000 元以上 1 万元以下罚款；情节严重的，并给予扣留船员适任证书 6 个月至 24 个月直至吊销船员适任证书的处罚。

第五节　违反危险货物载运安全监督管理秩序

第三十八条　违反《危险化学品安全管理条例》第四十四条的规定，有下列情形之一的，依照《危险化学品安全管理条例》第八十六条的规定，由海事管理机构责令改正，处 5 万元以上 10 万元以下的罚款；拒不改正的，责令停航、停业整顿：

(一)从事危险化学品运输的船员未取得相应的船员适任证书和培训合格证明；

(二)危险化学品运输申报人员、集装箱装箱现场检查员未取得从业资格。

第三十九条　违反《危险化学品安全管理条例》第十八条的规定，运输危险化学品的船舶及其配载的容器未经检验合格而投入使用的，依照《危险化学品安全管理条例》第七十九条的规定，由海事管理机构责令改正，对船舶所有人或者经营人处以 10 万元以上 20 万元以下的罚款；有违法所得的，没收违法所得；拒不改正的，责令停航整顿。

第四十条　违反《危险化学品安全管理条例》第四十五条的规定，船舶运输危险化学品，未根据危险化学品的危险特性采取相应的安全防护措施，或者未配备必要的防护用品和应急救援器材的，依照《危险化学品安全管理条例》第八十六条的规定，由海事管理机构责令改正，对船舶所有人或者经营人处以 5 万元以上 10 万元以下的罚款；拒不改正的，责令停航整顿。

本条前款所称未根据危险化学品的危险特性采取相应的安全防护措施，或者未配备必要

的防护用品和应急救援器材,包括下列情形:

(一)拟交付船舶运输的化学品的相关安全运输条件不明确,货物所有人或者代理人不委托相关技术机构进行评估,或者未经海事管理机构确认,交付船舶运输的;

(二)装运危险化学品的船舶未按照有关规定编制应急预案和配备相应防护用品、应急救援器材;

(三)船舶装运危险化学品,不按照规定进行积载或者隔离;

(四)装运危险化学品的船舶擅自在非停泊危险化学品船舶的锚地、码头或者其他水域停泊;

(五)船舶所装运的危险化学品的包装标志不符合有关规定;

(六)船舶装运危险化学品发生泄漏或者意外事故,不及时采取措施或者不向海事管理机构报告。

第四十一条 装运危险化学品的船舶进出港口,不依法向海事管理机构办理申报手续的,对船舶所有人或者经营人处1万元以上3万元以下的罚款。

第四十二条 违反《危险化学品安全管理条例》第五十三条、第六十三条的规定,通过船舶载运危险化学品,托运人不向承运人说明所托运的危险化学品的种类、数量、危险特性以及发生危险情况的应急处置措施,或者未按照国家有关规定对所托运的危险化学品妥善包装并在外包装上设置相应标志的,依照《危险化学品安全管理条例》第八十六条的规定,由海事管理机构责令改正,对托运人处5万元以上10万元以下的罚款;拒不改正的,责令停航整顿。

第四十三条 违反《危险化学品安全管理条例》第六十四条的规定,通过船舶载运危险化学品,在托运的普通货物中夹带危险化学品,或者将危险化学品谎报或者匿报为普通货物托运的,依照《危险化学品安全管理条例》第八十七条的规定,由海事管理机构责令改正,对托运人处以10万元以上20万元以下的罚款,有违法所得的,没收违法所得;拒不改正的,责令停航整顿。

第四十四条 违反《海上交通安全法》第三十二条规定,船舶、浮动设施储存、装卸、运输危险化学品以外的危险货物,不具备安全可靠的设备和条件,或者不遵守国家关于危险化学品以外的危险货物管理和运输的规定的,依照《海上交通安全法》第四十四条的规定,对船舶、设施所有人或者经营人处以1万元以上2万元以下罚款;对船长或者设施主要负责人和其他直接责任人员处以2 000元以上1万元以下罚款,并扣留船员适任证书6个月至24个月。

本条款所称不具备安全可靠的设备和条件,包括下列情形:

(一)装运危险化学品以外的危险货物的船舶未按有关规定编制应急预案和配备相应防护用品、应急救援器材的;

(二)装运危险化学品以外的危险货物的船舶及其配载的容器,未按照国家有关规范进行检验合格;

(三)船舶装运危险化学品以外的危险货物,所使用包装的材质、型号、规格、方法和单件质量(重量)与所包装的危险货物的性质和用途不相适应;

(四)船舶装运危险化学品以外的危险货物的包装标志不符合有关规定;

(五)装运危险化学品以外的危险货物的船舶,未按规定配备足够的取得相应的特殊培训合格证书的船员。

本条款所称不遵守国家关于危险化学品以外的危险货物管理和运输的规定,包括下列行为：

（一）使用未经检验合格的包装物、容器包装、盛装、运输；

（二）重复使用的包装物、容器在使用前，不进行检查；

（三）未按照规定显示装载危险货物的信号；

（四）未按照危险货物的特性采取必要安全防护措施；

（五）未按照有关规定对载运中的危险货物进行检查；

（六）装运危险货物的船舶擅自在非停泊危险货物船舶的锚地、码头或者其他水域停泊；

（七）船舶装运危险货物发生泄漏或者意外事故，不及时采取措施或者不向海事管理机构报告。

第四十五条 违反《海上交通安全法》第三十三条规定，船舶装运危险化学品以外的危险货物进出港口，不向海事管理机构办理申报手续，依照《海上交通安全法》第四十四条的规定，对船舶、设施所有人或者经营人处以300元以上1万元以下罚款；对船长或者设施主要负责人和其他直接责任人员处以200元以上1万元以下罚款，并扣留船员适任证书6个月至24个月。

第六节 违反海难救助管理秩序

第四十六条 违反《海上交通安全法》第三十四条规定，船舶、设施或者飞机遇难时，不及时向海事管理机构报告出事时间、地点、受损情况、救助要求以及发生事故的原因的，依照《海上交通安全法》第四十四条规定，对船舶、设施所有人或者经营人处以2 000元以上1万元以下罚款；对船长、设施主要负责人处以1 000元以上8 000元以下罚款，并可扣留船员适任证书6个月至12个月。

第四十七条 违反《海上交通安全法》第三十六条规定，事故现场附近的船舶、设施，收到求救信号或者发现有人遭遇生命危险时，在不严重危及自身安全的情况下，不救助遇难人员，或者不迅速向海事管理机构报告现场情况和本船舶、设施的名称、呼号和位置，依照《海上交通安全法》第四十四条规定，对船舶、设施所有人或者经营人处以200元以上1万元以下罚款；对船长、设施主要负责人处以1 000元以上1万元以下罚款，情节严重的，并扣留船员适任证书6个月至24个月直至吊销船员适任证书。

第四十八条 违反《海上交通安全法》第三十七条规定，发生海上交通事故的船舶、设施有下列行为之一，依照《海上交通安全法》第四十四条规定，对船舶、设施所有人或者经营人处以200元以上1万元以下罚款；对船长、设施主要负责人处以1 000元以上1万元以下罚款，情节严重的，并扣留船员适任证书6个月至24个月直至吊销船员适任证书：

（一）不互通名称、国籍和登记港；

（二）不救助遇难人员；

（三）在不严重危及自身安全的情况下，擅自离开事故现场或者逃逸。

第四十九条 违反《海上交通安全法》第三十八条规定，有关单位和在事故现场附近的船舶、设施，不听从海事管理机构统一指挥实施救助，依照《海上交通安全法》第四十四条规定，对船舶、设施所有人或者经营人处以200元以上1万元以下罚款；对船长、设施主要负责人处以100元以上8 000元以下罚款，并可扣留船员适任证书6个月至12个月。

第七节　违反海上打捞管理秩序

第五十条　违反《海上交通安全法》第四十条规定,对影响安全航行、航道整治以及有潜在爆炸危险的沉没物、漂浮物,其所有人、经营人不按照海事管理机构限定期限打捞清除,依照《海上交通安全法》第四十四条规定,对法人或者其他组织处以 1 万元罚款;对自然人处以 5 000元罚款。

第五十一条　违反《海上交通安全法》第四十一条规定,未经海事管理机构批准,擅自打捞或者拆除沿海水域内的沉船沉物,依照《海上交通安全法》第四十四条规定,处以 5 000 元以上 3 万元以下罚款。

第八节　违反海上船舶污染沿海水域环境管理秩序

第五十二条　本节所称水上拆船、海港、船舶,其含义分别与《防止拆船污染环境管理条例》使用的同一用语的含义相同。

本节所称内水、海洋环境污染损害、排放、倾倒,其含义分别与《海洋环境保护法》使用的同一用语的含义相同。

第五十三条　违反《防止拆船污染环境管理条例》规定,有下列情形之一的,依照《防止拆船污染环境管理条例》第十七条的规定,除责令其限期纠正外,还可以根据不同情节,处以1 万元以上 10 万元以下的罚款:

(一)未持有经批准的环境影响报告书(表),擅自设置拆船厂进行拆船的;

(二)发生污染损害事故,不向监督拆船污染的海事管理机构报告也不采取消除或控制污染措施的;

(三)废油船未经洗舱、排污、清舱和测爆即行拆解的;

(四)任意排放或者丢弃污染物造成严重污染的。

第五十四条　违反《防止拆船污染环境管理条例》规定,有下列情形之一的,依照《防止拆船污染环境管理条例》第十八条的规定,除责令其限期纠正外,还可以根据不同情节,处以警告或者处以 1 万元以下的罚款:

(一)拒绝或阻挠海事管理机构进行现场检查或在被检查时弄虚作假的;

(二)未按规定要求配备和使用防污设施、设备和器材,造成环境污染的;

(三)发生污染损害事故,虽采取消除或控制污染措施,但不向监督拆船污染的海事管理机构报告的;

(四)拆船单位关闭、搬迁后,原厂址的现场清理不合格的。

第五十五条　违反《海洋环境保护法》有关规定,船舶有下列行为之一的,依照《海洋环境保护法》第七十三条的规定,责令限期改正,并对船舶所有人或者经营人处以罚款:

(一)向沿海水域排放《海洋环境保护法》禁止排放的污染物或其他物质的;

(二)不按照《海洋环境保护法》规定向海洋排放污染物,或超过标准排放污染物的;

(三)未取得海洋倾倒许可证,向海洋倾倒废弃物的;

(四)因发生事故或其他突发性事件,造成海洋环境污染事故,不立即采取处理措施的。

有前款第(一)项、第(三)项行为之一的,处以 3 万元以上 20 万元以下的罚款;有前款第(二)项、第(四)项行为之一的,处以 2 万元以上 10 万元以下的罚款。

第五十六条　违反《海洋环境保护法》规定，船舶在港口区域内造成珊瑚礁、红树林等海洋生态系统及海洋水产资源、海洋保护区破坏的，依照《海洋环境保护法》第七十六条的规定，责令限期改正和采取补救措施，并对船舶所有人或者经营人处以1万元以上10万元以下的罚款；有违法所得的，没收其违法所得。

第五十七条　违反《海洋环境保护法》规定，有下列行为之一的，依照《海洋环境保护法》第八十八条的规定，予以警告，或者处以罚款：

（一）船舶、港口、码头、装卸站未按规定配备防污设施、器材的；

（二）船舶未取得并随船携带防污证书、防污文书的；

（三）船舶未如实记录污染物处置情况；

（四）从事水上和港区水域拆船、旧船改装、打捞和其他水上、水下施工作业，造成海洋环境污染损害的；

（五）船舶载运的货物不具备防污适运条件的。

有前款第（一）项、第（五）项行为之一的，处以2万元以上10万元以下的罚款；有前款第（二）项、第（三）项行为的，处以2万元以下的罚款；有前款第（四）项行为的，处以5万元以上20万元以下的罚款。

第五十八条　违反《海洋环境保护法》规定，船舶不编制溢油应急计划的，依照《海洋环境保护法》第八十九条的规定，对船舶所有人或者经营人予以警告，并责令限期改正。

第五十九条　船舶不遵守防污染的法律、法规和规章以及操作规程，存在下列情形的，由海事管理机构对船舶所有人或者经营人予以警告，或者处以1 000元以上1万元以下罚款：

（一）不按照规定在港区水域内使用焚烧炉的；

（二）不按照规定在港区水域内洗舱、清舱、驱气、舷外拷铲及油漆作业或者排放压载水；

（三）不按照经批准的要求使用化学消油剂；

（四）不按照规定冲洗沾有污染物、有毒有害物质的甲板。

第九节　违反交通事故调查处理秩序

第六十条　本规定所称海上交通事故，其含义与《海上交通事故调查处理条例》使用的同一用语的含义相同。

第六十一条　违反《海上交通事故调查处理条例》规定，有下列行为之一的，依照《海上交通事故调查处理条例》第二十九条和《船员条例》第五十七条的规定予以处罚：

（一）发生海上交通事故，未按规定的时间向海事管理机构报告或提交《海上交通事故报告书》；

（二）中国籍船舶在中华人民共和国管辖水域以外发生海上交通事故，船舶所有人或经营人未按《海上交通事故调查处理条例》第三十二条规定向船籍港海事管理机构报告，或者将判决书、裁决书或调解书的副本或影印件报船籍港的海事管理机构备案；

（三）发生海上交通事故，未按海事管理机构的要求驶往指定地点，或者在未发现危及船舶安全的情况下未经海事管理机构同意擅自驶离指定地点；

（四）发生海上交通事故，报告的内容或《海上交通事故报告书》的内容不符合《海上交通事故调查处理条例》第五条、第七条规定的要求，或者不真实，影响事故调查或者给有关部门造成损失；

(五)发生海上交通事故,不按《海上交通事故调查处理条例》第九条的规定,向当地或者船舶第一到达港的船舶检验机构、公安消防监督机关申请检验、鉴定,并将检验报告副本送交海事管理机构备案,影响事故调查;

(六)拒绝接受事故调查或无理阻挠、干扰海事管理机构进行事故调查的;

(七)在接受事故调查时故意隐瞒事实或者提供虚假证明。

存在前款第(一)项行为的,对船员处以警告或者1 000元以上1万元以下罚款,情节严重的,并给予扣留船员服务簿、船员适任证书6个月至24个月直至吊销船员服务簿、船员适任证书的处罚;对船舶所有人或者经营人处以警告或者5 000元以下罚款。存在前款第(二)项至第(七)项情形的,对船员处以警告或者200元以下罚款;对船舶所有人或者经营人处以警告或者5 000元以下罚款。

第六十二条 违反《海上交通事故调查处理条例》第三十三条,派往外国籍船舶任职的持有中华人民共和国船员适任证书的中国籍船员对海上交通事故的发生负有责任,其外派服务机构未按照规定报告事故的,依照《海上交通安全法》第四十四条规定,对船员外派服务机构处以1 000元以上1万元以下罚款。

第四章 海事行政处罚程序

第一节 管 辖

第六十三条 海事行政处罚案件由海事行政违法行为发生地的海事管理机构管辖,法律、行政法规和本规定另有规定的除外。

本条前款所称海事行政违法行为发生地,包括海事行政违法行为的初始发生地、过程经过地、结果发生地。

第六十四条 各级海事局所属的海事处管辖本辖区内的下列海事行政处罚案件:

(一)对自然人处以警告、1万元以下罚款、扣留船员适任证书3个月至6个月的海事行政处罚;

(二)对法人或者其他组织处以警告、3万元以下罚款的海事行政处罚。

各级海事局管辖本辖区内的所有海事行政处罚案件。

第六十五条 对海事行政处罚案件管辖发生争议的,报请共同的上一级海事管理机构指定管辖。

下级海事管理机构对其管辖的海事行政处罚案件,认为需要由上级海事管理机构办理的,可以报请上级海事管理机构决定。

第六十六条 海事管理机构对不属其管辖的海事行政处罚案件,应当移送有管辖权的海事管理机构;受移送的海事管理机构如果认为移送不当,应当报请共同的上一级海事管理机构指定管辖。

第六十七条 上级海事管理机构自收到解决海事行政处罚案件管辖争议或者报请移送海事行政处罚案件管辖的请示之日起7日内做出管辖决定。

第六十八条 受移送的海事管理机构应当将接受案件或者明确案件由其管辖之日作为第七十三条规定的违法行为发现之日,并按照本章第三节的规定实施行政处罚。移送案件的海事管理机构所取得的证据,经受移送的海事管理机构审查合格的,可以直接作为受移送的海事管理机构实施行政处罚的证据。

第二节 简易程序

第六十九条 海事行政违法事实确凿,并有法定依据的,对自然人处以警告或者处以50元以下罚款,对法人或其他组织处以警告或者1 000元以下罚款的海事行政处罚的,可以当场做出海事行政处罚决定。

第七十条 海事行政执法人员依法当场做出海事行政处罚决定,应当遵守下列程序:

(一)向当事人出示海事行政执法证件;

(二)告知当事人做出海事行政处罚决定的事实、理由和依据以及当事人依法享有的权利;

(三)听取当事人的意见;

(四)复核当事人提出的事实、理由和证据;

(五)填写预定格式、统一编号的海事行政处罚决定书;

(六)将海事行政处罚决定书当场交付当事人;

(七)当事人在海事行政处罚决定书副本上签字。

第七十一条 海事行政执法人员依法当场做出海事行政处罚决定的,应当在3日内将海事行政处罚决定书副本报所属海事管理机构备案。

第三节 一般程序

第七十二条 实施海事行政处罚,除适用简易程序的,应当适用一般程序。

第七十三条 除依法可以当场做出的海事行政处罚外,海事管理机构发现自然人、法人或者其他组织有依法应当处以海事行政处罚的海事行政违法行为,应当自发现之日起7日内填写海事行政处罚立案审批表,报本海事管理机构负责人批准。

发生水上交通事故应当处以海事行政处罚的,应当自水上交通事故调查结束之日起7日内填写海事行政处罚立案审批表,报本海事管理机构负责人批准。

第七十四条 海事管理机构发现自然人、法人或者其他组织涉嫌海事行政违法行为的,应当立即依法进行调查,收集相关证据。

海事管理机构对海事行政处罚案件,应当全面、客观、公正地进行调查并收集证据。

第七十五条 能够证明海事行政处罚案件真实情况的事实,都是证据。

海事行政处罚案件的证据种类如下:

(一)书证;

(二)物证;

(三)视听资料;

(四)电子数据;

(五)证人证言;

(六)当事人的陈述;

(七)鉴定意见;

(八)勘验笔录、现场笔录。

第七十六条 进行海事行政处罚案件的调查或者检查,应当由2名以上海事行政执法人员担任调查人员。

调查人员与本案有直接利害关系的,应当回避。

第七十七条 调查人员询问或者检查,应当出示海事行政执法证件,并制作询问笔录、现场笔录或者勘验笔录。

询问笔录、现场笔录或者勘验笔录经被询问人、被检查人确认无误后,由被询问人、被检查人签名或者盖章。拒绝签名或者盖章的,调查人员应当在笔录上注明情况。

对涉及国家机密、商业秘密和个人隐私的,海事管理机构和调查人员、检查人员应当为其保守秘密。

第七十八条 收集海事行政处罚案件的书证、物证和视听资料,应当是原件、原物。收集原件、原物确有困难的,可由提交证据的自然人、法人或者其他组织在复制品、照片等物件上签名或者盖章,并注明“与原件一致”字样。

海事管理机构可以使用照相、录音、录像以及法律允许的其他调查手段。

第七十九条 调查人员、检查人员查阅、调取与海事行政处罚案件有关资料,可以对有关内容进行摘录或者复制,并注明来源。

第八十条 调查人员、检查人员对与案件有关物品或者场所进行勘验或者检查,应当通知当事人到场,制作勘验笔录或者现场笔录。当事人不到场或者暂时难以确定当事人的,可以请在场的其他人作证。

勘验笔录或者现场笔录应当由当事人或者见证人签名或者盖章;拒绝签名或者盖章的,调查人员应当在勘验笔录或者检查笔录上注明情况。

第八十一条 对需要抽样取证的,应当通知当事人到场,并制作抽样取证清单。当事人不到场或者暂时难以确定当事人的,可以请在场的其他人作证。

抽样取证清单,应当由调查人员、当事人或者证人签名或者盖章。

海事管理机构应当妥善保管抽样取证物品;需要退还的,应当及时退还。

第八十二条 为查明海事行政处罚案件事实需要进行技术鉴定的专门性问题,海事管理机构应当请有关技术鉴定机构或者具有专门技术的人员进行鉴定,并制作鉴定意见,由技术鉴定机构和人员签名或者盖章。

第八十三条 海事行政处罚案件的证据可能灭失或者以后难以取得的,经海事管理机构负责人批准,可以通知当事人或者有关人员到场,先行登记保存证据,并制作证据登记保存清单。当事人或者有关人员不到场或者暂时难以确定当事人、有关人员的,可以请在场的其他人作证。

证据登记保存清单,应当由调查人员、检查人员、当事人或者有关人员、证人签名或者盖章。拒绝签名、盖章的,调查人员应当在证据登记保存清单上注明情况。

海事管理机构对登记保存的物品,应当在7日内做出下列处理决定:

(一)需要进行技术鉴定的,依照本规定第八十二条的规定送交鉴定;

(二)对不应当处以海事行政处罚的,应当解除先行登记保存,并将先行登记保存的物品及时退还;

(三)法律、法规、规章规定应当作其他处理的,依法作其他处理。

第八十四条 海事行政处罚案件调查结束后,应当制作海事行政处罚案件调查报告,连同证据材料和经批准的海事行政违法案件立案审批表,移送本海事管理机构负责法制工作的内设机构进行预审。

第八十五条 海事管理机构负责法制工作的内设机构预审海事行政处罚案件采取书面形式进行,主要内容包括:

(一)案件是否属于本海事管理机构管辖;

(二)当事人的基本情况是否清楚;

(三)案件事实是否清楚,证据是否确实、充分;

(四)定性是否准确;

(五)适用法律、法规、规章是否准确;

(六)行政处罚是否适当;

(七)办案程序是否合法。

第八十六条 海事管理机构负责法制工作的内设机构预审完毕后,应当根据下列规定提出书面意见,报本海事管理机构负责人审查:

(一)违法事实清楚,证据确实、充分,行政处罚适当、办案程序合法,按规定不需要听证或者当事人放弃听证的,同意负责行政执法调查的内设机构的意见,建议报批后告知当事人;

(二)违法事实清楚,证据确实、充分,行政处罚适当、办案程序合法,按照规定应当听证的,同意调查人员意见,建议报批后举行听证,并告知当事人;

(三)违法事实清楚,证据确实、充分,但定性不准、适用法律不当、行政处罚不当的,建议调查人员修改;

(四)违法事实不清,证据不足的,建议调查人员补正;

(五)办案程序不合法的,建议调查人员纠正;

(六)不属于本海事管理机构管辖的,建议移送其他有管辖权的机关处理。

第八十七条 海事管理机构负责人审查完毕后,应当根据《行政处罚法》第三十八条的规定做出行政处罚决定、不予行政处罚决定、移送其他有关机关处理的决定。

对自然人罚款或者没收非法所得数额超过 1 万元,对法人或者其他组织罚款或者没收非法所得数额超过 3 万元,以及撤销船舶检验资格、没收船舶、没收或者吊销船舶登记证书、吊销船员职务证书、吊销海员证的海事行政处罚,海事管理机构的负责人应当集体讨论决定。

第八十八条 海事管理机构负责人对海事违法行为调查报告审查后,认为应当处以行政处罚的,海事管理机构应当制作海事违法行为通知书送达当事人,告知拟处以的行政处罚的事实、理由和证据,并告知当事人有权在收到该通知书之日起 3 日内进行陈述和申辩,对依法应当听证的告知当事人有权在收到该通知书之日起 3 日内提出听证要求。

当事人不在场的,应当依法采取其他送达方式将海事违法行为通知书送达当事人。

第八十九条 当事人提出陈述和申辩的,海事管理机构应当充分听取,并对当事人提出的事实、理由和证据进行复核;当事人提出的事实、理由或者证据成立的,海事管理机构应当采纳。

当事人要求组织听证的,海事管理机构应当按照本章第四节的规定组织听证。

当事人逾期未提出陈述、申辩或者逾期未要求组织听证的,视为放弃有关权利。

第九十条 海事管理机构做出海事行政处罚决定,应当制作海事行政处罚决定书,并加盖本海事管理机构的印章。

第九十一条 海事行政处罚决定书应当在海事管理机构宣告后当场交付当事人,并将告知情况记入送达回证,由当事人在送达回证上签名或者盖章;当事人不在场的,应当在 7 日内依法采取其他送达方式送达当事人。

第九十二条 海事行政处罚案件应当自立案之日起 2 个月内办理完毕。因特殊需要,经海事管理机构负责人批准可以延长办案期至 3 个月。如 3 个月内仍不能办理完毕,经上一级海事管理机构批准可再延长办案期间,但最长不得超过 6 个月。

第四节 听证程序

第九十三条 在做出较大数额罚款、吊销证书的海事行政处罚决定之前,海事管理机构应当告知当事人有要求举行听证的权利;当事人要求听证的,海事管理机构应当组织听证。

本条前款所称“较大数额罚款”,是指对自然人处以 1 万元以上罚款,对法人或者其他组织处以 10 万元以上罚款。

第九十四条 海事行政处罚听证依照《行政处罚法》第四十二条的规定组织。

第九十五条 海事管理机构的听证人员包括听证主持人、听证员和书记员。

听证主持人由海事管理机构负责人指定本海事管理机构负责法制工作的机构的非本案调查人员担任。

听证员由海事管理机构负责人指定 1 至 2 名本海事管理机构的非本案调查人员担任,协助听证主持人组织听证。

书记员由海事管理机构负责人指定 1 名非本案调查人员担任,负责听证笔录的制作和其他事务。

第九十六条 当事人委托代理人参加听证会的,应当向海事管理机构提交当事人签署的授权委托书。

第九十七条 当事人有正当理由要求延期举行听证的,经海事管理机构批准,可以延期一次。

第九十八条 海事行政处罚听证,按照以下程序进行:

(一)宣布案由和听证纪律;

(二)核对当事人或者其代理人、本案调查人员、证人及其他有关人员是否到场,并核实听证参加人的身份;

(三)宣读并出示海事管理机构负责人签署的听证决定,宣布听证人员名单,告知当事人有申请主持人回避、申辩和质证的权利;

(四)宣布听证开始;

(五)案件调查人员提出当事人违法的事实、证据,说明拟做出行政处罚的建议和法律依据;

(六)当事人或者其委托代理人对案件的事实、证据,适用法律,行政处罚裁量等进行申辩和质证;

(七)主持人就案件的有关问题向当事人或者其委托代理人、案件调查人员、证人询问;

(八)经主持人允许,当事人、调查人员就案件的有关问题可以向到场的证人发问;

(九)本案调查人员、当事人或者其委托代理人按顺序就案件所涉及的事实、各自出示的证据的合法性、真实性及有关的问题进行辩论;

(十)辩论终结,听证主持人可以再就本案的事实、证据及有关问题向当事人或者其代理人、本案调查人员征求意见；

（十一）中止听证的，主持人应当时宣布再次进行听证的有关事宜；

（十二）当事人或者其委托代理人做最后陈述；

（十三）主持人宣布听证结束，听证笔录交当事人或者其委托代理人核对无误后签字或者盖章。认为有错误的，有权要求补充或者改正。当事人拒绝的，由听证主持人在听证笔录上说明情况。

第九十九条 有下列情形之一的，主持人可以决定延期举行听证：

（一）当事人因不可抗拒的事由无法到场的；

（二）当事人临时申请回避的；

（三）其他应当延期的情形。

第一百条 有下列情形之一的，主持人可以宣布中止听证：

（一）证据需要重新鉴定、勘验的；

（二）当事人或者其代理人提出新的事实、理由和证据，需要由本案调查人员调查核实的；

（三）作为听证申请人的法人或者其他组织突然解散，尚未确定权利、义务承受人的；

（四）当事人因不可抗拒的事由，不能继续参加听证的；

（五）听证过程中，当事人或者其代理人违反听证纪律致使听证无法进行的；

（六）其他应当中止听证的情形。

中止听证，应当在听证笔录中写明情况，由主持人签名。

第一百〇一条 延期、中止听证的情形消失后，由主持人决定恢复听证并将听证的时间、地点通知听证参加人。

第一百〇二条 有下列情形之一的，应当终止听证：

（一）当事人或者其代理人撤回听证要求的；

（二）当事人或者其代理人接到参加听证的通知，无正当理由不参加听证的；

（三）当事人或者其代理人未经听证主持人允许，中途退出听证的；

（四）其他应当终止听证的情形。

听证终止，应当在听证笔录中写明情况，由主持人签名。

第一百〇三条 听证结束后，主持人应当依据听证情况制作海事行政处罚听证报告书，连同听证笔录报海事管理机构负责人审查后，依照本规定第八十七条的规定做出决定。

第五节 执行程序

第一百〇四条 有《行政处罚法》第四十七条规定第（一）项、第（二）项规定情形之一，或者有《行政处罚法》第四十八条规定的情形的，海事管理机构及其海事行政执法人员可以当场收缴罚款。

罚款以人民币计算，并向当事人出具符合法定要求的罚款收据。

当事人无正当理由逾期不缴纳罚款的，海事管理机构依法每日按罚款数额的3%加处罚款。

第一百〇五条 被处以扣留证书的，当事人应当及时将被扣留证书送交做出处罚决定的海事管理机构。扣留证书期满后，海事管理机构应当将所扣证书发还当事人，也可以通知当事人领取被扣证书。

被处以扣留、吊销证书,当事人拒不送交被扣留、被吊销的证书的,海事管理机构应当公告该证书作废,并通知核发证书的海事管理机构注销。

第一百〇六条 海事管理机构对船员处以海事行政处罚后,应当予以记载。

第一百〇七条 对当事人处以没收船舶处罚的,海事管理机构应当依法处理所没收的船舶。

第一百〇八条 当事人在法定期限内不申请复议或提起诉讼,又不履行海事行政处罚决定的,海事管理机构依法申请人民法院强制执行。

第一百〇九条 海事行政处罚案件执行完毕后,应当填写海事行政处罚结案表,将全部案件材料立卷后交海事管理机构负责法制工作的内设机构进行登记,并按档案管理要求进行归档。

第六节 监督程序

第一百一十条 自然人、法人或者其他组织对海事管理机构做出的行政处罚有权申诉或者检举。

自然人、法人或者其他组织的申诉或检举,由海事管理机构负责法制工作的内设机构受理和审查,认为海事行政处罚有下列情形之一的,经海事管理机构负责人同意后,予以改正:

(一)主要事实不清、证据不足的;

(二)适用依据错误的;

(三)违反法定程序的;

(四)超越或滥用职权的;

(五)具体行政行为明显不当的。

第一百一十一条 海事管理机构负责法制工作的内设机构发现本海事管理机构做出的海事行政处罚有第一百一十条第二款规定的情形之一的,应当向海事管理机构负责人提出建议,予以改正。

第一百一十二条 上级海事管理机构发现下级海事管理机构做出的海事行政处罚有第一百一十条第二款规定的情形之一的,应当责令其改正。

第一百一十三条 海事管理机构和海事行政执法人员违法实施行政处罚的,按照《行政处罚法》有关规定追究法律责任。

第五章 附 则

第一百一十四条 本规定所称沿海水域、船舶、设施、作业,其含义与《海上交通安全法》使用的同一用语的含义相同,但有关法律、行政法规和本规定另有规定的除外。

本规定所称船舶经营人,包括船舶管理人。

本规定所称设施经营人,包括设施管理人。

本规定所称当事人,包括自然人和法人以及其他组织,可以与有海事行政违法行为的船舶所有人、经营人互相替换。

本规定所称船员职务证书,包括船员培训合格证、船员服务簿、船员适任证书及其他适任证件。

本规定所称的船舶登记证书,包括船舶国籍证书、船舶所有权登记证书、船舶抵押权登记证书、光船租赁登记证书。

本规定所称船员，包括船长、轮机长、驾驶员、轮机员、无线电人员、引航员和水上飞机、潜水器的相应人员以及其他船员。

本规定所称“危险货物”，系指具有爆炸、易燃、毒害、腐蚀、放射性、污染危害性等特性，在船舶载运过程中，容易造成人身伤害、财产损失或者环境污染而需要特别防护的物品，包括危险化学品。

第一百一十五条 本规定所称的以上、以内包括本数，所称的以下不包括本数，本规定另有规定的除外。

第一百一十六条 本规定所称日，是指工作日。

本规定所称月，按自然月计算。

本规定所称其他送达方式，是指委托送达、邮寄送达、留置送达、公告送达等《民事诉讼法》规定的方式。

第一百一十七条 海事管理机构办理海事行政处罚案件，应当使用交通运输部制订的统一格式的海事行政处罚文书。

第一百一十八条 本规定自 2015 年 7 月 1 日起施行。2003 年 7 月 10 日以交通部令 2003 年第 8 号公布的《中华人民共和国海上海事行政处罚规定》同时废止。

参考文献

[1]郭江.海事行政检查法律理论与实证研究.大连:大连海事大学出版社,2013.
[2]郭江.海事行政处罚.大连:大连海事大学出版社,2007.
[3]高波.海事行政法研究.北京:国防工业出版社,2010.
[4]冯军.行政处罚法新论.北京:中国检察出版社,2003.
[5]徐继敏.行政证据制度研究.北京:中国法制出版社,2006.
[6]乔晓阳.中华人民共和国行政强制法解读.北京:中国法制出版社,2011.
[7]郑中义,李国平.海事行政法.大连:大连海事大学出版社,2007.
[8]国务院法制办,交通运输部.中华人民共和国防治船舶污染海洋环境管理条例释义.北京:人民交通出版社,2010.
[9]崔卓兰,吕艳辉.行政许可的学理分析.吉林大学社会科学学报,2004(1).
[10]杨小君.行政处罚研究.北京:法律出版社,2002.
[11]刘莘.行政立法研究.北京:法律出版社,2003.
[12]李岳德.《中华人民共和国行政处罚法》释义.北京:中国法制出版社,1996.
[13]司玉琢.新编海商法学.北京:人民交通出版社,1991.
[14]中华人民共和国海事局.中华人民共和国海事行政许可条件规定,2015.
[15]中华人民共和国海事局.海事执法业务工作流程,2011.
[16]中华人民共和国海事局.海事法规汇编(2004).北京:人民交通出版社,2005.
[17]王世涛.海事行政法学研究.北京:中国政法大学出版社,2013.
[18]姜明安.论行政执法.行政法学研究,2003(4).
[19]蒋琛.行政检查制度研究.中国政法大学硕士学位论文,2006.
[20]郭江.海事行政强制的特征与界定.中国海事,2013(1).